La
PLUS GRANDE PARTIE
DE TOUS LES TEMPS

Mark Frost

La PLUS GRANDE PARTIE DE TOUS LES TEMPS

LA NAISSANCE DU GOLF MODERNE

Traduit de l'anglais par Hugues Leroy

Albin Michel

A Ed Victor.

Dramatis personae

Les professionnels britanniques :

Harry VARDON, Jersey, Angleterre, 1870-1937
Tom VARDON, Jersey, Angleterre, 1872-1942
Willie PARK Jr, Musselburgh, Ecosse, 1864-1925
John Henry TAYLOR, Northam, Angleterre, 1871-1963
James BRAID, Earlsferry, Ecosse, 1870-1950
Ted RAY, Jersey, Angleterre, 1877-1943
Wilfred REID, Bulwell, Angleterre, 1844-1973

La presse britannique :

Bernard DARWIN, Kent, Angleterre, 1876-1961
Alfred Harmsworth, lord NORTHCLIFFE, Dublin, Irlande, 1866-1922

Les professionnels français :

Arnaud MASSY, Biarritz, France, 1877-1958
Louis TELLIER, La Boulie, France, 1882-1949

Les professionnels américains d'origine étrangère :

Willie ANDERSON, North Berwick, Ecosse, 1878-1910
Alex SMITH, Carnoustie, Ecosse, 1872-1930
Willie SMITH, Carnoustie, Ecosse, 1875-1915
Macdonald SMITH, Carnoustie, Ecosse, 1890-1949
Jim BARNES, Lelant, Angleterre, 1877-1966

Les professionnels américains de souche :

Tom MCNAMARA, Boston, Massachusetts, 1885-1957
Michael « King » BRADY, Brighton, Massachusetts, 1887-1972
John J. MCDERMOTT, Philadelphie, Pennsylvanie, 1891-1971
Walter HAGEN, Rochester, New York, 1882-1969

Les amateurs américains :

Walter J. TRAVIS, Maldon, Australie, 1862-1927
Jerome TRAVERS, New York, Etat de New York, 1887-1951
John G. ANDERSON, Boston, Massachusetts, 1884-1933
Heinrich SCHMIDT, Boston, Massachusetts, 1878-1951
Charles « Chick » EVANS, Indianapolis, Indiana, 1890-1979
Francis OUIMET, Brookline, Massachusetts, 1893-1967
Eddie LOWERY, Newton, Massachusetts, 1903-1984

PREMIÈRE PARTIE

Francis et Harry

« Le golf élève nos meilleures dispositions tout en rabaissant les moindres ; il n'a pas son pareil pour forger et tremper un caractère. Le golf abolit les rangs et les classes : il permet au riche et au pauvre de se rencontrer sur un pied d'égalité. Il enseigne la patience, l'endurance face à l'adversité, mais garde aussi vivace le flambeau de l'espoir. »

Walter J. Travis

« La tête toujours basse, et les yeux sur la balle. »

Eddie Lowery

Francis

TOUT commence avec la simplicité d'un conte.

Un petit garçon fouille les herbes à la recherche de trésors. Il met au jour un talisman magique : une boule blanche et luisante, parfaitement ronde, dont la robe immaculée s'orne de ces deux mots : VARDON FLYER.

Ce nom, chargé de force et d'assurance, va marquer à jamais l'âme malléable du petit garçon. Ainsi la balle Vardon rejoint-elle les autres trésors de Francis Ouimet, sept ans, dans une vieille boîte en fer-blanc où elle régnera sans conteste. C'est le présent d'un dieu inconnu, un dieu qu'on appelle Vardon.

On dit que la géographie est un destin, mais dans l'histoire qui nous intéresse, le destin relèverait plutôt du cadastre. Nous sommes en 1893 : le champion britannique Harry Vardon va fêter ses vingt-trois ans ; c'est aussi cette année qu'il remportera son premier British Open. La veille de son anniversaire, Francis DeSales Ouimet naît à Brookline, paisible banlieue de Boston dans le Massachusetts. Quatre ans plus tard, sa famille achète un petit pavillon en planches, juste en face du Country Club de Brookline, de l'autre côté d'une ruelle en terre battue appelée Clyde Street.

Le père de Francis, Arthur Ouimet, était un immigrant d'origine québécoise. Il joignait les deux bouts en effectuant de petits boulots pour les nombreux adhérents du Country Club. Catholique francophone, Arthur était le premier des Ouimet, québécois depuis six générations, à quitter Montréal et les coercitions de la majorité protestante pour tenter sa chance aux Etats-Unis. Son rêve américain s'était vite heurté aux préjugés, subtils mais profonds, qui régissaient la bonne société bostonienne. Manquant d'instruction, handicapé par son accent, Arthur ne trouva que des emplois subalternes. Il était de cette vague d'immigration que les Bostoniens appelaient les *Frenchies* et qu'à l'époque on plaçait comme gens de maison. Les Irlandais avaient longtemps occupé ces postes mais la deuxième génération, en pleine ascension sociale, ne voulait plus en entendre parler.

Arthur s'établit donc dans les bas quartiers de Brookline. A vingt-huit ans, il s'éprit d'une belle Irlandaise, Mary Mahoney, qu'il épousa. Trois ans plus tard, la jeune femme mourait en couches ; le bébé la suivit dans la tombe quelques semaines plus tard. Arthur ne se remit jamais de cette tragédie ; à partir de ce jour, on le décrit comme un homme froid, dur à la tâche et prompt à la colère. Il se remaria en 1888 à une autre Irlandaise, Mary Ellen Burke. Sa nouvelle épouse eut beau montrer des trésors de tendresse et de patience, cette union était moins motivée, aux yeux d'Arthur, par le sentiment que par le solide pragmatisme de l'époque : fonder une famille pour affermir sa position financière. Elle lui donna quatre enfants en huit ans : Wilfred, l'aîné ; Francis, son cadet de trois ans ; une petite Louise et, enfin, le benjamin, Raymond. Ce dernier vit le jour dans la maison de Clyde Street que le couple avait achetée cette année-là. Arthur gardait la hantise de retomber dans la misère dont il était issu ; au fil des ans, il était parvenu à économiser de quoi acheter, outre la maison, un bout de jardin où la famille élevait des poules, cultivait des légumes et avait creusé un puits. Convaincu par son père de la dure nécessité de contribuer sans attendre aux ressources familiales, l'aîné, Wilfred, ne tarda pas à se faire engager comme caddie au Country Club.

Leur maison regardait, de l'autre côté de la rue, sur le fairway et le green du dix-septième trou : c'était cette vue qu'apercevait Francis chaque matin, depuis sa chambre au second étage. Peu après l'emménagement, sa mère se mit à retrouver le petit Francis, quatre ans, debout sur le trottoir, qui contemplait avec ravissement les golfeurs sur le fairway d'en face. Sans se l'expliquer – il n'y parvint jamais –, il avait été immédiatement fasciné par les pratiques et les rituels de ce sport. Son jeune esprit s'est imprégné du golf comme une éponge. On peut dire sans exagération que Francis Ouimet est le premier joueur, dans l'histoire du golf américain, à avoir grandi avec lui. Les plus lointains souvenirs de sa famille ont le parfum doré de la légende : Francis court autour de la maison, réclamant à cor et à cri le premier club de son frère Wilfred. Quand enfin il peut mettre les mains dessus – c'est un driver de fortune, presque aussi grand que lui –, il passe des heures entières à le balancer dans le jardin familial. L'année suivante, Francis entre à l'école primaire de Putterham et découvre un raccourci qui passe par les fairways du Country Club. Dès lors, le chemin de l'école devient pour lui l'occasion d'une chasse quotidienne aux balles perdues, exercice pour lequel il développe un talent remarquable. A l'âge de sept ans, enfin, il fait la précieuse trouvaille sur laquelle s'est ouvert ce récit.

Francis et son frère Wilfred ont tapé leurs premières balles sur la route presque déserte qui passait devant chez eux. D'un coup de talon, ils creusaient un trou au pied de deux réverbères, à cent mètres l'un de l'autre ; et ils se renvoyaient la balle des heures durant. Bien avant d'avoir gagné leurs galons de joueurs, ils s'étaient improvisés architectes. Le jour où leur père rapporta une tondeuse neuve destinée à ses travaux de jardinier, les gamins attendirent qu'il parte au travail pour défricher, dans le pré voisin, un parcours rudimentaire de trois trous. Le premier réclamait un vol de trente mètres, par-dessus un ruisseau, jusqu'à un petit green ovale. Le second, plus facile, consistait en un par trois de quinze mètres ; le dernier retraversait le ruisseau pour finir sur un green circulaire aménagé sur leur propre pelouse. A force d'être piétiné, ce dernier ne tarda plus à ignorer toute tondeuse. En guise de tasses, ils prenaient des boîtes de conserve vides à la cuisine. Leur matériel se résumait à l'unique club de Wilfred et aux réserves de balles glanées par Francis. Par chance, le Country Club suppléait à leurs besoins. Leur petit parcours réclamait une précision sans faille : on y trouvait bien plus d'obstacles que de zones de fairway, depuis les marais et les trous de gravier jusqu'aux hautes herbes avoisinantes. Il suffisait de s'écarter de quelques mètres à peine de sa ligne de tir pour devoir dire adieu à sa balle. Francis déclara un jour qu'après avoir fait ses gammes sur ce terrain de fortune, chacun des parcours où il avait joué depuis lui avait semblé d'un luxe inouï : les plus étiques des fairways, les plus élimés des greens tenaient encore à ses yeux de la pelouse de la Maison-Blanche ou du tapis de billard.

Au début, Francis ne trouva guère de camarades pour partager sa passion naissante. Le golf américain n'avait que cinq ans de plus que lui, ce qui faisait du petit garçon à la fois un prodige et un pionnier. On peut en dire autant de l'institution qui, en face de chez lui, avait allumé l'étincelle de sa passion. Peu de parcours, aux Etats-Unis, peuvent se prévaloir d'une origine plus ancienne que le Country Club de Brookline ; et encore plus rares ceux qui se sont mis au golf avec un tel enthousiasme. Le club lui-même ouvrit ses portes en 1882, à l'intention de la bonne société de la Nouvelle-Angleterre : il compte parmi les premiers établissements sportifs privés du pays. A l'origine, il se vouait au hippisme ; les revenus de la saison des courses, à cinquante cents la place dans les gradins, lui permirent bientôt d'étendre ses activités au tir à la carabine et à l'arc ; au tennis ; au polo ; au patinage et au curling. En mars 1893, deux mois avant la naissance de ce petit garçon qui n'allait pas tarder à écumer ses fairways, le Country Club de Brookline, pour répondre à la curiosité croissante de ses adhérents, se dota d'un terrain de golf. Ce n'était encore qu'un parcours rudimentaire de six trous, enjambant le champ de courses. Il en avait coûté au club la modeste somme de cinquante dollars, couvrant l'achat de quelques sacs d'engrais, le sable de bunkers primitifs, et neuf tasses en fer-blanc pour les trous. Mais ce printemps-là, durant une démonstration offerte par quelques passionnés, le golf fit à Brookline des débuts spectaculaires qui annonçaient la magie à venir. Tout commença, en fait, par un trou en un : la toute première balle, frappée depuis le tout premier tee par un certain Arthur Hunnewell, fila comme un lièvre à quatre-vingts mètres de là, monta sur le green et finit au fond du trou. La démonstration avait bien attiré quelques curieux, mais ils ne réagirent guère : comme on leur avait expliqué que le jeu consistait à mettre la balle dans le trou, ils crurent que c'était la façon ordinaire de s'y prendre. Arthur Hunnewell continua de se livrer au golf, avec passion, durant quelque trente ans ; jamais il ne put renouveler son exploit.

Le nouveau sport suscita tant d'intérêt que quelques mois plus tard, le Country Club agrandissait son terrain à neuf trous. On fit venir une vingtaine de moutons d'Angleterre pour l'entretien des fairways. Peu après, le club engageait son premier professionnel, Willie Campbell : ce dernier délaissa son Ecosse natale contre la somme princière de trois cents dollars annuels. Face à la montée de la demande pour les casiers de golfs, il fallut les attribuer par tirage au sort. Des frictions surgirent ; deux trous enjambaient le champ de courses et les cavaliers se plaignaient d'être sans cesse heurtés par des balles. Les plus passionnés se mirent à défier ouvertement une loi ancienne de leur Etat qui prohibait les jeux le jour du Seigneur. On entendit raconter que le golf corrompait les mœurs et dépeuplait les églises. Un beau dimanche, près de trente golfeurs furent arrachés par la police à leur parcours suite à la dénonciation d'un irréductible voisin. Mais l'irréductible mourut avant le procès et l'on renonça aux poursuites. Après quoi, non sans quelques pressions de plusieurs membres influents de Brookline, la législation du Massachusetts se trouva discrètement révisée en sorte de lever l'interdiction.

Cinq ans plus tard, devant la multiplication des adhésions, le Country Club étendit à nouveau son terrain de golf. On acquit des lotissements adjacents pour bâtir un vrai dix-huit trous, niché entre la campagne verdoyante, les rochers de granit et la forêt. On ne garda qu'un seul des neuf trous d'origine : le sept, un par trois. On n'engagea pas d'architecte : il en existait quelques-uns à l'époque, mais les adhérents ne trouvèrent pas l'investissement justifié. Brookline avait, de toute façon, ce caractère inné des grands parcours : une topographie riche et variée. Il y eut bien quelques aménagements mais, dans l'ensemble, le tracé épousait exactement la configuration des lieux. Il en coûta cinq mille dollars et, en octobre 1899, le nouveau parcours ouvrait ses portes.

En 1894 s'ouvrait la toute première compétition inter-clubs des Etats-Unis. Brookline y participait et, au côté d'autres pionniers, fonda du même coup la Fédération des golfeurs amateurs d'Amérique, bientôt rebaptisée United States Golf Association, la célèbre USGA. L'année suivante, celle-ci tenait à Newport, dans l'Etat de Rhode Island, le premier US Open. L'engouement pour le golf se répandit comme un feu de paille parmi les couches aisées de la côte Est : c'était une activité amusante ; on la pratiquait en plein air ; on pouvait le cas échéant s'y adonner en couple ; et cela pouvait à la rigueur passer pour un exercice physique. Les *businessmen* ne tardèrent pas à y trouver un environnement propice à ce lien social si crucial pour les affaires.

Il ne fallut pas longtemps non plus pour que le nouveau sport suscitât l'intérêt d'un équipementier. Ancien *pitcher* chez les Nationals de Boston, Albert Spalding avait ouvert à Chicago un magasin de battes, de balles et de gants de base-ball en 1876. L'Amérique voyait alors naître la première génération d'une longue lignée de fanatiques de ce sport : portée par la vague, la petite entreprise se mua, en l'espace de quelques années, en une chaîne nationale vouée au commerce des articles de sport, la première en son genre : A.G. Spalding & Brothers. Avide de nouvelles conquêtes, Spalding lança une ligne de clubs de golf dès 1894 ; avant peu, il lui fallut racheter une fonderie pour faire face à la demande. Quatre ans plus tard, il se lança dans la fabrique de balles : il importait de Malaisie, à la tonne, de la gutta-percha qu'on moulait dans une usine du Massachusetts. La balle était vendue sous le nom de Spalding Wizard.

Chez Spalding, on avait compris dès cette époque toute l'importance d'associer un nom célèbre à un produit. Et au printemps 1900, Albert Spalding découvrit l'étoile montante à laquelle il entendait lier le destin de sa société. Il n'était pas homme à tergiverser : un câble partit aussitôt pour le club de Ganton, en Angleterre. Albert Spalding les priait de transmettre une invitation à leur professionnel résident, Harry Vardon, vainqueur du British Open 1899. Il s'agissait d'effectuer une grande tournée aux Etats-Unis, tous frais payés, pour appuyer le lancement d'une nouvelle balle de golf de haute qualité.

On l'appellerait la Vardon Flyer.

Harry

QU'EST-CE qui peut bien fasciner l'amateur, même occasionnel, chez un champion de golf ? Pour les autres disciplines, cette attirance s'explique aisément. Les capacités physiques de l'athlète nous éblouissent ; nous nous émerveillons de le voir sans cesse repousser les limites du possible ; les triomphes qu'il remporte sur l'adversité – la souffrance, l'imprévu, le chronomètre, l'âge – sauteraient aux yeux d'un enfant de cinq ans. Mais le golfeur ? Ses exploits eux aussi déchaînent les passions ; vus de l'extérieur, pourtant, ils semblent se résumer à une sorte de promenade alambiquée, entrecoupée d'exercices parfaitement mécaniques. Et la plupart des pros, sur un parcours, affichent toute la passion d'un comptable penché sur un bilan.

Mais dans l'histoire du golf, chaque génération voit surgir un immortel qui transcende les limites du jeu. Alors l'âme est ravie et les imaginations s'enflamment, comme devant une figure sainte. Car à la différence des autres champions, les très grands du golf habitent un monde qui nous est familier. Il n'y a pas de murs dans leur stade : rien ne nous sépare d'eux. Nous les voyons passer parmi nous, dans des habits de tous les jours, des habits que nous pourrions porter nous-mêmes. Leur physique aussi se conforme à l'idée que nous nous faisons de la moyenne. Et cependant, ces héros si proches incarnent à nos yeux un idéal irrésistible : la poursuite acharnée de la perfection absolue – perfection que, parfois, rarement, ils atteignent... Le tout, sous une pression à vous plier un sous-marin.

Durant ses quatre premiers siècles, l'histoire du golf déploie sous nos yeux une parade de figures légendaires ; mais elles passent comme des ombres, sans plus de substance que des embruns. Les premiers golfeurs à s'être immortalisés par leur talent ne sont pas les aristocrates écossais qui, au temps des Stuart, inventèrent ce sport par désœuvrement ; c'est la toute première génération des professionnels du golf, issue des cabanes de jardinier, une génération de crève-la-faim prête à tout pour s'arracher à sa condition. Le golf a ceci de commun avec la boxe : ses premiers pros y voyaient un moyen d'échapper à une misère criante. Sur les premières photographies de golf, prises sur les links écossais au XIXe siècle, de pauvres hères aux allures de clochards, armés d'outils rudimentaires aux noms barbares, *cleek*, *baffie*, crapahutent dans des paysages de fin du monde : rien n'évoque, de près ou de loin, notre vision confortable du golf moderne. Leur visage n'a rien d'avenant non plus : regard sombre, traits sévères, mangés par une barbe en broussaille de prédicateur fou, ces pionniers ont quelque chose de l'Ancien Testament, des Achab en quête d'une baleine blanche échouée. Fier et stoïque, solitaire, accablé par les épreuves : voilà, mes amis, le portrait du vrai golfeur.

Parmi eux, une poignée a tellement raffiné son jeu que leur nom nous est parvenu. Trois hommes de St. Andrews dominent cet âge antique : Robertson ; Tom Morris l'aîné, dit le Vieux ; et son fils, le Jeune Tom Morris, figure tragique, mort de chagrin à vingt-quatre ans après avoir perdu femme et enfant dans une épidémie de choléra. Entre 1830 et 1870, ce trio de fondateurs a pratiquement inventé la figure moderne du golfeur pro, inaugurant du même coup la plus ancienne tradition de ce sport : le British Open, disputé pour la première fois en 1860. Des centaines d'autres joueurs ont marché dans leurs traces glorieuses et embrassé à leur tour la profession. Si l'on compte de nombreux golfeurs de talent dans cette liste, il reste un nom qui s'en détache avec éclat. Rares sont ceux qui se risqueront à le contester : de tous ces champions, Harry Vardon fut le plus grand.

Qu'est-ce qui peut pousser un homme à de tels sommets de perfection ? La réponse n'est pas difficile : en matière de revanche prise sur la misère et la souffrance, aucun n'eut à aller plus loin que Harry Vardon.

Cette vieille scie selon laquelle la France n'a jamais produit de grand golfeur n'est vraie qu'à moitié puisque la mère de Harry Vardon, Elisa, était française. Jersey se trouve à vingt-cinq kilomètres des côtes françaises et à cent trente-cinq des terres anglaises les plus proches ; il n'empêche, elle est restée sous administration anglaise depuis la Conquête de Guillaume en 1066. Les îles anglo-normandes dépendent du comté anglais du Hampshire et, au point de vue religieux, du diocèse protestant de Winchester ; la plupart des habitants parlent à la fois l'anglais et le français. Tout au long du XIXe siècle, Jersey s'est illustrée dans la construction navale, les pommes de terre et l'industrie laitière ; mais le siècle suivant devait voir naître une spécialité moins commune : le champion de golf.

En 1865, le père de Harry, Philip, était venu de Londres travailler comme charpentier sur les chantiers navals, alors florissants, de l'île de Jersey. C'est là qu'il connut et épousa la catholique Elisa. Leur premier enfant, Harry, naissait dans l'année ; sept autres suivirent, tous à un an d'intervalle. Mais au beau milieu de cette impressionnante lignée, l'essor fulgurant de la navigation à vapeur porta un coup d'arrêt brutal à la construction navale en bois. Du jour au lendemain, les chantiers jersiais périclitèrent ; le père de Harry se retrouva au chômage. Il en fut réduit, la rage au cœur, à courir les petits boulots. Les finances familiales s'effondrèrent.

C'est à sept ans, le même âge auquel Francis devait trouver sa Vardon Flyer, que le petit Harry, un matin au saut du lit, découvrit de sa fenêtre un spectacle inexplicable. Six messieurs britanniques en haut-de-forme et redingote prenaient des mesures sur la grève, derrière leur maison. « On aménage un links de golf ici, jeune homme », lui expliqua-t-on. Harry n'osa pas en demander plus ; il ignorait ce que cela pouvait signifier. Six mois passèrent et, trois semaines avant le début du chantier, on expulsait la famille Vardon de sa maisonnette pour faire place au Royal Jersey Golf Club, prestigieuse institution destinée à l'amusement de la bonne société britannique. Harry et ses frères durent déménager leurs maigres biens de la seule maison qu'ils aient jamais connue jusqu'aux taudis insalubres de Grouville. On était en 1877. Harry n'envisageait plus désormais qu'une vie misérable de manœuvre quand, du même nuage qui avait assombri son avenir, jaillit enfin un rayon d'espoir. A l'ouverture du Royal Jersey Golf Club, en 1878, son père l'envoya chercher un emploi de caddie : c'était cela ou ramasser des goémons sur les plages, comme engrais, un penny les douze livres. Harry décida qu'il préférait porter les clubs de ces messieurs, quoi que cela pût vouloir dire.

Le jeu le captiva peu à peu. Il étudiait de près les meilleurs, s'efforçait de reproduire leurs gestes en catimini. Il finit par s'inventer un swing qui incorporait tout ce qu'il avait appris de mieux. Désireux de passer aux travaux pratiques, Harry se tailla un club rudimentaire dans une branche d'aubépine ; il aplatit un carré de fer-blanc pour se faire une aire de départ et se mit à s'exercer la nuit, sur une grosse bille en guise de balle. Son frère cadet, Tom, travaillait lui aussi comme caddie ; à son tour il s'enflamma pour le golf. Tous les deux disputaient des championnats imaginaires qui se tenaient dans quelque futur inaccessible. Le golf était devenu le réceptacle de leurs rêves, mais aussi, dans la réalité, leur unique échappatoire.

Quand Harry eut douze ans, alors que son père sombrait dans le désespoir et sa famille dans la spirale de la misère, il dut renoncer au peu d'instruction qu'on lui dispensait pour aller travailler à la ferme : deux shillings par semaine pour trimer soixante heures dans une étable glaciale – deux shillings qui allaient droit dans la poche de sa mère avant que son père ne trouvât moyen de les boire. De caddie, il n'était plus question que le week-end. Toute la semaine, l'enfant brûlait de retrouver l'air marin, la caresse du soleil ; mais le dimanche, tombant de fatigue, il s'endormait debout, appuyé sur ses clubs, tandis que ces messieurs allaient putter sur le green.

Deux ans plus tard, la chance des Vardon subit un nouveau revers ; les maigres gages de Harry ne suffirent plus à nourrir sa famille. Ce furent alors les créanciers rôdant à la porte, les colères d'ivrogne, les chuchotements nocturnes : un instinct de survie soufflait à Harry que son destin allait bientôt basculer. En rentrant chez lui, une semaine plus tard, il trouva sa mère qui lui préparait son baluchon ; elle tâcha de faire bonne figure, lui remit un uniforme fraîchement repassé, lui apprit qu'on lui avait trouvé une place de domestique chez un riche médecin. « Combien de temps ? » demanda-t-il. Elle évitait son regard. « Trois ans », répondit-elle.

Le lendemain, son baluchon sur l'épaule, Harry Vardon traversait la ville à pied pour gravir le perron du médecin. Un majordome le redirigea vers l'entrée de service et on lui montra sa chambre, un réduit aveugle sous l'escalier.

Le médecin, homme aimable mais distant, le traitait avec humanité ; les gens de sa maison, selon l'usage, le battaient comme plâtre. De toute sa jeune et malheureuse existence, Harry n'avait trouvé qu'une seule source de bonheur, et voilà qu'on la lui refusait. Les seules parties de golf qu'il joua durant les trois années suivantes eurent lieu au clair de lune, les nuits d'été, au terme d'un service de quatorze heures : au cœur de la nuit, lui et son frère Tom se glissaient au Royal Jersey Club pour jouer quelques balles clandestines.

Harry avait dix-sept ans lorsque son engagement prit fin. Il refusa de renouveler son contrat chez le médecin et, tournant le dos aux projets que sa famille avait pour lui, postula pour une place d'apprenti jardinier. Il l'obtint. Son nouvel employeur était un militaire en retraite, le major Spofforth, par ailleurs capitaine du Royal Jersey : sa maison et son jardin jouxtaient d'ailleurs le links. Un jour, le major, rentrant chez lui à l'improviste, surprit Harry dans son jardin qui balançait l'un de ses précieux clubs sur mesure. Le major l'entraîna aussitôt sur un fairway voisin et lui ordonna de rejouer son swing, cette fois avec une balle devant lui. Harry s'exécuta en tremblant : la balle fusa comme une bombe.

« Encore une fois », dit le major en déposant une autre balle. Et encore. Une dizaine de coups plus tard, un sourire éclaira les traits du militaire.

« Vous vous présenterez sur le premier départ demain matin à neuf heures, dit-il en s'éloignant.

– Pourquoi cela, monsieur ?

– Pour jouer avec moi, pardi. Un swing pareil, juste ciel ! »

Cette bonté toute simple serra le cœur de l'adolescent.

Quand il le retrouva au Royal Jersey le lendemain matin, le major Spofforth lui remit un jeu complet de clubs d'occasion. « Suivez-moi », lui dit-il. C'est ainsi que Harry disputa la première vraie partie de sa vie : un quatre balles meilleure balle qui les opposa, lui et le major, à deux des meilleurs joueurs du club. Mis à l'épreuve dès le départ, Harry joua comme si sa vie en dépendait. En arrivant au douzième trou, non loin de l'emplacement où s'élevait autrefois la maison des Vardon, l'issue était déjà certaine : Harry et le major n'avaient pas cédé un point sur l'aller.

Résolu à se montrer digne de la confiance qu'on avait mise en lui, Harry entreprit l'étude systématique de tous les compartiments du golf. D'autres compétitions suivirent : quelques mois plus tard, le major et son protégé battaient n'importe quelle équipe du club. Le major lui accorda bientôt un petit pourcentage sur les paris qu'il engageait, lesquels lui rapportaient des gains considérables. Il diminua aussi ses charges de jardinage à la condition que Harry mît à profit son temps libre pour exercer son golf. L'adolescent ne se le fit pas dire deux fois. C'est ainsi que le parcours qui avait précipité la famille Vardon dans la misère devint, pour leur aîné, le théâtre d'une ascension fulgurante. Deux ans plus tard, Harry atteignait un handicap à un chiffre et battait n'importe quel joueur sur l'île, y compris le major Spofforth et le pro attitré du Royal Jersey. Même de la main gauche, il parvenait à battre la plupart des membres.

Cet été-là, Harry reçut une lettre de son frère Tom, son cadet de deux ans, passionné de golf comme lui. Celui-ci était parti pour l'Angleterre, neuf mois plus tôt, tenter sa chance comme fabricant de clubs, au lieu de quoi il n'avait trouvé qu'une place subalterne de greenkeeper adjoint. Tom n'en avait pas moins une nouvelle exceptionnelle. Il venait de remporter le second prix d'un tournoi à Musselburgh, en Ecosse : douze livres ! Harry n'en avait jamais gagné plus de seize à l'année.

Une semaine plus tard, à vingt ans, Harry Vardon quittait son île pour la première fois. Il prit le ferry en seconde classe jusqu'à Portsmouth et, de là, rejoignit son frère dans le nord de l'Angleterre. Il emportait avec lui tous ses biens en ce monde : une valise en loques et un vieux jeu de clubs. Il prit le premier emploi qu'on lui proposa : greenkeeper sur un parcours de neuf trous dans le Yorkshire, propriété privée de lord Ripon, un vénérable membre du Parlement britannique. Ce dernier n'était pas lui-même un amateur, mais il entretenait le parcours à l'intention de ses invités. Durant les longues heures de son service, six jours par semaine, Harry redevint donc jardinier. Le peu de temps qu'il lui restait, il le consacrait à s'entraîner avec méthode, affinant peu à peu son swing. Six mois plus tard, sur le conseil d'un invité de lord Ripon, assez golfeur lui-même pour reconnaître son talent, Harry obtint une position de pro résident au club de Bury, dans le Lancashire. S'il restait chargé de l'entretien des parcours, ses fonctions incluaient également les leçons particulières aux membres ainsi que la fabrication et la réparation des clubs, le tout pour un salaire d'une livre par semaine.

Entre ces deux emplois, il trouva le temps de rentrer à Jersey pour y épouser son amour d'enfance, Jessie – plus par nécessité que par choix, car la jeune femme se trouvait enceinte de sept mois. Timide, effacée, n'ayant reçu presque aucune instruction, Jessie était mal à l'aise en société. Elle ne se sentait aucun attrait pour le sport en général et le golf en particulier, qu'elle jugeait puéril et impénétrable. Au regard des sommets que le destin de Harry Vardon ne tarderait plus à tutoyer, on aurait pu difficilement trouver une compagne moins appropriée.

La naissance de leur premier enfant resserra tout d'abord leurs liens, mais la santé du bébé se détériora brusquement. Au terme d'une douloureuse agonie, il mourut à l'âge de six semaines. Le cœur brisé, Jessie refusa d'assister aux funérailles et se mura dans une solitude inconsolable. Harry, accablé de chagrin, était porté par son formidable instinct de survie à remonter la pente. Mais au bout d'un mois, malgré tous ses efforts, il n'avait pu convaincre son épouse de quitter Jersey pour le suivre en Angleterre. Leur triste séparation inaugurait un schéma qui devait perdurer tout au long de leur vie conjugale : Jessie restait à la maison tandis que Harry, se voyant refuser en tant qu'homme le soutien familial qu'il n'avait jamais connu comme enfant, partait seul à l'assaut de ses rêves solitaires. Des années plus tard, devenu le plus grand golfeur du monde, il résumerait en trois mots cet élan qui l'avait soutenu tout au long de vingt et un ans d'épreuves : « Ne jamais désespérer. »

Il trouva une chambre chez un couple sans enfants qui demeurait près de son nouveau club. Il travailla dur pour se ménager les bonnes grâces des membres ; et le désert de sa vie intime lui permit de s'astreindre à la plus austère des disciplines d'entraînement jamais vues, un régime que nul avant un Ben Hogan ne se risquerait à imiter. Mais Harry avait appris, dans la douleur, que la seule différence entre un rêve qui se réalise et une vaine chimère tient dans un travail acharné. Il passa des semaines à étudier méthodiquement chacun de ses clubs pour en percer tous les mystères : il envisageait toutes les éventualités, pratiquait tous les coups possibles. Quand il lui semblait avoir enfin maîtrisé un club, il passait à un autre, celui qui lui donnait le plus de mal, traquant la moindre faiblesse de son jeu, faisant fructifier ses talents comme un placement en banque. Quelques mois plus tard, son frère Tom accepta un emploi de fabricant non loin de son club et redevint, comme avant, son seul compagnon. Nature exubérante et optimiste, Tom Vardon avait échappé aux épreuves qui avaient accablé son frère aîné. Il n'avait pas l'intensité sévère de Harry ni ses prodigieuses facultés de concentration. Cela faisait de lui un partenaire idéal : Tom arrondissait les angles, tempérait la résolution obsessionnelle de son frère et son ambition acharnée par les vertus plus nobles de l'amitié. Ensemble, ils se mirent à courir les petits tournois du nord de l'Angleterre, en partie pour l'argent, mais avec aussi l'ambition de se frotter un jour aux meilleurs : ce qu'ils visaient, c'était le championnat national, le British Open. La route vers leur rêve se révéla longue et pénible : à l'époque, les golfeurs professionnels n'étaient guère mieux perçus que de simples manœuvres, des enfants de la classe ouvrière dont on admirait certes l'adresse mais qui, dans les vues étroites de l'aristocratie, gardaient les stigmates de leur extraction : l'ivrognerie, les rixes, la rapine. Le professionnel qui nourrissait le moindre espoir de progresser se voyait tenu d'embrasser une existence itinérante, à écumer les provinces dans des compartiments de troisième classe ou des wagons à bestiaux, entre les pensions minables et les pubs locaux. Les premiers pros du golf partageaient, sur l'échelle sociale, le barreau peu enviable des saltimbanques et autres artistes de cabaret, quelque part entre le commis-voyageur et le saisonnier agricole. C'étaient pour la plupart des gens frustes dont l'accent irréductible écorchait les oreilles distinguées. Les gentlemen amateurs se voyaient accueillis à bras ouverts dès lors qu'ils daignaient se déplacer pour une compétition dans un club privé ; mais les pros invités relevaient de la catégorie des extras : ils étaient là pour distraire l'adhérent sur le parcours et se faire oublier ensuite. Il faudrait attendre quelque trente ans avant que ces frontières de castes ne s'effacent et que l'on voie des professionnels autorisés à déjeuner, ou même à se changer, dans un clubhouse privé d'Angleterre ou d'Amérique. On a du mal à l'imaginer aujourd'hui, à l'heure où les superstars du golf sillonnent la planète en jet privé, courant des tournois dotés en millions de dollars...

Ces nouvelles privations, s'ajoutant à la dureté de son enfance à Jersey, ne servirent qu'à tanner davantage le cuir épais de Harry Vardon. Restant à l'écart de ses compagnons de voyage, lesquels se contentaient d'une existence marginale du moment qu'elle assouvissait leur passion du golf, le jeune homme de vingt-trois ans gardait les yeux fixés sur les plus hautes distinctions sportives. Toutes ces années de privations servaient d'aliment à son ambition. Harry n'avait aucun autre talent et presque aucune éducation : son avenir allait donc se jouer sur un coup de dés.

Estimant avoir fait leurs gammes après quelques années de vagabondages studieux, Harry et Tom Vardon s'inscrivirent enfin à leur premier championnat, l'Open de Preswick, en 1893. Sur le premier départ, Harry se vit attribuer comme caddie un bossu de douze ans. Le gamin commença par le noyer sous un flot de mauvais conseils quant aux difficultés supposées du parcours, avant de l'insulter copieusement chaque fois qu'il s'avisait de n'en pas tenir compte. Harry, qui débutait en championnat, hésitait à contredire son caddie ; au douzième trou pourtant, tout son instinct lui cria que le gosse se trompait sur le choix du club ; il refusa celui qu'on lui tendait, en prit un autre, posa la balle à deux mètres du drapeau et rentra un birdie sans faillir. Le caddie se retrancha dès lors dans un silence buté ; il ne lui adressa plus la parole de tout le parcours. Quand ils arrivaient devant la balle, il se contentait de lui tendre le sac, Harry choisissait son club, après quoi le gosse lui tournait le dos sans autre forme de procès. Harry ne passa pas le troisième tour ; mais la qualité de son jeu fit tourner toutes les têtes. Et à la fin du tournoi, le Vieux Tom Morris en personne, figure tutélaire des golfeurs professionnels, le prit à l'écart pour lui parler de son swing. Pour un golfeur débutant en championnat, ce témoignage de gentillesse valait tous les trophées du monde ; mais de la part du Vieux Tom, le geste n'avait rien d'anecdotique. Du premier coup d'œil, le maître avait trouvé dans le jeune Harry un héritier, digne de reprendre ce flambeau que lui-même avait reçu d'Allan Robertson, et de prolonger ainsi la lignée des grands du golf, interrompue par la mort tragique de son fils Tom le Jeune. Restait à voir si le jeune homme serait à la hauteur de son destin.

Harry n'était pas venu au golf par les voies canoniques de l'école écossaise, alors omniprésente. Il avait de ce sport une approche unique, qu'on n'avait jamais vue encore en Angleterre. De tout temps, les golfeurs avaient tenu leur club à deux mains, l'une au-dessus de l'autre, ainsi qu'une batte de baseball. Harry, de son propre chef, avait inventé un grip entrecroisé où les doigts de l'une et l'autre mains se chevauchaient, l'auriculaire droit venant s'appuyer sur l'index gauche. Ainsi ses puissantes mains se verrouillaient-elles en une seule prise : il en résultait une meilleure tenue et une plus grande puissance à l'impact. Sa coordination était si précise que sur le gazon il tapait la balle sans même lever de divot. Et la balle lui obéissait comme une bête de cirque : il convoquait à volonté fades et draws, tandis que ses coups normaux fusaient comme des boulets de canon. Il était passé maître d'un coup qu'il appelait le *push shot* où, contre les vents les plus forts, sa balle partait en rasant l'herbe pour se poser sur le green, et y rester. Tous ces exploits, il les tirait de huit clubs seulement, soit la totalité de son sac à une époque où les règles ne connaissaient aucune limite en la matière. Lorsqu'il disputa son premier Open, Harry Vardon était déjà, en termes d'adresse, le plus grand golfeur de tous les temps.

Sur les parcours, son jeu paraissait d'une si trompeuse aisance qu'on ne tarda pas à le surnommer le Styliste. Il fut le premier athlète complet du golf : il maintenait sa forme grâce à un programme rigoureux d'exercices adaptés. Quoique la balle en gutta-percha régnât depuis déjà quarante ans, de nombreux pros en étaient restés au « swing St. Andrews », sorte de coup fouetté destiné à pousser les balles en plume d'antan sous les terribles vents écossais. Harry, qui avait appris le golf avec la gutta-percha, adressait la balle plus en avant et campait solidement ses pieds. Puis il effectuait un swing puissant et efficace, qui ne déparerait pas aujourd'hui sur un circuit professionnel, et cela, sur un tempo plus sûr que celui d'une valse de Strauss. Le swing moderne était né. Des dizaines de pros ne tardèrent pas à copier ce geste élégant et musical. Et ils furent si nombreux à lui emprunter sa façon unique de tenir ses clubs qu'elle est restée dans l'histoire comme le « grip Vardon ».

Harry Vardon, dit le Styliste, ne tarda pas à mériter sur les tournois un nouveau surnom : le Lévrier. Il devait celui-ci à la façon inexorable dont il gagnait du terrain tout au long d'un match. Quiconque menait devant lui ne pouvait jamais se sentir à l'abri. On peut attribuer ce phénomène à une qualité unique de Vardon, une qualité qu'aucun de ses nombreux admirateurs n'a jamais su retrouver et qui demeurait enfouie derrière ses bonnes manières : sa remarquable force d'âme. Après une enfance comme la sienne, toute infortune qui pouvait l'accabler sur un terrain était encore une partie de plaisir.

En cette même année 1893, un autre talent précoce du golf faisait ses débuts en Open : John Henry Taylor. Fils d'artisan comme Harry, Taylor avait exercé comme caddie, puis comme joueur au Royal North Devon, plus connu sous le nom de Westward Ho. Ce parcours, dessiné par le Vieux Tom Morris, est le premier vrai links de bord de mer en Angleterre. Taylor avait inventé un swing bien à lui, qu'il jouait les pieds à plat et qui trouvait sa puissance dans ses jambes musculeuses. Il avait des cuisses si épaisses qu'il ne parvenait plus à croiser les jambes ; il éprouvait d'ailleurs les plus grandes difficultés à trouver des pantalons à sa taille. En 1893, Taylor était déjà passé professionnel et officiait à Winchester, l'un des meilleurs clubs britanniques. Il avait été domestique : son enfance, comme celle de Harry, tenait d'un roman de Dickens. Mais à la différence du solide Vardon, Taylor en avait gardé des nerfs fragiles : c'était un adversaire impitoyable, mais sujet à des crises de doute et affligé de problèmes digestifs chroniques. Un fox-terrier, agressif et nerveux, face au lévrier Vardon. Tous deux se découvrirent de nombreux points communs et se lièrent presque aussitôt.

L'année suivante, en 1894, les autorités de la Royal & Ancient Golfing Society allongèrent la liste des sites ouverts au British Open. On annonça que, pour la première fois en trente-quatre ans d'existence, le tournoi ne se tiendrait pas en Ecosse, mais à Sandwich, dans le Kent, sur le links de St. George. Ce parcours, l'un des plus courus en été au sud de l'Angleterre, représentait une addition heureuse. Ses gazons immaculés fourniraient ces lies parfaits dont tous les joueurs rêvent. Harry finit cinquième tandis que son ami J.H. Taylor survolait le tournoi, devenant ainsi le premier Anglais à briser l'hégémonie écossaise sur l'aiguière d'argent. Harry ne manqua pas d'observer combien la victoire avait changé la vie de son ami : le club de Taylor doubla immédiatement son salaire ; et ses leçons particulières, pour lesquelles on se bousculait, lui permirent de le tripler. S'y ajoutèrent les démonstrations aux quatre coins du Royaume et les invitations à des tournois de prestige richement dotés. On lui demanda même de prêter son nom à des produits, depuis des balles de golf jusqu'à une bière : une nouveauté dans le monde sportif – et une opportunité que les professionnels désargentés accueillaient à bras ouverts.

En 1895, J.H. Taylor prouvait que sa victoire n'avait rien d'une imposture : il défendit victorieusement son titre et, cette fois, en terre écossaise, l'austère parcours de St. Andrews. Harry progressa lui aussi : il termina le premier tour en tête du classement. La presse locale broyait du noir. C'était une chose qu'un Anglais remporte l'aiguière à domicile ; mais ici, à St. Andrews, le Saint des Saints du golf écossais ? Les Philistins saccageaient le Temple ! Aux yeux de ces journalistes, la deuxième victoire de Taylor augurait de sinistres lendemains pour le golf écossais. De fait, l'homme qui allait bientôt incarner leurs pires cauchemars sortait déjà de l'ombre. Harry finit neuvième cette année-là, ex aequo avec son frère Tom. C'est d'ailleurs une curiosité dans sa carrière : Vardon n'a jamais gagné sur les terres natales de la Royal & Ancient. Pour une raison qu'il n'a jamais su expliquer, il ne se sentait pas en phase avec St. Andrews. Le parcours ne convenait pas à son golf, tout simplement.

Début 1896, Harry gravit un nouvel échelon en acceptant une place au club de Ganton, dans le Yorkshire. Le parcours, vieux de cinq ans, allait bientôt entrer dans les sites de la Ryder Cup. Il avait été dessiné par Alistair Mackenzie, chirurgien des armées durant la guerre des Boers et, par la suite, architecte de plusieurs chefs-d'œuvre américains, notamment Cypress Point et Augusta National. Ganton fut l'un des premiers parcours de lande britannique, situé à quelques kilomètres en retrait de la mer : cette rupture avec la tradition du links annonçait un avenir plus varié pour l'architecture des terrains.

Harry n'avait pas encore remporté le British Open, mais il était passé désormais par son creuset, où il avait pu tremper ses forces et jauger, d'un œil froid, celles de la concurrence. Il en avait retiré l'intime conviction que le seul obstacle entre lui et la coupe, c'était son excellent ami J.H. Taylor. Or Harry avait aussi décelé, chez ce dernier, une faille qu'il pensait pouvoir faire jouer à son profit. J.H. était un meneur plein d'assurance, à son meilleur quand on lui laissait l'avantage ; mais en combat singulier, Harry soupçonnait que ce swing tendu et anguleux aurait bien pu sortir de ses gonds. Aussi pria-t-il son club d'organiser un match entre lui et Taylor, sur son terrain de Ganton, à trois semaines de l'Open 1896. Ravis de promouvoir leur parcours et leur pro, les membres de Ganton acceptèrent. Taylor donna lui aussi son accord et la presse fit le reste. La rencontre entre le détenteur du British Open et une étoile montante du golf devint un événement majeur.

C'est un Taylor confiant qui se présenta, la veille du match seulement, à Ganton ; si confiant même qu'il ne jugea pas utile de jouer un tour d'entraînement sur un parcours qu'il connaissait mal. Le 14 mai 1896, les deux hommes prenaient le départ devant une foule assez partisane. Harry serra la main de son adversaire sur le premier tee et ne lui adressa plus la parole avant le green du onze, où ce fut Taylor qui vint lui serrer la main et le féliciter. Le match était fini : Harry l'avait remporté par 8 et 7 – c'est-à-dire huit trous d'avance, à sept trous de la fin. Vardon venait, tout simplement, de balayer le double champion de l'Open.

La carrière de Taylor ne s'arrête pas là : il a remporté au total pas moins de cinq British Opens, l'Open de France et celui d'Allemagne. Ce fut aussi l'un des pères fondateurs de la Professional Golfer's Association, et le capitaine de l'équipe britannique pour la seconde Ryder Cup. Taylor, qui avait été caddie au Royal North Devon dans son enfance, fut élu à la présidence de ce club en 1937. Il fut le premier golfeur de l'histoire à parachever l'ascension sociale typique du professionnel. Taylor demeure, dans l'absolu, un joueur exceptionnel ; mais à peine éclos, son prodigieux talent eut l'infortune de croiser la route d'un grand maître, comme Arnold Palmer, par la suite, devait voir se dresser devant lui Jack Nicklaus. Taylor vécut jusqu'en 1963. Bien des années plus tard, ayant vu s'illustrer, sept décennies durant, les plus grands noms du golf, les Hogan et les Nicklaus, il gardait pour Vardon une admiration intacte. Il écrit dans son autobiographie : « Je ne me doutais pas, en jouant contre lui à Ganton, que mon adversaire du jour allait devenir, et je pèse chacun de mes mots, le golfeur le plus doué et le plus accompli de tous les temps. »

Trois semaines plus tard, The Honorable Company of Gentlemen Golfers, la plus vénérable fédération de l'histoire (sa fondation précède de dix ans celle de la Royal & Ancient), accueillait l'Open 1896 sur son nouveau terrain de Muirfield, à l'est d'Edimbourg. Délaissant le parcours surpeuplé de Musselburgh, l'honorable assemblée avait acquis une prairie détrempée, où s'étendait un links rudimentaire datant du XVIIIe siècle ; du jour au lendemain, elle en fit un parcours de légende.

L'âge des grands tournois restait à venir : le British Open se jouait à l'époque en deux journées, à raison de deux tours quotidiens. Harry termina la première journée six coups derrière Taylor, lequel, comme à son habitude, n'était jamais meilleur que quand il avait pris les rênes du tournoi. Les soixante-quatre pros engagés se virent refuser l'accès au club-house et durent se contenter d'un baraquement de fortune, devant un étang boueux. Vardon et Taylor, craignant d'y entreposer leur matériel, préférèrent rapporter leur sac pour la nuit jusqu'à la pension voisine. Harry s'en tint à sa stratégie de Ganton : il n'adressa pas la parole à Taylor. Le lendemain matin, celui-ci avoua qu'il n'avait pas fermé l'œil de la nuit.

Le deuxième jour, Harry rendit une carte de 78 le matin, contre 81 pour Taylor. Il rattrapait ainsi la moitié de son retard. L'après-midi, le vent se leva. Taylor signa de nouveau 81 ; mais le vent posait un problème à tout le monde et, en regagnant les vestiaires, Taylor gardait l'avantage. Puis il apprit que Vardon le remontait et retourna sur le dix-huit le voir conclure. C'est un par quatre de quatre cent dix mètres, particulièrement technique. Un birdie donnerait la victoire à Harry ; le par les engageait en play-off. Vardon joua un drive presque parfait, mais sa balle eut un rebond malheureux sur le fairway et finit à droite, dans le rough léger. Pour tenter le birdie malgré tout, il lui fallait franchir un bunker qui défendait le green sur plus de quarante mètres : plus d'un champion y avait laissé tous ses espoirs. Les bunkers d'alors n'avaient pas grand-chose à voir avec les coquettes trappes de sable que nous connaissons aujourd'hui : c'étaient de grandes fosses à l'abandon, jonchées de pierres et de débris. Harry envisagea les éventualités et arrêta sa stratégie : convaincu de l'emporter sur Taylor en combat singulier, il joua court de l'obstacle, monta sur le green en chip et rentra tranquillement le par.

Le play-off sur trente-six trous fut retardé d'une journée, les deux adversaires s'étant engagés de longue date à disputer un autre tournoi, sur le parcours voisin de North Berwick. Le lendemain, à North Berwick, Harry ménagea ses forces. Il finit neuvième et, en retournant au vestiaire, eut la satisfaction de voir que Taylor, incapable de résister à son instinct de compétition, s'engageait à fond dans cette partie mineure. De fait, Taylor finit ex aequo et dut disputer neuf trous supplémentaires de play-off avant de l'emporter. Le tournoi de North Berwick lui rapporta la somme de huit livres ; mais il y avait laissé des forces considérables, qui lui feraient grandement défaut par la suite. Autre signe encourageant pour Harry : peu avant son tour du matin, il avait déniché un putter d'occasion à l'atelier de North Berwick ; il l'avait tellement aimé au toucher qu'il avait demandé qu'on lui ajuste pendant le tournoi. En revenant du parcours ce soir-là, Harry fourra dans son sac le putter modifié, puis il regagna Muirfield où il dormit du sommeil du juste.

A neuf heures le lendemain matin débutait le play-off de l'Open 1896. Tom Vardon faisait le caddie pour son frère, et son soutien n'était pas pour Harry un mince atout. Tom, lui-même un joueur d'exception, connaissait le jeu de son frère comme sa poche ; nul n'était mieux placé que lui pour offrir le meilleur des conseils au bon moment. Il était aussi le seul être auquel Harry Vardon, champion solitaire qui ne se fiait qu'à lui-même, accordât sa confiance. Il le conseillait sur son golf, sur son couple et sur tout ce qu'il y avait entre l'un et l'autre. Leur relation transcendait leurs différences ; ils faisaient équipe ensemble – Jersey contre le reste du monde – et c'était le jour le plus important de leur vie.

Harry arriva fin prêt sur le départ. Il prit six coups d'avance à l'aller ; Taylor parvint à remonter à deux coups de lui sur les neuf trous suivants. De l'avis d'un journaliste, l'issue du championnat se joua au déjeuner. Il suffisait de les voir à table : Harry, d'une incroyable sérénité, attablé devant un solide bifteck et une pinte de bière sous les yeux de cinq mille spectateurs, bavardant aimablement avec tout le monde ; et, non loin de là, Taylor, mangé de tics, la peur au ventre, qui chipotait un biscuit devant une tasse de thé léger, sans quitter des yeux son adversaire.

L'après-midi, sur le premier départ, Harry expédia son drive derrière le mur d'enceinte de Muirfield : hors limites ; Taylor, lui, rentra un birdie. Egalité. Harry encaissa sans broncher et passa aussitôt à autre chose : « Bon. Elle est perdue, elle est perdue », confia-t-il en souriant à son frère. Taylor, de son côté, semblait au bord de l'apoplexie. Trois trous plus tard, Harry avait regagné son avance de deux coups et ne la lâcha plus jusqu'au dix-sept. Les deux adversaires gagnèrent le green de ce par cinq en trois coups pour se retrouver à quelque douze mètres du trou, Vardon juste derrière Taylor. Taylor putta trop court, sa balle vint mourir au bord du trou. Harry prit sa ligne, caressa son putter de seconde main et rentra la balle sans ciller. Birdie, trois coups d'avance, un dernier trou à jouer. Envahi par un calme qu'il décrirait plus tard comme surnaturel, Vardon se campa sur le tee et expédia son drive en plein milieu du fairway. Forcé à l'exploit, Taylor chercha le green dès son deuxième coup, trouva un bunker et finit en six. Harry ne prit pas de risque : il joua court de l'obstacle, chippa sur le green et rentra sa balle en deux putts. La foule explosa en acclamations : Harry Vardon venait de gagner l'Open.

Son frère courait à lui ; les deux hommes s'embrassèrent, les larmes aux yeux. Ils prolongeaient leur étreinte sans pouvoir articuler un son. La prière que Harry avait formulée des années plus tôt, pour s'arracher à la noirceur de son île misérable, avait été entendue. Il avait jeté sur une feuille quelques mots qu'il comptait déclarer à la remise du trophée ; mais quand il reçut l'aiguière et qu'il put, pour la première fois de sa vie, brandir au-dessus de sa tête ce trophée des trophées, un torrent d'émotions auxquelles il n'avait jamais donné libre cours, ni sur le green ni ailleurs, l'envahit tout d'un coup et il ne put que chuchoter, d'une voix rauque, un simple merci.

On ajouta son nom à la liste prestigieuse des vainqueurs de la *Claret Jug*. Il s'en retourna chez lui plus riche de trente livres, la plus grosse somme qu'il eût jamais remportée. Il pendit au-dessus de sa cheminée le putter qu'il avait adopté à North Berwick, mais ne l'employa jamais plus. Les privilèges de la victoire ne tardèrent pas à se présenter : on l'assaillait de demandes pour des leçons particulières, les invitations se bousculaient sous sa porte pour des tournois richement dotés et, en l'espace de quelques mois, il quadrupla son salaire.

Le succès lui seyait. Harry remporta presque toutes les compétitions où il concourut l'année suivante ; la rumeur fit le reste et, comme plus tard pour un Palmer ou un Tiger Woods, on vit des foules de plus en plus nombreuses se masser sur les parcours rien que pour le voir jouer. Il avait dit adieu aux pensions minables et c'est dans de grands hôtels qu'il passait désormais ses nuits solitaires. Son beau visage austère et sa silhouette athlétique ornèrent bientôt toute une série de publicités, ce qui ne fit que renforcer sa popularité auprès d'une légion grandissante d'admiratrices.

Son épouse Jessie sentit-elle le vent tourner ? En tout cas, après cinq années de réclusion à Jersey, elle consentit enfin à le rejoindre en Angleterre : ils achetèrent leur première maison, à quelques pas de son club à Ganton. L'heure de Harry sonnait enfin : il sut la saisir à deux mains. Aiguillonné par cette misère à laquelle il s'était arraché au prix de tant d'efforts, il allait devenir le golfeur professionnel le plus riche que le golf eût connu à l'époque.

Le Styliste affichait une élégance qui allait bien au-delà de son golf. Agacé de maculer ses bas de pantalon, engoncé dans la traditionnelle veste en tweed, il se choisit une tenue mieux adaptée à son swing coulé. Début 1897, sur le départ d'un tournoi en Irlande, il présenta enfin sa création : un élégant veston Norfolk avec rose rouge au revers ; une chemise blanche et une cravate ; des culottes knickerbockers, tenues par des bretelles et lacées sur de hautes chaussettes en laine. Il expliqua patiemment aux reporters perplexes que les bretelles l'incitaient à garder les épaules droites ; quant aux culottes tyroliennes, longtemps considérées comme l'apanage des préadolescents, elles évitaient d'embourber ses chevilles. Les golfeurs les appellent aujourd'hui des *plus-fours*, parce qu'elles tombent à quatre inches (dix centimètres) au-dessous du genou. La vieille garde des pros écossais grommela dans sa barbe que Vardon se donnait de grands airs ; la presse locale irlandaise se demanda s'il n'était pas devenu fou. Harry se contenta de sourire ; suggéra aux Ecossais d'adopter le kilt, pour un confort similaire ; prit son adresse et lamina ses adversaires, gagnant le tournoi avec onze coups d'avance. Vardon devait jouer dans cette tenue tout au long de sa carrière. L'année suivante, le *plus-four* figurait dans la garde-robe de tout golfeur britannique digne de ce nom.

Harry aimait la camaraderie des vestiaires, où il ne tardait jamais à s'attirer la sympathie des autres professionnels. Tous savaient aussi qu'une fois sur le parcours, il n'aurait plus qu'un but : les réduire en poussière. Dès lors que la pression montait durant un match, Vardon témoignait d'une faculté de mobilisation stupéfiante : il semblait capable d'engager un braquet dont les autres étaient dépourvus. Si grande était sa concentration qu'il ne parlait que très rarement durant un tour ; il se contentait de jouer, avec aux lèvres ce demi-sourire perpétuel, si caractéristique de sa personne qu'un chroniqueur n'a pas hésité à le qualifier de « vardonique ». Il fumait souvent la pipe en jouant : ce détail ajoutait encore à sa décontraction apparente, ce détachement dont il semblait faire preuve face à n'importe quelle péripétie. Bon ou mauvais, Harry ne prêtait jamais attention au coup d'un de ses adversaires – ce qui les perturbait bien plus que lui. Rappelez-vous le Jack Nicklaus des débuts, le dimanche sur les neuf du retour, durant n'importe quel grand tournoi, et vous aurez une vague idée de Harry Vardon, champion aux nerfs d'acier. Cet homme était doté – soit par nature, soit à force de volonté – d'un tempérament parfaitement adapté à ce jeu complexe et enrageant : l'engagement toujours, l'émotion jamais. Cette faculté de compartimenter les choses, de faire la part des affects et des enjeux concrets, est l'un des atouts qui distinguent un champion du reste de la meute. Harry a prétendu un jour, sans doute sans se vanter, que ses nerfs ne l'avaient jamais lâché au cours d'un match. On peut affirmer en tout cas que si c'est arrivé, nul n'en a rien su, car ses traits restaient toujours de marbre.

Un cheval lui coûta l'Open 1897. Le tournoi se jouait à Hoylake, près de Liverpool. Le parcours, comme il arrivait fréquemment à l'époque, jouxtait un champ de courses hippiques. Sur le trou décisif du dernier tour, le drive de Harry s'écarta sur la piste pour s'enterrer dans une profonde empreinte de sabot. La balle était injouable. C'était la loi du sport, Harry l'accepta sans broncher et prit un double bogey qui le mit hors course. Il termina sixième.

Au British Open de l'année suivante, à Prestwick, il battit à plates coutures l'Ecossais Willie Park Junior. Park, un architecte de terrain très connu et un vantard invétéré, avait remporté par deux fois l'aiguière, en 87 et en 89. Il avait aussi rédigé le tout premier manuel pratique de golf, que l'on s'arrachait. Il venait de passer l'apogée de sa carrière, ce qui ne l'empêchait pas de rouler des mécaniques avec la faconde d'un lutteur de foire.

Terre natale du British Open, le links de Prestwick reste, à ce jour, un véritable hommage aux austères origines du golf : des coups à l'aveugle, des fairways élastiques, des bunkers qui tiennent de la fosse commune, et le tout sous les bourrasques. En somme, tout l'abrégé du jeu à l'écossaise, auquel Harry se frottait pour la deuxième fois en Open. Il choisit la prudence, s'en tint à un golf à l'ancienne et talonnait Willie Park, à deux coups derrière lui, au départ du dernier tour. Harry jouait devant Park ; sur le dix, il réussit un birdie. Les panneaux de score n'existaient pas à l'époque : les caddies couraient d'un trou à l'autre pour rapporter à leur joueur les progrès de ses adversaires. Vite averti que Vardon l'avait rattrapé, Park s'accrocha ; les deux hommes restèrent à égalité jusqu'au dix-huit, un original par trois. Harry manqua le green et il écopa d'un chip ; mais il rentra un putt délicat de trois mètres, sauvant le par et signant une carte de 76. Vingt minutes plus tard, la foule se massait autour du dix-huitième green pour voir arriver Willie Park. On se disputait les bonnes places et, en approchant à son tour, Harry se retrouva repoussé aux derniers rangs ; nul n'avait remarqué sa présence.

Park toucha le green du premier coup. Il affrontait maintenant un putt de six mètres contre la pente et sans irrégularité. Le coup était jouable : s'il le réussissait, Willie Park Junior remporterait l'Open 98. Park avait baptisé son fidèle putter Old Parky ; le talent avec lequel il le maniait sur les greens britanniques comptait parmi ses premiers atouts. La foule se tut. Harry se retourna et tendit l'oreille. Quelques instants plus tard, un brouhaha s'éleva, mais il n'y eut pas d'applaudissements : Park était arrivé trop court d'un mètre. Tandis que le golfeur se dirigeait vers sa balle pour le tap-in de rigueur, Harry s'éloignait déjà, bandant ses forces pour le play-off du lendemain. Il s'arrêta net en entendant ce gémissement si particulier des spectateurs de golf, huit mille voix rompant d'un coup le silence absolu comme une gigantesque créature qui vient de perdre un pari : « Ooooh ! » Park avait raté son tap-in ! Les spectateurs, comme au sortir d'un rêve, s'aperçurent soudain que Harry Vardon se trouvait parmi eux et les acclamations retentirent. Harry venait de remporter son deuxième British Open.

Willie Park Junior fut ébranlé par sa défaite. Il déclara, sans élégance, qu'on lui avait volé l'aiguière. Là-dessus, le bruit courut qu'il avait manqué son dernier putt à dessein, croyant en fait jouer le play-off contre Vardon. En arrivant sur le green, des supporters de Harry lui auraient fait croire à un bogey de son adversaire : Vardon ne devait sa victoire qu'à ce mensonge. Apprenant que c'était Park lui-même qui avait lancé la rumeur, Harry ne s'abaissa pas à y répondre. Cela ne fit qu'empirer les choses.

S'érigeant en champion de l'honneur écossais, au nom des vraies traditions du golf bafouées par l'arrivisme britannique, Willie Park se mit à lancer des défis tonitruants dont *Golf Magazine*, mois après mois, se faisait l'écho : que Harry ose le rencontrer en match-play, pour laver cet affront imaginaire. Il proposa des enjeux inouïs pour l'époque : cent livres, le tout au vainqueur. Mais les premières tractations tournèrent court : Park accusait Vardon, Vardon lui rendait la monnaie de sa pièce. Chaque fois que les deux hommes se croisaient en tournoi, l'Ecossais accablait d'insultes le Britannique. Ce dernier se retint tant bien que mal de lui casser la figure. Elevé à la dure, il s'était forgé un caractère d'une courtoisie exemplaire ; mais il ne tolérait pas qu'on lui manquât de respect. Il riposta dans les pages de *Golf Magazine*, déclarant posément que Park, comme golfeur, « ne valait pas tripette ». Leur dispute, amplifiée par la presse, ne tarda pas à prendre une dimension nationale, les quotidiens écossais et britanniques se rangeant chacun derrière leur champion respectif.

Il est bien possible, après tout, que Willie Park n'ait démarré cette polémique retentissante que pour relancer une carrière en perte de vitesse. Il est le premier pro de l'histoire à avoir lancé une ligne d'articles à son nom et les ventes de sa balle à cinquante-six facettes – baptisée la Park Royal, en toute modestie – s'étaient ressenties de sa défaite. (Les jours de forte chaleur, en tournoi, Park couchait ses balles sous de la glace pour leur garder leur fermeté.) Rendons-lui cette justice : l'hostilité de Willie Park n'était peut-être que de façade et visait surtout à redorer, avec un sens certain du spectacle, le blason de son produit phare. Mais si tel était son mobile, Park ne jugea pas utile d'en avertir Vardon ; au bout du compte, en créant cet incident international, il ne parvint qu'à muer l'agacement de Harry en une rage froide et meurtrière. L'Anglais le laissa donc vociférer ; il refusait d'envisager une rencontre avant l'Open 89, qui eut lieu au Royal St. George.

Le Lévrier avait alors atteint sa pleine vitesse : dans ce qui restera comme l'une des périodes les plus inspirées de toute sa carrière, Harry survola littéralement la compétition, rendant une carte de 76 dès le premier tour et finissant avec cinq coups d'avance. C'était le troisième Open qu'il remportait en quatre ans. Surnommé par la presse le « Napoléon du golf », Harry semblait bien parti pour entraîner sa discipline vers des sommets inédits de popularité. Il lui restait pourtant un détail à régler : Willie Park Junior.

Harry consentit à rencontrer son challenger en match-play sur soixante-douze trous : un match aller de deux tours dans le club écossais de Park ; un match retour chez lui, à Ganton. Les adversaires déposèrent chacun cent livres – une part non négligeable de la fortune de Harry – auprès du rédacteur en chef de *Golf Magazine*. La presse couvrit l'événement comme elle le ferait aujourd'hui pour un combat de boxe, tandis que les supporters des deux pays aiguisaient leur fierté nationale. L'affluence fut telle au match aller qu'on dut affréter des trains spéciaux.

Le links de North Berwick, l'un des plus vieux d'Ecosse, est un monument historique, même s'il n'a jamais inspiré aux passionnés la vénération dont s'entourent St. Andrews ou Prestwick. Serré sur une bande sauvage de la côte orientale, c'est un parcours honnête, exigeant, sans génie. Les fans écossais y avaient sérieusement malmené les golfeurs anglais par le passé ; aussi les proches de Harry lui recommandaient-ils en privé de ne pas s'y aventurer sans escorte. Mais Vardon n'était pas homme à céder aux menaces, surtout devant un menteur qui avait traîné son nom dans la boue. Il ne se fit accompagner que de son frère Tom, lequel, outre ses fonctions de caddie, s'improvisa garde du corps.

La veille du match, tandis qu'ils reconnaissaient le parcours, un énergumène jaillit soudain au détour d'une dune et lança un gros fer à cheval à la tête de Harry ; il fallut au champion ses réflexes les plus affûtés pour éviter le projectile. Il se trouva que son assaillant était un caddie local bien connu, un simple d'esprit qu'on appelait Big Crawford et qui tenait la buvette du parcours. Loin de vouloir s'en prendre à Harry, il expliqua qu'il avait misé jusqu'à son dernier penny sur lui et qu'il n'avait cherché, en jetant le fer par-dessus sa tête, qu'à lui porter chance. En regagnant sa pension, Harry eut le sentiment que cette étrange aventure pourrait bien produire l'effet escompté ; mais il lui avait fallu toute sa force de persuasion pour empêcher Tom de retourner à l'envoyeur le dangereux porte-bonheur.

Le lendemain matin, près de huit mille personnes se massaient autour du parcours. Une haie de dix rangs, courant de l'atelier jusqu'au départ, salua dans des acclamations l'apparition de Willie Park ; Harry lui emboîta le pas sous les huées et les sifflets. Harry se figea sur place : il regarda fixement le groupe des perturbateurs. Pour un fan écossais élevé dans les traditions du jeu, un champion de l'Open reste un champion de l'Open, même s'il a l'infortune d'être anglais. Les sifflets se turent ; Harry sourit et s'éloigna. Toute la journée – du moins les moments où il était à l'adresse, le club en mains –, le sang-froid et le talent de Harry firent taire les partisans écossais.

Tom portait les clubs de Harry dans un sac en toile – une nouveauté qui venait alors d'apparaître sur les parcours. Le caddie attitré de Park, un rougeaud qu'on appelait Fiery, préféra s'en tenir aux usages établis, portant les cannes sous son bras et faisant jaillir, avec l'élégance de rigueur, le club correspondant à la demande de son joueur. Aiguillonné par ses supporters, Willie Park joua comme jamais, impeccable au drive, étincelant sur les greens. Mais Harry lui tint tête, illustrant avec éclat sa maîtrise absolue de tous les compartiments du jeu. On attendait une déculottée, au lieu de quoi les spectateurs assistèrent à l'une des plus belles démonstrations que le golf écossais eût connue depuis l'âge d'or d'Allan Robertson et du Vieux Tom Morris. Les deux hommes se partagèrent les dix premiers trous. Au onzième, ils étaient l'un comme l'autre à deux coups sous le par. Park expédia un drive d'anthologie qui alla se poser au milieu du fairway. Harry fit aussi bien : sous les yeux stupéfaits de l'assistance, sa balle alla retomber exactement sur celle de Park, la poussa de quatre ou cinq mètres vers le drapeau et, sous le choc, s'écarta d'elle-même pour finir sur un lie injouable. Park mit à profit ce coup de chance pour remporter le trou et termina le tour sur cette petite avance d'un point. L'après-midi, Harry la lui reprit et remporta le match aller avec deux trous d'avance. A en juger par les rodomontades satisfaites de Park sur le green du dix-huit, l'Ecossais semblait voir un triomphe dans le simple fait d'avoir évité une correction pure et simple infligée par le grand Vardon. Harry le regarda quelque temps se pavaner devant la foule de ses adorateurs ; il calma son frère, qu'écœurait ce manque de fair-play, et s'éloigna, son sourire énigmatique aux lèvres. Mais ses intentions véritables se lisaient dans ses yeux.

Quelques jours plus tard, Park et son équipe de vingt-sept personnes descendaient à Ganton pour le match retour. Harry exigea qu'ils soient traités avec tous les égards possibles. Il leur assura des chambres et des repas de premier ordre et, le premier jour, envoya les journalistes courtiser par dizaines le champion en visite. L'orgueil de Park gonflait comme la grenouille de la fable ; mais ce traitement de faveur prit fin dès le lendemain, sur le parcours. Jouant à un niveau qu'il atteignait rarement lui-même, depuis le premier départ jusqu'à son dernier putt, Harry écrasa littéralement son adversaire. Il remporta le match par 11 et 10, arrêtant la rencontre à dix trous de la fin sur une conclusion aussi humiliante que prématurée. Quand ils se serrèrent la main, Park ne pouvait même plus le regarder en face. Les légions accablées de supporters écossais se dispersèrent en silence. Le rédacteur en chef de *Golf Magazine* remit à Vardon les deux cents livres de l'enjeu ; et le soir même, un homme brisé reprenait le train pour l'Ecosse. Willie Park poursuivit sa carrière d'homme d'affaires, d'architecte de terrains et de professeur pour riches particuliers ; mais jamais plus il ne devait rencontrer un autre joueur en match-play.

Non content d'avoir éreinté le champion des Ecossais, Harry enfonça le clou avec une tournée triomphale sur leurs terres ; dans tous les clubs qu'il visita, il battit sur leur terrain les professionnels qu'on lui opposa. Il y eut un match de trente-six où il réussit un trou en un avant de le reproduire, *à l'identique*, l'après-midi au deuxième tour. Au sortir d'une de ces corrections en règle, un ancien champion de l'Open d'Ecosse confia que l'épreuve aurait même brisé « le cœur d'un bœuf en acier ». A mesure que la tournée se poursuivait et que les espoirs de vaincre Vardon tombaient l'un après l'autre, la presse écossaise cédait peu à peu à la dépression. Elle n'avait pas tort. Certes, la nation du golf pouvait encore dépêcher aux Opens des grands joueurs par dizaines ; mais officiellement, sa domination sur le jeu avait pris fin.

A vingt-neuf ans, Harry Vardon régnait sans partage au sommet de la culture sportive anglaise. Il avait atteint, au tournant du siècle, des niveaux d'excellence que sa discipline n'avait jamais vus avant lui et auxquels peu de champions pourraient ensuite prétendre. Un journaliste qui le suivait alors a écrit que, pendant deux ans, son drive n'avait pas une seule fois manqué le fairway. Durant cet état de grâce, Harry enchaîna quatorze victoires successives en tournoi, un record invaincu à ce jour. A lui seul, dans les années 1890, il a remporté plus de victoires en British Open que tous les meilleurs champions d'Ecosse réunis. C'est pourquoi il a concentré l'intérêt du public britannique sur le golf comme jamais aucun champion avant lui.

Et tandis que le Nouvel An sonnait la dernière année du

siècle, Harry tourna son regard vers l'ouest. Au printemps 1900, il reçut une offre difficile à refuser : une vaste tournée destinée à promouvoir une balle de golf à son nom, dans un immense pays qui restait à conquérir. Il accepta.

Il partait pour l'Amérique.

1900

HARRY avait accepté l'offre de Spalding, mais il refusa un pourcentage sur les ventes de la Vardon Flyer. Il préféra un forfait de deux mille livres pour dix mois de tournée, auquel s'ajouteraient les sommes qu'il pourrait remporter durant ses matchs de démonstration. Son choix se révéla des plus judicieux et devait lui rapporter une petite fortune, soit plus de vingt mille dollars. Le club de Harry, Ganton, consentit à le dégager de ses obligations le temps de la tournée, trop heureux de pousser la carrière de son pro attitré. Jessie, comme on aurait pu s'y attendre, refusa de l'accompagner. Harry fit donc venir la sœur de son épouse pour lui tenir compagnie en son absence.

La presse britannique ne manqua pas de récriminer contre ce champion – un de plus – qui allait céder aux sirènes de l'Amérique. Harry laissa dire et embarqua en fanfare le 27 janvier 1900.

Six jours plus tard, à New York, une meute de reporters l'assaillait sur l'échelle de débarquement. Les articles qui suivirent étaient dignes de la visite d'un chef d'Etat. Harry apprit très vite à rester laconique lors des interviews : la plupart des journalistes américains ne comprenaient de toute façon rien au golf et ils écrivaient ce qui leur passait par la tête. Mais à quoi bon s'en faire, puisque, vrais ou faux, leurs articles le portaient tous aux nues ? La presse avait raison de voir en lui un bon client : New York a toujours raffolé des champions et le Britannique ne tarda pas à déchaîner les passions. Quelques jours plus tard, il effectuait son premier parcours de démonstration dans le New Jersey ; et malgré une tempête de neige, ils étaient déjà deux mille à venir l'admirer.

La tournée américaine de Harry ressemble à ces moments de triomphe comme on les résume dans les vieux films hollywoodiens, quand les gros titres de la presse jaillissent en tourbillonnant des roues d'une locomotive... Selon ses propres calculs, il parcourut quelque cent cinquante mille kilomètres en bateau, en train, en chariot et même à dos de mulet, accueilli partout par les mêmes démonstrations d'enthousiasme. Quand il se produisit au Van Cortland Park de New York, le premier parcours public du pays, on décréta la fermeture de la Bourse pour permettre aux huiles de Wall Street de monter le voir dans le Bronx. Les millionnaires de la trempe d'un Andrew Carnegie allèrent plus loin, le conviant à de somptueux dîners où les riches amateurs pourraient disséquer le champion, comme des savants fous en quête d'un élixir de jouvence. Dès qu'il arrivait quelque part, les notables locaux l'assaillaient d'invitations à des soirées plus brillantes les unes que les autres, au grand désespoir de son directeur de tournée chez Spalding, lequel ne savait plus où donner de la tête. Harry ne se plaignait jamais : à ses yeux, ces obligations sociales faisaient partie intégrante de la tournée. Aussi honora-t-il, avec stoïcisme, une masse impressionnante d'engagements des plus rébarbatifs ; comme il s'y présentait en général au bras d'une beauté locale, on peut supposer que la Célébrité le paya de ses peines, lui concédant de ces consolations qu'il avait cessé de trouver chez lui.

Mais le golf avant tout : de ce point de vue, Harry ne déçut jamais ses admirateurs. Il disputa quelques matchs individuels de très haut niveau contre des pros reconnus tels que Willie Smith, champion de l'US Open, ou encore Walter J. Travis, futur champion amateur des Etats-Unis et d'Angleterre. Mais ces rencontres font figure d'exceptions ; presque à chaque étape de sa tournée, Vardon rencontra non pas un mais deux adversaires, les meilleurs golfeurs du cru, professionnels ou amateurs : ils l'affrontaient en équipe, à la meilleure balle. Il lui arriva même de se frotter à un threesome sur le même principe. Ces pros, pour la plupart, n'étaient pas des adversaires négligeables :

c'étaient des Ecossais, golfeurs accomplis qui avaient traversé l'Atlantique pour occuper des postes dans une pléthore de jeunes clubs américains. Le respect averti qu'ils témoignaient à Vardon ne faisait qu'ajouter à la ferveur locale : quelques-uns osaient à peine lever leur club en sa présence, tandis que d'autres jouaient contre lui comme si leur vie en dépendait. Mais cela ne changea pas grand-chose à la donne.

Sur la moitié des terrains qu'il visita – terrains qu'il n'avait jamais vus de sa vie et où il n'avait même pas eu le temps de jouer un parcours de reconnaissance –, Harry Vardon pulvérisa le record du club. Il disputa quatre-vingt-huit matchs tout au long de sa tournée américaine et n'en perdit qu'un seul, par 2 et 1, contre un pro de Miami nommé Alex Findlay. On lui pardonnera d'autant plus volontiers cet accroc que les agronomes, à l'époque, ne savaient pas encore faire pousser du gazon en Floride : les fairways étaient en terre et les greens, formés d'un mélange de sable et d'huile – mutation semi-tropicale dont le Britannique ne soupçonnait même pas l'existence.

Harry lui-même a déclaré que, durant cette tournée, même les matchs les plus difficiles lui avaient semblé un jeu d'enfant. Le climat tempéré d'Amérique lui convenait à merveille. On était au printemps : l'étiquette moins stricte des clubs américains autorisait à jouer en manches de chemise et, par ce temps chaud et sec, ses muscles gagnaient en souplesse, libérant davantage son swing. Au fil de la tournée, il se mit à caresser le rêve d'oublier le passé pour refaire sa vie sur le Nouveau Continent. Les grandes villes l'éblouissaient par leur démesure ; la diversité des paysages l'enchantait et il oubliait ses complexes de classe au sein de cette société plus ouverte. Pour la première fois de sa vie, il se voyait ouvrir les portes des club-houses privés : les membres s'honoraient même de sa visite, lui passant le bras autour des épaules pour l'inviter à entrer. Il se découvrit aussi une légion de nouveaux admirateurs que fascinait la mécanique parfaite de son swing : toute une nation d'ingénieurs appliquait son esprit d'entreprise à cette technologie étrangère, avide d'en maîtriser les moindres aspects. Loin de prendre ombrage de leur insatiable curiosité, Harry avait compris qu'il passait, aux yeux des Américains, pour l'ambassadeur de sa discipline. Aussi se soumettait-il volontiers, après chaque démonstration, au rituel des questions-réponses.

Les seules critiques qu'on l'entendit formuler touchaient à ses caddies, qui restaient très en deçà des exigences britanniques. Il y en eut un, en Floride, qui ne lui adressa pas la parole de tout le parcours, sauf en une occasion, pour lui emprunter son fer 8 afin d'aller tuer un serpent. Un autre, la balle de Harry ayant atterri sur un lie boueux, refusa tout net de la nettoyer et l'informa qu'une telle besogne n'était pas digne de sa condition. Si l'absence d'un caddie compétent ne facilita pas ses matchs les plus serrés, Harry fit contre mauvaise fortune bon cœur, se rappelant que le golf américain n'avait que douze ans d'existence : l'ancien caddie qu'il avait été lui-même savait qu'il faut du temps pour que le respect du jeu se diffuse jusqu'à ses plus humbles fantassins.

Tout au long de ses pérégrinations américaines, Harry put arrondir des gains déjà généreux grâce à une kyrielle d'arrangements commerciaux. Un grand magasin de Boston, Jordan Marsh & Co, l'engagea notamment pour frapper des balles toute une journée dans ses rayons. La somme qu'on lui proposa était si élevée que, de toute sa vie, il n'osa jamais en révéler le montant. Harry accepta. On avait tendu un filet à l'intérieur du magasin : il était censé y expédier balle sur balle, une demi-heure sur deux, de neuf heures trente à dix-sept heures.

Quand il se présenta le jour convenu, Harry eut la surprise de découvrir qu'une bonne centaine de personnes l'attendaient déjà. Il les salua timidement. Un volontaire se dévoua pour lui poser ses balles et, dans un silence admiratif, la foule le regarda enchaîner des drives plus parfaits les uns que les autres, qui finissaient tous en plein centre du filet. La demi-heure écoulée, ils éclatèrent en applaudissements. Ils applaudissaient encore quand il sortit prendre sa pause. Du coup, Harry se sentit tenu de revenir aussitôt pour un bis : de nouveaux spectateurs avaient alors remplacé les premiers et, au bout de la seconde demi-heure, les applaudissements durèrent encore plus longtemps. Harry se demandait vraiment ce qu'ils pouvaient trouver à cet exercice parfaitement monotone, qui n'offrait pas plus d'intérêt à ses yeux que de planter une interminable rangée de clous ; mais son talent déclenchait une telle fascination qu'on ne le laissait pas s'arrêter.

A ce stade, lassé du driver, Harry empoigna son fer 7 et se mit à expédier des tirs vers le plafond de l'immense salle, en direction d'une vanne métallique qu'il avait prise pour cible. Les impacts se rapprochant de plus en plus, le directeur du magasin accourut pour l'arrêter : la vanne en question était reliée au système d'incendie et Harry risquait tout bonnement d'inonder la salle. Il reprit donc son driver. On se bouscula bientôt pour l'admirer : la salle débordait de monde et, dans la rue, des gamins se hissaient sur les réverbères pour ne rien perdre du spectacle. En homme soucieux de respecter ses engagements, Harry tapa des balles huit heures durant, sans la moindre pause ; après quoi il prit ses jambes à son cou : les vivats le poursuivirent jusqu'au carrefour suivant. Il apprit par la suite que dans les deux heures qui avaient suivi sa venue, le magasin en question avait vendu tous ses clubs et jusqu'à sa dernière balle.

Parmi l'assistance ce jour-là, donnant la main à sa mère, se trouvait un petit garçon de sept ans qui s'appelait Francis Ouimet. Quelques jours plus tôt, Francis avait aperçu un encart publicitaire annonçant la démonstration de Vardon dans le journal et supplié son père Arthur de l'emmener voir, en chair et en os, l'homme auquel il devait son plus précieux trésor : sa balle Vardon Flyer. Mais pour la première fois de sa vie, Francis avait vu son élan vers le golf se heurter à un mur. L'impuissance de son père à contourner les barrières de caste de la bonne société bostonienne avait plongé ce dernier dans une mélancolie pleine de rancœur. Le frère aîné de Francis, Wilfred, savait filer doux devant les humeurs de son père – il allait d'ailleurs le payer très cher. Le petit Francis, lui, témoignait d'une bonne humeur et d'un optimisme à toute épreuve, pour le plus grand agacement d'Arthur. Cette disposition innée au bonheur résistait à tous les efforts de son père pour lui communiquer sa vision désespérée de l'existence. Car Arthur ne démordait pas de la conviction que l'innocence, en ce monde, s'expose aux plus terribles désillusions. C'est au nom de ce principe qu'il refusa d'emmener son fils voir Vardon au magasin Jordan Marsh.

Mary avait décelé très tôt le rêveur en Francis, et reconnu un trait de sa propre famille qu'elle avait toujours admiré. Ce romantisme irlandais, cette douceur empreinte de poésie, elle s'était efforcée de les cultiver chez son fils. Wilfred avait souffert de la dureté de son père : Mary le sentait en partie brisé, mais il restait de l'espoir pour Francis. Convaincue qu'il apprendrait bien assez tôt les dures réalités du monde, elle s'était attachée à préserver ses rêves. Ce fut donc elle qui, ce soir-là, se glissa dans la chambre de son fils : elle lui dit qu'elle avait justement des courses à faire à Boston le jour où Harry Vardon devait s'y produire ; peut-être pourraient-ils alors passer chez Jordan Marsh ? Francis bondit de joie et sa mère dut le faire taire : cela resterait leur secret.

Ce matin-là, quand ils franchirent les portes du grand magasin, l'apparition de Vardon en chair et en os représenta pour le petit Francis une véritable épiphanie. L'élégance vestimentaire de l'Anglais, sa réserve naturelle, la précision avec laquelle le club, dans ses puissantes mains, volait avec la légèreté d'une plume et la précision d'un swing de métronome : tout cela faisait de Vardon, aux yeux de l'enfant, une sorte de dieu incarné, descendu des sphères de la perfection. En voyant le club dessiner encore et toujours un arc parfaitement pur, et les balles se succéder en vrombissant dans le filet, il décida qu'il ne voulait rien d'autre que devenir l'égal de ce demi-dieu. Contemplant Harry Vardon à l'œuvre, Francis Ouimet concentra ses rêveries éparses, comme une lentille concentre un rayon de soleil.

Harry interrompit sa tournée au bout de trois mois, le temps de retourner en Ecosse pour défendre sa couronne au British Open. Après les douceurs du printemps américain, les vents furieux de la mer du Nord le glacèrent jusqu'à la moelle. Il reçut chez lui un accueil plus froid encore : il eut beau rapporter une malle de cadeaux et multiplier les témoignages d'affection, Jessie n'avait que faire de ses coupures de presse et de ses récits enthousiastes sur le Nouveau Monde. Une fausse couche en début d'année avait parachevé son introversion : sans même parler de l'Atlantique, les frontières de son univers s'arrêtaient aux quatre murs de sa maison. Elle entendait profiter de la réussite de son époux tout en méprisant des exploits qui soulevaient l'admiration partout dans le monde. Harry n'était plus pratiquant, mais il avait gardé, de son éducation catholique, une disposition au stoïcisme allant de pair avec les terribles leçons de son enfance. Il s'attendait à souffrir, voilà tout.

Harry Vardon se trouvait à un carrefour : seul et malheureux chez lui, délaissé par son épouse, il repensait à la liberté qu'il avait connue en Amérique. Il y vit soudain une échappatoire : refaire sa vie, loin de la prison qu'était devenu son mariage et des conventions étriquées de la société britannique. L'idée le travailla au point qu'il s'en ouvrit à son frère Tom : il envisageait sérieusement de repartir aux Etats-Unis pour ne plus en revenir. Tom l'y encouragea ; mais Harry, après avoir travaillé si dur à la reconnaissance, s'effrayait de renoncer à la stature qu'il avait acquise en Grande-Bretagne pour tout recommencer. Il était plus à l'aise pour briser les records sportifs que les conventions sociales. Et le moment passa. Au lieu de poser les jalons d'une nouvelle vie, Harry fit ses valises pour St. Andrews et se prépara à défendre son titre. Jessie s'en aperçut à peine ; son refus de l'accompagner en Ecosse ne fit qu'illustrer à quel point ils étaient devenus étrangers l'un à l'autre. Harry prit le train accompagné seulement de son fidèle frère Tom.

Nombre de ses pairs remarquèrent combien il semblait fatigué à l'Open : quelque chose, son mariage à vau-l'eau ou bien les fatigues de sa tournée américaine, avait entamé les réserves jusqu'alors inépuisables de Vardon. Arrivant à St. Andrews, il trouva son ancien rival J.H. Taylor qui l'attendait de pied ferme, sur ce même parcours où Taylor avait remporté son second Open deux ans plus tôt. Après le traditionnel coup de canon, ce fut le Vieux Tom Morris en personne – il avait quatre-vingts ans – qui tapa, à titre honorifique, la balle d'ouverture : c'était la dernière fois qu'il présidait un Open sur sa terre natale.

Tom et Harry jouaient parmi les premiers. Ils commencèrent par prendre l'avantage. Mais en fin de parcours, un Taylor déterminé était revenu à égalité avec les deux frères Vardon ; et vers la fin du deuxième tour, il menait de deux coups. Tenant la corde et ne rencontrant pas de vrai répondant chez Harry, Taylor, comme à son habitude, se mit à jouer de mieux en mieux. Le lendemain matin, il étendit son avance à six coups durant le troisième tour ; et, l'après-midi, remporta l'Open 1900 sur une dernière carte de 75 – un score d'autant plus remarquable que le vent faisait rage. Durant l'aller de ce dernier parcours, Harry parvint à lui reprendre trois coups ; mais il se laissa de nouveau distancer sur le retour et dut se contenter de la deuxième place, à huit coups du vainqueur. J.H. Taylor se retrouvait ainsi à égalité avec son ami et rival Harry Vardon au plan de la carrière : ils en étaient à trois Opens chacun.

Après un court séjour auprès de Jessie et de sa belle-sœur Annie, qui habitait maintenant chez lui en permanence, Harry repartit pour l'Amérique le 20 juin. Avec l'été, la suite de sa tournée le promena dans les Etats du Nord, à un rythme soutenu : Nouvelle-Angleterre, New Jersey, Michigan, Colorado, Montréal, Toronto..., à raison d'un match de démonstration tous les deux jours, suivi d'une journée de train. Le pays tout entier suivait désormais son parcours : ses exploits faisaient les gros titres dans des villes qu'il n'avait même pas traversées.

Mais Vardon n'était plus le seul champion britannique à sillonner l'Amérique. Dès le mois d'août, J.H. Taylor avait décidé d'y tenter lui aussi sa chance : il venait de prendre des participations dans une manufacture de cannes de golf à Pittsburgh et, au lendemain de sa victoire retentissante au British Open, le moment semblait bien choisi pour une visite. Il annonça une tournée itinérante de deux mois, dont le point culminant serait sa participation à l'US Open en octobre.

Son arrivée, dans le sillage du retour de Vardon, fit l'effet d'un tremblement de terre. Sur la passerelle de débarquement, une meute de reporters l'assaillit de questions que Taylor se contenta d'évacuer d'un ton bourru. Homme casanier, peu à l'aise en public et affligé d'une santé délicate, Taylor ne fut guère enchanté par son séjour américain : les déplacements continuels aggravaient ses problèmes digestifs et l'affluence des spectateurs l'angoissait. Sa tournée fit notamment étape au Country Club de Brookline où il se mesura en meilleure balle, sur trente-six trous, aux deux premiers joueurs de Boston en équipe. De l'autre côté de la rue, Francis Ouimet passa la journée à scruter le champion à l'œuvre, ajoutant à sa collection personnelle tous les détails du swing de Taylor.

Histoire d'alimenter ses chroniques, la presse sportive entreprit de monter les deux Anglais l'un contre l'autre. En dehors des parcours, où ils s'affrontaient avec vaillance, Taylor et Vardon étaient d'excellents amis qui entretenaient des rapports des plus courtois ; mais à en croire la presse américaine, chacun avait soudain juré d'égorger la femme et les enfants de l'autre. On prétendit que Taylor s'était rendu incognito à un match de Vardon, affublé d'une fausse barbe et de lunettes noires. Quant à Harry, on affirmait qu'il avait lancé un défi insensé à son adversaire, un match en combat singulier avec, pour enjeu, l'ensemble de leurs gains sur la tournée : et le tout au vainqueur. Bien entendu, il n'y avait pas un mot de vrai là-dedans. On cherchait en fait à provoquer une rencontre anticipée entre les deux hommes avant la tenue de l'US Open. Mais Vardon et Taylor avaient bien peu à gagner, et tout à perdre, dans une rencontre anticipée : ils refusèrent de marcher dans la combine.

Dès 1900, l'adage selon lequel il n'y a pas de mauvaise publicité avait acquis ses titres de noblesse. La veille de l'US Open, aux vestiaires du Chicago Golf Club, Taylor découvrit dans son casier une boîte de balles qu'accompagnait le billet courtois d'un certain M. Coburn Haskell, fabricant de cycles dans l'Ohio. Les balles en question étaient son invention. Elles se composaient d'un noyau en caoutchouc dur, entouré d'un revêtement de fibres de caoutchouc prises dans de la gutta-percha. Haskell avait eu l'idée de cette innovation en allant voir un ami qui travaillait à l'usine de pneumatiques Goodrich. Patientant dans le bureau de son ami, Haskell avait sorti, par désœuvrement, quelques brins de caoutchouc de la corbeille à papiers et s'était amusé à les rouler en pelote. Celle-ci, lui échappant des mains, avait alors rebondi avec une énergie stupéfiante : les mots « balle de golf » avaient alors surgi spontanément dans le cerveau de Haskell. Après deux années de recherches assidues, l'inventeur et ses partenaires avaient obtenu un brevet pour une « bobineuse à balles de golf ». Soucieux de faire connaître son produit, Haskell en expédiait des échantillons au plus grand nombre possible de professionnels : d'où le colis que Taylor avait découvert dans son casier. Sa curiosité piquée, Taylor alla frapper quelques-unes de ces nouvelles balles la veille du tournoi. Tout son jeu reposait sur une précision infaillible en matière de distance : quand il vit les balles en caoutchouc jaillir comme des fusées de la face de son driver, pour finir quelque vingt mètres au-delà de sa portée habituelle, Taylor eut tellement peur qu'il remisa tout le lot dans son casier et n'y toucha pas de la compétition. Il faudrait encore quelques années pour que les balles à noyau de caoutchouc – qu'on ne tarderait plus à appeler les Haskells – s'imposent au golf professionnel. De son côté, Harry n'avait pas été contacté par M. Haskell, puisque toute sa tournée visait à promouvoir un produit concurrent, la fameuse Vardon Flyer en gutta-percha.

L'US Open 1900 se déroula les 4 et 5 novembre, sous un ciel des plus cléments et devant le plus vaste public que l'on ait vu alors en Amérique pour une compétition de golf. Les cinq championnats précédents tenus par la jeune USGA n'avaient tous drainé qu'une fraction de cette assistance et la presse ne s'en était guère émue. Le mythe de la querelle personnelle entre les deux champions britanniques fit beaucoup pour changer la donne. Convaincus d'assister à un duel sans merci entre deux ennemis implacables, les spectateurs accoururent au Chicago Golf Club de Wheaton, dans l'Illinois. Quand Harry et Taylor prirent le départ, leurs prestations dépassèrent largement les attentes. Tous deux convoitaient particulièrement le titre : Harry parce qu'il représentait le point d'orgue de sa tournée triomphale ; et J.H. parce qu'il rêvait de réussir, pour la première fois dans l'histoire, un chelem – remporter, la même année, les Opens de Grande-Bretagne et des Etats-Unis.

Les cinq éditions précédentes avaient toutes été gagnées par des professionnels d'origine écossaise, embauchés depuis quelques années par des clubs américains. Tous étaient présents à Wheaton, emmenés par le tenant du titre, Willie Smith, qui avait remporté l'Open 1899 avec onze coups d'avance, un record. On trouvait aussi, parmi les concurrents, le frère aîné de Willie, Alex, futur vainqueur de l'Open à deux reprises. Tous deux avaient émigré en 1898. (Quelques années plus tard, Macdonald, le cadet des frères Smith, s'embarquerait à son tour, pour laisser son nom dans l'histoire du golf américain.) On y trouvait encore Willie Dunn Junior, de Musselburgh, rejeton d'un grand rival du Vieux Tom et récent architecte du grand parcours américain de Shinnecock Hills. Et un troisième « Willie » d'Ecosse, sans doute le plus brillant, qui venait d'arriver de North Berwick : Willie Anderson. Celui-là devait remporter son premier US Open l'année suivante ; mais Anderson est surtout resté dans l'histoire pour avoir, un peu plus tard, remporté le titre trois années de suite, un record toujours inégalé. Il est mort jeune, terrassé par une attaque à l'âge de trente ans. L'autopsie révéla une artériosclérose ; comme dans le cas du Jeune Tom Morris, autre figure tragique de l'histoire du golf, l'alcool avait mis un terme prématuré à une carrière fulgurante.

Ces expatriés représentaient ce que l'Amérique pouvait offrir de mieux en termes de concurrence ; et Harry les avait battus tous les cinq au cours de sa tournée. De fait, aucun d'eux ne joua de rôle décisif durant cette édition.

Harry prit le départ du premier tour juste derrière Taylor, en compagnie du tenant du titre, Willie Smith. Le parcours du Chicago Golf Club convenait mieux à son jeu en hauteur qu'aux tirs rasants dont Taylor, familier des links venteux, s'était fait une spécialité. Mais le vent soufflait ce matin-là sur le lac Michigan, avantageant l'Ecossais qui rendit une carte de 76, trois coups devant Vardon. Durant l'après-midi, Harry ajusta son golf au vent et signa un 78, tandis que Taylor arrivait en 82. A mi-chemin du tournoi, le premier Américain était à cinq coups d'eux et aucun ne parvint jamais à les rejoindre. On semblait bien parti pour ce duel au sommet dont tout le monde avait rêvé. Harry menait maintenant Taylor d'un coup. Il aurait pu mener de deux s'il n'avait manqué un tap-in de cinq centimètres, pour le par, sur le green du dix-huit, en heurtant le sol de son putter. Tout était allé si vite que nul n'avait rien remarqué ; mais Harry, fidèle à l'esprit du jeu, réclama la pénalité.

Le lendemain matin, le Lévrier s'élança dès l'ouverture, portant son avance sur Taylor à quatre coups. L'après-midi, après six trous, il le menait de cinq. Avec le vent dans le dos, sur le départ du sept, un grand par quatre, Harry expédia sa Vardon Flyer au-delà des deux cent quarante-cinq mètres, par-dessus le fairway, jusque dans un bunker qui était resté hors de portée les tours précédents. Taylor s'élança dans la brèche, mais il ne parvint qu'à signer le par. Harry leva sa balle ensablée comme une plume, pour la poser cent trente-cinq mètres plus loin, à moins d'un mètre du drapeau ! Il rentra tranquillement un birdie, creusant l'écart d'un coup supplémentaire. Taylor ne céda pas : sur le départ du dix-huit, il avait réduit l'écart à deux. Il prit même l'avantage sur le drive ; mais le Styliste, du fond de son sac à malice, produisit alors un bois 2 qui expédia la balle à deux cent cinq mètres, droit sur le green où elle alla se poser, selon les mots immortels de Sam Snead, « comme un papillon avec des engelures ». Les deux hommes signaient le par ; mais Harry Vardon remportait ce duel mémorable, ajoutant à son palmarès le dernier US Open du siècle. Une photographie saisissante, prise peu après sa victoire, le montre assis en manches de chemise devant le club-house, le col ouvert, un foulard au cou, l'air bien plus joyeux et détendu qu'on ne l'a jamais vu dans un tournoi britannique.

J.H. Taylor devait regretter amèrement d'avoir laissé dans son casier la boîte de balles Haskell à noyau de caoutchouc ; il était certain, a posteriori, que leur portée plus étendue lui aurait donné ce petit avantage dont il avait manqué. Refaire ainsi le match, même à des années de distance, était un trait typique chez Taylor. Harry, lui, ne perdait jamais de temps à pleurer sur un coup ou sur un tournoi. Taylor joua une semaine plus tard un parcours entier d'entraînement avec les balles Haskell : il en ressortit converti et n'utilisa plus jamais les *gutties* ; trois ans plus tard, tous les golfeurs de renom avaient suivi son exemple.

Harry revint en Angleterre début décembre, sur un paquebot baptisé avec à-propos le *Majestic*. Sa tournée américaine s'imposait comme une éclatante réussite, tant pour sa propre carrière que pour la promotion du golf sur le Nouveau Continent. Le spectacle qu'il avait donné fit sans doute plus pour l'histoire du golf américain que toute autre manifestation. Dans sa quête individuelle de perfection, cet exceptionnel champion atteignait un niveau d'excellence athlétique que l'Amérique n'avait jamais vu. Où qu'il se produisît, Vardon laissait derrière lui le germe d'une passion qui fleurissait dès le lendemain : hommes, femmes, garçonnets affluaient aux parcours privés ou publics, brûlant d'apprendre un sport dont ils ignoraient tout avant sa visite. Quand arriva le terme de sa tournée de dix mois, c'étaient plus de deux cents clubs dont on annonçait la mise en chantier.

Tout cela, Harry l'accomplit seul : sans caddie, sans agent, sans coach ni psychologue, sans assistant médical ni gourou, sans masseur ni diététicien. Et avec le plus simple des matériels : pas de gants ergonomiques en cabri pour Harry Vardon ; pas de crampons sur mesure ; pas de bois en titane avec manche antichoc ; pas de balles à haute technologie, plus explosives que la nitroglycérine ; pas de fers *muscle-back* à inserts de tungstène ; pas de cavité arrière progressive ou de sweet-spot étendu... Harry Vardon a conquis l'Amérique avec un jeu de dix clubs artisanaux à manche de noyer dans un sac de toile, et une balle en gomme dont la dynamique en vol tenait du caillou.

On ne saurait trouver d'équivalent à l'impact extraordinaire qu'eut cette tournée 1900. Le base-ball a eu Babe Ruth ; le hockey sur glace Wayne Gretzky ; le basket Michael Jordan ; le golf moderne un Arnold Palmer ou un Tiger Woods. Mais chacun de ces grands champions s'est illustré dans une discipline déjà reconnue qu'il aura su, par son talent, porter à un degré plus haut de popularité. Tandis que Harry Vardon s'est frotté à une nation tout entière qui ne savait rien, ou presque, de cet obscur passe-temps britannique. Pourtant il aura tellement inspiré les spectateurs qui l'ont vu à l'œuvre qu'un quart de siècle plus tard, les golfeurs de ce pays atteignaient à une hégémonie mondiale qu'ils n'ont jamais abdiquée depuis. Ces Américains terre à terre, ces béotiens du golf l'ont accueilli avec une chaleur et un enthousiasme qu'il n'aura jamais connus sur sa terre natale, sauf peut-être tout à la fin. Et deux autres tournées, dans les années suivantes, allaient achever de muer cette estime en un attachement plus profond encore. Harry Vardon, sans conteste le parrain du golf américain, s'est vu témoigner par ce pays l'attachement d'un fils adoptif et il considérait ses séjours en terre américaine comme les plus heureuses périodes de toute son existence. Au-delà de sa vertu pédagogique, à travers la conquête de l'US Open, Vardon est aussi entré à jamais dans l'histoire sportive : ils ne sont que trois golfeurs britanniques à avoir gravé leur nom sur le trophée américain.

Paradoxalement, le seul échec que connut la tournée Vardon aux Etats-Unis fut celui du produit qu'elle était censée promouvoir : la fameuse balle Vardon Flyer. S'ils furent des dizaines de milliers, dans le sillage de son infatigable campagne, à se mettre au golf, les Américains dédaignèrent la gutta-percha pour adopter comme un seul homme ces nouvelles balles à noyau de caoutchouc qui facilitaient nettement la vie au débutant. Il faut dire que la *gutty* topée n'allait nulle part ; tandis que la Haskell courait, cahin-caha, sur ses quatre-vingt-dix mètres : laquelle auriez-vous choisie ? Ce manque flagrant d'à-propos condamnait la Vardon à l'échec commercial. Bientôt elle ne serait plus qu'une pièce de collection, destinée à enchanter tous les petits Ouimet du monde.

A lui seul, Harry Vardon est responsable du tout premier élan américain pour le golf. Mais le jour où il se produisit à Brookline, il avait aussi fait naître, à son insu, les ambitions d'un petit garçon de sept ans : Francis Ouimet. Il avait ainsi déclenché une succession d'événements qui conduirait à une seconde flambée de passion pour ce sport, plus explosive encore que la première. Harry et Francis vivaient dans des mondes qui n'auraient pu être plus éloignés, mais leurs destinées étaient à présent mêlées. Elles allaient, à treize ans de là, les réunir pour une confrontation épique sous l'égide du Country Club de Brookline – à quelques pas de chez Francis.

Le caddie

C'EST un jeu d'une simplicité trompeuse : un trou, une balle qu'il faut mettre dedans ; et un jeu qui ne se révèle qu'avec une lenteur impériale, même au plus obstiné de ses adeptes. Francis dut endurer toute une année de frustration, à s'efforcer de vaincre ce ruisseau sur le premier trou de son jardin. Son frère Wilfred proposait de rapprocher le départ ; Francis s'y refusa, estimant que la seule victoire consistait à vaincre le parcours à son propre jeu. Et le jour où il parvint enfin à poser sa balle de l'autre côté, il connut la plus grande fierté de ses huit ans. Certes, il ne réussit pas à renouveler son exploit devant Wilfred quand celui-ci revint du club ; mais quelques jours plus tard, il franchissait régulièrement l'obstacle. Il en retira une qualité qui allait, à terme, lui servir bien davantage que la simple satisfaction : l'ambition.

Durant la saison, Francis passait son temps libre à regarder jouer les habitués du club depuis l'autre côté de la rue. Si des golfeurs plus aguerris se présentaient, il regardait avec plus d'attention, s'efforçant même de les suivre de loin en loin. Il avait collé dans un album des coupures de presse relatant la tournée 1900 de Vardon et sa victoire triomphale à l'US Open. De par son ancienneté, Brookline s'imposait comme une étape obligée dans le circuit pro ; le club accueillait régulièrement les tournois et manifestations les plus prestigieux du golf américain. Cela donna au petit Francis l'occasion d'étudier la plupart des grands noms de son époque, joueurs qu'il ne tarderait pas à rencontrer en championnat : Walter Travis, champion amateur américain et britannique ; Jerry Travers, champion amateur américain ; Alex Smith, deux fois champion de l'US Open ; et le très grand Willie Anderson. Chaque fois qu'il remarquait, dans le swing d'un joueur, un caractère digne d'être imité – un certain stance, un jeu de poignet, un rythme –, Francis empoignait l'unique club de son frère Wilfred et répétait le geste jusqu'à l'obsession, pour en acquérir la mémoire physique. Les seuls détails trouvant grâce à ses yeux, dans la construction patiente de son propre swing, devaient soutenir la comparaison avec le modèle Harry Vardon, dont il gardait le souvenir inaltérable.

Les après-midi d'été, Francis était à la fenêtre de l'atelier du club où le professionnel attitré, Willie Campbell, opérait avec ses deux frères son alchimie golfique : les gros blocs de frêne ou de persimmon se changeaient bientôt en têtes de club vernissées. Campbell demandait soixante-quinze cents pour une heure de cours particulier. Francis ne pouvait pas se permettre une telle dépense ; il se forma par la lecture, dévorant chaque livre ou magazine de golf qui lui tombait sous la main. Mais Wilfred, lors d'une course à Boston, découvrit un magasin de sport où l'on était prêt à échanger de vieilles balles contre des clubs neufs : il faut dire que depuis la visite de Vardon, l'engouement du public était tel que les stocks ne suivaient plus. Un beau jour, Francis ouvrit donc sa boîte en fer-blanc pour découvrir que sa précieuse réserve de balles avait diminué de trois douzaines ! Il se calma lorsque son frère, revenant de Boston, lui tendit ce qui allait être son tout premier club : un *brassie* à sa taille. Le *brassie* était un bois 2, un club de fairway, qui devait son surnom à sa semelle en laiton (*brass*) le protégeant de l'usure.

C'est avec ce club que Francis peaufina son plein swing sur un tee ; avec lui aussi qu'il apprit à lever la balle du gazon, un coup qui allait devenir l'un des plus fiables de son répertoire. Quelques mois plus tard, ayant reconstitué ses réserves de balles, il en sacrifia quelques douzaines pour un *mashie* d'occasion, l'équivalent d'un fer 5 aujourd'hui. Ainsi se mit-il au jeu moyen. Un solide *niblick*, l'équivalent de notre pitch-wedge, ne tarda pas à suivre. Si bien que du swing aux fers, en arrivant aux pitches et aux chips, Francis – un peu par hasard – apprit son golf selon l'ordre même du jeu. De ce jour, sitôt éveillé, il devint rare de ne pas lui voir un de ses précieux clubs à la main.

C'est aussi vers cette époque que Francis découvrit, dans les hautes herbes du Country Club, sa première balle Haskell. Loin de la garder précieusement, comme sa vieille Vardon Flyer, il s'en servit pour l'entraînement. Elle permettait de gagner en adresse et, surtout, en portée ; mais cela augmentait d'autant la peur de la perdre... Aux yeux de l'enfant, la précision des coups devint vite une vertu cardinale. Francis joua si souvent avec cette balle que la peinture finit par s'écailler. Il la repeignit sur l'établi de son père avant de la mettre à sécher... dans le four de la cuisine familiale. Une heure plus tard, il ne retrouva qu'une flaque puante de caoutchouc fondu collée à la semelle du four. L'épisode mit la tolérance de Mary à rude épreuve : on mangea du poulet froid ce soir-là chez les Ouimet, pour cause de four en panne ; il n'y eut pas d'autre explication.

L'été de ses neuf ans, comme il était assez grand pour porter un sac, Francis se vit ordonner par son père d'aller faire le caddie au Country Club, comme son frère Wilfred. Il accepta aussitôt, avec un enthousiasme qui n'augurait rien de bon aux yeux d'Arthur. De fait, sa carrière commença par un coup de chance, avant même qu'il ait pu postuler pour une place. Comme à son habitude, il fouillait le terrain à la recherche de balles perdues, son *mashie* à la main, quand un joueur qui arrivait le prit pour un caddie et lui demanda de porter ses clubs. Francis ne laissa pas passer l'occasion et, de ce jour, le caddie master n'eut d'autre choix que de compter avec lui. On ne guérit pas un alcoolique en lui demandant de tenir un bar : Arthur ne mesurait pas la portée de son ordre.

Francis avait repéré depuis longtemps les bons joueurs du club. Aussi courait-il leur offrir ses services sitôt qu'il les voyait franchir les portes : cela lui permettait d'étudier leur jeu de près. Pour quatre heures de portage, il gagnait vingt-huit cents par parcours, parvenant en général à en effectuer deux par jour. Enfant poli, aimable et obligeant, il ne tarda pas à se gagner les faveurs de tout le monde, y compris des adhérents les plus intransigeants. Un de ces vétérans – on a dit que c'était le pro du club, le grisonnant Willie Campbell –, ayant décelé la passion qui couvait chez l'enfant, lui fit don de quatre clubs usagés qui vinrent s'ajouter à sa collection : un driver, un fer moyen (à l'époque, un fer 3), un *mashie niblick* (l'équivalent de notre fer 5) et un putter. Francis disposait désormais d'un jeu de clubs au complet et se mit à leur étude avec une ferveur quasi religieuse. Entre deux parcours, il déchiffrait le terrain comme un texte sacré, perçant les secrets de chaque trou, découvrant les angles d'attaque et les meilleures approches, apprenant par cœur chaque centimètre carré de gazon, l'inclinaison de chaque brin d'herbe. Il assimilait la moindre ficelle que les bons joueurs consentaient à lui révéler : il en dégageait de nouvelles pistes qu'il allait explorer derrière chez lui, sur son terrain de fortune.

A l'âge de dix ans, pour la première fois, il battit son frère dans un match de neuf trous. Enfin, la victoire : le jeu resserra sur lui son emprise. Les intérêts de Wilfred commençaient à se porter sur le base-ball, mais Francis ne dévia jamais de son obsession. Des copains de l'école et du quartier prirent graduellement la place de son frère sur le terrain privé des Ouimet ; Francis se mit à proposer de petits enjeux aux rencontres, le plus souvent des balles de golf. Il n'eut plus jamais besoin de reconstituer sa réserve.

Arthur traitait avec un mépris croissant la passion de son fils pour ce jeu de riches. Il le rabrouait de plus en plus à la table familiale, s'indignant de ce qu'il voyait comme une distraction égoïste. Ses critiques prenaient une couleur idéologique, le golf tenant lieu de bouc émissaire à sa rancœur sociale : de ce fait, Francis se retrouvait aux premières lignes. Son père le chapitrait si souvent sur le sujet qu'il apprit bientôt à ne plus jamais l'évoquer devant lui. Seul le métier de caddie trouvait encore grâce aux yeux d'Arthur, car c'était un travail, cela rapportait de l'argent. Le péché impardonnable, c'était de jouer au golf pour le plaisir.

La réprobation paternelle ne suffit pas à décourager l'enfant. Mary s'efforçait d'épargner à Francis les colères d'Arthur ; mais elle aussi s'inquiétait devant cette passion dévorante. Une nuit, éveillée très tard par des bruits à l'étage, elle monta l'escalier sur la pointe des pieds. Par la porte entrebâillée, elle aperçut son fils debout, immobile dans le demi-jour d'une chandelle, penché sur quelque chose qu'il examinait avec attention. Elle entendit un objet rouler à l'autre bout de la pièce. Mary ouvrit la porte en grand : l'objet était une balle de golf et le quelque chose, un putter que son fils maniait avec une telle concentration qu'il ne l'avait pas entendue entrer. Il traversa la chambre pour renvoyer la balle à son point de départ.

« Francis ?... »

Il leva enfin les yeux :

« Ah, tiens, maman.

– Mais qu'est-ce que tu fabriques ?

– J'étais couché à réfléchir quand j'ai enfin compris comment améliorer ma frappe ; en fait, c'était mon grip qui n'allait pas.

– Et ça ne pouvait pas attendre demain matin ? »

Il lui jeta un regard stupéfait : « Bien sûr que non. »

Désormais il se levait une heure avant l'aube pour se glisser au Country Club et jouer quelques trous avant l'école ; il jouait pieds nus pour ne pas marquer les greens. Plus d'une fois le greenkeeper le mit en fuite. Les après-midi de mauvais temps, quand les adhérents ne mettaient pas le nez dehors, Francis enfilait ses bottes et son ciré pour aller jouer sur le parcours désert, malgré la brume glaciale, la bruine ou les trombes d'eau. Cette expérience poussée du mauvais temps allait se révéler des plus utiles pour sa carrière.

Ses intrusions matutinales ne passaient pas inaperçues. Le Country Club s'en émut et ses récriminations arrivèrent jusque chez les Ouimet. Avant qu'Arthur n'ait vent de la chose, sa mère assit Francis à la table familiale pour une mise au point urgente.

« Ça ne te mènera nulle part. Tu ne gagneras jamais ta vie avec le golf, Francis. Tes études, il n'y a que ça qui compte.

– Est-ce qu'il faut qu'on en parle à papa ? »

Mary hésita : il y avait tout à craindre de la réaction d'Arthur. « Cela reste entre nous, trancha-t-elle. Pour le moment. »

Francis avait maintenant treize ans. Aux grandes vacances, quand il ne faisait pas le caddie, sa journée se passait de la sorte : il se levait à l'aube, entamait une excursion de deux heures, et trois trams, pour le centre-ville ; de là, il marchait encore deux kilomètres, ses clubs sous le bras, jusqu'à Franklin Park, le seul terrain public de Boston ; il y jouait cinq ou six parcours, jusqu'au coucher du soleil, attrapait le dernier tram pour Brookline et rentrait chez lui à la nuit noire. Convaincue que son fils allait droit à la délinquance juvénile – ou pire, au golf professionnel –, Mary s'efforça de lui changer les idées. Wilfred ayant complètement renoncé au golf pour se mettre au base-ball, elle le pria d'y emmener son petit frère. Francis pratiqua bien un peu de base-ball, comme tous les gosses de son âge ; mais cela ne menaça jamais ses premières amours.

Vers la fin de cet été 1906, le caddie master le dépêcha au service de Theodore Hastings, un adhérent des plus excentriques et connu pour ne jouer qu'en solitaire. Comme ils s'éloignaient vers le premier départ, Hastings lui demanda s'il était lui-même golfeur. Au terme d'une bouffée de croissance, Francis frôlait le mètre quatre-vingts pour moins de soixante kilos, ce qui ne le gratifiait pas d'un gabarit des plus adaptés au golf. Il aurait pu répondre un simple « oui, monsieur » ; au lieu de quoi il ouvrit littéralement son cœur à Hastings, dans un torrent d'émotions qui le laissa tout pantelant.

« Où habites-tu, Francis ? lui demanda un Hastings amusé, mais respectueux.

– Juste en face, monsieur.

– Eh bien, il ne reste plus qu'à filer chercher tes clubs, non ? »

Francis courut comme s'il avait le diable aux trousses. A son retour, Hastings lui tendit une balle sur le premier départ et lui dit de commencer. C'était la première fois que Francis affrontait, sur un vrai parcours, la pression qui est le lot des champions. Il s'en tira sans bavure, décochant un drive solide en plein milieu du fairway. Hastings hocha la tête d'un air entendu ; il regarda la balle s'arrêter, puis il se retourna en souriant vers Francis : « Eh bien, jouons. »

Tout en portant les deux sacs, Francis boucla les neuf premiers trous – le tout premier aller qu'il ait jamais joué, pour de bon, au Country Club – en seulement trois au-dessus du par, soit cinq coups de moins que Hastings. L'idée de vexer son client l'ennuyait. Il envisagea bien d'aller chercher le sable, histoire de rééquilibrer la partie ; mais Hastings se concentrait sur son propre jeu et il ne semblait pas prendre ombrage de son score. Ils entamèrent le retour ; Francis continua de jouer brillamment. Mais en approchant le quinze, l'adolescent se rappela brusquement trois choses. Tout d'abord, après un drive à l'aveugle qui survolait une colline avant de plonger en contrebas, tout le fairway du quinze était à découvert, parfaitement visible depuis la remise des caddies. Ensuite, à cette heure de la journée, le caddie master serait devant la remise, en train de fumer sa pipe. Enfin, les caddies n'étaient pas autorisés à jouer au Country Club.

Jamais.

Francis joua son drive. Il gravit la colline et retrouva sa balle en plein centre du fairway. Il vit aussi Dan McNamara, le sévère caddie master du Country Club, assis sous l'auvent de la remise, la pipe au poing. Et il vit bien que Dan aussi l'avait remarqué. Francis se plaça en position, topa son deuxième coup, gratta le troisième, expédia le quatrième dans un bunker à flanc de green, mit trois coups à en sortir, et trois putts à trouver le trou. Total, dix coups.

McNamara ne le quittait pas des yeux, mais sans rien dire. Ils rejoignirent le départ du seize, hors de sa vue, et Francis recouvra peu à peu son calme. Il arriva en 84. Sans l'incident survenu au quinze, Francis Ouimet, treize ans, descendait sous les 80 pour sa toute première rencontre avec un parcours de championnat. Hastings paraissait au moins aussi content que lui ; il lui serra chaleureusement la main et, tandis qu'ils commentaient leur parcours devant le club-house, Dan McNamara les rejoignit. Francis recula d'un pas, serra les dents, attendant que tombe le couperet. Mais Hastings, après avoir salué Dan, ne tarit pas d'éloges sur son caddie, sur l'excellente après-midi qu'ils avaient passée ensemble. Dan hocha poliment la tête, puis il se tourna vers le gamin :

« Combien as-tu fait, Francis ?

– Quatre-vingt-quatre, monsieur.

– Vraiment ? C'est un score remarquable, poursuivit-il d'un

air sinistre. Mais dis-moi quelque chose : qu'est-ce qui t'a pris de bousiller comme ça ton quinze ? »

L'ayant laissé sur le grill un moment, le caddie master éclata de rire avant de lui révéler le fin mot de l'affaire : il les avait suivis sans se faire voir, tout le restant du parcours. Lui-même excellent golfeur – son frère cadet, Tom McNamara, deviendrait bientôt l'un des premiers joueurs du pays –, Dan avait su apprécier à sa juste valeur la performance de Francis. Il pressentait que le club tenait là un espoir. Et de ce jour, chaque fois qu'un membre réclama de jouer un parcours avec Francis, ce qui arriva de plus en plus au fil des mois, le caddie master eut l'intelligence de fermer les yeux.

L'apprentissage de Francis avait connu des débuts pénibles ; mais avec la permission de jouer au Country Club, et sous l'égide attentive d'un Dan McNamara, il se retrouva sur des rails. L'hiver, l'adolescent allait patiner ; le reste du temps, il pratiquait assidûment la marche et la course, se bâtissant de solides jambes tandis que le reste du corps s'enveloppait. Conjuguez Woodrow Wilson avec Stan Laurel et vous aurez un portrait crédible du jeune Francis Ouimet : le visage oblong, les oreilles décollées, les yeux brillants, un grand sourire ensoleillé, débordant d'un optimisme congénital. Ceux qui l'ont connu jeune homme se rappellent surtout sa franchise, sa simplicité. Un gosse enjoué, poli, honnête, aimé de tous : c'est une personnalité remarquable dans la mesure où elle a surgi à l'ombre d'un père tyrannique. Toutes les photographies que nous avons de Francis, jeune ou vieux, sur le terrain – et même en compétition, où les clichés ne sont pas posés –, toutes ces images se signalent par un trait caractéristique : après chaque swing ou presque, il sourit. Jouer au golf l'emplissait d'une joie toute simple. Dès cet âge et tout au long de sa vie, Francis Ouimet n'aura cessé d'irradier cette qualité qui nous paraît si singulière, aujourd'hui que les médias font du cynisme une vertu de la jeunesse : la franche bonté.

Il tenait aussi, par sa mère, le bagou inné des Irlandais. Il se rendit au lycée de Brookline peu avant la rentrée des classes, avec la ferme intention d'intégrer leur équipe de golf. Il se trouva que le lycée n'en avait pas – le golf restait encore méconnu à l'époque. Il en aurait fallu davantage pour décourager l'adolescent : Francis convainquit aussitôt le proviseur d'en monter une après une vibrante dissertation sur les vertus du golf, école des hommes. Il se fit élire capitaine en suivant et contribua à mettre sur pied un tournoi informel, réunissant Brookline et six autres établissements scolaires de Boston, avec deux rencontres hebdomadaires. Les jours de match, les gamins de Brookline s'attiraient des salves de quolibets en arrivant au lycée avec leurs clubs : Francis laissa dire. Un an plus tard, à l'âge de seize ans, il devenait le golfeur numéro un de Brookline.

Le printemps suivant, son équipe rencontra le lycée de Fessenden dans le cadre de leur tournoi. Francis eut alors la surprise de voir un adulte, qu'il reconnut aussitôt, se présenter contre lui : il s'agissait de l'entraîneur de l'équipe, John G. Anderson, un professeur d'anglais de vingt-six ans. Aucune malice là-dessous : un des joueurs était porté pâle et, l'équipe ne comptant pas de remplaçant, Anderson avait bien dû prendre sa place. Or il s'agissait d'un très sérieux candidat : fils d'immigrants écossais, il avait contracté la passion du golf par ses parents, jouait en tournoi depuis l'âge de onze ans et avait remporté, depuis cette date, au moins une compétition par an. Champion amateur en titre du Massachusetts et ce, pour la deuxième année consécutive, il avait également signé, l'année précédente, un trou en un légendaire sur le dix de Brae Burn, un par quatre de trois cents mètres... Autant dire que l'adversaire que le destin dépêchait à sa rencontre était, de loin, le golfeur le plus accompli auquel Francis se fût jamais mesuré. Il s'avança sur le départ en tremblant et... décocha un drive en plein centre du fairway, tandis qu'Anderson topait sa balle en l'expédiant à vingt mètres, dans les herbes. Francis signa le premier 72 de sa vie, se confondant en excuses chaque fois qu'il remportait un trou, et gagna le match par 5 et 3. Anderson, cœur noble s'il en fut et pédagogue dans l'âme, semblait encore plus heureux que lui.

A seize ans, Francis dut, à contrecœur, renoncer à son activité de caddie pour préserver son statut amateur. A l'époque, le règlement de l'USGA prônait en effet la plus stricte séparation entre le profane et le sacré : c'est-à-dire que l'amateur, passé quinze ans, ne pouvait en aucune façon percevoir de rémunération pour une activité liée au golf, fût-ce en exerçant comme caddie. Francis envisageait encore le sport comme une vocation, mais toujours pas comme une profession éventuelle : résolu à s'en tenir aux tournois amateurs, il fit donc des adieux forcés à Dan McNamara et aux caddies du Country Club. Cette intransigeance de l'USGA sur les frontières entre amateurs et professionnels devait, à quelques années de là, confronter Francis à la plus pénible épreuve de sa carrière.

Durant sa troisième année de lycée, Francis emmena l'équipe de Brookline au championnat inter-lycées du Massachusetts. Il s'adjugea la coupe individuelle en battant John Sullivan, du lycée de Voltman, par 10 et 9. Les deux jeunes gens se lièrent durant la partie, John invita Francis à souper chez lui le soir même. C'est à cette occasion que Francis fit la connaissance de la sœur de John, Stella Anderson. Il allait l'épouser six ans plus tard et leur mariage durerait près d'un demi-siècle.

Parvenu à ce sommet du championnat lycéen, avec cette tranquille lucidité dont seule la jeunesse est capable, Francis se retourna pour contempler le chemin parcouru. Il en conclut qu'il n'avait plus rien à conquérir. Peut-être son père avait-il raison après tout : il était temps de s'assurer une carrière. Cette bouffée de sagesse adolescente lui dura une semaine exactement.

Le caddie master Dan McNamara avait un petit frère, Tom, qui comme Francis s'était formé sur les parcours de Boston. Tom était passé professionnel – un pro d'origine américaine était encore une rareté à l'époque – et résidait au club voisin de Wollaston. Sa carrière commençait à trouver des échos dans la presse. Durant l'édition 1909 de l'US Open, à Englewood (New Jersey), Tom s'illustra comme le premier golfeur de l'histoire à passer sous la barre des 70 en tournoi américain. Il faillit bien, d'ailleurs, devenir le premier Américain de souche à remporter ce championnat national. Le dernier tour se disputa sous une canicule accablante ; la victoire paraissait acquise à Tom McNamara, qui menait de trois coups sur l'ultime retour ;

mais une insolation le terrassa au quatorze. On parvint à le ranimer ; Tom voulut à tout prix terminer le parcours. Mais il n'était plus en possession de tous ses moyens et se laissa rattraper, puis distancer, par un expatrié d'origine anglaise : George Sargent, un ancien assistant de Vardon. Tom arriva deuxième.

Malgré cette conclusion décevante, Boston l'accueillit en héros à son retour. La presse locale vanta ses exploits sur tous les tons, suscitant à Boston une nouvelle flambée d'intérêt pour le golf. Quand son frère vint lui rendre visite au Country Club, Dan insista pour arranger un parcours entre Tom et Francis.

Tout au long du parcours, Tom relata ses exploits en championnat, sans cesser de questionner Francis sur une éventuelle participation à l'US Open : mais le jeune homme avait résolu de rester amateur et, du reste, il n'aurait jamais avoué des ambitions si vastes. Sa modestie ne l'empêcha pas de faire égalité avec Tom sur l'aller. Le pro multiplia les encouragements. En entamant le retour, Francis s'accrochait toujours et se mit à caresser l'idée de gagner le match... avant de se faire lessiver sur les derniers trous ! Cette expérience suffit à ranimer sa flamme de compétiteur. Face à l'un des premiers pros du pays, il avait tenu tête ; il était passé tout près de la victoire. A l'issue de ce parcours, Francis confia à Dan McNamara qu'il entendait passer l'année à se préparer en vue du championnat amateur.

Il ne resta plus à Dan qu'à remercier son petit frère, car il avait eu son idée en montant la rencontre. Pour la première fois en quinze ans d'histoire, le championnat amateur américain 1910 devait se jouer ici même, au Country Club de Brookline. Et Dan rêvait de voir Francis y concourir : il était convaincu que le petit avait les capacités de l'emporter. Or la motivation de ce dernier ne tarda pas à revêtir un certain caractère d'urgence. Car en annonçant ses intentions à sa famille, Francis s'attira une fois de plus les foudres de son père. A presque dix-sept ans, c'était déjà un adulte aux yeux d'Arthur ; celui-ci, au même âge, gagnait sa vie depuis deux ans. L'altercation tourna mal, le père courut après le fils jusque dans le jardin. « C'est fini ! criait-il. Plus question que tu vives à mes crochets ! Je ne me saigne pas aux quatre veines pour te voir perdre ton temps à ce jeu de riches ! Tu connais mon opinion là-dessus, et tu oses encore m'insulter ? »

Francis balbutiait, incapable de répondre. Il finit par se taire. Mary voulut s'interposer ; Arthur tourna sa colère contre elle.

« S'il veut rester sous mon toit et gâcher sa vie, alors qu'il trouve un travail. Tu vas arrêter le lycée...

– Mais il ne me reste qu'un an à faire.

– C'est fini ! Tu arrêtes et tu trouves un emploi.

– Très bien, dit Francis. C'est d'accord, je vais en trouver un. »

Il s'essuya les yeux et s'éloigna, poursuivi par les reproches de son père que Mary s'efforçait vainement de calmer. Comment se justifier devant Arthur ? Lui prouver que le golf était, pour lui, bien plus qu'un jeu, une école de discipline, de droiture et de courage ? Une ligne avait été franchie ; inutile désormais d'en débattre avec son père. C'était une bataille qu'on ne remportait pas avec des mots.

Résumons-nous. Le hasard vous fait naître à deux pas d'un grand parcours. Votre père ne trouvant pas d'emploi stable, les besoins de la famille vous jettent dans le monde du travail avant l'âge de dix ans. A travers le métier de caddie, vous vous découvrez peu à peu une affinité profonde avec le golf. Votre frère, qui vous a précédé dans cette voie, vous offre l'émulation – voire l'inspiration – dont se nourrit votre jeu : vous ne tardez pas à le dépasser. Autodidacte obsessionnel, vous ne prenez pas une seule leçon de votre vie : vous frottant au sport le plus difficile du monde, vous entendez dicter vos règles. Vient un jour décisif où quelque bienveillant aîné vous prend sous son aile. On vous ouvre les portes d'un parcours d'élite où vos dispositions trouvent à s'épanouir. Vous résolvez alors de vouer votre vie au golf, quoi qu'il vous en coûte, quand rien ne garantit que vous pourrez vous arracher à vos origines modestes. Votre vocation suscite le dédain de vos proches ; la nécessité vous force à abréger vos études. Si jamais vous connaissez le succès, désormais vous ne le devrez qu'à la ferme volonté de mettre à profit ce talent que le golf vous a prodigué ; vous ne le devrez qu'à votre obstination dans la poursuite de vos ambitions, malgré d'innombrables épreuves.

Ils ne le savaient ni l'un ni l'autre, mais Francis Ouimet et Harry Vardon avaient beaucoup en commun.

King of Clubs

FIN 1900, pour saluer le champion qui venait de conquérir l'Amérique, la presse britannique se trouva soudain à court de superlatifs. On dépoussiéra donc une épithète qui avait autrefois servi au grand Allan Robertson, pour en habiller Vardon à son tour : *King of Clubs*, Roi des Clubs, pour saluer le talent du golfeur ; mais aussi Roi de Trèfle, tout comme la figure bien connue du jeu de cartes. Atout gagnant des ambitions britanniques, Vardon était à peine entré dans le cœur de ses compatriotes qu'on craignait déjà de le voir s'expatrier pour la riche Amérique. La polémique prit une telle ampleur que le champion se sentit tenu de publier un démenti dans *Golf Illustrated.* S'il apprécia cette reconnaissance publique et s'il en savoura les privilèges, Harry, comme nombre de champions après lui, ne tarda pas à devoir en payer la rançon : une fois le sommet atteint, on ne peut plus que redescendre. A l'instant même où il parvenait à asseoir sa position de numéro un, le sol se mit à trembler sous ses pieds. La mort de la reine Victoria, en 1901, signait la fin d'une époque ; le Roi de Trèfle comprit que la donne avait changé. Les dangers arrivaient de toutes les directions.

Pour commencer, la nouvelle balle Haskell, à noyau de caoutchouc, l'avait suivi en Angleterre, où elle se propageait comme une maladie infectieuse. Prêchant contre cette innovation, Harry se retrouva, par une ironie du destin, dans la position conservatrice du premier *King of Clubs.* Un demi-siècle plus tôt, Allan Robertson, qui gagnait sa vie en vendant des balles en plume, s'était lui aussi vainement dressé contre l'essor de la gutta-percha. L'arrivée de la *gutty* fut d'ailleurs la cause de sa rupture, en 1848, avec le Vieux Tom Morris.

L'histoire de la plus grande innovation qu'ait connue le golf en deux cents ans mérite d'être contée : la balle en gutta-percha nous vient d'un dieu hindou.

Quand l'Empire britannique étendit ses frontières jusqu'en Extrême-Orient, l'exploitation des forêts tropicales de Malaisie conduisit à la découverte d'un arbre, le *Pallaquium gutta*, sécrétant un latex aux étonnantes propriétés. On découpait des anneaux d'écorce qui, après séchage, avaient l'apparence du cuir et qu'on expédiait par ballots vers l'Angleterre. Mise à bouillir dans de l'eau, cette pâte libérait une gomme qui durcissait en refroidissant – ce qui permettait son moulage – et se révélait presque imperméable. La gutta-percha trouva très vite d'importantes applications industrielles, notamment l'isolation des câbles électriques sous-marins. Elle permit la pose des premières lignes télégraphiques entre l'Angleterre et le continent. On en tira aussi des courroies de transmission aisément remplaçables qui révolutionnèrent les chaînes de production mécanisée. Nul ne l'avait envisagé, mais elle devait changer à jamais l'antique jeu des Ecossais.

Vishnou fait son apparition dans notre histoire en 1843. Le docteur Paterson, professeur de théologie à l'université de St. Andrews, reçoit une statue en marbre du dieu, présent d'un collègue résidant en Orient. Vishnou est le protecteur de l'ordre moral : détail curieux, on le représente souvent debout avec une arme dans les mains – notamment un bâton, symbole évocateur pour le golfeur qui sommeille en nous. Pour préserver la statue des aléas du voyage, on avait bourré la caisse de copeaux noirs et caoutchouteux : l'astucieux docteur identifia de la gutta-percha, mit à bouillir les copeaux et en tira des feuilles de gomme avec lesquelles il ressemela les souliers de toute la famille.

Entre en scène le cadet des Paterson, Rob, étudiant à St. Andrews et fanatique de golf. Rob ne voyait qu'un obstacle à sa passion : le coût exorbitant des balles. A l'époque, chacune renfermait deux litres de plumes bouillies, patiemment compactées par l'artisan en une sphère des plus approximatives. Roulant mal, volant encore plus mal, prenant l'eau et sujettes à crever ou à moisir, les balles d'alors étaient une malédiction. Deux années passent et les semelles de la famille Paterson ne montrent pas la plus petite trace d'usure. Ce que voyant, Rob ramollit en le chauffant un bout de gutta-percha, le roule à la main, le peint en blanc et s'en va frapper sa balle improvisée sur le links de St. Andrews. Il ne tarde pas à la mettre en pièces ; mais il a eu le temps de la voir voler, et la perspective est assez prometteuse pour l'encourager dans cette voie. Après trois années de mise au point, les premières *gutties* firent leur apparition sur le vénérable links : on était en 1848. En l'air, la trajectoire précise, comme irrésistible, de cette balle plus lourde laissa sans voix les habitués de la plume. Sur les greens, moulée en une sphère parfaite et indéformable, elle garantissait une régularité qui conquit aussitôt les cœurs. Imperméable, elle résistait à l'usure et aux intempéries. Et, pour finir, son procédé de fabrication autorisait une production en masse, pour une fraction du coût de la balle en plume. On comprend la panique qui s'empara des artisans du secteur.

Adepte fervent de la *gutty*, Harry Vardon affirmait que la Haskell causerait la perte du golf ; il refusait même de la laisser envahir les parcours. Gagner en longueur aux dépens de la précision, voilà qui violait ses convictions sportives les plus chères. Moins puissante mais plus sensible, la *gutty* réclamait le toucher d'un maître comme lui pour élever l'exploit sportif au niveau d'un art. La Haskell dévaluait ces qualités durement acquises : grâce à elle, des cogneurs de moindre talent pouvaient espérer concurrencer un Vardon par la seule distance, le plus vulgaire de tous les arguments golfiques. Même quand Harry s'inclina, comme Robertson avant lui, il ne se sentit jamais si sûr de lui face à cette pelote de caoutchouc, particulièrement sur les greens. Tandis que ses concurrents adoptaient tous la nouveauté, voyant aussitôt leurs performances s'en ressentir, il attendit. En conséquence, son golf connut la première éclipse de sa carrière ; elle allait durer, à une exception près, plus de dix ans.

Si le golf, dans le sillage de la tournée Vardon 1900, commençait tout juste à prendre en Amérique, son histoire d'amour avec le peuple anglais se poursuivait depuis la fin du siècle précédent, forte désormais de quelque cent cinquante mille adhérents. Cette expansion formidable s'était traduite par une confusion inquiétante au plan réglementaire, chacun interprétant à sa façon les treize règles d'origine. En 1897, la Royal & Ancient Golfing Society de St. Andrews fut choisie, par consensus national, comme arbitre officiel. Elle se chargea de codifier un jeu de règles homogènes et, le cas échéant, d'arbitrer les litiges. Il se trouve que l'une de ses décisions les plus importantes pour l'avenir du golf aura consisté, justement, à n'en prendre aucune.

Les débuts de la Haskell furent timides, la production ne suivant pas la demande. Cela n'empêcha pas l'élite du golf d'y réagir comme un éleveur de moutons devant un cas de tremblante. La jeune fédération des golfeurs pros britanniques, la PGA, prit la tête d'une campagne de protestation où l'on prédisait tout bonnement l'apocalypse : les champions réduits à la misère, les plus prestigieux parcours devenus caducs, le noble sport dévoyé par le premier venu. Les professionnels des clubs montèrent eux aussi au créneau : comme ils n'avaient pas l'équipement pour la fabriquer à l'atelier, la nouvelle balle les privait d'une source non négligeable de revenus. Les seuls à se réjouir, en fait, furent les cent cinquante mille golfeurs du dimanche qui trouvaient à la Haskell une vertu simple et difficilement contestable : quand on la tapait, elle allait plus loin.

Il ne fallut pas moins que l'intervention du Premier ministre, Arthur J. Balfour, un golfeur passionné, pour tenter de dénouer la crise. Dans un argumentaire habile et commercial, ce dernier fit observer qu'une normalisation excessive du matériel étranglerait toute innovation en restreignant injustement la liberté du joueur dans ses choix d'équipement. Balfour fut entendu : quand la PGA demanda que la balle en caoutchouc soit bannie du British Open et du championnat amateur, la Royal & Ancient choisit de ne pas statuer sur la question ; le choix de la balle fut laissé à chacun des participants. Cette « décision » eut un impact immédiat sur le golf de haut niveau.

Après sa défaite contre J.H. Taylor au British Open 1900, Harry dut se contenter, à deux reprises encore, d'une seconde place : en 1901, à Muirfield, il s'inclinait devant un golfeur en pleine ascension, l'Ecossais James Braid ; et en 1902, il perdait contre un autre Ecossais, Alexander Herd, dit Sandy. Ce troisième échec, tout près de la victoire, l'exaspéra tout particulièrement dans la mesure où Sandy Herd, l'un des critiques les plus virulents de la Haskell avec Vardon, fut aussi le premier pro à rompre la solidarité du métier en produisant la balle maudite en Open. Herd écumait les tournois depuis dix ans ; il avait fini deuxième en Open à quatre reprises, sans pourtant parvenir à briser l'hégémonie Vardon-Taylor sur la coupe. Ayant joué son dernier parcours d'entraînement avec une Haskell qu'on lui avait offerte, il en avait retiré la conviction que cette petite sphère de caoutchouc pourrait bien lui conférer l'avantage dont il avait toujours manqué pour faire la différence. Elles étaient si rares à l'époque qu'il joua tout le tournoi avec cette seule balle.

Harry s'en tint à sa bonne vieille Vardon Flyer, avec laquelle il menait de quatre coups sur Herd à mi-chemin du tournoi. Le deuxième jour, Harry prit le départ en compagnie d'un autre joueur, de moindre envergure, qui frappait lui aussi une Haskell. Harry le battait malgré tout au drive ; et il se mit à systématiquement méjuger de ses approches après avoir regardé l'autre golfeur frapper en premier sa « balle magique ». Harry ne voulut jamais y voir une excuse : reste que ce jour-là, il arriva presque systématiquement trop court, manqua deux putts décisifs et se fit rattraper par Herd qui lui ravit la première place par un seul coup d'avance. La victoire de Herd ouvrit en grand les vannes au torrent des Haskells et l'on signa aussitôt l'armistice. Aucun pro ne devait plus jamais remporter un British Open avec une balle en gutta-percha. En 1903, un mois après que la Royal & Ancient eut refusé de statuer sur l'interdiction de la Haskell, Harry Vardon, tout comme Allan Robertson en son temps, baissait les bras et, à son tour, il adoptait la balle hérétique. Mais ce n'était pas le seul coup de théâtre que cette année 1903 allait apporter dans son existence.

Dans le sillage de ses exploits internationaux, Harry aspirait maintenant à de nouveaux défis sur son sol natal. Il souhaitait aussi se rapprocher de Londres où, en dehors des matchs, se géraient désormais ses affaires. Il accepta donc un poste de professionnel au club de South Herts, à Totteridge, dans la banlieue nord de la capitale. L'achat d'un pavillon en briques à deux pas du club – quatre chambres, autant dire un manoir pour les Vardon – convainquit Jessie de le suivre.

Harry, à travers ses voyages et ses exploits, avait gagné l'assurance et l'étoffe convenant à sa nouvelle stature nationale ; Jessie, quant à elle, n'était jamais sortie de sa province. La célébrité de son époux l'entraînait dans des cercles qui auraient semblé inaccessibles quelques années plus tôt : capitaines d'industrie, lords, ladys et politiciens se l'arrachaient et Harry prit, peu à peu, l'habitude d'assumer tout seul cette dimension publique. A Jessie, la maison ; à lui, les triomphes de sa carrière sportive et les félicitations de ses admirateurs. Harry ne laissa jamais entendre que son mariage ait pu, d'une façon ou d'une autre, le satisfaire ; mais rien n'indique non plus qu'un divorce ait été jamais envisagé. Conservateur par nature, soucieux des conventions sociales, Harry se sentait en outre lié à son épouse par leur passé commun. Mais la loyauté qu'il lui garda avait son prix : les frustrations d'un mariage qui n'était plus que de façade, conjuguées aux pressions croissantes de sa célébrité, minèrent peu à peu sa forme physique.

Tout au long du printemps 1903, Vardon souffrit de crampes et de baisses de tonus. Cela n'empêcha pas le champion, alors âgé de trente-trois ans, de se préparer à l'Open britannique qui devait se tenir à Prestwick, sur la côte écossaise. Harry sortait d'un hiver pénible et pluvieux, entre les vicissitudes de son déménagement à Londres et les sautes d'humeur de son épouse. Sa santé le préoccupait depuis des semaines et, se pesant un jour dans les vestiaires du club, il eut la stupeur de découvrir qu'il avait perdu plus de dix kilos. Il était affligé de vertiges récurrents ; une toux insistante tachetait parfois de sang son mouchoir. Son médecin lui enjoignit de ne pas aller en Ecosse, de prendre plutôt des vacances. Harry, bien entendu, n'écouta pas. Il avait pour habitude de dompter ses maladies comme il avait, toute sa vie, triomphé des obstacles : en serrant les dents.

Dans le train pour Prestwick avec Tom, il ne dit rien de son état à son frère. Son souffle lourd, ses traits émaciés parlaient pourtant d'eux-mêmes ; mais Harry se contenta d'invoquer les fatigues du déménagement et Tom choisit de ne pas creuser la question. Il n'avait jamais vu son frère manquer un seul jour pour cause de maladie. Il faut dire qu'à Jersey, on est aussi fier que dur au mal. Il faut vraiment avoir un pied dans la tombe pour consentir à se faire porter pâle ; et il est mal vu de s'enquérir de la santé de quelqu'un. C'est à la personne elle-même de vous en informer au moment opportun : soit, en général, peu avant l'extrême-onction.

Dessiné par le Vieux Tom Morris en personne, le links de Prestwick a accueilli le British Open durant ses neuf premières années d'existence. C'est là que les Morris père et fils remportèrent chacun de leurs quatre titres, inscrivant leurs deux noms dans les annales du golf ; et Harry Vardon, malgré sa santé déclinante, arrivait avec l'intention bien arrêtée d'y ajouter le sien. Les foules qui l'accueillirent sur le parcours ne remarquèrent rien de son indisposition ; et le champion se sentit ragaillardi par leurs acclamations.

Harry enquilla un long putt sur le green du dix-huit, scorant un birdie et bouclant son premier tour en 73, à la première place ex aequo avec Sandy Herd. Mais il avait à peine tourné les talons que son sourire s'évanouissait ; et au lieu d'aller déjeuner au vestiaire avec les autres concurrents, il disparut dans l'atelier du pro où il demanda discrètement à s'étendre. Ce fut la seule fois de sa carrière où Vardon eut besoin de se reposer entre deux tours d'un championnat. Son caddie arrangea quelques coussins sur le plancher avant d'aller lui chercher un repas léger et une tasse de thé.

Harry n'arrivait pas à recouvrer son souffle. Ses mains tremblaient ; son cœur papillonnait dans sa poitrine. Il n'en dit rien à personne. Il ferma les yeux, s'allongea, s'efforça de dormir. Une chape de nuit se referma sur lui, l'éveillant en sursaut. Une chose effrayante l'avait frôlé de son aile : les murs se rapprochaient. Il avait du mal à respirer. Une terreur sans nom empoignait Harry Vardon.

Quand son caddie vint le chercher une heure plus tard pour le deuxième tour, il dut rassembler ses forces pour se lever et il sortit, en titubant, devant une foule d'admirateurs. Il ne les vit même pas. Pour parvenir à jouer, il puisa dans ses réserves les plus enfouies – et ce sacrifice, à la longue, allait lui coûter très cher. Mais le travail avant tout : et tandis que personne n'attaquait vraiment, Harry s'échina pour négocier une honnête carte de 77. Il termina la première journée avec six coups d'avance sur Sandy Herd et le reste des concurrents.

Les deux frères dînèrent en silence à l'hôtel. Tom s'alarmait de plus en plus devant la pâleur de Harry, ses traits tirés, sa main qui tremblait en maniant les couverts. N'y tenant plus, il envoya au diable les usages de Jersey : « Tu es malade ; dis-moi ce qui se passe. »

Harry protesta : épuisé, sans doute, mais pas malade. Les fatigues du déménagement, les soins que réclamait Jessie, les exigences de la célébrité : tout à la fois sur ses épaules. Il évitait le regard de son frère. Celui-ci savait bien que Harry n'aurait jamais abandonné un tournoi de l'Open, et certainement pas quand il avait l'avantage ; il aurait fallu qu'il en sorte sur un brancard – mais au vu de son état physique, cette possibilité n'était pas à exclure.

« Ce serait peut-être plus raisonnable que tu ne joues pas demain », hasarda-t-il.

Harry le foudroya du regard.

« Que je me retire ? C'est ce que tu veux ?

– Comment ça, ce que je veux ?

– Que je te laisse le champ libre pour empocher le titre ? »

Tom s'étrangla. A mi-chemin du tournoi, il restait en piste, trois coups derrière Sandy Herd : jamais il n'avait été si proche d'une victoire en Open qui jusqu'ici s'était toujours refusée à lui. Joueur solide, mais sans génie, Tom avait une nature joviale et impulsive : il ne s'était jamais marié, ne gardait jamais très longtemps le même emploi. Ce tempérament s'accommodait mal de la discipline obsessionnelle qu'exige le golf à son plus haut niveau. De fait, Tom était allé moins loin que son frère et n'espérait pas beaucoup de son propre talent. Mais il se contentait aussi de peu. Jalousait-il en secret l'ascension de son frère ? En tout cas, il n'en a jamais soufflé mot.

Tom Vardon sonda le regard de Harry. Il y décela quelque chose d'inconnu : l'angoisse d'une bête traquée. Il choisit ses mots avec soin, s'efforçant de dissimuler sous un ton léger la peine que lui avait causée cette accusation.

« Tu as mis dans le mille, Harry : je suis prêt à tout pour la coupe. Reprends donc une pinte de bière ; va te promener sous la pluie. Et puis, tiens, pendant que tu y es, tâche de passer une nuit blanche. Je te remercierai demain. »

Sa bonne humeur caractéristique eut le dessus : le regard inquisiteur de Harry se troubla, reflua, se tourna vers lui-même, en une introspection inquiète.

« C'est ce qu'ils voudraient, dit-il. Que j'échoue.

– Qui ça, *ils* ? »

Les yeux de Harry flamboyèrent.

« Nous sommes de Jersey, souffla-t-il. Nous sommes des pros. Ils ne nous méritent pas.

– Moi, je trouve qu'on te traite très généreusement...

– Tu parles : comme des chevaux de race. Les rupins viennent poser devant la bête après la course, pour la photo.

– Peut-être. Mais mieux vaut l'étalon que la bête de somme...

– Tu ne vois pas qu'ils peuvent tout nous reprendre ? Tout ce que nous avons eu tellement de mal à gagner ? A la première faiblesse, crac, c'est fini. »

Tom dévisagea longuement son frère. Harry avait toujours été son roc, même s'il avait pu à l'occasion rêver de le dépasser. L'incertitude nouvelle qu'il lisait en lui ne fit qu'ajouter à ses propres doutes. Il parvint pourtant à les balayer.

« Eh bien, voilà ce que tu vas faire. Tu vas y aller demain matin et jouer ton meilleur golf. Et ne t'avise pas de mollir, Harry : parce que moi, si je te bats demain, j'entends bien le faire à la loyale. Je veux que tu sois au mieux de ta forme, le jour où je gagnerai l'Open. »

Ils en restèrent là : à ce carrefour. Les deux frères se dirent bonsoir et montèrent se coucher. Purgé de ses démons, Harry dormit d'un sommeil de plomb pour se réveiller le lendemain, par un nouveau caprice de son mystérieux mal, en pleine possession de ses forces. Quand il rejoignit Tom au petit déjeuner, il n'y eut pas un mot sur la conversation de la veille. Il était temps de se remettre au travail.

Nul, dans l'histoire du golf, n'a jamais mieux joué que Harry Vardon dès lors que la victoire était en vue. Ce matin-là, à Prestwick, il retrouva la pleine maîtrise de son golf, rendit une carte de 72 et établit un nouveau record en Open sur cinquante-quatre trous consécutifs. Il disposait à la mi-journée de sept coups d'avance. Tom se détacha lui aussi pour finir en deuxième place, ex aequo avec Sandy Herd.

Mais après les efforts du matin, l'heure des comptes arriva. Harry dut s'étendre à nouveau dans l'atelier du pro. Une quinte de toux le plia en deux, qui laissa du sang sur son mouchoir. Il l'enfouit aussitôt dans sa poche pour que son caddie n'en sache rien. Incapable de manger quoi que ce soit, il se contenta d'une pinte de Guinness, s'allongea et tâcha de se concentrer sur la dernière ligne droite. Malgré sa faiblesse, Harry savait qu'une avance de sept coups pouvait suffire à l'emmener au titre. Mais il était talonné par J.H. Taylor ; par Sandy Herd ; par son frère Tom et par une étoile montante, James Braid. Vardon ne s'était plus approprié la coupe depuis trois ans : il n'entendait pas laisser passer sa chance sans se battre. La coupe scintillait devant ses yeux comme le rêve d'un fiévreux. Une nouvelle victoire lui permettrait de rester en selle ; qui sait si l'occasion s'en représenterait seulement ?

Il ferma les yeux, marmonna des choses incohérentes. Son caddie affolé courut chercher Tom. L'esprit égaré de Harry, dans un effort désespéré pour fuir le mal qui le rongeait, ruminait une idée fixe : devenir le premier à égaler le record conjoint des Morris père et fils – quatre Opens chacun ; et le faire sur le score le plus bas jamais réalisé en tournoi. Les deux buts étaient presque à sa portée ; il suffisait d'en trouver la force, de pousser son corps défaillant tout au long du dernier dix-huit.

Tom entra en trombe dans l'atelier pour trouver son frère pâle comme un linge, grelottant de fièvre, baigné de sueur. Il exigea qu'il vît un médecin. Harry refusa tout net : il savait qu'on ne l'aurait pas autorisé à continuer.

« C'était l'atelier du Vieux Tom, lui dit Harry en désignant la pièce. C'est ici que tout a commencé : notre métier, l'Open... Sans lui, nous en serions encore à tailler des haies à Jersey...

– Harry, ce n'est qu'un tournoi. Il y en aura d'autres...

– Il n'a jamais abandonné, le Vieux Tom. Il joue encore, Dieu le bénisse. Et c'est ici que le Jeune a remporté son quatrième...

– Le Jeune n'a pas su décrocher quand il le fallait et il en est mort, Harry.

– N'exagérons pas... Je n'en suis pas là. Ça ira, tu sais. Un mauvais rhume. J'ai connu pire. Bien souvent. »

Tom sentait percer une résolution d'acier derrière la souffrance, la peur, la faiblesse.

« J'y arriverai, Tom. Je t'assure.

– Je le sais bien, Harry. »

Les yeux de Harry se mouillèrent. « Tu ne m'as jamais abandonné, toi. Tu es le seul, Tommy. Et tu n'as jamais été payé en retour... Pas juste. Tu devrais avoir eu tes victoires, toi aussi... N'y serais jamais arrivé sans toi... N'ai jamais su te dire merci... »

Tom lui prit la main. « Pas la peine, Harry. Ce n'est vraiment pas la peine. »

Ils se turent. Harry semblait avoir recouvré ses esprits, mais son regard brûlait toujours, d'une flamme effrayante qui semblait jaillir du plus profond de lui-même.

« Je ne sais pas ce qui m'arrive, chuchota-t-il.

– Ne t'inquiète pas, Harry ; on s'en occupera, mais plus tard. Pour le moment... Puisque je ne peux pas t'empêcher... Harry, regarde-moi ! ... T'empêcher d'y retourner, tâche au moins que cela en vaille la peine.

– D'accord, Tommy. J'y arriverai.

– Je le sais bien. »

Le caddie tendit le doigt vers la pendule : il était l'heure. Tom et lui aidèrent Harry à se lever ; il les écarta au dernier moment, avant de sortir devant la foule.

Comme il n'a jamais parlé de cet épisode, il est difficile aujourd'hui de savoir où Harry Vardon trouva la force d'aller jusqu'au bout. Dans son courage ? La ténacité ? L'aveuglement, l'orgueil ? Nous jugeons un champion non seulement à la grandeur intrinsèque de ses exploits, mais encore aux difficultés particulières qu'il aura dû surmonter. On peut affirmer, de ce point de vue, que Harry Vardon a réalisé ce jour-là une performance de légende. Alors qu'il tenait à peine debout et faillit s'évanouir cinq ou six fois – son caddie l'empêcha même de tomber dans un bunker –, il endura toute l'épreuve de ce dernier parcours, dont il ne devait garder qu'un souvenir brumeux : la balle, le lie, la distance, le club, le swing, un pied devant l'autre... Le golf devint pour lui l'expression d'un instinct de survie animal. Son acharnement à finir le parcours était tel que les foules qui se massaient autour de lui ne virent rien de ses souffrances.

Il signa une carte de 78, complétant un score de 300 pour l'ensemble du tournoi. Harry remportait ainsi son quatrième British Open et, comme il l'avait espéré, améliora de cinq coups le record en tournoi. Alors que Sandy Herd et les autres prétendants se laissaient distancer, Tom Vardon, cet après-midi-là, réussit un magnifique 74 qui lui valut la deuxième place, à six coups derrière son frère. Tom jouait deux groupes en avant de Harry et, après avoir fini son parcours, il attendit son frère. Dès que Harry eut rentré son dernier putt, les deux hommes tombèrent dans les bras l'un de l'autre sur le green du dix-huit. Harry défaillait ; il dut s'agripper à son frère pour ne pas tomber.

« Tout doux, lui souffla Tom. Tout doux, maintenant. »

Les larmes brillant dans leurs yeux disaient soudain bien autre chose qu'à la première victoire en Open de Harry, huit ans plus tôt, à Muirfield. Mais la foule les avait déjà rejoints et les entraînait vers les vestiaires : le public n'avait toujours rien remarqué. Seul son enthousiasme communicatif lui donna la force d'endurer toute la cérémonie de clôture. Des années plus tard, évoquant le prix terrible dont sa santé avait payé cette victoire, Harry n'exprimait aucun regret ; sa seule tristesse, c'était d'y avoir perdu son ami le plus cher. Il faut rendre cette justice à Tom : il n'a jamais tenu rancune à son frère pour ce que l'histoire considère aujourd'hui comme son plus bel exploit en tournoi professionnel. Mais cet Open resta aussi comme l'occasion manquée de Tom Vardon : jamais, en trente ans de carrière, celui-ci ne devait approcher si près d'une grande victoire. Il repartit chez lui avec quinze livres sterling et une montre en argent.

Quand Harry brandit l'aiguière, la foule explosa en vivats ; selon la presse britannique, on n'avait jamais vu semblable ovation à un Open. Harry ne donna qu'une seule interview après le tournoi, où il avoua l'effort surhumain qu'il avait dû accomplir : « Il me semble, déclara-t-il, que ce championnat m'a vieilli de dix ans ; je ne connaîtrai jamais pire que les quatre heures et demie que je viens de passer. »

Harry alla se reposer dans l'atelier du pro, tandis que le public se dispersait et que ses adversaires du jour venaient le féliciter. Quand tout le monde fut reparti, c'est un homme brisé que Tom et son caddie ramenèrent à l'hôtel. Il y passa la nuit. Il s'était engagé à disputer, le lendemain, un tournoi d'une journée dans un club voisin et, malgré toutes les objections de son frère, il insista pour s'y rendre. Tom commençait à comprendre que jouer, pour lui, c'était repousser des ténèbres qui se refermaient sur lui chaque jour davantage.

Les deux frères prirent donc le train à l'aube pour se présenter à un départ très matinal. Malgré le mal qui le rongeait, de nouveau confronté à J.H. Taylor, à Sandy Herd et à des dizaines d'autres pressés d'en découdre avec le *King of Clubs*, Harry Vardon établit ce matin-là un nouveau record sur le parcours ; l'après-midi, il remporta le tournoi, Herd et Taylor se partageant la deuxième place. Ce n'est qu'après s'être acquitté de ses obligations qu'il consentit à reprendre le train pour Londres. Quelques semaines de repos lui permirent de recouvrer des forces et son moral ; après quoi, se déclarant guéri, il s'en alla jouer un parcours à son club de South Herts. Sur le douze, une quinte de toux d'une violence extrême le prit soudain et le secoua comme une poupée de chiffon. Harry tomba à genoux, vomit un flot de sang, s'effondra sous un arbre. On le ramena à son atelier et l'on appela une voiture qui le conduisit chez lui.

Son médecin, cette fois-ci, se montra plus sévère : une grave hémorragie s'était déclarée. Le patient devait impérativement garder la chambre, en attendant d'établir un diagnostic. Le lendemain matin, malgré les protestations de Jessie, Harry refusa une fois de plus d'écouter son corps. Il envoya au diable les prescriptions du médecin et s'habilla pour aller travailler à South Herts. Quand il se pencha pour nouer ses lacets, une seconde hémorragie, plus violente encore que la première, le terrassa. Harry perdit conscience ; il faillit s'étouffer dans son sang. Jessie appela au secours ; la femme de ménage l'aida à recoucher le champion. Le thermomètre montait à quarante. Le médecin repassa un peu plus tard, et finit par prononcer ce mot que Harry avait redouté en secret.

Tuberculose.

L'amateur

POUR participer au championnat national amateur 1910, le jeune Francis Ouimet, dix-sept ans, devait fournir la preuve de son affiliation à un club reconnu par l'USGA. L'adhésion au Country Club restait très au-dessus de ses moyens et il n'aurait pas osé demander à son père de l'aider. Mais le championnat approchait : Francis avait désespérément besoin d'un club. Il postula en secret pour celui de Woodland, où il avait disputé nombre de matchs avec l'équipe du lycée.

Il apprit qu'on l'acceptait quand il reçut une facture de vingt-cinq dollars. Son cœur se serra : il venait de débuter comme magasinier à Boston et n'avait pas encore touché sa paye. Francis dut parler de la facture à sa mère, qui se mit en colère. Mais le jeune homme réussit le tour de force de la convaincre de l'importance que revêtait le tournoi pour ses ambitions. Il se fit prêter les vingt-cinq dollars et promit de les rembourser à la fin de l'été. Mary accepta à contrecœur et maquilla les comptes familiaux pour dissimuler cet emprunt à Arthur. « Le golf sera ta ruine », l'avertit-elle.

Cet été-là, Francis travailla six jours sur sept pour tenir sa promesse. Cela le contraignit à s'entraîner moins que jamais, une fois par semaine tout au plus. Mais en septembre, il avait remboursé sa dette et adressé son bulletin au championnat amateur. Elle arriva au siège de l'USGA, à New York, le dernier jour des inscriptions. En raison d'un très grand nombre de demandes – pour la première fois dans l'histoire de la compétition, celui-ci dépassait les trois cents –, il fallut organiser des éliminatoires, trente-six trous en stroke-play qui précédaient les matchs du tournoi proprement dit. On ne retiendrait que les soixante-quatre meilleurs scores. Francis sortait d'une saison entière passée sans presque s'entraîner : jamais il ne s'était senti moins sûr de son golf.

A la veille du championnat, on vit accourir la meilleure société et l'élite du golf amateur au Country Club de Brookline. Sur sa terrasse, juste en face, Francis observait ce manège incessant. Les automobiles se succédaient, noires et luisantes ; il y avait des lampions, des messieurs en cravate, des beautés en robe du soir, un orchestre dont les accents retentissaient dans la tiédeur du soir. Tous ces gens paraissaient sortis d'un conte des *Mille et une nuits*. S'il voulait franchir les cent mètres qui le séparaient de ce monde irréel, s'il voulait traverser le miroir et entrer à son tour dans ce monde, Francis devait réussir une épreuve aussi simple et impitoyable que l'un des travaux d'Hercule : il lui fallait seulement gagner.

C'était la première fois qu'un club du Massachusetts accueillait le championnat amateur. A cette pression s'ajouta, dans le cas de Francis, celle d'un contretemps : en se présentant dans la matinée aux éliminatoires, il découvrit qu'on avait reporté son départ à la fin de l'après-midi, sans un mot d'explication. Les nerfs à vif, il tua le temps comme il put, au practice et au putting green. Enfin, vers dix-sept heures, il put prendre le départ. Il se montra irrégulier. Un orage éclata, puis la nuit tomba avant qu'il eût achevé son parcours. Francis passa une nuit blanche à s'inquiéter de son départ, à six heures le lendemain. Dans son affolement, il repartit au club en oubliant de prendre son petit déjeuner : sa mère n'y avait pas pourvu pour ne pas déclencher la colère d'Arthur. Obligé de finir son parcours de la veille et d'enchaîner sans répit sur le second dix-huit des éliminatoires, affamé, tendu, il eut d'énormes difficultés à se concentrer. Il perdit des points précieux qui lui ôtaient ses marges d'erreur. Il s'accrocha comme il put : au départ du dernier trou, il ne lui fallait qu'un bogey pour se qualifier. Un hook sur le départ, un recovery périlleux qui arriva trop court du fairway et, sur le green, un putt manqué suffirent à épuiser sa marge. Francis conclut son parcours sur un double bogey, manquant le cut d'un petit point.

Le cœur brisé, il endura sans rien dire, au dîner familial, les remontrances de son père. Il retrouva dès le lendemain son entrepôt miteux, pour dix cents de l'heure. Il n'eut pas le cœur d'aller voir le championnat ; le dimanche en fin d'après-midi, couché sur son lit, il entendit les hourras monter de l'autre côté de la rue, saluant le vainqueur et lui fermant les portes de ce monde merveilleux.

Cet échec sur le fil inaugurait une série noire qui affligea son golf trois années de suite : Francis excellait dans les compétitions locales, triomphant avec une régularité croissante des joueurs les plus aguerris que comptait la Nouvelle-Angleterre ; mais chaque fois qu'il arrivait aux éliminatoires du championnat amateur, il y avait un rebond malheureux, un accident quelconque pour diminuer ses chances et le renvoyer à un coup de la qualification. Francis devait décrire par la suite cette période de sa vie comme une « sacrée déception » : quand on connaît la modestie du personnage et son sens de la litote, c'est presque un cri d'angoisse.

Peu après son échec au championnat 1910, Francis dénicha chez un libraire le premier ouvrage de Harry Vardon, *The Complete Golfer*. Il ne tarda pas à le savoir par cœur. Le livre de Vardon, exposé méthodique et complet du golf tant à l'entraînement qu'en compétition, devint la lecture de chevet du jeune Francis Ouimet.

« N'envisagez jamais l'éventualité d'une défaite : à force de s'inquiéter, on perd toute liberté de style.

Souvenez-vous que le joueur qui, le premier, s'attelle avec sérieux à un match difficile bénéficie toujours d'un avantage. Concentration et volonté sont les deux clés de la victoire. »

Cette philosophie nourrissait aussi son swing, qui se mit à ressembler de plus en plus à celui du Britannique : droit, fluide et délié. Un bon jeu de mains et un sens aigu du tempo lui permirent de gagner peu à peu en distance et en précision. Il découvrit avec plaisir que Vardon affectionnait, tout comme lui, le *brassie* – c'est-à-dire le bois 2, le premier club que Francis eût manié de sa vie. Il acquit une aisance impressionnante avec ce long bois : où que finît son drive, dès le deuxième coup, le green ne semblait jamais hors de portée.

En 1911, la chance tourna pour Francis : il quitta son emploi de magasinier pour une place de commis à Boston, dans un magasin d'articles sportifs appelé Wright & Ditson. C'était ce même établissement où son frère lui avait déniché son premier club, contre trois douzaines de balles d'occasion. George Wright, le propriétaire, était un ancien joueur de base-ball et l'un des premiers adeptes américains du golf, auquel il s'était converti dès les années 1880. Familier des parcours du Massachusetts, il connaissait bien les capacités du jeune Ouimet et décida de le prendre sous son aile. Ancien athlète lui-même, il comprenait la pression que peut subir un joueur talentueux au sortir de l'adolescence, quand il est temps d'envisager une carrière. Peu avant l'été 1913 – Francis venait d'avoir vingt ans –, il interrogea le jeune homme sur ses projets.

« Ce sera cette année ou jamais, expliqua Francis. Il faut absolument que je gagne le championnat amateur.

– Une lourde charge pour vos épaules, non ?

– J'ai déjà vingt ans, monsieur. Il faut que je commence à vivre, vous comprenez. »

George Wright, soixante-six ans cet été-là, hocha patiemment la tête. « Et comment comptez-vous vous y prendre ? »

Francis ne sut trop que répondre : « Eh bien... Je pensais m'inscrire au tournoi ; et puis, gagner. »

Wright alluma sa pipe et se rassit dans son fauteuil. « Ça me rappelle un match à Chicago : c'était en fin de saison, tout le monde se battait pour la première place. Dès la première période, on se retrouve menés 8 à 0 : une vraie gifle. Bon, c'est à nous de renvoyer et chacun de nos batteurs monte à la plaque avec la ferme intention de tenter le grand tour : toutes les bases jusqu'au marbre. Après deux périodes à ce régime, je les ai pris à part et je leur ai dit qu'il n'y avait qu'une façon de revenir : c'était une course à la fois ; une base à la fois ; un pitch à la fois. »

Francis se pencha vers lui :

« Et vous avez gagné ?

– On s'est fait massacrer, 14 à 6. Mais là n'est pas la question. Vous rêvez du national, et déjà il semble hors de portée. La première base avant la seconde ; de là, vous pourrez voir le marbre. Vous me suivez ?

– Je crois, monsieur.

– Commencez déjà par gagner le tournoi de votre club, Woodland. Frottez-vous à celui de Brae Burn. De là, vous pourrez tenter l'Amateur du Massachusetts... Il me semble que vous vous y étiez bien débrouillé, l'année dernière ?

– J'ai fini deuxième, monsieur.

– Nous y voilà. Où se tient-il, cette année ?

– A Wollaston. J'y ai joué souvent.

– Vous voyez ? Ce sera la première base. Vous me suivez toujours ? »

Cet été-là, Francis se bâtit un programme d'entraînement méthodique. Il lui manquait encore une inspiration propre à exalter son jeu : chose étonnante, ce fut à l'opéra qu'il la découvrit.

L'opéra, en ce temps-là, était encore un divertissement populaire et non le privilège d'une élite fortunée. Issue d'une famille mélomane, Mary s'était efforcée de cultiver les dispositions musicales de son fils, sans grand succès jusqu'ici. Un soir d'avril 1913, elle traîna Francis à un mélodrame de Verdi. La musique lui plut ; le livret ne le captiva guère. Il faut dire qu'il ne comprenait rien à l'italien. Ce fut alors qu'une soprano entra en scène pour une aria tragique.

Grand Dieu du ciel, se dit Francis. Indifférente à tout, la jeune femme chantait comme en transe. Mais son regard, limpide et concentré, montrait qu'elle *voulait* s'oublier ainsi, pour mieux se laisser traverser par la musique. Rien d'autre ne comptait pour elle, pas même le public venu l'entendre et dont elle n'avait plus conscience. Ce fut alors que l'adolescent, qui s'efforçait depuis longtemps d'atteindre au trésor de son propre talent, sentit enfin jouer la clé du coffre. *Voilà comment il faudrait jouer au golf.*

Le talent guidé par la conviction. S'entraîner sans crainte. S'adonner tout entier au jeu. Croire que les coups fileront droit, et les regarder jaillir comme des flèches. Francis oublia peu à peu sa peur d'être jugé, sa hantise de l'échec. Ses pleins coups se relâchèrent, dévorant les distances ; ses putts se mirent à rentrer. Dans cet esprit, Francis s'appliqua à mettre en œuvre le programme qu'il s'était fixé après sa conversation avec George Wright. Balayant toute autre considération pour ne plus se vouer qu'au golf, il recueillit enfin le bénéfice d'années entières de pratique. Au tout début de l'été 1913, durant les éliminatoires du championnat amateur du Massachusetts, il se mit à battre des records. Il finit second à Brae Burn, premier à Woodland.

Le 19 juin 1913, l'amateur du Massachusetts s'ouvrit à Wollaston, un links perché sur une falaise, en surplomb d'un marais et d'une rivière, à une demi-heure de Boston. Le tournoi se jouait en match-play. La presse locale voyait en Francis un challenger crédible, mais il n'avait pas le droit à l'erreur : le championnat rassemblait les meilleurs golfeurs de tout l'Etat. Au premier tour, il fallut au jeune homme des nerfs solides et dix-neuf trous pour s'imposer devant son adversaire : il y parvint, ne perdit pas les trous décisifs et en retira un surcroît de confiance en lui-même. Au deuxième tour, il retrouva un vieil adversaire de ses tournois lycéens, Ray Gorton, classé troisième joueur de l'Etat. Francis eut du mal à entrer dans le match : son tempo flottait, ses putts ne rentraient pas... Il avait toujours été lent à prendre son régime de croisière : un ou deux coups malheureux en début de match pouvaient suffire à le perdre. Il s'échina tout au long de l'aller pour ne pas se laisser distancer. Mais ses nerfs s'émoussaient ; un rien le déconcentrait ; il réfléchissait trop. Sa chance tourna, des ailes poussèrent à Ray : Francis perdit le neuf, le onze et le douze. Trois trous de retard, cinq restant à jouer : au départ du quatorze, ses pensées se bousculaient.

Tout part à vau-l'eau : tes espoirs, tous les efforts que tu as consentis pour en arriver là et pourtant... Tu étais prêt ! Cette fois-ci, tu étais prêt, tu le savais de toute ton âme, de tout ton cœur... A la prochaine erreur, tu perds le match ; et dans ce cas-là, soyons honnête, tu peux aussi dire adieu à tes rêves. Tu crois peut-être qu'une chance pareille se représentera ?

S'il fallait que ça vienne, ne fût-ce qu'une fois dans sa vie, alors que ce soit maintenant. Mais par où commencer ?

Par le commencement. Le b.a.-ba. Où sont tes forces, où sont les atouts qui t'ont mené jusqu'ici ? Dans ton sang-froid : ton aptitude à dominer tes émotions, malgré la pression. Et puis, dans ta concentration : savoir garder le cap en dépit de toutes les distractions. Sang-froid, concentration : tu en perds un, tu perds l'autre ; tu perds les deux et tu es mort. Ce que l'esprit peut concevoir, le corps peut l'accomplir. C'est parce que tu as cru possible de conjuguer l'un avec l'autre que tu es arrivé jusqu'ici. Quant à les retrouver sur commande, dans un moment désespéré, c'est à voir...

Quand tu as proclamé, il y a deux ans, que tu remporterais un jour le titre amateur national, le trophée le plus convoité du golf américain, tes copains de Woodland ont ri à s'en rouler par terre : « Qu'est-ce qui te prend, Francis ? Pourquoi pas l'US Open, pendant que tu y es ?

– Oui, pourquoi pas ? Johnny McDermott l'a bien gagné deux années de suite.

– Mais il est bien le seul Américain à pouvoir y prétendre ; mais c'est un pro, mais c'est une brute... Aucun amateur n'a jamais approché du trophée. Tu te prends pour qui ? »

Bonne question. Francis venait justement à Wollaston pour y répondre et la triste vérité tenait en six petits mots : trois de retard, cinq à jouer. Comment s'y prendre ?

Sang-froid et concentration : voilà tes deux bases. Et puis, commence par jouer selon tes moyens : un coup à la fois.

D'un coup de pied, Francis détacha une motte d'herbe ; il posa sa balle sur ce tee improvisé. *Regarde la balle ; regarde la cible ; visualise le coup avant de le jouer. Regarde bien la balle !* Depuis sa révélation à l'opéra, Francis avait découvert que son golf ne se retrouvait pleinement qu'à travers un regard intense et concentré, comme si sa volonté avait parlé par ses yeux. Quand il convoquait ce regard, une connexion immédiate s'établissait entre l'esprit, la main et le club. Tout le reste s'effaçait : le parcours, le score, l'adversaire résolu à le démolir. Il jouait d'abord le coup en pensée ; et si la vision était forte et sûre, la balle atterrissait précisément où il l'avait voulu.

Pour y parvenir, il suffit d'y croire. Ton adversaire va commettre des erreurs ; fais-en moins que lui et tu gagnes, c'est aussi simple que ça... Et tout prend sa source dans le regard : c'est comme ça que tu as appris à jouer au golf.

Francis inspira profondément. Il promena les yeux autour de lui. Tiens donc : qu'arrivait-il à son adversaire, Ray Gorton ? Bizarre : le voilà qui mène de 3 avec cinq coups à jouer... Et pourtant, au départ du quatorze, Francis ne lisait qu'une chose sur les traits de Gorton.

La peur.

Tout ce que tu avais besoin de savoir. Inutile de jeter un autre coup d'œil à Ray. Francis regarda la balle de toutes ses forces. *Guide-la en pensée, jusqu'à la cible. Joue ton swing.*

Un boulet de canon, qui tailla le fairway en deux. Et comme cela durant quatre trous : quatre pars consécutifs. Francis jouait son golf. Il guettait l'erreur de l'autre.

Cela marcha : la peur prit le dessus. Gorton craqua par deux fois : deux bogeys.

Un trou de retard, un trou à jouer.

Mais si près du but, Ray Gorton se ressaisit. Il avait battu Francis par le passé. *Et ça y est, il s'en souvient maintenant, on le lit dans sa contenance, son pas s'allège, il revient dans la partie... Stop ! Stop, n'y pense plus : Ray Gorton n'est plus ton problème, désormais.*

Au départ du dix-huit, Francis décocha un drive solide ; Ray lui rendit la pareille. Suivit une approche tout en finesse ; mais Ray ne se laissa pas distancer. Les deux hommes montèrent sur le green en deux coups. Francis avait à tout prix besoin d'un birdie pour mettre la pression sur l'autre. Il s'accroupit pour juger la ligne : six mètres à courir dans un aval gauche-droite : tout serait question de vitesse. Il prit son adresse.

Bien ferme ; vas-y. C'est ça, elle file droit sur le trou...

Non, non, non ! Sa balle d'égalisation venait de mourir au bord du trou. Un putt impeccable, mais trop court de deux centimètres. Vidé de l'intérieur, Francis dut se résoudre à jouer son tap-in, pour le par.

Ray affrontait maintenant un putt de quatre mètres cinquante. Il l'examina sous tous les angles. Le putting était son point fort. Ray était assuré de rentrer en deux coups ; cela voulait dire le par pour chacun et la victoire pour lui, par un trou d'avance. Le match était fini.

Il y a toujours l'année prochaine... Si M. Wright veut bien t'accorder une semaine, tu peux encore te présenter aux qualifications du national amateur, dans un mois, à Garden City... Non, pas question. Tu ne voulais pas lui demander de congé avant d'avoir au moins remporté le Massachusetts ; c'était ça, ton projet, et ça n'a pas marché.

Gorton prenait sa ligne.

Quant à l'US Open, inutile même d'y songer. Et c'est ça qui fait le plus mal : parce qu'il se jouait à Brookline, cette année. En face de chez toi... Tu tenais enfin ta chance de montrer à ton père, à tous ceux qui doutaient de toi, ce dont tu es capable...

Francis chassa cette pensée. Ne pas s'apitoyer sur soi : tout échec a ses causes. Il avait joué trop court, point final.

Rappelle-toi ce que disait Harry : ne jamais désespérer.

Gorton joua un coup lent et fluide : sa balle vint s'arrêter à quarante-cinq centimètres du trou. Il tourna les yeux vers Francis, quêtant la concession et la poignée de main finale. Tel était l'usage en match amateur ; chacun connaissait le fair-play de Francis Ouimet. Celui-ci s'avança vers son adversaire ; déjà, sa main se tendait... Quand quelque chose l'arrêta net. Son poing se renfonça dans sa poche, le sourire du perdant fondit sur ses lèvres ; les mots de Harry Vardon retentissaient à ses oreilles : « On ne concède jamais le putt qui vous fait perdre. »

Et Francis resta debout, prêt à féliciter son adversaire. Une fois qu'il aurait rentré son putt.

Ce fut à peine si Ray se troubla. Il revint à sa balle, prit moins de temps qu'à l'ordinaire pour taper un coup nonchalant...

Grand Dieu du ciel, elle a dévié.

Ray contemplait sa balle d'un air éberlué. Il dut se résoudre à jouer son tap-in : bogey.

Comme la chance tourne... Mais non, ce n'est pas la chance. Tu as su conserver ton sang-froid ; Gorton a perdu le sien. Il y a une heure, tu te voyais déjà mort et enterré ; regarde où tu en es maintenant.

Battre Ray n'était plus qu'une formalité : on manie mal un

club avec la corde au cou. Sur le premier trou du play-off, il alla s'enfoncer dans le rough et commit un bogey. Francis signa le par, ce fut la fin du match. Mais Francis savait que sa victoire n'était pas survenue au dix-huit ; et qu'elle n'avait rien à voir avec le putt manqué de Gorton. Elle s'était décidée au quatorze, quand il avait regardé sa balle de toutes ses forces et que tout le reste s'était effacé.

En demi-finale, le lendemain, Francis rencontra John G. Anderson, champion amateur du Massachusetts à deux reprises : c'était aussi cet entraîneur de lycée que Francis avait battu au terme d'une mémorable rencontre. Il venait d'interrompre sa carrière d'enseignant pour devenir l'un des premiers journalistes américains de golf. Ses articles pour le *Boston Traveler* ne l'empêchaient pas de fréquenter le circuit amateur : Anderson demeurait l'un des plus redoutables golfeurs de l'Etat. Il avait gardé d'excellents rapports avec le jeune Francis, dont il suivait les progrès avec attention ; mais à l'occasion de cet Amateur du Massachusetts, il semblait aussi déterminé à lui rendre la monnaie de sa pièce.

Francis joua solidement ; son aîné le surpassa, lui prenant deux trous sur les douze premiers du parcours. Francis se retrouvait dans la même impasse que la veille : l'heure était venue d'enclencher une vitesse, ou alors de rentrer chez lui.

En marchant vers le treize, Francis entra dans une concentration qu'il n'avait jamais ressentie auparavant. Les coups se traçaient si nettement dans son esprit qu'il lui semblait lire dans l'avenir. Il eut d'abord du mal à prendre toute la mesure du phénomène ; mais une heure plus tard, sur le dix-sept, il joua une approche à l'aveugle pour arriver à trente centimètres du drapeau. Un tap-in lui donna le birdie et... le match était fini, victoire par 3 et 1. John Anderson n'en croyait pas ses yeux : à sa demande insistante, Francis joua le dernier trou du parcours et Anderson l'accompagna pour admirer le spectacle.

Drive, petite approche, putt. Birdie en trois. Voici le score de Francis pour les neuf du retour : par, birdie, par ; et puis, à partir du treize : 2-3-3-3-3-3. *Six birdies d'affilée.* Il signait 28 sur son retour, pulvérisant le record de Wollaston.

Par la suite, Francis s'interrogea sur ce qu'il s'était produit.

Pour la première fois de sa vie, il avait joué sans effort ni tension. Il n'avait pas eu besoin de forcer un seul coup. Il s'était laissé gagner par une vision sereine, limpide, qui embrassait tout et ne se laissait distraire par rien. La coïncidence parfaite entre l'intention et le résultat : il lui avait suffi de se représenter les coups en pensée pour les réussir. Quand il s'endormit ce soir-là, à la veille de la finale, un doute le tenaillait pourtant : retrouverait-il jamais cette transparence ?

Le lendemain, durant les trente-six trous de la finale, il eut sa réponse. Il affrontait son copain du club de Woodland, Frank Hoyt. Mais l'adversaire n'avait désormais aucune importance, car l'état de grâce lui était revenu dès le premier tee. Cette fois, Francis ne se posa pas de question. Le match s'interrompit à mi-parcours en début d'après-midi : victoire par 10 et 9 – dix trous d'avance, neuf trous à jouer... Quand il jouait avec cette assurance-là, une pensée bizarre et inavouable lui venait : peut-être n'y avait-il pas un seul joueur au monde capable de le battre.

Alors, qui était-il donc ?

Il était Francis Ouimet, champion amateur du Massachusetts pour l'année 1913.

Le gouffre

Entre la découverte de son origine bactérienne, en 1882, et l'essor des antibiotiques après 1945, la tuberculose est devenue la première cause de mortalité dans les civilisations occidentales. Il est difficile aujourd'hui d'imaginer la terreur que la « peste blanche » pouvait susciter en 1903. Si les théories et propositions de traitement abondaient, seules les cures d'air et de repos avaient montré jusqu'ici quelque efficacité. Les sanatoriums privés fleurissaient alors dans les campagnes d'Angleterre et d'Amérique. Ceux chez qui l'on avait diagnostiqué le mal à temps pouvaient espérer la guérison ; pour des centaines de milliers d'autres, le seul mot de « tuberculose » équivalait à une sentence de mort.

Harry a pu être exposé au bacille pendant son séjour en Amérique. Peut-être le portait-il à son insu depuis des années : à Jersey, dans son enfance, on lui donnait du lait non pasteurisé, il se peut que la contamination vienne de là. Les fatigues de sa tournée américaine, en affaiblissant son système immunitaire, auront servi de déclencheur. Des études plus récentes ont montré l'importance du stress, mais aussi de l'environnement familial et affectif, dans les défaillances immunitaires. Il paraît donc significatif que la toute première inquiétude de Vardon, en apprenant sa maladie, ait été de rassurer Jessie. Quand il lui apprit la nouvelle, ses mains tremblaient si fort qu'il dut les nouer dans son dos ; mais la terreur n'eut pas raison de son fameux sourire. Comme il fallait s'y attendre, Jessie s'effondra :

malgré leur éloignement mutuel, son mari restait pour elle le pilier sur lequel elle avait bâti son monde. Harry assura que les pronostics étaient des plus optimistes : sans doute le disait-il autant pour lui que pour elle. Serrer les dents, faire bonne figure : cette leçon, qu'il avait apprise dès l'âge de huit ans, l'avait conduit jusqu'aux sommets ; il faudrait à présent qu'elle lui sauve la vie.

Ses médecins organisèrent discrètement son admission au sanatorium de Mundesley, dans le Norfolk. Malgré une liste d'attente nourrie, on l'accueillit sur-le-champ : la célébrité s'accompagne de bien des privilèges, qui ne sont pas tous mérités. En cette occasion, la renommée de Harry Vardon lui sauva probablement la vie car l'établissement de Mundesley, le plus cher du Royaume-Uni, était à la pointe de la lutte contre la tuberculose.

Quelques jours plus tard, Harry prenait le train pour le nord, accompagné seulement par une infirmière. Jessie, incapable d'affronter leur séparation, ne s'était pas même déplacée jusqu'à la gare. Pour la première fois de sa vie adulte, Harry laissa derrière lui ses clubs, le médecin-chef de Mundesley les lui ayant interdits. Une voiture vint le chercher à la gare pour le conduire au sanatorium, un ancien château reconverti en maison de repos, au milieu d'une pinède, à deux pas de la mer du Nord. La chambre de Harry regardait au sud. Elle offrait donc une vue splendide sur la grande innovation de l'institut à destination de ses convalescents : un parcours de neuf trous.

On lui interdit toute visite, ne lui concédant qu'un peu de lecture ; et durant ses trois premières semaines à Mundesley, Harry dut garder le lit. Ce régime n'avait rien de gratuit : en diminuant l'activité physique, on limitait la consommation d'oxygène, permettant aux tissus pulmonaires endommagés par la bactérie de se reconstituer. Pour cet homme bâti comme un cheval de trait, qui avait poussé au grand air, qui avait arpenté d'un pas vaillant les plus beaux terrains de golf du monde, se retrouver confiné dans une chambre de malade à regarder, derrière son carreau, les pelouses immaculées d'un parcours tout neuf, cela tenait du supplice sur mesure. Jouerait-il seulement encore, sans parler de retrouver son meilleur niveau ? Et même avant cela : en sortirait-il vivant ?

Dès qu'il eut renoncé au déni pour reconnaître l'existence de son mal, Harry vit sa santé s'effondrer. Pour la première fois de sa vie, il laissa son corps lui dicter ses besoins sans chercher à le dominer par sa volonté de fer. Il dormait douze heures par jour ; le reste du temps, il contemplait les greens par sa fenêtre ; puis il fermait les yeux et rejouait en esprit ses parcours passés, n'osant pas envisager ceux qui lui restaient à jouer. Chaque fois que l'abattement menaçait, il lui restait, comme un dernier rempart, cette discipline mentale qu'il s'était imposée et qui avait fait de lui un champion. *Ne jamais désespérer.*

Le deuxième mois, on lui autorisa une sortie d'une heure par jour. Il se traînait jusqu'à une terrasse, arrivait hors d'haleine après cinquante pas ; il se laissait tomber dans une chaise longue où, drapé dans une couverture, il admirait les massifs. Peut-être l'ancien garçon jardinier se réveillait-il en lui... A l'occasion, les après-midi de beau temps, son infirmière roulait son fauteuil jusqu'à une sorte d'abri en bois dressé sur la pelouse, pour y faire la sieste. Cette cabane était garnie d'un lit et montée sur un axe, de façon à pouvoir être tournée à l'abri du vent. Quand il soufflait de l'est, l'odeur des embruns lui rappelait Jersey ; Harry s'abandonnait à des rêves obscurs, où les souvenirs d'enfance venaient s'immiscer dans sa réalité fracturée.

Au fil des semaines, on lui permit une heure supplémentaire hors du lit : des parties de cartes sur la véranda, des séances de lecture à la bibliothèque, de vagues tournées de billard. Les jours passèrent comme un murmure ; les patients erraient de pièce en pièce comme des âmes au Purgatoire, attendant de savoir s'ils étaient autorisés à reprendre le cours de leur vie antérieure. Le troisième mois, Harry tint à s'habiller chaque matin pour déjeuner dans la salle à manger commune. La célébrité ne signifiait plus rien dans cette enceinte : le mal avait aboli toutes ces subtiles distinctions de rang. Harry noua de nouvelles amitiés qui ne se fondaient pas tant sur des affinités communes que sur la simple nécessité de sauver sa peau. Le personnel médical ne mesurait pas l'importance du moral dans la convalescence ; ils ne comprenaient pas que c'est d'y croire au départ qui rend la guérison non pas certaine, mais du moins possible. Harry fit de cette idée son cheval de bataille : « Courage, répétait-t-il à ses compagnons d'infortune, on peut battre cet adversaire. »

En privé, quand il s'informait par la presse de l'actualité golfique, Harry cédait plus volontiers au découragement. Le monde tournait sans lui : de mois en mois, les articles consacrés au grand champion britannique se faisaient plus rares ; on ne donnait de ses nouvelles que dans des entrefilets laconiques, sans jamais appeler la maladie par son nom. La pruderie victorienne interdisait de telles indiscrétions : ce cher Harry Vardon, retenu par une « longue maladie », s'était « retiré des tournois ». Mais le sous-entendu ne lui échappait pas. On ne pensait pas le voir guérir, à plus forte raison rejouer un jour... Mais tous nos vœux pour son rétablissement ! Cette façade creuse de sympathie, cette jovialité mécanique le glaçaient jusqu'à la moelle des os. Seul dans sa chambre stérile, Harry Vardon essuya ce revers comme une douche froide : le monde, qui l'avait traité comme un roi, lui tournait déjà le dos. Les passionnés du golf ne s'intéressaient qu'au Vardon immortel ; ils ne voulaient pas entendre parler de l'autre.

Un gouffre : la fin soudaine de tout ce pour quoi il avait vécu et travaillé. Une sorte d'espoir aveugle le portait encore vers la guérison mais, pour la première fois, son indomptable volonté ne se montrait pas à la hauteur de la tâche. Harry avait renoncé des années plus tôt à sa foi catholique. Il contemplait aujourd'hui un monde sans Dieu, qui l'avait du jour au lendemain rejeté dans cette misère sordide à laquelle il croyait s'être arraché.

Ne jamais désespérer : jamais devise ne lui avait semblé moins vraie, jamais il n'avait eu autant besoin d'y croire. Il restreignit ses ambitions, s'appliquant à seulement survivre d'heure en heure, de minute en minute. *On ne chasse pas le diable d'un seul coup*, se répétait-il. *La patience, l'obstination, le refus tenace de se laisser aller. Accroche-toi. Laisse-le cogner. Il peut finir par se lasser ; tu l'auras peut-être à l'usure.* Il recouvra un peu d'appétit et quelques forces. Il reprit lentement du poids. À la fin du quatrième mois, on lui permit une sortie dans le domaine l'après-midi. Au hasard de l'une de ces promenades, il arriva devant le terrain de golf de l'établissement. Le simple fait de fouler l'herbe rase le réconforta. L'odeur du gazon, l'air marin, le green, un bunker, le fairway... Tout le vocabulaire de sa vie professionnelle était là. Deux convalescents en fin de séjour jouaient un parcours amical. Harry, debout devant le green, les regarda en silence. Absorbés par leur partie, ils passèrent devant lui sans même le remarquer. C'était la première fois, depuis dix ans, que Harry Vardon entrait sur un terrain de golf sans se faire aussitôt reconnaître.

Il baissa les yeux sur sa main droite : elle était secouée par un tremblement insistant qu'il ne parvenait pas à réprimer. Harry connaissait encore des passages à vide : il y avait des jours où il pouvait à peine se lever du lit. Mais ce jour-là, justement, il se sentait en forme : debout au bord du terrain, il avait recouvré une sorte d'élan vital. Aussi ne décolérait-il pas devant cette main rebelle. *Vas-tu te calmer, saleté ?* Trahi par son propre corps. Il serra le poing pour étouffer les tremblements ; et ce fut sa rage, devant son impuissance, qui lui apprit qu'il lui restait assez de forces pour gagner cette bataille.

En revenant à la clinique, il aperçut un grand chalet de bois qui se dressait à l'écart, au milieu des pins. Il questionna l'infirmière.

« On y loge les patients les plus atteints, lui expliqua-t-elle.

– Vous voulez dire les incurables.

– Nous n'aimons pas ce terme : si mince soit-il, il faut croire qu'il reste toujours un espoir.

– J'aimerais leur rendre visite.

– Cela ne se fait pas, monsieur Vardon.

– Pourquoi ? Pourquoi donc ? Ne me dites pas que c'est pour éviter la contagion : je suis déjà malade, non ? »

Harry y alla dès le lendemain. C'étaient pour la plupart des adolescents ; ils n'avaient pas revu leur famille depuis des mois. Les corps avaient fondu. Dans les visages émaciés, les yeux fiévreux luisaient, d'un feu qui semblait se nourrir de leur propre chair. Ce fut là qu'il contempla vraiment le fond du gouffre. Il y retourna aussi souvent que possible. Il s'asseyait au chevet des malades, leur faisait la lecture, leur prodiguait des encouragements. « Ne jamais désespérer, leur disait-il, ni de ce monde ni de l'autre. »

Le cinquième mois, Harry pria le médecin-chef du sanatorium de lui prêter un club. On lui interdit les swings – trop d'efforts pour les poumons –, mais il put négocier un putter et une balle : une Haskell, découvrit-il sans trop de surprise. Ces trophées en main, Harry entra sur le green du un par une belle après-midi d'automne. Il posa sa balle sur le gazon et joua son premier coup de golf depuis six mois. Sa main droite se mit à trembler comme une feuille, le putter tressautait dans sa main ; la balle dépassa le trou de plus de deux mètres. Il recommença le coup encore et encore, s'efforçant de maîtriser ce tremblement persistant : rien n'y fit.

Il rapporta son expérience au médecin-chef ; ce dernier lui demanda s'il s'était jamais blessé à la main droite. Harry se souvint d'une fracture au poignet survenue dans son enfance, pendant un match de football. C'était cela, expliqua le médecin. Harry remportait peu à peu sa guerre contre le mal, mais le bacille opportuniste se multipliait dans tous les tissus vulnérables – les os, les nerfs, les organes internes.

« Voilà très probablement ce qui est arrivé à votre main, Harry.

– Une lésion nerveuse irréversible.

– J'aimerais pouvoir vous dire qu'il existe un remède. Malheureusement...

– Ce tremblement ne devrait pas disparaître.

– Selon toute probabilité, non. »

Tous les après-midi, Harry se rendait au putting green. Le tremblement jouait à cache-cache avec lui. Il s'effaçait par moments pour mieux ressurgir à l'improviste, juste avant l'impact, expédiant sa balle complètement de travers. Des heures durant, Harry répéta ses exercices, cherchant désespérément un moyen de contourner ce terrible handicap. Il changea de stance, de grip, de swing, sans succès. De temps en temps, au crépuscule, s'il oubliait sa ligne pour ne plus regarder que la balle, il parvenait à négocier un putt sans soubresaut : mais pas plus d'une fois sur dix. Ces résultats le décourageaient, mais ses efforts eurent des conséquences salutaires. En s'attaquant à ce problème de golf, quand bien même catastrophique, Vardon s'engageait aussi sur le chemin de la convalescence physique et morale.

Noël passa. Harry fit venir des caisses de champagne et donna un grand dîner de fête pour son nouveau cercle d'amis. Il organisa aussi des sorties dans les villes avoisinantes et des journées à la mer pour remonter le moral des plus abattus. Durant l'une de ces excursions, Harry laissa le groupe pour accomplir un pèlerinage plus intime : non loin de là se trouvait le parcours qui l'avait engagé à son arrivée en Angleterre. Il y retrouva la maison du brave couple qui le logeait à l'époque. L'homme était presque aveugle, la femme sourde comme un pot.

Mais quand il se fit connaître, ils refusèrent de le croire :

« Pas possible, décréta l'homme. Il est célèbre, Harry Vardon.

– C'est ce que je vous dis. Harry, c'est moi.

– Non, pas possible. Un grand homme comme lui, il n'a rien à faire chez des gens comme nous. »

Il ne parvint jamais à les convaincre qu'il était ce même gamin qui avait logé chez eux quelques années plus tôt.

Début février, Harry persuada le médecin-chef de jouer avec lui neuf trous sur le terrain de l'hôpital. Il n'avait pas exécuté un seul plein swing depuis son dernier parcours à South Herts, quelque huit mois plus tôt ; mais il escomptait que ce compartiment de son golf ne se ressentirait pas trop de son tremblement ni de ses vacances forcées. Ce jour-là, sur le quatre, un petit par trois, Harry signa le seul trou en un de toute sa carrière : comme il avait le projet bien arrêté de donner au médecin des gages de son rétablissement, on peut dire que ce fut là le coup de sa vie. De fait, le médecin, favorablement impressionné, le laissa repartir pour Londres dès la fin du mois.

Ses amis lui firent la surprise d'un dîner d'adieu la veille de son départ. Il se rendit une dernière fois au chalet des grands malades. Le lendemain matin, le même cocher, dans la même voiture noire qu'à son arrivée huit mois plus tôt, le reconduisit à la gare. Il eut l'impression de retraverser l'Achéron...

Sa convalescence se poursuivit chez lui, à Totteridge. Pour la première fois dans l'histoire du couple Vardon, les circonstances inversaient les rôles et c'était à lui de devoir compter sur Jessie. Il faut lui rendre cette justice : elle s'acquitta de la tâche avec énergie et sérieux. Elle suivit à la lettre les recommandations des médecins, changeant régulièrement le linge, surveillant le régime de Harry et traquant le moindre atome de poussière.

Le désœuvrement lui pesant, Harry s'attela à la rédaction d'un livre : *The Complete Golfer*. Harry a publié quatre ouvrages dans sa vie : il les a rédigés sans l'aide de quiconque et, pour un enfant qui avait quitté l'école à l'âge de dix ans, ils comptent parmi ses plus beaux exploits. Les rescapés de la tuberculose restaient socialement marqués par son stigmate : c'était un drame qu'on n'avouait pas volontiers. Bien qu'il ait raconté sa convalescence et sa maladie dans ses livres ultérieurs, Harry s'est toujours abstenu de nommer le mal. De la même façon, son retour sur les fairways s'effectua discrètement, sans presque faire couler d'encre.

Loin de l'ordre bien réglé du sanatorium, le tempérament fougueux de Harry l'incitait à repousser ses limites. Un mois plus tard, il fut frappé par une nouvelle hémorragie : il refusa de retourner à Mundesley. Les médecins lui suggérèrent de déménager pour des climats plus tempérés, la Californie ou l'Afrique du Sud : il ne voulut même pas en discuter. Cela eût signifié régler sa vie sur les progrès du mal, se résoudre à ne le voir jamais disparaître. Il allait guérir, insistait-il ; ce n'était plus qu'une question de semaines. Le printemps 1904 passa dans cet état de limbes. L'été suivant, le médecin le déclara apte à reprendre ses fonctions au club de South Herts. Depuis sa convalescence, Jessie et lui faisaient chambre à part ; après sa guérison, ils continuèrent.

Harry reçut à South Herts un accueil des plus chaleureux. Mais il n'était nullement disposé à délaisser les grands tournois pour une semi-retraite de pro attitré. Il découvrit qu'en son absence, son état de santé avait nourri les spéculations nationales, mais pas avec la bienveillance qu'il aurait pu espérer. La question que posait la presse était en gros la suivante : puisque Vardon était fini, qui prendrait maintenant sa place ? Un éditorialiste, déplorant la fin tragique de la balle en gutta-percha, écrivit que le grand Vardon avait sombré avec elle. Le public voulait vibrer aux exploits d'un immortel au lieu de trembler devant la faiblesse d'un homme. La grossièreté de ces propos nonchalants, qui fermaient déjà sur lui le couvercle du cercueil, le mit littéralement en rage : il n'eut pas besoin d'en savoir davantage.

Il restait un mois avant l'Open 1904 : un petit mois pour se préparer à défendre chèrement son titre. Ce fut alors que son frère Tom vint lui exposer son projet. Tom venait d'être engagé au Royal St. George dans le comté de Kent, au sud-est de Londres. Or l'Open devait avoir lieu sur ce terrain. Tom demanda donc un congé de deux semaines et il accompagna son frère en France, dans une station thermale dotée d'un terrain de golf. Les deux frères luttèrent contre la montre pour remettre en état le corps et le golf de Harry. Ils revinrent à St. George pour une semaine d'entraînement avant le début du tournoi. L'Open 1904 fut marqué par un nouveau record d'inscriptions : cent quarante-quatre compétiteurs. Le premier jour, Harry entra en lice avec des nerfs en acier et battit tout le monde : 76 le matin, 73 l'après-midi. Il était en tête : la presse exultait. Dieu bénisse Vardon, jamais nous n'avons douté. Cette nuit-là, avec l'optimisme du désespoir, Harry se surprit à les croire...

Mais le lendemain matin, sur les greens du St. George, le tremblement revint hanter sa main droite comme un esprit malin. Les nerfs en capilotade, les muscles douloureux de frissons, il manqua une demi-douzaine de petits putts pour signer un 79. Il avait échoué à défendre son titre ; pis encore, il n'avait pas même passé la barre du troisième tour. Ses admirateurs n'en revenaient pas.

Les murmures de la presse ressurgirent dans le sillage de sa défaite : une fin de règne pour Vardon ?

Harry baissait les yeux sur sa main tremblante, cet organe inconnu. Lui-même ignorait la réponse.

Les enfants du pays

SA VICTOIRE au club de Wollaston avait convaincu Francis que son golf était mûr pour l'étape suivante ; par chance, il ne fut pas le seul à le penser. Il hésitait à demander un congé sans solde à son employeur, Wright & Ditson : cela n'aurait pas manqué de se savoir chez lui et d'attirer la colère de son père. Vers la fin juillet, George Wright le convoqua dans son bureau et lui proposa de prendre une semaine de congés payés afin de tenter, pour la quatrième fois de sa vie, le tournoi national amateur.

Le National Amateur de l'USGA, né un an avant son homologue chez les professionnels, passait alors pour la compétition reine aux Etats-Unis. Cet événement à la fois social et sportif rassemblait les vrais pères fondateurs du golf en Amérique : les grands capitaines d'industrie. Il faut dire qu'aux yeux de cette élite, l'US Open – avec sa confrérie de professionnels expatriés, gens du peuple pour la plupart – évoquait de façon déplaisante un congrès pour représentants de commerce. Tout autre était le statut de l'Amateur : dès l'origine, il n'y avait eu que des Américains du meilleur monde pour s'y affronter. Du beau linge, en somme, qu'offusquaient souvent les compromissions du sport et de l'argent. Ils espéraient un champion issu de leurs rangs : ils n'eurent pas longtemps à attendre.

Jerome Travers, dit Jerry, était un jeune homme séduisant et de bonne famille. Il avait disputé son premier Amateur à l'âge de quinze ans avant de remporter le titre à deux reprises, en

1907 et en 1908. Il devint donc le premier « bellâtre-golfeur » d'un pays qui en a compté quelques-uns depuis. Tout comme Francis, Travers avait appris le golf sur un parcours improvisé dans son jardin – mais il s'agissait, dans son cas, des pelouses d'une luxueuse propriété, digne d'un Gatsby le Magnifique. Mis à l'abri de toute nécessité financière, l'adolescent avait pu se consacrer entièrement à son jeu. Son père lui avait donné rien de moins qu'Alex Smith, champion 1906 de l'US Open, comme professeur particulier. Après ses deux victoires consécutives à l'Amateur, le jeune Travers, comme tant d'autres, s'était d'abord reposé sur ses lauriers, délaissant la compétition pour les lumières et les beautés de Broadway. Il était enfin sorti de Capoue pour reconquérir le titre amateur en 1912. Le triple champion se révélait un golfeur honnête, méthodique et rigoureux sur le parcours, peu enclin à prendre des risques et parfaitement placide au plus fort de la compétition. On pouvait facilement l'admirer ; mais il lui manquait ce feu qui fait vibrer le spectateur occasionnel.

Dès 1913, il était devenu clair que, si le golf devait jamais s'imposer aux Etats-Unis comme un grand sport populaire, il lui faudrait un représentant national. Tom McNamara s'y était essayé dès l'US Open de 1909 ; mais ce fut un pro de dix-neuf ans, John J. McDermott, qui empocha finalement la mise.

Fils de facteur et ancien caddie, le frêle Johnny McDermott venait de Philadelphie. Il devait peser, tout habillé, soixante kilos. Tout ce qu'il entreprenait, il s'y jetait la tête la première comme un boxeur qui se sait déjà battu aux points et mise tout sur le KO de la dernière chance. Que se présente un coup particulièrement retors, de ces coups qu'il tiendrait du miracle de réussir, et l'on pouvait être sûr que McDermott s'y frotterait. Tout son golf tenait dans une prestation électrique servie par des nerfs tendus à rompre. Cette impétuosité, au-delà des terrains, se retrouvait dans sa vie tout entière. McDermott lui paya d'ailleurs un prix terrible.

On l'avait généralement considéré comme un honnête tâcheron jusqu'en 1910. Mais cette année-là, durant l'US Open, il se battit comme un beau diable pour, le dernier jour, remonter au score et finir dans les premiers ex aequo. Le play-off l'opposait à deux pros écossais venus de Carnoustie : Alex Smith, le champion 1906 ; et son petit frère Macdonald. Alex finit par l'emporter et s'adjugea son deuxième US Open. Mais durant la confrontation, McDermott s'était découvert des ressources insoupçonnées.

Il repartit à l'attaque dès l'Open suivant, en 1911. De nouveau, il dut disputer un play-off qu'il ne laissa pas, cette fois-ci, lui échapper. McDermott devint le premier Américain de souche à remporter le titre professionnel national. Dans le sillage de sa gloire nouvelle, il lança aussitôt un défi à tous les professionnels de la côte Est : mille dollars de sa propre poche, contre une mise de cent, à quiconque le battrait en match-play. McDermott n'y allait pas avec le dos de la cuiller. Quand la nouvelle se répandit qu'il avait étrillé les trois premiers candidats, plus personne ne se présenta contre lui. L'année suivante, en 1912 au Country Club de Buffalo, il remportait son deuxième US Open d'affilée, devant Tom McNamara et Mike Brady : il n'avait alors pas vingt et un ans. A ce jour, McDermott reste le plus jeune de tous les champions de l'US Open.

A Buffalo, cette année-là, l'assistance comptait dans ses rangs un jeune pro adjoint du club de Rochester. Il avait dix-neuf ans et s'appelait Walter Hagen. Autre grande figure de cette première génération de golfeurs américains, Hagen maniait les clubs depuis sa plus tendre enfance ; il n'allait pas tarder à devenir le meilleur golfeur de l'Etat de New York. S'il ne jouait pas ce jour-là, c'était par refus de son patron, le pro en titre à Rochester, Andrew Christy. Ce dernier ne le jugeait pas assez mûr pour se frotter aux grands noms de l'Open... En revanche, Christy lui-même concourait – ce qui ne manquait pas de sel, dans la mesure où Hagen le battait très régulièrement en match ! Néanmoins il avait concédé au jeune homme un congé de deux jours pour assister au tournoi en spectateur.

Dans le train du retour, le pro en chef – qui avait manqué le cut d'un bon kilomètre – demanda au jeune homme comment il avait trouvé le championnat. « Pas extraordinaire », répliqua Hagen avec sa légendaire désinvolture.

Les deux victoires coup sur coup de McDermott donnèrent une impulsion décisive à l'intérêt du grand public américain.

Pour la première fois, les grands quotidiens se ménagèrent les services de journalistes spécialisés, dont les articles plus fouillés s'efforçaient d'étancher la curiosité publique. Comme on se bousculait davantage aux tournois, ceux-ci se trouvaient relatés avec toujours plus de détails ; et à chaque itération, le sport gagnait de nouveaux adeptes. Comme toujours, on ne tarda pas à comparer Johnny McDermott aux grands noms passés du golf et le fils de facteur tira de ces filiations tout le bénéfice possible. Il s'associa très vite à des équipementiers, disputa des matchs-exhibitions un peu partout dans le pays, effectua deux séjours en Angleterre, largement couverts par la presse, fraya avec la bonne société des deux continents, plaça ses gains en bourse. Le golf américain avait, semble-t-il, trouvé son héraut.

Il restait pourtant un point où le bât blessait : McDermott avait le chic pour se faire détester d'à peu près tout le monde. Célibataire vivant chez ses parents, c'était pourtant, en dehors des terrains, le plus courtois des jeunes gens ; mais en compétition, il se déchaînait. Johnny n'était ni un grand technicien ni un athlète d'exception : son meilleur golf, il le trouvait dans sa fureur. Des rages aveugles le prenaient régulièrement contre le parcours, les arbitres, l'USGA ou, bien sûr, contre l'adversaire – à plus forte raison s'il venait de l'étranger. Quand il perdit l'Open en 1910 face à l'Ecossais Alex Smith, McDermott alla le relancer jusque dans les vestiaires où l'autre fêtait sa victoire, brandit un doigt vengeur sous son nez et lui promit la pire des corrections l'année suivante. Son esclandre fut accueilli dans une perplexité qui redoubla encore, un an plus tard, quand il mit sa menace à exécution. Il inaugurait en fait – mais sans la verve poétique d'un Mohammed Ali – l'âge des champions médiatiques, rompus à la déstabilisation de l'adversaire par voie de presse interposée. Il débarqua en Angleterre en 1911 ; après avoir fanfaronné à toutes ses interviews, répétant qu'il venait pour gagner le British Open et donner au Vieux Continent une sacrée leçon de golf, il signa un 96 aux éliminatoires, ne passa pas le cut et rembarqua la nuit même pour l'Amérique. Cela fit de lui la risée de l'Angleterre ; le rancunier Johnny n'était pas près de l'oublier.

On peut se demander aujourd'hui si les fameuses colères de

McDermott n'étaient pas cultivées plus ou moins consciemment. Elles cachaient mal une personnalité inquiète, que l'Open 1911 avait brusquement poussée sous les feux de la rampe ; et elles étaient le ferment nécessaire à sa motivation. Il paraît certain en tout cas que son golf en bénéficiait énormément : dès lors que Johnny s'énervait en tournoi, il devenait presque invincible. D'où ce paradoxe : sa renommée atteignait des proportions phénoménales et, pourtant, McDermott était tout sauf populaire. Que diable, on n'était pas à la boxe, et le nouvel establishment du golf américain voyait d'un très mauvais œil l'ascension de ce champion sulfureux. Passe encore qu'un golfeur plastronne en public, mais les atteintes à l'étiquette et les mauvaises manières, voilà ce que les aficionados d'alors comme ceux d'aujourd'hui ne sauraient tolérer.

En attendant, le golf américain avait progressé à pas de géant depuis la tournée 1900 de Harry Vardon. Le pays comptait plus d'un millier de parcours ; le nombre de joueurs inscrits était passé, en l'espace d'une décennie, de quelque cinquante mille à près de trois cent cinquante mille. Et pour la première fois, en 1912, deux enfants du pays s'étaient appropriés les grands trophées nationaux. Mais quels champions ! Un playboy aux mains blanches, un dilettante auquel l'homme de la rue n'allait certes pas s'identifier ; et une sorte de fou furieux qu'on fuyait à toutes jambes. A présent que la saison 1913 battait son plein et qu'approchaient les deux championnats nationaux, la place de porte-drapeau restait plus que jamais vacante.

En dehors du Massachusetts, nul ou presque n'avait entendu parler du petit gars de Clyde Street, le fils de jardinier. Mais Francis Ouimet, après des années d'épreuves et de frustrations, avait enfin acquis la pleine possession de son talent considérable. Il avait remporté l'Amateur du Massachusetts en juin et joué, tout l'été, à son plus haut niveau. Le dernier jour du mois d'août, à la gare de Boston, il monta dans un train pour Garden City, à Long Island : il allait disputer le championnat national amateur.

Résurrection

HARRY avait présumé de ses forces. Après le British Open 1904, une rechute le renvoya au lit pour plusieurs semaines. Il s'était aussi remis à fumer. Cela n'allait guère aider ses poumons fragiles ; mais par nécessité financière, il avait signé un contrat publicitaire avec les fabricants de tabac Player's Cut et se sentait tenu d'arborer sa pipe en public. Une fois de plus, il effectua sa rentrée trop tôt, se ruina la santé à la tâche, essuya une nouvelle rechute. Harry avait passé huit mois de convalescence à Mundesley : il ne voyait aucune raison de se ménager davantage. Hélas, le corps ne suivit pas : Harry Vardon manqua l'essentiel de la saison sportive 1905. A l'automne parut son livre, *The Complete Golfer*, qui ne tarda pas à devenir, des deux côtés de l'Atlantique, l'ouvrage de golf le plus populaire de la décennie. Ce succès le réconforta sans pour autant le satisfaire. Harry venait d'avoir trente-cinq ans, son intelligence du golf était sans égale. Il croyait dur comme fer que les meilleures années de sa carrière restaient devant lui.

Il finit troisième au British Open 1906. Il revint sous les feux de la scène à la faveur d'une rencontre exceptionnelle et particulièrement médiatisée : un match entre l'Angleterre et l'Ecosse, pour l'honneur – mais aussi pour la coquette somme de quatre cents livres sterling. Harry et J.H. Taylor, pour l'Angleterre, se mesuraient en quatre balles-meilleure balle à Sandy Herd et à James Braid, un ancien charpentier qui, en remportant les deux derniers Opens, avait su ranimer la flamme écossaise. Le match prenait la forme d'un véritable marathon sur quatre parcours : trente-six trous qui se disputaient une journée par semaine, durant quatre semaines d'affilée. Les organisateurs vendirent la rencontre comme le grand retour de Harry Vardon : les spectateurs affluèrent.

Harry, malgré ses problèmes récurrents de coordination sur les petits putts, parvint à boucler, avec son coéquipier, la troisième manche sur une avance de sept trous – trente-six restant à jouer la semaine suivante. Il rentra chez lui littéralement épuisé. Son médecin lui intima l'ordre de se retirer ; mais en raison de l'émotion nationale qu'avait suscitée la rencontre, Harry refusa de demander un ajournement. La veille du dernier tour, Taylor le retrouvait évanoui dans sa chambre d'hôtel, après une nouvelle attaque. Mais Harry ne voulait pas qu'on lui parle de médecin : une bonne nuit de repos, affirmait-il, et il n'y paraîtrait plus.

Le lendemain, un Taylor inquiet se levait aux aurores pour s'enquérir de son vieil ami. Il le trouva au rez-de-chaussée, vêtu de pied en cap, fin prêt à disputer la dernière manche. Il pleuvait ce jour-là, des bourrasques glaciales balayaient le parcours. Sans proférer une seule plainte, Harry s'avança sur le départ et régla les choses dès le sixième trou du second dix-huit : l'Angleterre remportait le match par 13 et 12. Harry repartit aussitôt chez lui, grelottant de fièvre. Suite à cet épisode, il dut garder le lit un mois. Dans son livre, Harry décrit le tempérament du golfeur idéal : impassible et secret, ne laissant jamais percer l'émotion ni la faiblesse. Il a fait de ce principe le pilier de sa fabuleuse carrière, mais c'était aussi la façon dont il menait sa vie.

Il lui fallut six ans en tout pour recouvrer la santé. Si ses exploits, sur les parcours, se raréfiaient, il pouvait compter sur la célébrité pour assurer sa subsistance. Jamais les contrats publicitaires n'avaient été plus florissants. Gammes de clubs à son nom, réclames en tous genres, publications, démonstrations grassement payées : hanté par son enfance misérable, il se pliait à tout, dans les limites de ses forces. Il y eut un match abracadabrant contre une équipe de lanceurs de javelot, qu'il remporta haut la main. Financièrement, il se trouvait désormais à l'abri, mais pour quelle vie ? Un couple d'étrangers l'un à l'autre, une maison désertée par les rires.

Début 1911, Harry invita sa nièce préférée, Marie, à quitter Jersey pour venir habiter chez eux. L'idée se révéla heureuse : l'adolescente, pleine de vie et de bonne humeur, sut occuper dans le cœur de Jessie la place de cet enfant qu'elle n'avait jamais eu. Harry se rétablissait peu à peu ; la présence de Marie lui permit de reprendre, avec un certain soulagement, ses voyages. Tom Vardon l'accompagna souvent à Paris, officiellement pour affaires et, chaque année, pour disputer l'Open français. Mais la capitale avait pour Harry des charmes d'une autre nature, dont on jugera à ses médiocres performances en Open de France. S'il évitait la publicité par égard pour son épouse, Harry avait cessé de nier ses besoins charnels : il revenait à la vie.

Il participait chaque fois au British Open, finissait presque toujours dans les dix premiers, mais cela n'allait pas plus loin. Ces ressources phénoménales où il puisait autrefois, dès lors que la victoire était en vue, semblaient soudain taries. Dans bien des compartiments du jeu, pourtant, Harry se sentait toujours en pleine possession de ses moyens ; et nul ne comprenait mieux que lui les ressorts souterrains de ce sport. Mais sur le green, sa main, cette main gâtée, continuait à le lâcher régulièrement.

Le putting a toujours été l'élément le plus volatil au golf : un joueur d'immense talent comme Ben Hogan estimait qu'il n'en faisait pas vraiment partie, qu'il fallait y voir un autre sport. Sans doute est-ce pour cela que de tous les clubs, c'est le putter qui, chez un golfeur, suscite le plus volontiers les rituels absurdes, les superstitions tenaces. Harry n'échappa pas à cette règle. Il se mit à la recherche du club magique qui l'aiderait à surmonter ses tremblements, et sa quête, complaisamment rapportée par la presse, ne tarda pas à devenir une préoccupation nationale. Des caricatures de l'époque le montrent penché sur une forge, martelant lui-même le précieux outil ; ou encore trimballant dans son sac, comme des flèches dans un carquois, une vingtaine de modèles différents. Où qu'il aille, il se trouvait toujours un admirateur compatissant, un fabricant plein d'espoir ou un pro local pour lui fourrer dans les mains quelque nouveauté. Il essaya les bois les plus exotiques, les alliages les plus rares, les formes les plus incongrues. Rien ne fonctionnait.

En 1908, James Braid remportait son quatrième British Open, égalant ainsi le record de Vardon. L'année suivante, c'était J.H. Taylor qui se hissait, à son tour, au pinacle des quadruples champions. La presse britannique les rassembla sous une appellation pompeuse : le Grand Triumvirat. Le titre embarrassa les trois hommes, notamment face aux adversaires exceptionnels qu'ils côtoyaient en tournoi, mais on ne pouvait en nier la valeur marchande.

Le nom de Harry passait toujours avant ceux des deux autres dans les manchettes ; Taylor et Braid, au reste, étaient les premiers à reconnaître sa prééminence. Il n'empêche : Harry n'avait pas remporté le championnat britannique depuis six ans. Là-dessus, Braid prit une longueur d'avance, s'adjugeant la coupe pour la cinquième fois en 1910. Harry comprit que l'histoire du golf ne tarderait plus à le passer à la trappe. Sur les parcours, il était toujours respecté, mais un peu trop comme un ancêtre à son goût. On l'estimait sans le craindre. Quand le Vieux Tom Morris, à un âge avancé, avait fini par perdre sa main légendaire sur les greens, il avait choisi de continuer et d'en rire, se présentant volontiers comme « Tom Morris, maître en petits putts ratés ». Une telle résignation épouvantait Harry. Pour sa part, il entendait bien se battre. Il était convaincu qu'il n'avait pas de problème psychologique : ses difficultés étaient de nature toute mécanique et trouveraient forcément une solution.

La saison 1911 approchait. Harry confia à son frère Tom qu'il la prenait comme une épreuve de vérité : avait-il perdu à jamais son talent ou bien saurait-il ranimer en lui la flamme de la compétition ? C'est dans cette disposition d'esprit qu'il entra en lice, mais il s'était muni d'une arme secrète.

Il la tenait d'un de ses amis, un certain Arthur Brown, qui avait fait fortune dans le commerce du bois. Brown venait d'inventer un putter révolutionnaire dont il lui avait soumis le prototype début 1911. C'était un club en fer, plus lourd et long que d'ordinaire, qui contraignait Harry à modifier son stance. Buste plus droit, tête et corps rigides : le swing ne reposait plus sur la précision du coup de poignet, mais sur un mouvement de pendule porté par la rotation égale des épaules. En somme, un stance moderne adapté à un swing moderne. Et à l'immense surprise de Harry, le putter d'Arthur Brown paraissait résoudre son problème : ses tremblements disparaissaient. Mais avant d'associer son nom à l'invention, il décida d'éprouver celle-ci en compétition.

Cette année-là eut lieu pour la première fois l'Open d'Allemagne. Les plus grands professionnels se rendirent à Baden-Baden pour l'inauguration. Harry signa, devant cette élite, un 279 sur quatre dix-huit, un record qui devait tenir jusqu'en 1950. Sur le green du tout dernier trou, Harry affrontait un putt d'un mètre vingt pour conserver son avance d'un coup. Il empoigna le putter de Brown, prit son nouveau stance et rentra la balle sans ciller. C'était le premier titre qu'il remportait en huit ans. Le putter de Brown, estampillé Vardon, ne tarda pas à inonder les magasins de golf.

La saison européenne commençait donc sous les meilleurs auspices. Harry savait que seul le joyau de la couronne golfique, le British Open, pourrait consacrer son retour aux yeux de l'opinion, mais il lui fallait d'abord se rassurer lui-même sur sa propre valeur.

Sa victoire allemande en poche, à quelques semaines de l'Open, il embarqua donc pour la France en compagnie de son ami Arthur Brown. Ancien champion cycliste lui-même, ce dernier avait quelques notions de préparation physique. Sous sa conduite, Vardon s'astreignit à une discipline spartiate : trente-six trous quotidiens, étirements, haltères et, en fin de journée, une vingtaine de kilomètres au pas de course. Pas d'alcool, pas de tabac, aucune sortie nocturne et un régime très surveillé. Cette austérité porta ses fruits : plus en forme qu'il ne l'avait jamais été depuis sa maladie, toute son assurance recouvrée, Harry Vardon, à l'âge de quarante et un ans, put s'élancer à l'assaut du British Open 1911, au Royal St. George, dans le Kent.

Il y retrouva son frère Tom, qui travaillait toujours au St. George. Ce dernier avait à lui faire un aveu pénible : on venait de lui proposer une place de pro attitré aux Etats-Unis, dans un club privé non loin de Chicago. Dix ans plus tôt, Tom avait vibré aux récits que Harry lui faisait de sa tournée américaine. Il rêvait en secret d'un nouveau départ outre-Atlantique, où il connaîtrait enfin ces succès qui lui avaient échappé en Angleterre. Il manquait à Tom une victoire en Open pour asseoir sa crédibilité ; il allait avoir quarante ans et s'inquiétait de son adresse qui commençait à décliner. Célibataire, il n'avait pas de famille à entretenir : rien ne l'empêchait de s'expatrier, tandis que sa carrière en Angleterre semblait désormais sur une voie de garage. Dans ce discours se devinait aussi une urgence moins avouable : monnayer au plus vite le prestige du nom Vardon avant que son étoile ne commence à pâlir. En un mot, Tom avait accepté, sans consulter son frère car il craignait sa réaction. Secrètement accablé par la nouvelle – il perdait à la fois son meilleur ami et son compagnon de golf –, Harry s'efforça de s'associer à l'enthousiasme de Tom. Puis la discipline mentale du champion prit le dessus : il chassa les idées noires et se concentra sur la compétition.

Deux cent vingt-six joueurs se rencontraient cette année-là : un nouveau record. Pour la première fois dans l'histoire du British Open, en raison de l'affluence, les deux manches éliminatoires durent se disputer en deux journées. Harry se débrouilla bien, se retrouvant à mi-chemin deuxième ex aequo.

Les deux tours de l'Open proprement dit se jouèrent, selon la tradition, le lendemain des qualifications. Harry signa un 75 le matin, de quoi prendre la première place devant un peloton composé de George Duncan, étoile montante écossaise et futur champion de l'Open, de Braid et de Taylor, de Ted Ray, un Jersiais comme lui, dont il était l'idole, et de Sandy Herd. Harry déploya son impressionnant catalogue de coups et, sur le green du dix-huit, rentra le par sous un tonnerre d'applaudissements.

Il ne sut jamais expliquer pourquoi il avait interrompu son régime spartiate, ni pourquoi Arthur Brown n'avait pas été là pour l'en empêcher. Toujours est-il qu'entre les deux tours, au lieu de prendre un en-cas léger avant d'aller se reposer dans sa chambre, Harry s'attabla parmi ses pairs pour partager le plantureux déjeuner en usage chez les professionnels. C'était peut-être le plaisir de se retrouver, pour la première fois depuis des années, au cœur de la mêlée en British Open... Mais quand il se présenta pour le dernier tour, il découvrit bien vite qu'il avait laissé son swing au vestiaire.

Harry s'était toujours montré irréprochable au drive ; cet après-midi-là, il ne trouva pas un seul fairway. La foule ne lui laissait guère de répit : il lui fallait fendre la haie pour partir à la recherche de ses balles hasardeuses et, tout à leur joie de retrouver leur cher Harry Vardon, ses admirateurs manquaient chaque fois de le piétiner. Non seulement son jeu long ne voulait pas venir, mais ses approches arrivaient systématiquement trop court du green, le forçant aux petits coups et mettant, en suivant, son putting à rude épreuve... Il rendit une carte de 80. La nouvelle ne tarda pas à se répandre : Vardon, une fois de plus, n'avait pas tenu la distance.

Fort d'une maigre avance de deux coups qu'il était certain de perdre, Harry se campa sur le green du dix-huit, aux côtés de Tom. Il alluma sa pipe et s'apprêta, sombrement, à regarder les suivants le dépasser. De fait, la meute ne tarda pas à combler l'écart. Et pourtant... Inexplicablement, ils lâchaient l'un après l'autre. J.H. Taylor fut le premier à céder, suivi de près par George Duncan. Suivit Harold Hilton, champion en titre du British amateur : il arriva sur le départ du dix-huit à égalité avec Harry ; son drive finit dans un bunker, il signa un bogey et finit avec un coup de retard. Ted Ray en perdit trois. Le tenant du titre, James Braid, manqua un putt de trois mètres sur le green du dix-huit et, avec une exclamation fleurie, s'en alla rejoindre Hilton au purgatoire de la deuxième place. La foule s'agitait : contre toute attente, les deux petits coups d'avance de Vardon suffiraient peut-être à lui donner la victoire...

Pas si sûr : Sandy Herd arrivait au dernier trou en n'ayant besoin que du par pour remporter directement l'Open 1911. Son drive trouva le rough profond ; il dut regagner le fairway ; son approche manqua le green ; il monta en chip et mit deux putts à gagner le trou. Double bogey, six coups : au purgatoire à son tour. La rumeur grossissait dans l'assistance. Harry et son frère échangeaient des regards circonspects. Pendant ce temps, l'hécatombe se poursuivait : les joueurs, comme au vaudeville, perdaient le titre l'un après l'autre, par une incroyable succession de bévues.

Il ne restait plus qu'un homme en position de rejoindre Harry : le Français Arnaud Massy, gaillard solide et réservé du pays Basque, auquel on prêtait volontiers l'âme d'un Ecossais. Il avait remporté l'Open 1907 : c'était alors le seul continental à avoir réussi cet exploit. Il arriva sur le dix-huit à égalité avec Harry : un par signifiait le play-off, un birdie lui donnait la victoire immédiate. Sous les regards hostiles du public, le Français expédia son drive en plein centre du fairway, vit voler un brassie jusqu'au green et signa tranquillement son par en deux putts. Harry avait laissé la porte grande ouverte, mais seul le Basque avait su s'y engouffrer. Le play-off était fixé au lendemain. Pas de mort subite, mais la voie royale : trente-six trous.

A l'hôtel, Harry et son frère dînèrent en silence. Combien de fois s'étaient-ils retrouvés ainsi, à la veille d'une finale, avec la victoire à portée de main ? A Muirfield, à Prestwick, ici même, au St. George, en 1899 ; à Prestwick encore, huit ans plus tôt, quand Harry défaillait entre les deux manches. Harry n'avait jamais pu compter sur le soutien d'une épouse : Tom avait été son seul appui dans les moments les plus sombres, son compagnon de golf, son confident. Bientôt leurs chemins se sépareraient : ce dîner marquait la fin de leur aventure commune. Ils le savaient l'un et l'autre.

D'ordinaire, en ces occasions marquantes, les deux frères ne parlaient que de stratégie : que Tom participe ou non au tournoi, ils passaient en revue toute la gestion du parcours. Ce soir-là, Harry ne demanda pas de conseils et la conversation s'orienta sur la vie future de Tom à Chicago. Harry, qui avait gagné là-bas l'US Open, évoqua ses souvenirs ; il mentionna plusieurs connaissances influentes, proposa d'écrire pour leur recommander son frère. Tom dut lui avouer ce qu'il hésitait encore à lui dire : l'emploi qu'on lui offrait, laissé vacant par la mort du grand Willie Anderson, était à occuper immédiatement. Tom avait déjà retenu son billet : il partait dans moins d'un mois.

Pour les deux frères, il s'agissait donc d'un adieu presque

définitif. Harry comprit alors que la meilleure façon d'aider son frère était encore de l'envoyer là-bas dans le sillage d'une cinquième victoire en British Open, histoire de redorer le blason des Vardon. Le lendemain, il entendait se battre pour Tom. Ce dernier ne voulut pas céder au sentimentalisme ; en lui disant bonsoir, il lui prodigua – pour la dernière fois – ses encouragements : « Va te reposer, Harry. Tu as un Open à gagner. Je ferai le caddie pour toi. »

Le lendemain matin, pour le play-off, on vit reparaître le Harry Vardon d'autrefois : les nerfs en acier, sûr de lui, en pleine possession de son golf. Il serra brièvement la main de Massy, lui souhaita bonne chance : comme à son habitude, ce furent ses seuls mots du tournoi. Avec Tom à son côté, Harry avait recouvré toute son assurance : on le devinait à son fameux demi-sourire, on le voyait aussi dans son golf. Massy, comme indifférent à ces milliers de spectateurs britanniques qui exultaient aux coups de son adversaire, ne céda pas. Ils déployèrent l'un et l'autre un jeu sans faille et arrivèrent au quatorze à égalité. La fêlure apparut sur le quinze : Harry fit le par, Massy signa un double bogey. Harry ne lui lança pas même un coup d'œil. La confiance du Basque vacilla. A la fin du premier parcours, Harry avait engrangé une avance de cinq coups. Cette fois, Tom et Arthur Brown l'empêchèrent d'aller rejoindre les pros à la table commune : il dut se contenter d'une aile de poulet et d'une tasse de thé noir. Harry se sentait si bien qu'il réclama même un whisky... qu'on lui refusa aussitôt.

L'après-midi, il lui sembla qu'il voyageait dans le temps : son swing coulait à nouveau comme une musique. Les coups, parfaitement visualisés, se traçaient dans l'air comme les figures d'un manuel de géométrie. Aucun tremblement intempestif sur le green : il rentrait chaque putt comme on range des œufs dans un panier. C'était un parcours de légende. A mesure qu'il avançait, la foule se laissait gagner par l'émotion d'un dénouement inéluctable : cette victoire, dont nul n'avait osé rêver, semblait maintenant toute proche. Massy s'efforçait vaillamment de remonter son retard, mais Vardon ne lui laissa pas l'ombre d'une ouverture. Au quinzième trou, son avance se portait à onze coups ; sur le green du dix-sept, le Français jeta l'éponge : on n'avait jamais vu cela en stroke-play, à plus forte raison durant un championnat. Harry allait jouer son putt quand Massy le rejoignit pour lui serrer la main en signe d'abandon. Là-dessus, non sans panache, il dressa bien haut la main du vainqueur : la foule explosa en acclamations.

« Longue vie au roi », lui dit Arnaud Massy. Harry fut le seul à l'entendre.

Sa cinquième victoire en British Open le replaçait à égalité avec James Braid : le chef du Grand Triumvirat revenait d'entre les morts.

Fendant la foule, Tom courut le serrer dans ses bras. Ce fut l'assistance qui les sépara, pour porter Harry en triomphe.

Garden City

Si l'on excepte la période 1965-72, le championnat national amateur des Etats-Unis s'est toujours disputé en match-play et ce, depuis sa création en 1894. L'édition 1913 rassembla, la première semaine de septembre, cent quarante et un joueurs au club de Garden City, État de New York, à quelque cent vingt kilomètres à l'est de Brooklyn. Deux manches de qualification en stroke-play permettaient de retenir les trente-deux meilleurs ; commençait alors, l'après-midi du deuxième jour, une série de rencontres deux à deux en match-play sur dix-huit trous. Après quoi les seize finalistes se rencontraient deux à deux, toujours en match-play, mais sur trente-six trous.

Francis arriva deux jours avant le début des hostilités, en compagnie d'un groupe de jeunes golfeurs du Massachusetts débordants d'enthousiasme et de bonne humeur. Le soir même, quelques-uns décidaient une expédition aux manèges de Coney Island. Francis s'amusa comme un fou sur les montagnes russes. Ce fut là aussi qu'il connut un journaliste britannique du nom de Bernard Darwin, le petit-fils du grand naturaliste. Bernard Darwin avait quarante-six ans et, depuis cinq ans, officiait en qualité de correspondant étranger pour le magazine américain *Golf Illustrated*, l'une des publications majeures en son domaine. Il écrivait aussi pour le *Times* de Londres, dont il deviendrait bientôt le chroniqueur attitré, et c'était pour le compte de ce journal qu'il séjournait en Amérique.

Joueur de talent, qui avait atteint à deux reprises les demi-finales du British Amateur, fin connaisseur de l'œuvre de Dickens, Darwin était l'incarnation du parfait gentleman britannique. Sa plume, à elle seule, allait révolutionner un genre qui s'était longtemps cantonné aux descriptions factuelles des coups et des scores : avec lui, le récit de golf s'engageait sur le terrain littéraire. Le reporter en lui cédait le pas au portraitiste : Darwin s'intéressait bien plus à la personnalité des joueurs qu'aux parties qu'ils disputaient. Sa sensibilité innée, conjuguée à son intelligence du golf, nous ont donné des études pénétrantes sur tous les grands champions qui se sont succédé durant la première moitié du XXe siècle.

Mais ce soir-là, ce n'était qu'un touriste égaré, en proie au mal du pays, déconcerté par la vie trépidante de la jeune Amérique. Ce solide gaillard, d'une nature profondément casanière, donnait libre cours à son mal-être dans une litanie de plaintes où défilaient toutes les afflictions imaginables. Les montagnes russes lui faisaient mal aux fesses ; la cuisine américaine bouleversait son système digestif. Les moustiques de Long Island l'avaient dévoré tout cru, lui laissant les chevilles si enflées qu'il parvenait à peine à chausser ses bottes. Pour couronner le tout, son paquebot était arrivé avec l'été indien, et la chaleur, presque tropicale pour le Britannique, lui semblait intolérable.

À leur rencontre, Francis découvrit avec surprise que Darwin avait entendu parler de lui. Ce dernier s'expliqua : il correspondait depuis plusieurs années avec John G. Anderson, ce joueur auquel Francis avait administré une mémorable raclée durant l'Amateur du Massachusetts. Les récentes victoires de John McDermott, premier champion américain de souche, avaient propulsé l'US Open au centre de l'attention publique. Engagé comme pigiste par *Golf Magazine*, Anderson s'était mis en relation avec Darwin, lequel travaillait aussi pour cette publication ; et après sa partie contre Ouimet, il avait adressé à son homologue un vibrant éloge du jeune golfeur.

Les deux hommes convinrent que le monde était petit. Darwin l'interrogea sur ses derniers exploits ; Francis, modeste, les attribua surtout à la chance.

« Comment voyez-vous votre prestation dans le tournoi ? lui demanda le Britannique.

– Je ferai de mon mieux. Mais vous savez, je suis bien meilleur en stroke-play qu'en match.

– Dans ce cas, reprit Darwin en s'épongeant le front, vous vous débrouillerez peut-être mieux à Brookline, pour l'US Open. »

Francis eut un rire timide.

« A vrai dire, monsieur, je ne comptais pas y participer. Il y a de sérieux joueurs en compétition.

– Oui, Harry Vardon et Ted Ray sont déjà sur place : je viens d'ailleurs pour écrire à leur sujet.

– Je ne crois pas que j'aurais de grandes chances contre M. Vardon.

– Vraiment ? Vous connaissez bien son golf ?

– Oui, monsieur ; je crois qu'on peut le dire. »

Le manège allait repartir. Francis sauta dans un wagon avec tout l'enthousiasme de ses vingt ans, insistant pour que le Britannique les accompagnât, ses amis et lui. Darwin s'en alla donc bringuebaler dans la montagne russe : il en ressortit passablement contusionné. Mais la contenance modeste du jeune homme l'avait séduit ; cette nuit-là, Darwin rédigea une note sur leur conversation et le lendemain, à Garden City, il prit soin d'aller voir Francis durant son tour de chauffe. Le correspondant fut impressionné par l'assurance du jeune Américain et par la richesse de son éventail technique. Dans ses premières chroniques au *Times*, Darwin s'étonne que la presse américaine ne s'intéresse pas davantage à Francis Ouimet : ils n'avaient d'yeux que pour le détenteur du titre, McDermott ; mais dans leur ferveur patriotique, ils risquaient fort de passer à côté d'une pépite.

Le parcours de Garden City date de 1898 ; il avait accueilli l'US Open en 1902. Il rappelle beaucoup un links à l'écossaise. Pour commencer, il est long de six mille deux cents mètres, ce qui paraissait alors immense pour un parcours américain. Il offre ensuite quelques traits distinctifs du links classique : bunkers impitoyables, petits greens obliques, fairways étroits et touffus. Aujourd'hui encore, si vous arpentez ses minces fairways, devant le rideau des arbres qui vous masque la banlieue avoisinante, il vous semblera vraiment qu'on a transplanté à Long Island un petit morceau d'Ecosse. Walter J. Travis, ancien champion de l'US Amateur, aimait tellement ce parcours qu'il en avait fait sa résidence secondaire. Il en avait profité pour redessiner le parcours dans le sens d'une sévérité tout écossaise qui ajoutait encore à l'illusion. Le comité du club avait bien tenté de contester quelques bunkers ; Travis s'était contenté de répondre : « Pas de pitié. » En prévision du championnat amateur, on avait déboursé quelque trente mille dollars pour rénover vestiaires et toilettes.

Walter John Travis est une figure majeure, mais négligée, dans l'histoire du golf américain. Né en Australie en 1862 de parents britanniques, quatrième d'une famille de onze enfants, il avait émigré aux Etats-Unis dans sa jeunesse. Il y avait mené une carrière réussie d'entrepreneur avant de découvrir le golf à un âge avancé, trente-cinq ans, au hasard d'une partie amicale qu'il avait acceptée par désœuvrement. Travis n'escomptait pas du tout s'y amuser ; au lieu de quoi la complexité de ce sport exerça sur lui une fascination immédiate. En l'espace de quelques heures, il était devenu un irréductible passionné. En autodidacte, il se bâtit une méthode assez excentrique d'apprentissage et se mit à l'étude avec une rigueur presque scientifique. Sept mois plus tard, il enfourchait sa bicyclette pour se rendre à un club local, inconnu, sans être annoncé, et remportait haut la main le premier tournoi auquel il ait participé de sa vie. En l'espace de deux années, il était devenu l'un des premiers joueurs du pays, remportant l'US Amateur à l'âge de trente-huit ans, sur ce même links de Garden City.

Homme affable, plein d'humour en privé, Travis traîna toute sa vie une réputation injustifiée de misanthrope. Il faut dire que, sitôt sur un terrain, plus rien ne comptait pour lui que la partie. Tout en mâchonnant un grand cigare qui ne le quittait jamais, il rabattait sans aménité leur caquet aux imbéciles et ne tolérait pas davantage les petits génies qui ne savaient pas la boucler sur le parcours. A la vérité, Travis était un puriste : le golf à ses yeux réclamait une concentration absolue et cela n'était possible que dans un silence absolu. Quant à ses exploits, ils parlent d'eux-mêmes : entre 1900 et 1903, il a gagné à trois reprises l'US Amateur avant d'étonner le monde en 1904, en remportant le British Amateur. Pour la vieille patrie du golf, ce fut là un premier signal de la montée en puissance américaine.

En réponse tardive à l'invasion conduite par Vardon quatre ans plus tôt, Travis embarqua pour l'Angleterre en compagnie d'un petit cercle d'amis, un mois avant la compétition. Il passa quinze jours d'épreuves à chercher vainement son jeu dans l'enfer des links écossais. Puis il descendit au Royal St. George, fief de Tom Vardon, pour une ultime semaine d'entraînement avant l'Open. Travis n'était pas un frappeur : il excellait en revanche dans le jeu court et ce fut probablement le plus grand putter de l'histoire. Plié en deux sur la balle, les mains très bas sur le manche et son éternel cigare aux lèvres, il avait de faux airs de Groucho Marx, mais ses balles rentraient sans faillir. Hélas, de l'autre côté de l'Atlantique, il découvrit que même son putting le désertait. Cela le mit-il dans de mauvaises dispositions ? A peine arrivé au Royal St. George, il décidait que les arbitres s'étaient ligués contre lui pour saboter ses chances. Son esclandre souleva l'indignation des officiels qui l'accusèrent en retour d'un crime capital aux yeux du golf britannique : le manque de fair-play. On lui reprocha de snober les mondanités du tournoi : il rétorqua qu'on ne l'avait pas invité. Les Anglais le jugeaient froid, inabordable ; il les trouvait arrogants et impolis. Et ainsi de suite. Travis se mit à soupçonner un plus sombre mobile à ces prétendues machinations. En privé, devant ses amis, il évoquait la guerre anglo-américaine de 1812 : l'incendie de la Maison-Blanche ne remontait-il pas à moins d'un siècle ?

Il paraît impossible aujourd'hui de désigner le responsable, mais réelle ou supposée, la première offense avait provoqué l'escalade jusqu'à la guerre ouverte. On ne peut nier que les Britanniques voyaient d'un très mauvais œil un représentant de la « vulgaire Amérique » revendiquer l'un de leurs plus chers trophées. Il y avait une certaine dose de mauvaise foi dans cette fierté nationale car, d'une part, l'Ecosse avait depuis longtemps ouvert la voie et, d'autre part, le golf n'avait véritablement pris en Angleterre qu'une dizaine d'années avant l'Amérique, pas plus. Mais peut-être le litige tenait-il simplement à la personnalité taciturne de Travis. Avec son corps mince et un peu voûté, sa sinistre barbe noire et son regard brûlant, prompt à foudroyer l'adversaire, il s'est vu prêter par certains chroniqueurs une « aura satanique ». Il n'était pas en tout cas homme à se dérider en compétition.

La veille du British Amateur 1904, ayant entendu Travis se plaindre une fois de plus de son putting, l'un de ses aides lui tendit un club de son invention, tête obtuse, manche centré, qu'il avait baptisé du nom de sa ville natale : Schenectady. Ce drôle d'engin allait devenir le putter le plus célèbre et le plus controversé de l'histoire du golf.

La guerre de 1904 commença pour de bon le lendemain, dès le premier départ du premier match. Travis découvrit qu'on lui avait assigné un caddie manifestement simple d'esprit et qui, de surcroît, louchait. Il réclama quelqu'un d'autre ; les arbitres refusèrent, affirmant que cette tête de pioche comptait parmi leurs meilleurs éléments. Travis l'examina, établit assez vite qu'il pouvait à peine compter jusqu'à quatre, ignorait tout des règles locales, ne pouvait pas suivre la balle à plus de trois mètres, sans même parler de lui prodiguer un conseil utile sur ce parcours difficile que l'Américain connaissait mal. Après quoi Travis ne désigna plus le pauvre diable que sous l'expression peu engageante d'« aberration humaine ». Entre les deux tours, une averse éclata, le trempant jusqu'aux os. Les arbitres lui refusèrent le droit d'aller se changer au vestiaire – on lui avait déjà refusé un casier –, au prétexte qu'il était attendu sur le départ dix minutes plus tard : ou bien il y allait tout de suite, ou bien c'était l'abandon. Travis fut contraint de s'essuyer vaguement dans un couloir, avant de repartir jouer dans ses habits trempés.

Si les officiels avaient espéré le déstabiliser, ils manquaient de jugement, car mettre en rogne Walter Travis, c'était le plus sûr moyen de lui faire donner le meilleur de lui-même. Ce jour-là, armé de son nouveau putter Schenectady, il les laissa littéralement sans voix. Tout au long du parcours, trempé comme une soupe mais résolu, Travis rentra presque systématiquement des putts de douze mètres et donna l'une des plus étincelantes démonstrations de golf que le St. George eût jamais vue. Suivi par son caddie déficient, qu'il avait fini par accepter comme un porte-bonheur, Travis arpentait les fairways à grands coups de bottes mouillées, pulvérisant l'un après l'autre les favoris du tournoi. Après six matchs à ce train d'enfer, il atteignit les finales. Il ne daigna pas adresser un seul mot à son adversaire, le Britannique Edward Blackwell, le plus long frappeur du tournoi amateur. A chaque drive, Blackwell l'enfonçait régulièrement de quinze mètres... avant de le regarder, bouche bée, monter sur le green en chip et enquiller sans faillir, l'un après l'autre, les putts les plus démesurés. L'ultime rempart de l'Angleterre céda enfin, par 4 et 3. Quand la dernière balle de Travis atterrit au fond de la tasse, une foule de six mille âmes salua sa victoire dans un silence assourdissant.

L'impensable s'était produit : un Américain (quoique Australien de naissance et de parents anglais, mais ce détail avait semble-t-il échappé à la presse locale) venait de remporter le championnat amateur britannique. Comme à Yorktown en 1781, la guerre s'achevait sur l'humiliation des Anglais. Pensez-vous que le golf reprit alors ses droits ? Que le sport rapproche les peuples ? Que s'ensuivit une émouvante démonstration de fair-play britannique ? Quelques précisions s'imposent.

Le capitaine de St. George et premier noble de la région, lord Northbourne, descendit à contrecœur de son manoir pour la remise du trophée. Ses premiers mots, devant la foule accablée, donnèrent tout de suite le ton : « Jamais, depuis les temps lointains de César, la nation britannique n'avait connu de telle humiliation... » La suite à l'avenant, déplorant sur près d'une heure la gloire finissante de l'Empire. Travis se demandait s'il n'allait pas sauter à la gorge du vieillard pour lui arracher le trophée. Northbourne finit pourtant par lui remettre la coupe, l'accompagnant d'une molle poignée de main et d'une phrase de circonstance (« En espérant que ce désastre ne se reproduise jamais »). L'Américain trouva la force d'un discours de remerciement bref et courtois. Le lendemain, il sautait dans le premier paquebot en partance pour l'Amérique ; il avait si hâte de rentrer qu'il y serait allé même en radeau.

Travis ne put jamais pardonner aux Anglais leur accueil ; il ne devait jamais remettre les pieds au Royaume-Uni. En guise d'adieu, un mois à peine après le tournoi, la Royal & Ancient interdisait le maléfique Schenectady dans toutes les compétitions anglaises.

Parmi ses pairs américains, Walter Travis était surnommé le Vieux, tant pour son âge qu'en hommage à ses exploits révolutionnaires. La jeune génération voyait en lui un monument national. Durant sa série de trois victoires en US Amateur en quatre ans, il avait réussi l'exploit de finir aussi deuxième à l'US Open 1902, la plus haute marche où un amateur se fût alors hissé sur le podium professionnel. En 1908, Travis fondait la revue *American Golfer* dont il devint le rédacteur en chef. Sa capacité à restituer à l'écrit toute l'intelligence de ce sport était exceptionnelle : en des mots simples, dans une prose aussi concise et limpide que son golf, il a su initier une génération entière d'Américains aux raffinements du noble jeu. Le golf américain a envers lui une dette immense, tant pour ses exploits sportifs que pour son influence prépondérante. Et en 1913, à l'âge de quarante-six ans, Travis reconnaissait que son meilleur golf était sans doute derrière lui ; mais quand il empoignait encore son fidèle Schenectady, il pouvait encore se montrer redoutable.

Considérant Garden City comme son fief, Travis présidait, en toute logique, l'édition 1913 du National Amateur, où Jerry Travers, son rival de longue date, allait remettre en jeu son titre. La première fois qu'ils s'étaient affrontés en match-play, fin 1904, le jeune Jerry (il n'avait que dix-sept ans) avait stupéfié son adversaire en produisant, lui aussi, un putter Schenectady. Les deux hommes s'étaient alors livrés sur les greens à une véritable leçon de putting, pour arriver à égalité. Travers avait fini par remporter le play-off sur le troisième trou. Il semblait au Vieux qu'il avait rencontré le fantôme de sa jeunesse : ils étaient l'un et l'autre des putters accomplis, ne desserraient pas les lèvres de tout le parcours et jouaient avec des mines d'enterrement. Leur rivalité n'a pas d'équivalent dans les trente premières années du golf américain ; et les matchs qu'ils ont disputés resteront à jamais dans la légende. Au début, les deux adversaires se partageaient équitablement les victoires, chacun rendant à l'autre coup pour coup. Mais le jeune devait inévitablement l'emporter sur le vieux : en l'espace de sept années, Jerry élimina Walter Travis à cinq reprises du National Amateur. Durant cette période, le jeune golfeur se hissa au premier rang, tandis que Travis ne parvint jamais à remporter un quatrième titre.

2 septembre 1913 : Garden City

Pour la première fois de sa vie, Francis entrait dans un vestiaire où se côtoyaient tous les grands joueurs qu'il avait vus, depuis son plus jeune âge, concourir à Brookline. Mais cette fois-ci, Francis Ouimet ne venait plus en simple spectateur. Loin de l'effrayer, cette perspective l'enchantait tellement qu'il en oublia d'avoir peur. Il fit le tour de la pièce, allant se présenter à tous ces champions qu'il avait si longtemps admirés de loin. Francis déclara par la suite que ce qui l'avait le plus étonné, c'était la tension terrible qui régnait dans cette pièce : le jeune golfeur avait alors compris qu'il ne mesurait pas encore toute la gravité de la compétition. Lorsque Walter Travis lui serra la main sans mot dire, lui jetant un regard perçant derrière ses verres en cul de bouteille, Francis réalisa soudain qu'il effectuait ses premiers pas dans un autre monde.

Il lui rendit la pareille le jour même, sur le terrain, en signant un 75 qui lui donna un coup d'avance sur le Vieux et le qualifiait haut la main. Depuis quatre ans qu'il essayait, c'était la première fois qu'il franchissait cette étape en amateur. Après le parcours, Walter Travis s'arrêta devant son casier au vestiaire pour grommeler ses félicitations. Emporté par cette assurance qu'il avait engrangée tout l'été durant, Francis, pour la première fois de sa vie, allait disputer le deuxième tour des qualifications de l'Amateur. Pas question de se réjouir trop vite : il lui faudrait encore un score solide le lendemain s'il voulait arriver aux choses sérieuses : le match-play.

Avec sa modestie typique, ce soir-là, devant Bernard Darwin, il attribua sa victoire à un pur coup de chance. Mais le Britannique, dans son premier compte rendu au *Times*, se montre nettement plus élogieux : « Il a le physique idéal pour un golfeur.

Le style est là ; l'exécution est bonne, très bonne même ; et il ne manque pas de tempérament. Il joue long et droit avec les bois ; il est sûr au petit jeu comme au putting. Nul doute qu'il ne soit promis à un avenir des plus brillants. »

Le second jour des qualifications, nombre de concurrents furent mis à rude épreuve. Le vent, fatalité courante à Garden City, ne s'était pourtant pas levé ; mais avec l'été indien, une vague de chaleur caniculaire s'était abattue sur Long Island, exigeant des joueurs autant d'endurance que de talent golfique. Darwin était habitué aux gilets et aux vestes en tweed, ornements obligés des humides parcours britanniques ; il s'émerveilla de voir les joueurs déambuler sur les fairways en bras de chemise, le foulard au cou, avec des pantalons de flanelle. Pour lutter contre la chaleur, le journaliste commença par s'offrir un arrêt prolongé à la buvette. Après quoi, n'osant pas déserter son jeune protégé en plein milieu de son parcours, Darwin passa sur le retour de pénibles moments à contenir sa vessie. Ce deuxième jour, Francis ne déçut pas la confiance que le Britannique avait mise en lui : il rendit une carte de 76 et, de retour aux vestiaires, fut traité comme une petite merveille par les joueurs plus aguerris que lui.

Aussi indifférent à la chaleur qu'il l'était à tout le reste, Walter Travis réussit lui aussi 76. Il se retrouvait en retard d'un coup sur Francis, lequel avait pris la tête des qualifications. Ce premier honneur était récompensé par une médaille en or très convoitée. Mais à la fin de son parcours, Francis répéta sur tous les tons qu'il se moquait bien de la médaille : le simple fait de s'être qualifié pour le match-play lui suffisait amplement. Les vétérans qui avaient fini avant lui, parmi lesquels Travis et John G. Anderson, ne s'en laissèrent pas conter et l'entraînèrent au dix-huit pour voir arriver le reste des concurrents. Il s'agit d'un par trois difficile, survolant un petit étang, dont le green jouxte le rustique club-house de Garden City et qui offre un point de vue incomparable sur la fin du parcours. Francis prit un siège en bordure du green, parmi un petit groupe d'anciens et de futurs champions. Il buvait leurs paroles, savourait la moindre remarque. C'était un enfant parmi les hommes, en passe de se voir initié à la plus haute fraternité du sport.

Nul ne tenta de se mesurer à la performance de Francis jusqu'en fin de matinée, où la rumeur se répandit jusqu'au clubhouse que Charles « Chick » Evans revenait à un train d'enfer. Ancien caddie dans l'Indiana, Evans n'avait que trois ans de plus que Francis, mais son golf avait mûri plus tôt. Il avait remporté son premier tournoi à l'âge de dix-sept ans et, après avoir fini deuxième derrière Jerry Travers à l'Amateur 1912, il s'était imposé comme le meilleur golfeur dans l'ouest du pays. Rejeton des classes populaires, toujours en panne d'argent, Chick ne voulut jamais cependant franchir le saut de la professionnalisation. Il n'était arrivé à Garden City que la veille des qualifications ; sans même prendre la peine de reconnaître le terrain, il avait signé un 77 le premier jour et, ce jour-là, venait de réussir l'aller en 39. Pour ravir sa médaille à Francis, il lui faudrait boucler le retour en 34 – un score qui, même aujourd'hui, tient de l'exploit à Garden City.

A en croire les compagnons plus aguerris de Francis, la médaille était à lui. Nul n'ignorait que Chick Evans, sur le green, se montrait des plus fantasques, si peu sûr de son coup qu'il emportait quatre putters différents dans son sac. Et quand aucun d'eux ne voulait taper droit, Evans n'avait pas honte d'empoigner son fer 2. Les greens étagés de Garden City, rapides comme l'éclair, auraient raison de lui tôt ou tard. Le matin même, on l'avait entendu confier qu'ils ondulaient tellement qu'il en avait le mal de mer. Francis, encore inexpérimenté, se laissa convaincre de sa gloire prochaine.

Il dut rapidement déchanter : remonté à bloc, Chick Evans survola le retour en 32, établit un nouveau record de 71 sur le parcours et s'adjugea la médaille. Le petit groupe se dispersa aussitôt, chacun se concentrant déjà sur la deuxième moitié du tournoi : le match-play. Francis se sentait dégonflé comme une baudruche : non seulement il perdait un prix qu'il avait fini par croire acquis, mais l'aimable camaraderie qu'il avait trouvée si rassurante avait disparu dès l'instant où Chick Evans avait rentré son dernier putt. Francis se leva pour gagner le practice : son match commençait dans moins d'une heure.

Pourtant le calvaire des qualifications n'était pas encore achevé. On ne retenait que les trente-deux meilleurs. Or les comptes du matin révélèrent une situation inédite : douze concurrents ex aequo pour les onze dernières places. Il fallut en éliminer un par un play-off en mort subite. A la surprise générale, après avoir expédié deux balles dans l'étang et bouclé le dix-huit sur un sept catastrophique – un trou qui, disait-il, « m'a fait vieillir de dix ans » –, le tenant du titre en personne, Jerry Travers, comptait parmi les douze. Les qualifiés se mêlèrent à la foule autour du premier tee pour voir se départager les sursitaires. Bernard Darwin trouvait fascinant cet exercice de démocratie qui tenait un peu des chaises musicales. L'un après l'autre, les joueurs prirent place sur le départ : les balles jonchèrent bientôt le premier fairway. Ce fut un proche ami de Francis, un joueur pourtant aguerri du nom de Heinrich Schmidt, qui flancha le premier. Il tapa le meilleur drive des douze, mais son approche alla s'enterrer dans un bunker dont il mit trois coups à sortir : triple bogey. Schmidt venait de rentrer d'outre-Atlantique avec, dans ses valises, une cinquième place au British Open et une magnifique tenue de golf à la Vardon – épais veston en tweed et culottes bouffantes, assortis à une cravate et à des chaussettes rouges. Il en était si fier qu'il avait refusé de tomber sa veste malgré la chaleur. Il attribua par la suite sa défaillance à un accès soudain d'hyperthermie. Il faut reconnaître que son élimination suscita plus de soulagement que de compassion : elle repêchait le triple champion Jerry Travers.

Pour son premier match, cet après-midi-là, le sort donna pour adversaire à Francis un certain C.B. Buxton de Huntingdon Valley, Pennsylvanie – un patronyme digne des films de W.C. Fields. En lui serrant la main sur le départ, Francis se remémora aussitôt les paroles de Vardon : « Traitez votre adversaire – avec tout l'honneur qui lui est dû – comme s'il n'existait pas. Quels que soient les exploits dont il se montrera capable, poursuivez tranquillement votre propre partie. »

Francis suivit ce conseil à la lettre et il expédia proprement Buxton, par 4 et 3. Il se sentait gagner en assurance à chaque coup, chaque putt, chaque pas supplémentaire. Ayant conclu son match sur le quinze, il revint au club-house comme s'il marchait sur un nuage. D'autres journalistes, dans le sillage du lucide Darwin, commençaient à s'intéresser à lui ; mais le plus important à ses yeux, c'était d'avoir réussi à se faire accepter par ses pairs. Leur estime croissante le renforça dans l'impression qu'il pourrait peut-être aller plus avant dans le tournoi. Là dessus, au vestiaire, il jeta un œil aux listes pour découvrir qu'il rencontrait le lendemain, pour son premier match-play sur trente-six trous, rien de moins que le tenant du titre . Jerry Travers en personne.

Francis passa une nuit blanche à chercher, dans son exemplaire usé du livre de Vardon, le conseil qui l'aiderait à surmonter son calvaire. « L'homme nerveux qui sait dominer ses nerfs peut battre n'importe quel adversaire.

Quand on a parfaitement saisi les principes et la pratique du jeu, il n'y a rien de tel que le match-play pour prouver sa valeur. »

De sages avis, mais où il trouva bien peu de réconfort. Jerry Travers était, de l'avis général des connaisseurs, le plus grand compétiteur en match-play que le pays ait connu. En stroke-play, Travers ne donnait jamais tout à fait la mesure de son immense talent : à preuve, sa performance moyenne aux qualifications. Il lui fallait le match pour le stimuler. Face à l'adversaire, en combat singulier, il trouvait toujours le moyen de l'emporter, quand bien même son golf ne tenait plus qu'à un fil. Son driver lui jouait souvent des tours, expédiant ses premières balles dans des hooks catastrophiques. Il avait du mal à trouver les fairways et bouclait parfois tout un parcours sans avoir levé un seul bois. Mais tout cela n'importait guère, dans la mesure où Travers avait compris que le match-play est un exercice fondamentalement différent du stroke-play, où régularité et pourcentage comptent bien moins que la capacité de produire, au moment décisif, le coup fatal qui portera le fer dans le cœur de son adversaire.

Walter J. Travis, victime favorite de Jerry, a trouvé les mots justes en décrivant le golf en match-play comme « une entreprise de guerre sous les atours d'un divertissement champêtre ». Nul ne prenait cet avis plus à cœur que Jerry : en dehors des parcours, c'était un joyeux drille, souvent même un peu trop. Mais en match, il se renfermait complètement sur lui-même, indifférent en apparence à l'adversaire, lequel ne savait bientôt plus sur quel pied danser. Chaque fois qu'on lui concédait la plus petite chance de conclure, il assenait le coup de grâce sans état d'âme aucun. Le grand écrivain de golf Herbert Warren Wind a su éclairer ce talent de tueur chez Travers : « Comme beaucoup d'enfants de riches qui excellent dans un sport, écrit-il, il pouvait se permettre de disputer chaque match comme si son déjeuner en dépendait. »

Francis puisa tout le courage qu'il put dans son livre de chevet. Mais quand il se présenta sur le départ le lendemain matin, il n'en menait pas large. Fini de jouer, désormais. Jamais il n'avait golfé devant une telle foule ; et quand on les annonça l'un après l'autre, les vivats ne laissèrent guère de doute sur le favori. Ils voulaient que Jerry Travers l'écrase : ils étaient venus pour ça. C'était ici même, à Garden City, que Travers avait remporté son deuxième titre amateur en 1908 ; il connaissait le parcours comme sa poche et, puisqu'il était de la région, il avait toutes les sympathies. Au golf, à la différence d'autres sports, le cœur des fans bat toujours un peu plus fort pour le favori que pour l'outsider, du moins jusqu'à ce que l'outsider accomplisse un exploit assez spectaculaire pour faire de lui un favori à son tour. Francis se campa devant son tee, ravala sa peur, se mit à sourire...

Nous y sommes, Francis : c'est ici que tu rêves d'arriver depuis des années. Tu ne vas pas flancher maintenant. Souviens-toi de ce que dit Vardon : il y a plus de matchs qui sont perdus par insouciance durant les premiers coups que pour toute autre raison. Veillez toujours à jouer votre premier trou comme si c'était le plus important de votre vie.

... Et il expédia son drive à deux cent vingt mètres, en plein milieu du fairway.

Après le quasi-désastre de la veille, Jerry Travers avait passé plusieurs heures au practice en compagnie du pro de Garden City. Il était parvenu à mettre le doigt sur son problème de swing (il fermait le poignet gauche durant la descente, d'où ses hooks plus catastrophiques les uns que les autres), mais n'avait pas eu le temps encore d'intégrer la correction. Il préféra sortir son fer 1 et il arriva vingt mètres derrière Francis. L'un comme l'autre, ils montèrent sur le green en deux ; ils signèrent chacun le par : le match était lancé.

Francis s'était rasséréné. Il se mit à complimenter son adversaire lorsque celui-ci réussissait un joli coup. Travers accueillit ces démonstrations de la même façon qu'il encaissait ses pires ratages : avec l'indifférence du reptile. Cette absence de répondant finit par dessiller les yeux du jeune homme : c'était donc ça ! *C'était ainsi qu'on jouait au golf !* D'une nature joviale et insouciante, il avait toujours été enclin à prendre la compétition comme une joute amicale dont les enjeux se limitaient à une vigoureuse poignée de main et des félicitations au vainqueur. Ce jour-là, face à un adversaire tel que Jerry Travers et dans une phase décisive d'un tournoi national, la mortelle gravité de sa situation lui apparut brusquement et ce fut une révélation. Il n'en fut pas intimidé, bien au contraire. Il y a de jeunes chevaux de course qui ne trouvent leur allure qu'au contact d'un champion plus aguerri ; ce fut ainsi que Francis, aiguillonné par Travers, trouva la juste mesure de son golf.

Par la suite, il devait décrire l'épisode en ces termes : « Ce type n'avait manifestement qu'une idée en tête et c'était de gagner le match. Je résolus donc de faire de même. »

Les ennuis de Travers au drive continuèrent toute la matinée. Le champion ne produisit son driver qu'à deux reprises. Les deux fois, un hook sévère l'expédia au plus profond d'un obstacle... dont il put se dégager chaque fois par un recovery miraculeux. Francis admirait cette capacité stupéfiante à oublier le mauvais coup pour se concentrer sur le prochain. Il ne se démonta pas pour autant et poursuivit son parcours sans laisser les exploits de Travers s'immiscer dans son jeu. Ils arrivèrent au dix-huit à égalité. Les spectateurs accouraient ; quinze autres matchs se disputaient durant cette manche du matin, mais c'étaient eux qu'on venait voir. La rumeur circulait qu'un inconnu tenait tête au tenant du titre.

Les deux hommes, sur ce par trois, jouèrent l'un comme l'autre un premier coup superbe et trouvèrent le green, Francis à dix mètres du drapeau, Travers à trois mètres devant son adversaire. Francis prit son temps. Il joua son putt parfaitement en ligne, mais la balle mourut au bord du trou. Alors, pour la première fois de la partie, Jerry Travers le regarda longuement. L'ombre d'un sourire s'esquissa sur ses lèvres. Francis comprit très bien ce que ce regard voulait dire. Travers y ajouta même un point d'exclamation en rentrant directement son putt : birdie. La manche du matin s'acheva : les deux hommes rendaient une carte de 74, mais Francis avait concédé un trou à son adversaire.

Le déjeuner fut calme ; Francis choisit de s'absorber dans ses pensées. Après quoi Travers et lui se retrouvèrent pour la deuxième manche. La foule se massait déjà autour du départ : elle n'allait cesser de grossir tout au long de l'après-midi. A sa grande surprise, Francis se découvrit parfaitement calme et lucide. Toute sa nervosité avait disparu. Travers, reprenant les choses où il les avait laissées, gagna d'emblée le premier trou ; Francis riposta tranquillement en lui prenant le deuxième et le troisième, ce qui les replaçait à égalité. A présent, sitôt que Travers le mettait au défi avec un coup spectaculaire, Francis répondait. A mesure qu'ils avançaient dans le parcours, l'assistance grandissait, mais Francis n'en avait plus conscience. Non seulement la vision l'habitait, mais il avait découvert, dans ces circonstances, quelque chose de plus extraordinaire encore : il s'y plaisait. La chaleur, la pression, le public ne faisaient qu'augmenter sa concentration et son plaisir, et tout cela se conjuguait pour lui inspirer une assurance grandissante. Sur le départ du sept, un par cinq, Travers – qui avait complètement renoncé à son driver – produisit son fer 1, pour aller s'empêtrer dans de hautes herbes où même un golfeur de sa trempe ne pouvait espérer le recovery. Francis signa le par et prit enfin un trou d'avance, son premier de la journée.

Ils arrivèrent au huit, un par quatre de trois cent quatre-vingt-deux mètres. Francis expédia un drive solide au milieu du fairway ; Travers le suivit au fer long, un draw rasant qui le dépassa de quelques mètres. Francis affrontait un deuxième coup de cent soixante-cinq mètres au-dessus d'une ravine semée de bunkers, vers un green surélevé et en pente.

Une prudence excessive confine à l'erreur : si vous parvenez à jouer avec succès un coup difficile, les circonstances auront un certain impact sur votre adversaire.

Francis se mit à l'adresse, regarda sa balle de toutes ses forces. Puis il se baissa et joua un magnifique fer moyen : la balle jaillit au ciel, s'incurva gracieusement avant de redescendre droit sur le drapeau ; elle s'arrêta à deux mètres soixante du trou. Et Francis de se tourner vers Travers pour lui lancer un regard – le premier depuis leur putt du matin – qui semblait dire : « Très bien, monsieur, voyons comment vous allez me prendre ce trou-ci. »

Travers soutint son regard sans ciller ; ce petit sourire plein de morgue reparut à nouveau sur ses traits. Il se tourna vers sa balle, prit son temps, regarda le drapeau au loin, fit un swing d'entraînement, puis un waggle ; enfin, il tapa sa balle. Elle n'avait pas plus tôt jailli de la tête de club que Francis comprit sa douleur. Elle suivit une trajectoire presque identique à la sienne, se posa sur le green comme une plume et fila droit sur le trou, où elle manqua rentrer directement. Elle s'arrêta enfin à trente centimètres de la tasse : un tap-in lui donnerait le birdie. Travers ne chercha pas le regard de Francis, il n'en avait pas besoin. Il se contenta de s'éloigner tranquillement. Alors, comme si l'on venait d'ôter une bonde, le jeune homme sentit toute la confiance qu'il avait amassée les trois jours précédents s'échapper par ses semelles. La vision l'abandonnait : il ne trouva pas sa ligne de putt et manqua le birdie. Travers, faut-il le préciser, rentra le sien : égalité.

La partie continua ; mais le coup décisif, où tout bascule et qui compte tellement pour la victoire en match-play, avait été donné. La bataille était perdue pour Francis : il se savait déjà battu. Son ami John Anderson avait joué son propre match et se trouvait dans l'assistance : « C'est fini, déclara-t-il à un ami ; Travers l'emporte. » Et dans son compte rendu, Bernard Darwin écrit : « A partir de ce moment, M. Ouimet se laissa distancer ; pas de façon flagrante, et non sans se défendre avec vaillance ; mais il perdait peu à peu du terrain. » Travers le sentit et sonna l'hallali : il gagna le neuf, le onze et le douze, portant son avance à trois coups. Francis parvint à lui reprendre le treize et rattraper un peu de son retard ; mais aussitôt après, il lui cédait le quatorze. Les deux adversaires firent nul sur les deux trous suivants et le match se conclut là : victoire au seize pour Jerry Travers, par 3 et 2. La foule fit une véritable ovation au jeune challenger. Travers vint le voir aussitôt, les traits illuminés d'un grand sourire pour la première fois de la journée. Il lui passa un bras amical autour des épaules. Tout à son soulagement, Travers était sans doute le seul à mesurer combien il avait frôlé la défaite face au gamin du Massachusetts. Francis, quant à lui, souriait poliment, mais à l'intérieur, il se sentait dévasté.

Jerry Travers lut dans ses yeux cette immense déception. Le champion eut alors un geste d'une générosité remarquable. Peu après, au vestiaire, il vint s'asseoir près de Francis et passa en revue avec lui toute leur partie, coup après coup. Il expliqua par le menu ses performances et la façon dont il avait géré son parcours, pointa tranquillement ses erreurs et lui en apprit plus, en une heure, sur les subtilités du golf et son esprit de fair-play que nombre de joueurs n'en apprennent en l'espace d'une vie. Bienvenue dans le cénacle des meilleurs amateurs, semblait-il dire ; et bien plus que ses premiers succès dans le tournoi ou le match haletant qu'ils venaient de disputer, ce fut cette conversation qui convainquit Francis qu'il y avait sa place.

Cette expérience au National Amateur allait, rétrospectivement, renforcer l'opinion qu'il avait de lui-même. Non seulement il avait survécu aux qualifications – et c'était le but qu'il s'était fixé au départ –, mais il avait failli emporter la médaille de qualification, avant d'aller jusqu'au deuxième tour du match-play, où il avait perdu face au tenant du titre.

Bernard Darwin vint le féliciter chaleureusement. Malgré la chaleur, il l'avait regardé jouer toute la journée. Darwin était lui-même un spécialiste du match-play : il savait presque mieux que Francis que l'issue de la partie était restée jusqu'au bout incertaine. Dans la chronique qu'il télégraphia à Londres ce soir-là il écrit, avec son art consommé de la litote : « M. Travers n'aura pas éprouvé, à leur juste valeur, toutes les capacités de son adversaire. M. Ouimet est la révélation de ce tournoi. » Tout en se déclarant convaincu que ce jeune golfeur allait faire parler de lui au plus haut niveau, Darwin estimait qu'il lui faudrait mûrir un peu : « D'ici un an ou deux, avec de nouvelles forces, il pourrait faire de grandes choses. » Dans son propre compte rendu, John Anderson écrit : « Je ne saurais louer assez haut le golf de Francis Ouimet. »

Réconforté par ces éloges, Francis décida de rester à Garden City pour voir la conclusion du tournoi. Le lendemain, au troisième tour du match-play, Chick Evans, armé de ses quatre putters (il lui arriva d'en changer d'un coup à l'autre, sur le même green), faisait égalité sur trente-six avec Walter Travis, avant de le battre au troisième trou du play-off. Le Vieux Travis, une fois de plus, pliait devant la nouvelle génération : il avait paru très affecté par la chaleur vers la fin de son parcours. Le surlendemain, Chick Evans perdit la demi-finale face à John G. Anderson, le vieux complice de Francis dans les tournois du Massachusetts. La finale opposa donc Anderson à Jerry Travers. Ce dernier, mis en verve par son match contre Francis, avait ensuite recouvré son swing et survolé le reste du tournoi. Il disposa d'Anderson par 5 et 4, un score sans appel. A vingt-six ans, le play-boy new-yorkais remportait son quatrième et dernier titre de l'US Amateur. Son record allait demeurer invaincu jusqu'au règne de Bobby Jones. Les performances de Travers sont considérables ; elles ont laissé leur empreinte dans l'histoire du golf américain – mais pas autant, peut-être, que son geste généreux, cette leçon de méthode dispensée à un adversaire débutant, dans le calme des vestiaires.

Président de l'United States Golf Association en 1913, Robert Watson était lui-même un golfeur de talent : à Garden City, il avait franchi les qualifications et survécu au play-off des douze pour perdre, au premier tour du match-play, devant Jerry Travers. Ce dernier rencontra Francis en suivant et, le lendemain, Watson était sur le parcours pour suivre leur match en spectateur. Le soir même, durant le dîner au club-house, il vint saluer Francis, s'épancha un instant sur leurs défaites respectives et finit par lui faire une proposition des plus intéressantes.

L'US Open devait se tenir deux semaines plus tard au Country Club de Brookline. Cette compétition professionnelle était ouverte à un petit nombre d'amateurs choisis : Watson et l'USGA cherchaient un golfeur pour compléter le lot. Malgré leurs efforts, ils n'avaient pas encore déniché l'oiseau rare. Or Francis était un résident de Brookline, un habitué du Country Club, et sa performance à Garden City avait convaincu Watson que l'USGA n'aurait pu trouver meilleur candidat que lui.

Francis freina des quatre fers. Il avait rêvé de disputer l'Open mais là, c'en était trop. La panique prit le dessus. Tenir sa place en amateur, à Garden City, était une chose ; c'en était une autre de se mesurer non seulement à l'élite des amateurs nationaux, mais encore aux meilleurs pros du pays, sans parler des Harry Vardon et des Ted Ray. Il venait de découvrir les tensions d'un grand tournoi ; il en sortait éprouvé. La perspective de recommencer deux semaines plus tard, au plus haut niveau, l'emplissait d'une terreur inattendue. Francis ne comptait nullement passer professionnel : il entendait faire carrière dans les affaires. Il en avait trop vu, de ces anciens caddies qui s'étaient accrochés aveuglément à l'espoir d'une carrière de pro et lui avaient sacrifié leurs études, convaincus que le golf leur procurerait un moyen de subsistance : de doux rêveurs, des gosses sans avenir qui se changeaient trop tôt en jeunes gens sans espoir. Francis ne serait pas de ceux-là : il n'allait certainement pas mettre en péril sa place chez Wright & Ditson au nom du golf. On avait été bien bon de lui accorder une semaine de congé pour venir à Garden City ; les choses en resteraient là.

Watson se mit à rire. « Laissez-moi m'occuper de Wright & Ditson », lui dit-il.

Francis repartit de Garden City avec la nette impression d'avoir poliment mais fermement décliné la proposition de Watson. Pourtant ce dernier voyait les choses autrement. Dès le lendemain, il câblait à son bureau de l'USGA de préparer l'inscription à l'US Open 1913 de M. Francis Ouimet, amateur du Massachusetts, dont il venait de recevoir l'accord.

Harry et Ted en Amérique

SA VICTOIRE au British Open 1911 acquit à Harry Vardon une renommée phénoménale en Angleterre, sans commune mesure avec sa célébrité passée. Pour trouver un équivalent de cette ferveur, le fan de golf américain devra se tourner vers le come-back de Ben Hogan en 1953, après son terrible accident de voiture ; ou bien vers celui de Jack Nicklaus, à l'âge de quarante-six ans, durant les Masters 1986 : rien de moins. Alfred Harmsworth, lord Northcliffe, fondateur et propriétaire du *Times* (le quotidien britannique), était aussi l'ami de Harry à South Herts. Il suggéra de profiter sans attendre de ce regain de popularité en organisant une nouvelle tournée américaine, qu'il se proposa de financer.

Lord Northcliffe est l'un des premiers magnats dans l'histoire de la presse moderne. Il avait alors quarante-huit ans et le génie des grands producteurs hollywoodiens pour mettre le doigt sur ce que le public avait envie de lire. Son *Daily Mail*, dont les huit pages résumaient l'essentiel de l'actualité quotidienne en des articles aisés et synthétiques, inaugurant l'ère des *digests*, connut un succès formidable et révolutionna l'industrie de la presse anglaise. Northcliffe excellait dans les coups d'éclat, les éditions spéciales, les interviews exclusives de personnalités à scandale. Ces talents lui avaient bâti une fortune digne d'un Citizen Kane. L'Atlantique n'arrêtait pas un tel homme : le monde était son jardin.

Northcliffe alliait à la passion du golf (il s'était fait bâtir, à grands frais, son propre dix-huit trous privé) un farouche chauvinisme qui se ressentait encore, à quelque huit ans de là, du British Amateur 1904, remporté par l'Américain Walter Travis pour la plus grande humiliation du golf britannique. Le magnat ruminait depuis lors des idées de revanche. Il avait vu avec tristesse, durant cet intervalle, la domination sportive de l'Angleterre reculer inexorablement face à l'Amérique, que ce soit en voile, en tennis, au polo ou en athlétisme. Ranimer cette flamme vacillante tournait chez lui à l'idée fixe ; comme il avait à lui consacrer tout le temps et l'argent nécessaires, le magnat mit sur pied un plan simple : financer l'invasion anglaise aux Etats-Unis et faire oublier la victoire de Travis en capturant, et en rapportant sur le sol britannique, la coupe de l'US Open 1912. Nul, à son humble avis, n'était mieux placé pour y parvenir que l'homme qui, par le passé, y était parvenu : son bon ami Harry Vardon. Ses appels au patriotisme trouvèrent un écho plus que complaisant chez Harry, qui se rappela aussi les retombées financières impressionnantes de sa précédente tournée. Des tractations plus sérieuses s'engagèrent. Northcliffe réserva pour Harry Vardon une cabine de première classe à destination de New York, sur un paquebot de luxe dont ce serait la traversée inaugurale : de quoi donner à son arrivée toute la publicité nécessaire. Mais deux semaines avant son départ, Harry connut, pour la première fois en deux ans, une faiblesse liée aux séquelles de sa tuberculose ; l'indisposition n'était que légère, il fallait compter qu'une tournée itinérante réclamerait toutes ses forces. Harry informa donc Northcliffe qu'il lui faudrait, bien malgré lui, remettre son expédition américaine au printemps suivant.

Quinze jours plus tard, le navire où il avait sa cabine réservée quitta le port de Southampton sans lui, aux accents de la fanfare : et après deux jours de mer, le *Titanic* heurta un iceberg... Vous connaissez la suite. Comme Harry le confia à lord Northcliffe, ce fut bien la seule fois où sa maladie lui sauva la vie.

Le départ pour l'Amérique de Tom Vardon, quelque six mois avant ces événements, avait laissé un vide énorme dans l'existence de Harry. Mais aux pertes irréparables, le destin répond quelquefois par des compensations inattendues. Dans le cas de

Harry, elle prit la forme d'une connaissance de dix ans. Il s'agissait du professionnel Ted Ray, de Jersey, tout comme les Vardon.

Fils d'un raccommodeur de filets de pêche, Ted Ray avait grandi comme eux à Grouville, où il avait marché dans les traces gigantesques de Harry. Il était entré comme caddie au Royal Jersey. Il avait sculpté sa première tête de club dans une alêne en bois de son père où il avait emmanché une branche de noyer. Fort de cette merveille, il avait regardé avec mépris les branches d'aubépine qu'employaient ses camarades, jusqu'au jour où un client du Royal Driver lui avait offert son premier driver. Ce club comptait tant pour lui qu'il avait dormi avec des mois durant. Ted avait sept ans de moins que Harry et, toute son enfance, il avait admiré de loin l'ascension de ce dernier. Il faut dire qu'à Jersey, les exploits de Harry Vardon étaient aussi connus que le catéchisme. Et en arrivant à un de handicap, il s'était senti assez en confiance pour tenter à son tour sa chance en Angleterre.

Ce grand et sympathique gaillard s'était lié à Vardon dès 1899, durant sa première participation au British Open. Les deux hommes avaient joué leur dernier parcours en même temps : Ted, témoin privilégié de la phénoménale prestation de Harry, avait alors compris qu'il lui faudrait bien davantage que de l'adresse pour réussir en championnat. En conséquence, il avait redoublé d'efforts à l'entraînement. En 1903, quand Harry s'était transporté au club de South Herts, c'était sur sa recommandation que Ted s'était vu offrir le poste qu'il laissait vacant à Ganton. Et durant la convalescence de Harry, après son séjour à Mundesley, nul à l'exception de Tom ne s'était montré plus assidu au domicile des Vardon. Harry et Ted partageaient une affection peu modérée pour la bouteille : de nombreuses soirées passées à lever le coude ensemble, au hasard de leurs pérégrinations, avaient scellé leur amitié. Ted Ray était de ces joueurs dont les talents s'épanouissent sur le tard : vers la fin de la décennie, sa carrière se trouvait en pleine ascension.

A cette époque, *News of the World* organisait chaque année une compétition en match-play pour les professionnels : c'est en fait l'ancêtre du PGA britannique. La première édition s'était tenue en 1904, l'année suivant la maladie de Harry ; ce dernier n'avait jamais pu remporter ce grand titre d'invention récente. Il en était passé près en 1911, mais en demi-finale, Ted Ray lui avait arraché la victoire d'une courte tête, avant de remporter la finale en suivant. Ted était alors au sommet de sa carrière. A la suite de cette victoire, son premier grand titre, il remporta le British Open 1912 devant Harry, quintuple champion et détenteur du titre, par quatre coups d'avance. Cet exploit fit de lui le deuxième, en huit ans, à pouvoir ébranler les murailles du Grand Triumvirat.

Ted Ray était le John Daley de l'époque, le plus long joueur au drive dans l'histoire de ce sport. Il commençait son swing par une sorte de sursaut en déséquilibre, titubant vers l'extérieur du pied droit... avant de précipiter, dans la descente, toute sa masse de colosse à l'assaut de la balle. Quand son timing était bon, il la massacrait littéralement : jamais un swing plus laid n'a donné de plus beaux résultats. Mais quand son tempo flottait, ne fût-ce que d'une fraction de seconde, Ted Ray visitait des régions du parcours rarement visitées par un mortel. Il a un jour décrit son drive en ces termes : « Tous les chemins mènent à Rome, mais certains nous y conduisent plus vite. Je suis pour ma part un voyageur solitaire : souvent je vais par des chemins que d'autres n'ont pas foulés. » Un journaliste a pu comparer son swing à la charge d'un buffle du Cap. Mais le sanguin Ted Ray, autodidacte de Jersey, n'était pas homme à s'en laisser remontrer sur ses méthodes peu conventionnelles. Harry lui-même ne se risquait pas à lui prodiguer un conseil, à moins d'en avoir été prié ; et il était bien le seul golfeur que Ted respectât assez pour, en de rares occasions, réclamer son avis. Sa carrure n'empêchait pas Ted de faire montre d'une touche de balle remarquable sur le green ; et ses approches au wedge faisaient presque toujours mouche. Loin de ce rôle de tâcheron auquel on l'a parfois réduit, Ted Ray possédait un golf très complet, et à la différence de Tom Vardon, qui avait le talent mais pas la détermination pour sortir de l'ombre de son frère, Ted ne reculait jamais devant un combat, pas même contre un ami tel que Harry.

En contraste avec ses manières simples, il aimait à s'exprimer dans un foisonnement de périphrases pompeuses. Par exemple, sa balle n'allait pas se coincer derrière un arbre, mais son vol se voyait « obstrué par le monarque des forêts ». Sa philosophie carrée du golf commençait et finissait avec sa distance prodigieuse au drive. Willie Park Junior, paraît-il, aimait à répéter : « Celui qui sait putter tiendra tête à n'importe qui » ; à quoi Vardon répondit un jour, plus par nécessité que pour autre chose : « Celui qui joue bien ses approches n'a pas besoin de savoir putter. » Mais ce fut Ted Ray qui eut le mot de la fin : « Qui tape des drives dignes de Zeus n'aura pas à se soucier de ses approches. »

Le golf de Ted reflétait à merveille sa personnalité : connaître les règles, connaître le parcours, connaître ses limites et s'en accommoder. Marcher vite, jouer plus vite encore. « Se mettre à réfléchir alors qu'il faudrait jouer, disait-il, c'est de la folie. » Les golfeurs trop lents le mettaient hors de lui. Il détestait l'indécision sous toutes ses formes et s'il se montrait capable de chipoter un détail des heures durant, quand bien même il n'était pas sûr de son coup, c'était que, plus encore que l'indécision, il détestait s'incliner devant quiconque. Un jour, racontait Harry, un débat forcené l'opposa deux jours durant à un autre pro ; quand l'autre eut enfin cédé – sur un point dont aucun des deux ne se rappela ensuite la nature exacte –, Ted glissa en douce à Harry qu'il était d'accord avec l'autre depuis le début. Mais il n'avait pas pu se résoudre à le reconnaître.

Le tournoi *News of the World* 1912 vit se retrouver les deux amis et adversaires en championnat, pour un match que Bernard Darwin décrivit comme le plus passionnant dans l'histoire de cette compétition. Voir Harry Vardon et Ted Ray s'affronter en combat singulier, c'était comme assister à la rencontre du matador et du taureau : Harry décochait les coups les plus stylés, Ted répondait avec la fureur de la bête blessée. Les assauts du matin se conclurent sur un nul. L'après-midi, Harry prit, à deux reprises, une avance de trois trous sur lui ; chaque fois, Ted revint férocement à l'égalité. Harry reprit l'avantage au quatorze et il creusa encore l'écart sur le seize : *dormy two*, soient deux trous d'avance et deux restant à jouer. Il lui suffisait d'un nul sur l'un des deux derniers trous pour gagner le tournoi. Le dix-sept le confronta à un putt d'un mètre pour le par, sa main lui joua des tours, Harry mit la balle à gauche. *Dormy one* : le match se jouerait donc sur le dernier trou. Les deux hommes montèrent sur le green en deux coups. Harry avait maintenant besoin d'un putt de trois mètres trente pour partager le trou avec Ted et s'adjuger la coupe. Darwin devait surnommer ce coup le « putt à soixante livres » : c'était la différence entre les bourses qui dotaient la première et la deuxième place. Quand Harry se planta devant la balle, il eut l'occasion de réfléchir à toutes les occasions où il avait laissé filer la victoire depuis que sa maladie s'était déclarée. Cette fois-ci, l'idée d'un échec ne le traversa même pas une seconde. Il tint le manche d'une main ferme et joua son putt avec autorité. Comme il devait le dire par la suite, « dès que la balle partit, tout le monde sut où elle allait finir ».

Cette rencontre à couteaux tirés n'avait fait que renforcer l'estime entre les deux hommes. Quand Harry se vit forcé de remettre sa tournée américaine au printemps 1913, lord Northcliffe lui suggéra d'emmener un joueur qui ferait équipe avec lui, pour mieux piquer la curiosité du public américain et multiplier les chances britanniques à l'US Open. Harry arrêta aussitôt son choix sur Ted Ray. Il se rappelait l'épreuve physique qu'avait représentée sa première tournée ; il pensait qu'un homme de la trempe de Ted ne serait pas de trop face aux fatigues de ce voyage. En outre, les drives titanesques de Ray ne pourraient que fasciner un public avide de records. La tournée, cette fois-ci, durerait moins de trois mois. Mais Harry avait désormais quarante-deux ans ; le golf américain avait progressé à pas de géant depuis 1900 ; il doutait d'avoir la résistance nécessaire pour se mesurer à lui seul, d'étape en étape, aux meilleurs joueurs du pays. Ted Ray était un teigneux, un Jersiais comme lui, qui s'était arraché à la misère par la seule force de sa volonté. Harry aurait besoin de cette combativité-là. Les affaires sont les affaires – et il s'agissait avant tout d'un voyage d'affaires –, mais le golf a lui aussi ses lois : les deux amis savaient bien qu'au bout de la tournée, quand ils disputeraient tous les deux l'US Open, ils ne se feraient pas de cadeau. La fureur de leurs précédents affrontements en témoignait. Ce serait chacun pour soi et que le meilleur gagne – du moment que ce meilleur-là vînt d'Angleterre. Quand on lui fit la proposition, Ted n'hésita pas un instant.

Les deux natifs de Jersey effectuèrent la traversée au début du mois d'août sur le luxueux paquebot *Celtic*. Cette fois il n'y eut personne pour déplorer que les sportifs britanniques sacrifient à l'autel du dieu dollar. Lord Northcliffe veillait au grain : dans ses publications, l'équipée du duo prenait des accents héroïques, deux chevaliers en mission sacrée s'étant juré de rapporter d'outre-Atlantique le feu que Walter Travis avait volé à l'Angleterre en 1904. Le reste de la presse s'accorda très vite à ce diapason. Pendant la traversée, Harry s'efforça de préparer Ted à sa première immersion dans la culture américaine. Ted n'avait pas d'amis yankees. Il ne connaissait du pays que ce qu'il en avait lu dans la presse.

« Ils ont tendance à... bousculer les choses, disait Harry en cherchant ses mots devant un whisky, au bar du pont supérieur.

– Bousculer ? Comment ça ?

– Eh bien, avec eux, il faut que tout aille vite.

– Vraiment ?

– Ah, oui. Ils vont droit au but. Ils ne perdent pas de temps.

– Hum », médita Ted.

Les deux hommes bourrèrent leur pipe et reprirent une gorgée de whisky.

« Et pour leur golf ? finit par demander Ted.

– C'est la même chose.

– Ah bon, reprit Ted en rallumant sa pipe. Eh bien, tant mieux. »

Cette nuit-là, un message leur arriva de New York, adressé par l'organisateur de la tournée. On se réjouissait de leur venue, etc., etc. – et, à propos, tout était arrangé pour leur premier match, qui se disputerait à Philadelphie tôt le samedi matin.

Ted fut perplexe : le *Celtic* n'accostait que le vendredi soir.

« Où est-ce donc, Philadelphie ?

– Au sud. A trois heures de train de New York.

– Peux-tu m'expliquer comment l'on fait pour s'y trouver

tôt le samedi matin si nous n'arrivons à New York que le vendredi soir ?

– Je te l'ai dit : ils bousculent. »

Le vendredi soir, Ted contemplait pour la première fois la silhouette de New York tandis que le paquebot entrait au port. Les gratte-ciel l'émerveillèrent. En apercevant le Woolworth Building, la plus haute tour d'Amérique à l'époque, il confia à son ami : « De la rue au sommet, il doit y avoir un fer long ! »

Le *Celtic* accosta au coucher du soleil. Harry et Ted, échappant à la meute des reporters, firent un passage éclair à la douane (on y déclara leurs clubs comme « outils de travail ») avant de se retrouver poussés dans un train de nuit pour Philadelphie, lequel avait retardé son départ d'une demi-heure pour les attendre. Le convoi s'ébranla et Ted, qui n'avait pas retrouvé ses jambes après six jours de mer, se demanda dans quelle tornade il venait de s'aventurer. Harry réprimait ses sourires. Il était de moins bonne humeur le lendemain matin, après une nuit blanche qui les avait vus arriver à leur hôtel sur le coup de quatre heures, tandis que les journalistes se bousculaient à la réception.

Cinq heures plus tard, les deux Jersiais se présentaient, un peu hagards, au Whitemarsh Country Club pour leur tout premier match américain sur trente-six trous. Ils y étaient attendus par deux pros locaux d'origine écossaise, les frères Nichols, qu'ils avaient connus en Angleterre, et par quelque dix mille spectateurs. Ils arrivèrent aussi au plus fort d'une vague de chaleur infernale, humide, épuisante. Harry avait déjà connu de tels climats durant sa précédente tournée ; pour Ted le colosse, ce fut un pénible baptême du feu. En nage, encore désorientés, les deux hommes tombèrent la veste et se mirent au travail. Sept heures d'épreuves plus tard, ils remportaient leur premier match, par 3 et 2.

Cette partie à elle seule confirma Harry dans la justesse de ses intuitions : oui, depuis sa dernière visite, le golf professionnel américain avait accompli des progrès exponentiels ; et, oui, il avait trouvé en la personne de Ted Ray le complément parfait à son style de golf. Un reporter américain, émerveillé par la puissance de Ted au drive, ne voulut pas le lâcher après le match, lui réclamant sans cesse des conseils pour améliorer sa technique. « Eh bien, tape plus fort, andouille ! » finit par rétorquer le golfeur à bout.

Leur tournée retraçait celle de 1900 dans une forme abrégée : presque autant d'étapes, mais en moitié moins de temps. Ce furent d'abord Philadelphie, Cleveland, Detroit ; et puis, traversant tout le pays jusqu'à la côte Ouest, San Francisco, Seattle, Vancouver, en remontant jusqu'à Toronto. Tout au long du voyage, l'amélioration spectaculaire des terrains d'Amérique, en l'espace de treize ans, ne cessait d'étonner Harry. Il était aussi manifeste qu'ici le golf s'était emparé des imaginations : dans les plus petites villes et par les plus mauvais temps, leur venue déplaçait chaque fois des foules impressionnantes. En 1900, les professionnels que Harry rencontrait en démonstration avouaient manquer d'élèves ; aujourd'hui ils étaient retenus des semaines à l'avance pour des leçons particulières.

Il serait exagéré pour autant de dire que le virus s'était propagé à toute l'Amérique du Nord. Des poches de résistance subsistaient, comme à Victoria, en Colombie-Britannique, où le journal du soir publia cette manchette : « Les golfeurs britanniques battent nos joueurs par 4 et 3 – comme ils disent. »

Harry revenait juste à temps pour attraper la crête d'une vague d'intérêt qu'il avait lancée treize ans plus tôt : il en résulta, pour les deux hommes, une couverture de presse qui dépassait de très loin tout ce qu'il avait pu connaître la dernière fois. Il faut dire que les drives de Ted Ray remplissaient parfaitement leur office – comme Harry, avec son sens du spectacle, l'avait espéré. Le public américain en restait bouche bée. Sur les courts pars quatre de moins de deux cent soixante-quinze mètres, Ted touchait régulièrement le green du premier coup ; et seuls les plus longs pars cinq lui demeuraient inaccessibles en deux coups. Un chroniqueur qui avait suivi la première tournée américaine de Vardon s'émerveilla de son classique swing, qui s'était si bien conservé au fil des ans. Mais le même remarquait aussi combien le putting du Britannique s'était dégradé, notamment sur les courtes distances. Il n'empêche : malgré les ennuis de Harry sur les greens et malgré le bond en avant du golf américain, le bilan de cette deuxième tournée reste sans appel : quarante matchs en cinquante jours ; quarante victoires.

Aux derniers jours d'août, laissant derrière eux le Canada, les deux hommes descendirent au sud, prenant le chemin de la côte Est et de la région de Boston où les attendait, en conclusion de leur tournée, l'US Open 1913. Ils s'arrêtèrent quelques jours pour disputer un tournoi en stroke-play sur un parcours récent : Shawnee, sur les bords du fleuve Delaware. Destiné à compléter un complexe hôtelier de luxe, ce terrain était la première conception d'un jeune architecte de Philadelphie, A.W. Tillinghast, auquel l'Amérique doit aussi les parcours de Baltusrol et Winged Foot, et qui compte, avec Donald Ross et Charles Blair McDonald, parmi les trois plus grands architectes de la première moitié du XXe siècle. Le premier Open de Shawnee s'était tenu l'année précédente ; l'édition 1913 servait surtout de tour de chauffe en prévision du championnat professionnel. La plupart des bons joueurs auxquels les Britanniques allaient se frotter trois semaines plus tard, et qu'ils avaient souvent battus en match-play au cours de leur tournée, avaient fait le déplacement pour prendre, une dernière fois, la mesure de Vardon et de Ray, et cette fois en stroke-play – le format de l'US Open.

Mais à Shawnee, Harry et Ted n'étaient pas seuls à porter le drapeau britannique : on y trouvait aussi un pro anglais de trente et un ans, Wilfred Reid, qui avait délaissé pour l'occasion son club de Banstead Downs, non loin de Londres. C'était un golfeur de petite taille, gracile, un rien efféminé : joueur scratch dès l'âge de quinze ans, il était monté à Edimbourg apprendre la fabrication des clubs et des balles. Il avait pris sa carte professionnelle à dix-sept, fait la connaissance du grand Vardon et c'était par l'entremise de Harry qu'il avait obtenu, par la suite, un poste en France, au golf de La Boulie où il venait de passer cinq ans. Dandy sur les bords, prônant des idées de gauche, Reid avait vu son retour en Angleterre, l'année précédente, porter un rude coup à son portefeuille. Encore empreint de *laisser-faire* à la française, il vitupérait sur tous les tons l'augmentation récente des impôts britanniques, qu'il jugeait franchement inique.

Cela n'était pas du goût de tout le monde : Ted Ray, conservateur pur jus, se mettait à bouillir chaque fois qu'il se trouvait en présence de Reid. Harry affichait plus de tolérance ; mais Ted voyait aussi en Wilfred un arriviste, résolu à profiter de leur tournée pour tirer la couverture à lui. Reid, quant à lui, ne faisait pas mystère de ses intentions : il était venu en Amérique – à ses propres frais, insistait-il – pour tenter sa chance à l'US Open tout en envisageant, au cas où le succès serait au rendez-vous, de s'établir définitivement outre-Atlantique. Pour Wilfred Reid, la « liberté américaine » concernait au premier chef sa feuille d'impôts.

A Shawnee, le contingent américain comprenait, entre autres, les anciens champions de l'US Open Fred McLeod, George Sargent et les frères Smith, Willie et Alex : tous des joueurs d'origine écossaise. Les Américains de souche comptaient dans leurs rangs deux amis de Francis, Tom McNamara et Mike Brady.

Walter Hagen, l'ancien pro adjoint de Rochester, avait été nommé, l'année précédente, pro attitré de son club. Fort d'une douzième place à l'Open du Canada, il avait mobilisé tous ses talents de beau parleur pour arracher à son patron un nouveau congé ; et il avait sauté lui aussi, à la dernière minute, dans un train pour Shawnee. Il s'y présenta coiffé d'un béret, avec au cou un élégant foulard rouge : c'étaient les prémices du « style Hagen », dont les fastes vestimentaires allaient tant faire jaser quelques années plus tard... Mais en la matière, ces modestes débuts passèrent largement inaperçus.

A la tête des Américains de souche, on trouvait le double champion et tenant du titre, John J. McDermott, qui vola la vedette sitôt qu'il eut franchi le Delaware : en voyant Vardon et Ray fouler sa terre natale, le golfeur poids mouche se hérissa comme un paon. McDermott ignorait d'autant moins la réussite exceptionnelle des deux Britanniques que ces derniers lui avaient infligé, durant leur tournée, une mémorable raclée en match-play. Aussi voyait-il l'Open de Shawnee comme un dernier rempart à dresser devant les envahisseurs.

Or McDermott avait toutes les raisons d'espérer que la presse américaine ferait de lui l'homme de ce rempart : double champion en titre de l'US Open, il venait aussi de remporter le

Western Open 1913, qui était alors le deuxième tournoi du pays avant l'avènement des Masters ou du PGA. Quand il entendait annoncer que ces étrangers remporteraient l'US Open comme qui rigole, le teigneux Johnny se mettait à fumer comme un autocuiseur. Il faut dire qu'il gardait envers les Anglais une rancune tenace. Lors d'une tournée au Royaume-Uni, dans le sillage de sa victoire à l'US Open 1912, il s'était vu malmener – éreinter, estimait-il – par une presse britannique qui n'avait toujours pas digéré le coup de force de Walter Travis en 1904. McDermott oubliait toutefois qu'il avait claironné, devant tous les journaux de l'île, qu'il gagnerait le British Open haut la main... avant de finir huit coups derrière Ted Ray. Johnny McDermott avait beau voir des complots partout, il restait avant tout son pire ennemi ; deux années au sommet n'avaient en rien arrondi les angles et l'ancien caddie se pavanait à Shawnee comme un boxeur à la veille d'un match décisif, multipliant les fanfaronnades auprès de la presse. Harry et Ted, après toutes les fatigues de leur tournée, jouissaient pour quelques jours des aménagements luxueux du complexe. Ils laissèrent s'époumoner le petit homme, non sans amusement.

Le jour du tournoi, McDermott importa sur le parcours son numéro de derviche tourneur. A mi-tournoi, Alex Smith avait pris la tête avec deux parcours scratch ; McDermott arriva deuxième, à cinq coups derrière Smith. Ne voulant pas faire le jeu de McDermott, et se ménageant sur ce tournoi somme toute mineur, Harry et Ted jouèrent un golf des plus désinvoltes. Ils arrivèrent onze coups derrière Smith, en plein milieu du peloton.

Le lendemain, Harry se retrouva à jouer en même temps que McDermott : rompant avec son habituelle indifférence à l'adversaire, il étudia de près ce curieux et électrique personnage. La proximité du champion britannique déchaîna les ardeurs de Johnny dans des proportions presque inquiétantes : il signa son dix-huit du matin en 70, établissant un nouveau record pour Shawnee, avant de gagner le tournoi avec un 74 l'après-midi. Harry se ménagea par tactique et termina cinquième, à treize coups du champion ; tandis que Ted Ray, sans forcer, se contentait de la sixième place, à quinze coups.

Les réjouissances commencèrent vraiment à la cérémonie de remise. En patientant devant le club-house, Harry, toujours diplomate, se fendit devant un journaliste d'*American Golfer* d'un compliment à l'égard de McDermott : « C'est sans aucun doute le joueur le plus dangereux d'Amérique, et l'un des meilleurs au monde. » On remit ensuite le trophée à McDermott ; et après les remerciements d'usage, ce dernier brandit soudain la coupe de l'US Open, qu'il avait promenée toute la semaine dans le complexe hôtelier – car à l'époque comme aujourd'hui, le vainqueur de l'Open en recevait personnellement la garde jusqu'à l'édition suivante. La foule eut la mauvaise idée de réclamer encore un discours. Johnny posa la coupe sur une table, sauta sur une chaise voisine, se tourna vers Vardon et Ray, debout parmi l'assistance, et leur adressa les propos suivants : « On nous a rebattu les oreilles à propos de ces *grands champions britanniques* qui devaient venir chez nous disputer notre Open. Eh bien, les gars, j'aimerais seulement vous souhaiter la bienvenue ! C'est gentil à vous d'avoir fait le déplacement. On espère que nos visiteurs étrangers auront pris du bon temps ici, à Shawnee ; mais je doute que ce soit le cas. »

Un silence de plomb tomba sur l'assemblée. McDermott caressa la coupe de l'Open, regarda Harry dans les yeux : « Monsieur Vardon, poursuivit-il, je crois comprendre que vous avez gagné cette merveille en votre temps... » Là-dessus, entourant le trophée d'un bras protecteur, il brandit un doigt menaçant vers les deux Anglais et il aboya : « Mais laissez-moi vous dire que cette fois-ci, vous ne nous la reprendrez pas ! »

On aurait entendu l'herbe pousser. Le président de l'USGA, Robert Watson, et son équipe s'étaient changés en pierres. Harry sentit Ted se raidir à côté de lui ; le colosse en avait laissé sur le carreau pour moins que ça et Harry le retint par le bras pour l'empêcher d'aller régler son compte au petit homme arrogant. Quant à McDermott, son sourire carnassier fondit sur ses lèvres en découvrant l'effet désastreux de sa sortie. Personne ne savait plus où se mettre.

Les gens de l'USGA ne tardèrent pas à entourer le gaffeur pour l'escorter, poliment mais fermement, à l'intérieur du club-house. Tom McNamara eut la présence d'esprit de s'excuser auprès des deux Anglais et de nombreux joueurs suivirent son exemple. Ces golfeurs, souvent d'origine écossaise, avaient beau se juger américains à part entière, ils n'entendaient nullement excuser l'accueil indigne que McDermott avait réservé aux visiteurs d'outre-Atlantique. Ils se montraient aussi soucieux de limiter la casse auprès de la presse britannique qui avait fait le déplacement : après un tel scandale, la prochaine visite d'un golfeur américain en Grande-Bretagne s'annonçait déjà très mal. Harry accepta gracieusement leurs excuses tout en surveillant, du coin de l'œil, les traits de Ted où la couleur tardait à revenir.

Quelques minutes plus tard, un McDermott tout penaud ressortait du club-house en compagnie des officiels de l'USGA. Johnny s'avança vers Vardon et Ray et leur offrit de sincères excuses pour son éclat. Il professa le plus grand respect pour les deux hommes et leur talent. Harry et Ted convinrent d'oublier cet incident regrettable, en le portant au compte d'une jeunesse exubérante. Et ils venaient d'échanger avec le petit homme une cordiale poignée de main quand celui-ci, après s'être éloigné de quelques pas, se retourna vers eux pour aboyer de nouveau : « Mais quand même, vous ne nous la reprendrez pas ! »

Cette fois, Harry dut plaquer Ted au sol pour l'empêcher d'aller démolir la teigne. Et les gens de l'USGA poussèrent McDermott à l'intérieur du club-house comme une bête enragée.

Harry finit par faire retomber la colère de Ted. Les deux Anglais profitèrent de Shawnee quelques jours encore, pour se détendre et se préparer à l'Open. Harry, qui suivait la presse, découvrit avec intérêt que l'esclandre de McDermott avait suscité des protestations passionnées, tant dans les pages sportives locales que nationales. Le président Watson publia un communiqué d'excuses où il qualifiait le comportement du champion américain de véritable insulte aux valeurs chevaleresques du golf. Il expédia également un courrier sévère à McDermott, l'informant qu'en raison de sa conduite, sa participation à l'US Open se voyait remise en cause. Qu'il soit bien clair en tout cas que l'USGA ne tolérerait aucun autre écart de conduite de la part d'un professionnel américain, à plus forte raison s'il était le détenteur du plus prestigieux trophée national. La plus grande partie de la presse américaine emboîta le pas à Watson. Malgré tout son talent, le petit gars de Philadelphie passa un sale quart d'heure. Tom McNamara et Mike « King » Brady, les deux pros du Massachusetts dont la presse avait fait, avec McDermott, le « triumvirat américain », annulèrent discrètement tous les engagements publics qui leur restaient avec lui avant l'Open.

Ces réactions provoquèrent d'abord la stupéfaction, puis l'indignation du jeune champion : Johnny avait cru naïvement qu'on lui saurait gré de porter l'étendard du golf américain. Certes, l'USGA ne mit pas à exécution sa menace. Reste qu'à la suite de cet incident, la jauge de pression intérieure de McDermott s'installa durablement dans le rouge. « Un prophète est sans honneur dans son pays », écrivit-il avec amertume à un confident.

Johnny l'ignorait encore, mais dans un instant d'inconséquence, il avait semé l'ivraie qui allait ruiner sa carrière et provoquer sa perte. Où que ses regards se portent, il ne voyait désormais que des ennemis ; mais tout à la fin – et cette fin approchait –, les forces qui le disloqueraient viendraient de l'intérieur.

Harry et Ted repartirent de Shawnee satisfaits : tout en se ménageant, ils avaient pu prendre la mesure des meilleurs pros d'Amérique. Tandis que leur tournée les emportait au nord, en direction de Brookline, Harry suivait avec attention la chronique du championnat amateur qui se disputait, cette même semaine, à Garden City. Ted Ray fit même un saut à Long Island pour assister en personne à la première journée du tournoi. Il y vit trop de joueurs à son goût brandir un fer sur le départ : « Ce n'est pas du golf, ça », grommela-t-il à Bernard Darwin. Tout au long de leur tournée, l'un des plus coriaces adversaires que Ted et Harry aient rencontré en match-play était Jerry Travers, vainqueur de l'Amateur cette année-là. Les deux Anglais savaient qu'il faudrait compter avec ce golfeur à l'US Open.

Dans le train pour Boston, Harry parcourait le compte rendu détaillé de la compétition par le *New York Times*. Il remarqua que seul un joueur avait donné à Travers quelque fil à retordre : un jeune inconnu de Boston, qui s'appelait Francis Ouimet. Le golfeur, précisait un entrefilet, allait tenter maintenant sa chance au Country Club. Ted jeta un œil au portrait d'un Francis souriant. « Inutile de s'en faire, Harry. Ce n'est qu'un gosse. »

Harry hésita, regarda plus attentivement le cliché, finit par tourner la page.

« Tu as raison.

– Jerry Travers et ce fou furieux de McDermott, reprit Ted, voilà les hommes dont il faut se méfier. »

DEUXIÈME PARTIE

L'US Open 1913

« Le golf est autre chose qu'un simple jeu. C'est une religion. Le golf nous révèle à nous-mêmes dans toute notre faiblesse originelle ; et il révèle à autrui ces faiblesses que d'ordinaire, nous nous donnons tant de mal pour cacher. »

Walter J. Travis

« Jouons notre jeu à nous. »

Eddie Lowery

Sur le départ

FORT de ses exploits à Garden City, le jeune Francis Ouimet revint à Brookline en marchant sur un nuage, mais l'atterrissage fut des plus rudes. Son nom s'étalait bien dans la presse bostonienne, mais Francis vivait toujours chez ses parents et son père ne voyait pas comment son fichu golf ferait bouillir la marmite. Le retour au bercail n'eut donc rien de triomphal : Francis avait à peine poussé la porte qu'Arthur lui tombait sur le râble. Quand allait-il se soucier sérieusement de son avenir ? Comment allait-il se bâtir une carrière ? Certainement pas en atteignant les quarts de finale d'une compétition d'amateurs bénévoles ! Francis encaissait en silence.

Un peu plus tard, ce soir-là, sa mère le prit à part pour lui prodiguer quelques encouragements. Mary commençait à accepter une vocation qui paraissait irréductible et, sans partager la curieuse obsession de son fils pour le golf, elle n'y voyait pas non plus d'obstacle majeur à une carrière. Francis fut réconforté par son soutien ; mais quand on s'est frotté au champion Jerry Travers en tournoi national, on ne retrouve pas d'un cœur léger une place de commis à quinze dollars la semaine. Dans la tempête qui faisait rage sous le crâne et dans le cœur de Francis, les arguments de son père commençaient à porter.

Pendant ce temps, et à son insu, le président de l'USGA Robert Watson avait fait inscrire au tournoi le jeune amateur. Le jeudi 12 septembre, la semaine précédant l'Open, Francis était au travail chez Wright & Ditson quand il découvrit avec stupeur son nom dans les pages du *Boston Globe*. La nouvelle ne tarda pas à faire le tour du magasin. Assailli de questions, Francis insistait : ce ne pouvait être qu'une erreur. Un peu plus tard, son employeur George Wright le convoqua dans son bureau.

« Eh bien, Francis, je vois dans le journal que vous allez concourir à l'Open.

– Non, monsieur, pas du tout. Il s'agit forcément d'une erreur.

– Expliquez-vous.

– J'ai déjà pris une semaine de congé pour aller jouer l'Amateur, monsieur, et j'ai eu beaucoup de plaisir à le faire, mais je ne vais pas vous en demander une autre à peine rentré, il faut savoir ce que l'on veut. Je crois que je vous l'avais dit, monsieur, le circuit professionnel ne m'intéresse pas. Je voudrais faire mon chemin dans les affaires. Je pense qu'ils m'ont inscrit à ce tournoi de façon plus ou moins automatique, par politesse, mais je vous assure que quand M. Watson m'a questionné là-dessus, je lui ai dit sans ambiguïté que je n'étais pas libre... Je vous remercie de m'avoir donné l'occasion de dissiper ce malentendu.

– Voyons si je comprends bien. Vous êtes inscrit à l'Open et vous ne voulez pas y participer ?

– Non, monsieur, comme je vous l'ai dit, je pense qu'il y a eu une erreur, car je ne présumerais jamais de votre générosité, surtout pas après que vous m'avez laissé partir dans le New Jersey pour...

– Vous savez que Harry Vardon et Ted Ray seront là-bas ?

– Oui, monsieur, et je dois dire que M. Vardon n'a pas de plus grand admirateur que moi. Et puisque vous l'évoquez, monsieur, j'aurais voulu vous demander un petit congé à un moment du tournoi – pas la semaine, bien entendu, mais peut-être une journée –, histoire de voir jouer M. Vardon.

– Et maintenant, vous me demandez du temps libre pour aller voir jouer Vardon ?

– Oui, monsieur, si cela ne pose pas trop de difficultés. Même une simple après-midi, je vous en serais extrêmement reconnaissant. »

Wright tambourinait des doigts sur son bureau. « Francis,

trancha-t-il, voici ce que vous allez faire. » Il se pencha vers lui, une étincelle dans les yeux. « Puisque vous êtes inscrit à l'Open, il serait temps de vous y préparer. » L'ombre d'un sourire parut sur ses lèvres. « Quand on est inscrit, on joue. »

Francis en resta bouche bée. Le sourire de Wright s'élargit :

« Et considérez cela comme un ordre.

– Oui, monsieur. »

Francis pivota vers la porte. La tête lui tournait.

« Je prendrai moi-même quelques jours de congé pour venir vous voir à l'œuvre, avec des amis. Attention, Francis, vous n'allez pas nous décevoir ? »

Francis s'arrêta sur le seuil.

« Non, monsieur. Certainement pas.

– Le mieux serait que vous preniez le restant de la semaine pour vous entraîner, vous ne croyez pas ?

– Si, monsieur. »

Le jeune homme s'était figé sur le pas de la porte. Wright attendit ; Francis ne bougea pas. « Ce sera tout, Francis. »

A vrai dire, Robert Watson avait écrit à son excellent ami George Wright pour l'informer de l'inscription du jeune amateur. Wright, une personnalité du golf bostonien et l'un des plus grands supporters de Francis, était dans le coup depuis déjà une semaine. Sa bénédiction dissipa les inquiétudes du jeune homme et le poussa à relever le défi. Francis s'était engagé, ce week-end, à disputer un tournoi amateur sur son club attitré de Woodland ; il se hâta de se décommander – il avait pour cela les meilleures raisons du monde – et fila à Brookline où il boucla, l'après-midi du jeudi, un parcours d'entraînement en 76. Il continua à s'entraîner jusqu'au crépuscule ; le vendredi, il en jouait un autre ; et deux le samedi. Il partageait le terrain avec plus d'une centaine de golfeurs inscrits à l'Open cette année-là.

Harry et Ted arrivèrent en fanfare dans l'après-midi du mercredi 3 septembre. Certes, il restait au golf du chemin à faire pour trouver une place, entre le base-ball et le football américain, dans les cœurs sportifs de la Nouvelle-Angleterre ; mais les deux Britanniques avaient assez de cachet pour faire la première page de la presse locale. Ils avaient retenu leurs chambres au Copley Square Hotel, le palace en vogue sur lequel la plupart des concurrents fortunés avaient porté leur choix. Le même jour arriva Louis Tellier, un professionnel français reconnu qui avait côtoyé Wilfred Reid à La Boulie. Quoique la presse bostonienne montât en épingle ses succès internationaux, le palmarès du Français manquait singulièrement d'éclat : une troisième place à l'Open de France 1912, c'était à peu près tout. Petit homme plein de finesse et d'élégance, Tellier parlait un anglais à la française qui ajoutait encore à son charme. Il venait de se marier à la sœur de Wilfred Reid et il arrivait en Amérique, accompagné de sa jeune épouse, pour y rejoindre Reid, disputer des matchs-exhibitions et concourir à l'Open. Avant d'embarquer, Tellier avait pris soin d'adresser des courriers à plusieurs clubs de Nouvelle-Angleterre, se présentant non sans un peu d'exagération comme un « champion français ». Il avait ainsi arrangé une demi-douzaine de matchs dotés avant le début du championnat. Reid et Tellier travaillaient-ils en équipe ? Ce qui est sûr en tout cas, c'est qu'ils espéraient faire assez parler d'eux, durant cet Open 1913, pour pouvoir s'établir aux Etats-Unis.

Ce soir-là, en descendant dîner, Ted et Harry tombèrent sur Wilfred Reid au vestibule de l'hôtel. Reid les avait suivis comme un poisson pilote, de Shawnee à New York, puis à Boston. Il venait d'arriver lui aussi au Copley Square et proposa immédiatement de dîner à leur table. Toujours courtois, Harry s'empressa d'accepter – avant que Ted pût émettre la moindre objection. « Fantastique, grommela ce dernier dans sa barbe, il va encore nous parler de sa feuille d'impôts. »

Le lendemain, les quatre étrangers partaient reconnaître le parcours de Brookline. Tellier, joueur perfectionniste, arriva dès l'aube pour jouer un parcours en solo et se faire montrer, par le pro attitré du club Alec « Nipper » Campbell, « le chemin le plus court et le plus convenable ». Ray et Vardon arrivèrent trois heures plus tard, ce qui ne leur laissait le temps que de jouer quelques trous décontractés avant l'heure du déjeuner. L'après-midi, Tellier et Ray, opposés à Vardon et à un amateur local, disputèrent un quatre balles qui attira une petite foule.

Wilfred Reid n'avait pas été convié, peut-être à la demande de Ted. Alec Campbell s'assura que Dan McNamara dépêchait aux dignitaires étrangers les meilleurs caddies du club ; et sans doute son explication du parcours devant Tellier porta-t-elle ses fruits, car le Français et son partenaire remportèrent le match, se partageant les soixante dollars d'enjeu.

Montrant qu'ils n'étaient pas venus là pour s'amuser, Vardon et Ray s'astreignirent à une immuable routine tout au long de la semaine : ils jouaient deux parcours quotidiens au Country Club, sous plusieurs formes de compétition et contre des adversaires différents. Le 8 septembre, Harry égalait le record du club par un impeccable 71. Pendant ce temps, Louis Tellier, soucieux de regarnir son portefeuille et de rencontrer d'éventuels employeurs, allait d'un club privé de Boston à l'autre, poussant même jusque dans le Vermont, pour disputer les rencontres qu'il avait arrangées depuis la France. Mais cette remarquable stratégie de conquête révéla bientôt une faille : Tellier ne gagna pas un seul de ces matchs.

Johnny McDermott arriva le jeudi 11 septembre, à temps pour voir Vardon et Ray battre « Nipper » Campbell et Louis Tellier durant un autre match-exhibition au Country Club. L'Américain suivit quelques trous parmi une foule d'environ trois cents spectateurs ; il attendit que Vardon et Ray le remarquent dans l'assistance et, après un signe de tête, s'éloigna ostensiblement vers le club-house. Cette nouvelle manifestation n'amusa pas les Britanniques. Ils se débarrassèrent assez vite de leurs adversaires, par 5 et 3, avant de repartir pour Boston où ils avaient un train de nuit à prendre. Le lendemain, en effet, ils étaient attendus dans le New Jersey pour la dernière étape de leur tournée avant l'US Open : le club de Baltusrol.

Bâti en 1895, ce parcours avait accueilli l'US Open 1903, remporté par le grand Willie Anderson, et passait alors pour l'un des plus beaux terrains privés du pays entier. Le lendemain matin, tout juste sortis du train, Harry et Ted affrontaient sur trente-six trous deux professionnels de très haut calibre : Alex Smith, professeur particulier de Jerry Travers et double champion de l'US Open, et George Low, encore un Ecossais d'origine, resté dans l'histoire du golf pour avoir enseigné au président Taft comment swinguer malgré son impressionnante corpulence. L'événement attira une foule énorme, plus de sept mille têtes s'il faut en croire un compte rendu. Un chroniqueur anonyme d'*American Golfer* s'étonnait de ce que, comme on jouait en meilleure balle, ni Harry ni Ted n'eût à cœur de noter son propre score... De fait, en *best ball*, la performance individuelle ne signifie rien ; mais le chroniqueur, avec cette passion très américaine des chiffres et de l'individualisme, s'est ingénié à en garder la trace : 70 et 72 pour Ted, 71 et 75 pour Harry. On notera que les deux Anglais gagnèrent haut la main, par 7 et 6.

Le journaliste trouva beaucoup à admirer dans le classicisme du « swing Vardon », mais aussi dans le golf tout entier de Ted Ray, à propos duquel sa prose se colore de nuances martiales : « Un magnifique joueur, très viril, à la limite même de la brutalité. » Ignorant l'infirmité physique de Harry (ce dernier n'en a jamais parlé à un journaliste de sa vie : il ne voulait pas donner l'impression qu'il se cherchait des excuses), l'auteur émet aussi des réserves quant aux capacités du champion sur un green : « Faut-il y voir une compensation de la Nature ? Elle lui a dispensé, avec la plus grande libéralité, une puissance et une précision extraordinaires au drive ; sur le second coup, ses approches tout en finesse déposent la balle si près du drapeau qu'un putt médiocre suffit à la rentrer. Mais la Nature s'est arrêtée là... Sans doute a-t-elle bien fait, car sans cela quel adversaire lui aurait tenu tête ? Aussi, par compassion envers le commun des mortels, a-t-elle semé dans son esprit les germes de l'irrésolution, du doute, de la timidité... en sorte que, dès l'instant où arrive dans ses mains un putter quelconque, il paraît gagné par l'idée fixe qu'il lui sera physiquement impossible de réussir des putts que vous et moi regarderions comme les plus ordinaires. Et il y a quelque chose de vraiment usant, pour le spectateur, à voir le club trembler ainsi derrière la balle... »

En d'autres termes : à la veille de l'Open, les nerfs de Vardon le trahissaient une fois de plus.

Au dîner, Harry prit congé très vite et jusqu'à minuit passé, dans sa chambre d'hôtel, il travailla son putting en s'efforçant patiemment de reprendre le contrôle de sa main droite. Les deux Anglais s'éveillèrent avant l'aube pour attraper le train de Boston. Ce jour-là, dans la presse new-yorkaise, le compte rendu de leur match à Baltusrol est relégué aux dernières pages par l'annonce de la mort de William Jay Gaynor : trois ans après avoir échappé par miracle à une tentative d'assassinat, le populaire maire de New York, durant une croisière sur le paquebot *Baltic*, succombait à un arrêt cardiaque. La quinte de toux qui l'avait terrassé avait été déclenchée par la balle de l'assassin, que les chirurgiens n'avaient pas pu extraire et qui était restée dans sa gorge.

Ce même dimanche d'avant le tournoi – les qualifications commençaient le mardi suivant –, Francis fut convié par son vieil ami et rival Frank Hoyt à disputer un ultime parcours de chauffe à Wellesley, un petit parcours boisé non loin de chez lui. Francis y avait établi le nouveau record, 66, durant l'été ; il avait convenu avec Frank que cet environnement familier formerait le terrain idéal pour se mettre en confiance avant l'Open. Francis et Hoyt jouèrent deux dix-huit ce jour-là. Le matin, Francis ne retrouva rien de son golf et signa un catastrophique 88 ; les deux amis l'imputèrent au trac et, après un déjeuner rapide, jouèrent un deuxième parcours... que Francis sabota tout comme le précédent, toujours en 88. Frank Hoyt était inconsolable ; il lui semblait que leur excursion dominicale avait gâché toutes les chances de son ami pour le tournoi. Francis s'efforça de le réconforter. « Ne t'en fais pas : une journée comme celle-ci, voilà exactement ce dont j'avais besoin pour me purger. Il ne doit plus me rester un seul mauvais coup dans la tête. »

Francis rentra chez lui et s'efforça de dormir, dans la touffeur d'une nuit d'été qui trempait les fairways du Country Club, derrière la fenêtre de sa chambre. Malgré ses protestations, ce soir-là, il se sentait bien moins sûr de son coup.

Le tournoi Open de l'USGA est, par l'âge, la deuxième compétition humaine dans l'histoire des sports américains. Le derby du Kentucky la précède de vingt ans, mais ce sont surtout les chevaux qui s'y mesurent. La fédération américaine de tennis organise des tournois depuis 1881, mais ce n'est que tard dans le XXe siècle qu'ils trouvent une forme à peu près stable, proche de celles qu'ils ont aujourd'hui. La coupe de l'America précède elle aussi l'US Open, mais cette compétition est née en Grande-Bretagne et ne s'est pas tenue régulièrement avant les années vingt.

C'est pourtant l'une de ses éditions, encore aléatoires, qui a retardé d'un mois le premier US Open de l'histoire. Celui-ci se tenait le 4 octobre 1895 à Newport, terrain de jeu des classes dominantes. Ce premier Open fut remporté, en une journée et sur trente-six trous en stroke-play, par un jeune immigré anglais, Horace Rawlins. Cette compétition de professionnels était née un peu par hasard : les dix joueurs qui s'y affrontèrent étaient montés à Newport en qualité de caddies. Leurs riches employeurs venaient en effet d'y disputer, en match-play, la deuxième édition du National Amateur. Le championnat s'était déroulé les jours précédents et les trente-deux concurrents, essentiellement pour leur propre plaisir, s'avisèrent après coup de laisser la place à leurs caddies. Horace Rawlins revint donc chez lui plus riche de cent cinquante dollars, d'une médaille en or qui en valait cinquante de plus et de la coupe en argent massif, celle-là même qu'on remet aujourd'hui encore, coiffée d'un ange brandissant les lauriers de la victoire, et où l'on voit gravée la représentation d'un foursome entre golfeurs du meilleur monde. A qui doit-on ce modèle ? Mystère : son origine et son dessinateur se perdent dans la nuit des temps. Mais comme cela s'était produit en Grande-Bretagne, l'USGA réclama au caddie vainqueur la restitution immédiate du trophée. Aujourd'hui encore, quelques vestiges subsistent de ce fossé qui sépare l'amateur distingué du professionnel issu des classes laborieuses : sur les listes officielles des grands tournois, le nom d'un pro se voit toujours mentionné tel quel, tandis que celui d'un amateur est précédé d'un « Monsieur » honorifique.

L'US Open, à quelques exceptions près, s'est toujours disputé au cœur de l'été. Lors de sa réunion annuelle en janvier 1913, le comité de direction de l'USGA avait choisi un parcours, le Country Club de Brookline, et fixé l'événement aux journées des 4 et 5 juin. Deux mois plus tard, le Country Club reçut, en provenance d'Angleterre, une requête à laquelle le nom prestigieux de lord Northcliffe, sur l'en-tête, engageait vivement à donner suite. La présence éventuelle de Harry Vardon et de Ted Ray pourrait-elle inciter les organisateurs à reporter le tournoi à la troisième semaine de septembre ? En raison d'une tournée chargée, les deux golfeurs britanniques ne pouvaient en effet se libérer avant cette date. La direction du Country Club approuva ce changement et, pour la première et dernière fois de son histoire, l'USGA consentit à réviser son calendrier pour arranger deux concurrents isolés.

Comme à Garden City pour l'Amateur, le nombre inédit de concurrents à l'Open 1913 obligea la tenue de deux journées d'éliminatoires, en deux tours chacune. On partagea la liste en deux : un premier groupe jouerait trente-six trous le mardi, les autres joueraient le mercredi. Selon un modèle qui s'est prolongé jusqu'à aujourd'hui – si ce n'est que les qualifications se disputent désormais durant plusieurs semaines, sur des parcours régionaux –, seuls les soixante-quatre meilleurs scores et ex aequo, au terme de ces éliminatoires, seraient admis à disputer les quatre tours de l'US Open proprement dit : soit soixante-douze trous, quatre parcours à raison d'un le matin et d'un l'après-midi, le jeudi et le vendredi. Il fallut attendre 1965, et une insolation presque fatale au golfeur Ken Venturi, pour que l'USGA se restreigne à un seul parcours quotidien, étalant l'événement sur quatre journées.

Comme les années précédentes, la fédération américaine offrait une dotation totale de neuf cents dollars pour le tournoi, dont trois cents au vainqueur et le reste échelonné jusqu'à vingt dollars pour la dixième place.

Le lundi 15 septembre, la veille du premier tour des éliminatoires, le Country Club rouvrit son terrain à tous les concurrents pour des tours de mise en place. Le nombre d'inscrits s'élevait à cent soixante-huit, dont cent quarante-cinq professionnels et vingt-trois amateurs invités – un nouveau record dans l'histoire de la compétition, et par une marge considérable. Rassemblant cinq pays et vingt-deux Etats, cette distribution garantissait à l'édition 1913, pour la première fois, une dimension véritablement internationale. Ce lundi-là, ils furent plus de cent cinquante à jouer un parcours d'entraînement au Country Club.

Bernard Darwin arriva à Boston le dimanche 14 décembre. Il venait de disputer, à Long Island, un tournoi amateur en match-play – avec un certain succès, puisqu'il était arrivé en demi-finale. Il alla reconnaître le terrain durant les entraînements du lundi. « Bel emplacement, note-t-il dans ses carnets, et bon parcours, spectaculaire, alternant des combes avec des collines boisées. On y trouve aussi un ou deux promontoires rocheux. Sans atteindre au génie, c'est un parcours solide, qui devrait réserver au golfeur toutes les difficultés qu'on puisse en espérer. » Darwin effectua cette reconnaissance en bonne compagnie : lord Northcliffe en personne, pour s'enquérir de son investissement, avait rejoint son émissaire à Brookline. L'aristocrate promenait donc sur les fairways son imposante silhouette coiffée d'un chapeau melon, et vêtue à la meilleure mode de Bond Street. Avec l'impatience d'un homme d'action, Northcliffe était allé à l'essentiel, négligeant la tournée de Vardon et de Ray pour n'assister qu'au tournoi qui devait la couronner, et dont son cœur de patriote espérait tant.

Le parcours du Country Club, en 1913, mesurait cinq mille sept cent dix mètres, avec un aller un peu plus long que le retour. Pour quel par ? Difficile à dire : la notion de « par » avait été importée d'Angleterre quelques années plus tôt, mais elle n'était pas encore pleinement harmonisée au plan national. Les cartes de score 1913 donnent des indications de bogeys pour un total de 80. Mais à cette époque, le terme « bogey » était en train de subir une transformation complexe qui allait le mener de son sens originel (le score attendu, soit notre par actuel) à son sens moderne (un coup au-dessus du par). L'évolution de ce concept mérite d'ailleurs une digression.

Tout au long des XVIIIe et XIXe siècles, les seuls scores connus en golf s'établissaient en match-play. Le stroke-play, ou medal-play, ne s'est popularisé qu'à partir des années 1840, notamment à St. Andrews, sous le règne d'Allan Robertson. On se soucia bientôt d'établir un système de handicaps qui permettrait à des joueurs de force différente de s'affronter. Dans un premier temps, on divisa la liste des adhérents au club en six catégories en fonction de leurs aptitudes ; quand des joueurs de catégories différentes s'affrontaient, le moins fort se voyait octroyer une déduction de coups – son handicap. Le système était satisfaisant à l'intérieur d'un club, mais la popularité croissante du golf ne tarda pas à faire naître la mode des compétitions inter-clubs : or les disparités de niveau d'un club à l'autre étaient trop importantes pour que la méthode pût s'appliquer avec équité. Il fallait trouver une façon de calculer un « score de base » indépendant du parcours afin de standardiser un système de handicap à l'échelle nationale. D'où l'invention du bogey.

En 1890, en Grande-Bretagne, le Coventry Club organisa un tournoi dans lequel chaque joueur disputait un match – avec le handicap afférent à sa catégorie – contre un adversaire imaginaire, lequel était censé ne jamais commettre d'erreur. Le score parfait de cet adversaire théorique, établi par le club, fut qualifié de « scratch » (en anglais ce terme désigne, entre autres, la ligne de départ d'une course à pied). Ce type de compétition fut rapidement adopté par d'autres clubs britanniques. Vers la même époque, une scie venue du music-hall courait sur toutes les lèvres, dont le refrain invoquait le croquemitaine, ou *bogey man* – le terme *bogey*, écossais d'origine, désignant un fantôme. Le secrétaire du club de Yarmouth, où l'on avait adopté la forme de compétition du Coventry, trouva qu'un tel surnom allait comme un gant au spectral adversaire responsable du score scratch. Cet usage facétieux se répandit très vite : les joueurs ne tardèrent pas à parler de « score bogey » pour désigner le standard scratch ; là-dessus, le club de Gosport poussa plus loin la plaisanterie en nommant un « M. Bogey » membre honoraire de son association. Comme le club comptait dans ses rangs un grand nombre d'officiers militaires, le joueur fantôme se vit attribuer un grade par la même occasion. Le Colonel Bogey entrait ainsi dans l'imaginaire culturel britannique, où il ne tarda pas à incarner les vertus cardinales – ou les travers amusants – des officiers de l'Empire : rigueur, discipline, courage.

Mais comment passe-t-on de ce standard d'excellence au symbole d'échec que le bogey en vient à figurer pour le golfeur moderne ? Au commencement, le bogey représentait bel et bien, sur les parcours britanniques, le score idéal que l'on attendait des plus habiles golfeurs. Mais l'équipement, l'adresse des joueurs, l'entretien des parcours progressèrent à pas de géant à partir des années 1890 ; de ce fait, les évaluations pratiquées par les clubs prirent du retard sur l'amélioration constante des scores. En conséquence, au début du XXe siècle, sur la plupart des parcours britanniques, il existait plusieurs trous où le bogey était un coup au-dessus d'un « score idéal » rénové. Ce fut à cette période, dans le sillage de la tournée de Vardon, que le golf prit son essor en Amérique. Celle-ci adopta la plupart des usages britanniques en la matière, mais le bogey d'origine ne franchit pas l'Atlantique. A partir de 1920, le par (du latin signifiant l'égalité) s'était imposé aux Etats-Unis pour désigner le score idéal.

A l'époque de notre récit, cette transition n'était pas achevée. Il n'est donc pas évident de s'y retrouver, mais les experts estiment qu'avec ses « quatre-vingts bogeys » le Country Club devait afficher en 1913 un par de 74 (pour éviter toute confusion, j'emploie dans ce livre les termes selon leur acception moderne). En une douzaine de parcours, Harry et Ted ont souvent égalé ce score, mais ils ne l'ont battu qu'une seule fois. Aussi trouvaient-ils bien des vertus à Brookline. Harry privilégiait le onze et le quinze ; il rangeait Brookline, pour le dessin, parmi les plus brillants de tous les parcours où il avait joué en Amérique – et ils étaient innombrables. En privé, il reconnaissait pourtant que plusieurs trous auraient réclamé de sérieuses améliorations pour atteindre à la vraie grandeur, mais questionné par Darwin ce lundi-là, il répondit, avec sa diplomatie coutumière, qu'il s'agissait d'une « belle épreuve de golf, pimentée de nombreux pièges. Pour rester dans la course, il faudra jouer droit ». Ted Ray, dans un registre plus franc du collier qui lui était non moins coutumier, rangea le parcours en quatrième position parmi ceux où il avait joué. Harry poursuivit en prédisant qu'à moins d'imprévus météo, quatre tours de 75, pour un score total de 300, devraient suffire à gagner le titre : à la condition toutefois que le joueur ne fréquente que les fairways : « Celui qui dévie est perdu. »

Depuis son scandale à l'Open de Shawnee, Johnny McDermott sentait le soufre ; néanmoins l'ampleur de sa victoire sur Vardon et Ray avait redonné des espoirs au camp américain. Invaincus tout au long de leur tournée, les deux champions britanniques n'étaient pas pour autant invincibles. C'étaient des mortels dont on pouvait venir à bout sur le terrain, comme Johnny en avait donné la preuve à Shawnee. Echaudé par un éreintage en règle dans la presse et par les remontrances de l'USGA, l'homme qui avait montré la voie s'était rogné les ailes. Il estimait n'avoir rien fait de mal et ne devoir sa disgrâce qu'à un complot de la presse. Il arriva à Brookline résolu à ne pas prononcer un mot plus haut que l'autre et à laisser ses clubs parler pour lui. Plus d'un journaliste devait s'étonner de cette humilité chez un champion d'ordinaire si truculent. Cette continence eut des effets inattendus sur son golf : ses parcours d'entraînement n'incitaient guère à penser qu'il pourrait renouveler sa remarquable performance de Shawnee, mais tout au long de sa carrière, McDermott avait obtenu bien des victoires à l'arraché. Et le lundi d'avant les qualifications, il signa un étincelant 73 qui redonna des couleurs à ses admirateurs : hormis le 71 de Vardon, c'était le meilleur score enregistré sur toute la semaine d'entraînement.

Sitôt rentrés de Baltusrol, Harry et Ted se remirent au travail à Brookline. Harry prenait peu à peu son régime de championnat, exécutant comme un métronome des drives si longs, si droits et en apparence si aisés qu'on aurait dit, observa John Anderson, qu'il tapait sur une boule en acier et qu'il y avait, au centre de chaque fairway, un grand aimant caché sous le gazon. Rappelé à la prudence par l'étroitesse des fairways, Ted Ray, contrairement à ses habitudes, se contenait, faisant primer la précision du coup sur la puissance musculaire. Mais que l'assistance grossît et le colosse ne se retenait plus : il faisait siffler vers l'horizon une bombe qui soulevait les vivats. Au fil des heures, les pros américains étaient de plus en plus nombreux à lorgner du côté des Britanniques ; quelques-uns, leur entraînement fini, suivirent même le duo tout au long des neuf trous du retour, avides de constater par eux-mêmes la puissance de l'un, la finesse légendaire de l'autre. Ce qu'ils virent leur glaça le sang : la mascarade de Shawnee n'avait rien à voir avec la leçon de golf qui s'écrivait ici et qui portait la signature de deux maîtres incontestables. Si les Américains avaient recouvré un peu de confiance depuis l'Open de Shawnee, le tour d'entraînement des deux Anglais saigna leurs réserves à blanc.

Le point culminant de cette semaine d'avant le tournoi fut certainement, pour Harry, l'instant des retrouvailles avec son frère Tom. Ce dernier avait envoyé sa candidature à l'Open quelques semaines plus tôt ; désormais établi comme professionnel résident au club d'Owentsia, près de Chicago, Tom était arrivé au Copley Square le jour même où Harry rentrait du New Jersey. Tom était un homme heureux : comme il l'avait espéré, le nom des Vardon lui avait ouvert en grand les portes du pays et il entamait les meilleures années de sa carrière. Loin des rigidités de classe britanniques, sa nature joviale s'épanouissait clairement dans l'atmosphère égalitaire d'Amérique. Sa joie de vivre transparaissait dans chacun de ses gestes ; et tout en l'examinant, Harry ne put s'empêcher de se demander, avec fascination, ce qu'il serait lui-même devenu s'il avait cédé, treize ans plus tôt, à la tentation fugitive de s'installer dans le Nouveau Monde.

Tom ne l'aurait jamais reconnu devant Harry, mais en sortant enfin de la grande ombre de son frère, il avait fini par devenir lui-même. Ses affaires fleurissaient ; il était amoureux ; il avait enfin réglé ses comptes avec ses amertumes passées. Toutes ses années de vaches maigres en Angleterre étaient oubliées ; et les instants que les deux frères partagèrent à Brookline furent pleins de chaleur, de gaieté, de tendresse. Tom connaissait aussi Ted Ray, qu'il avait longtemps côtoyé sur le circuit britannique et avec lequel il entretenait d'excellents rapports. Et c'est suivis par une assistance toujours plus nombreuse que les trois Jersiais, l'après-midi du lundi, bouclèrent leur dernier parcours d'entraînement, tout en s'émerveillant de voir où les avait menés ce jeu de gosses qu'ils pratiquaient sur les plages de leur île, avec un simple bâton d'aubépine.

De retour à leur hôtel, ils se joignirent à un dîner convivial auquel participaient nombre de leurs adversaires. L'US Open 1913 s'annonçait comme le premier tournoi international jamais disputé en Amérique : chacun se réjouissait d'en être. Harry confia à un reporter du *Boston Globe* qu'il se sentait en pleine forme, très en confiance et qu'il espérait faire un bon tournoi. La question de son putting ne fut pas soulevée.

A la veille du tournoi, les vestiaires du Country Club se trouvaient donc à la confluence de rivalités complexes. La division la plus flagrante opposait, bien entendu, les Américains à la délégation étrangère – c'est-à-dire Vardon, Ray, Wilfred Reid, le Français Louis Tellier, ainsi que deux pros canadiens de très haut niveau, Karl Keffer et George Cumming. Mais au sein du contingent américain, des sous-clans se dessinaient à leur tour, notamment celui des « Américains d'adoption », souvent d'origine écossaise : les trois frères Smith ; les anciens champions « Wee » Freddie McLeod et Alec Ross ; le pro attitré du Country Club, Alec Campbell. En face, les Américains de souche, à commencer par le teigneux Johnny McDermott ; mais aussi, du club voisin de Wollaston, Tom McNamara et Mike « King » Brady, les meilleurs pros qu'ait jamais connus la Nouvelle-Angleterre. Là encore, les golfeurs de l'Ouest – centrés sur la région de Chicago, laquelle n'avait pas produit un seul champion national – s'opposaient à ceux de l'Est, venus des fiefs historiques de la bonne société américaine. Chick Evans incarnait les meilleurs espoirs de l'Ouest américain, mais des affaires pressantes l'ayant retenu à Chicago cette semaine-là, le flambeau avait échu à Tom Vardon, qui défendait donc l'Ouest en même temps que les Américains d'adoption.

Au sein de ces expatriés, la tension couvait aussi entre les « Ecossais » et les « Britanniques ». Ces derniers étaient représentés par Tom Vardon, par le champion 1909 de l'US Open, George Sargent, et par un grand échalas de vingt-cinq ans, qui venait de finir deuxième à l'Open du Canada et commençait à faire parler de lui : James « Long » Jim Barnes. En quarante ans de carrière, Barnes a remporté quatre majeurs américains. Emigré aux Etats-Unis via le Canada, il n'a jamais voulu renoncer à sa citoyenneté britannique, ce qui fait de lui un inclassable dans notre petit catalogue. Mais la palme du parcours le plus alambiqué revient sans conteste au deuxième des frères Smith, Willie : l'Ecossais de Carnoustie, vainqueur de l'US Open 1899 et naturalisé américain, était désormais le professionnel attitré du premier terrain de golf... de Mexico.

La dernière fracture, moins apparente, mais d'une ampleur singulière, opposait les professionnels aux amateurs. Elle transcendait largement les loyautés nationales ou internationales. On n'avait accepté que vingt-trois amateurs à Brookline : en premier lieu, Jerry Travers, le champion amateur ; le deuxième sur le podium de Garden City, John G. Anderson – lequel devait aussi faire la chronique du tournoi pour le *Boston Transcript* et pour *Golf Magazine* ; puis le champion de l'US Amateur 1910, William C. Fownes, et Fred Herreshoff, qui avait fini deuxième à l'édition 1911. S'ils étaient chaleureusement accueillis à l'atelier du pro et aux vestiaires, les professionnels de l'Open 1913 – Harry et Ted compris – se voyaient toujours refuser l'entrée au club-house du Country Club. En revanche, tous les amateurs – parmi lesquels Francis – y avaient librement accès. Les amateurs de haut niveau, pour la plupart, voyaient les pros avec bienveillance et respect, estimant partager avec eux la passion du golf. De l'autre côté de la barrière, les choses étaient moins roses. Le ressentiment perçait à l'égard de ces « beaux messieurs » qui pouvaient se permettre de pousser la balle non pour manger, mais pour s'amuser ; et le contexte d'un tournoi professionnel exacerbait encore cette rancœur. Aucun amateur n'avait jamais gagné l'US Open : pour ces pros endurcis, qui gagnaient leur vie comme golfeurs après avoir trimé des années comme caddies, il paraissait inique qu'un play-boy tel que Jerry Travers puisse se pointer la bouche en cœur et leur ravir la coupe.

Dans ce partage tranché du monde, un Francis Ouimet représentait une exception. Ancien caddie, issu des classes populaires, il ne nourrissait pas d'ambition professionnelle et ne comptait en aucune façon gagner sa vie grâce au golf : sous l'influence d'innombrables remontrances paternelles, le jeune homme s'efforçait au contraire de ne pas aliéner ses chances de réussir dans les affaires. Pour autant, il n'avait rien à voir avec ces amateurs de haut vol qui se moquent éperdument de leur avenir financier parce qu'il est assuré. Francis ne jouait au golf ni par nécessité ni par dilettantisme, mais par pure passion, sans se demander qui il était au fond ni, à l'inverse, où trouver sa subsistance. Personne ne s'en était encore aperçu et pourtant, pour la première fois dans l'histoire du golf, surgissait un joueur dont l'héritage empruntait aux deux côtés à la fois de cette frontière subtile. Aucun des deux camps ne pouvait le revendiquer tout à fait ; aucun ne pouvait non plus en prendre ombrage. Non seulement Francis avait pour lui le talent, mais encore une personnalité spontanée, ouverte et généreuse, où ces différends entre amateurs et professionnels paraissaient se dénouer. Restait à voir si sa prestation à Brookline permettrait de rassembler ces deux factions ennemies ; à la veille du tournoi, aucun des innombrables journalistes dépêchés à l'Open, à l'exception de ses amis John Anderson et Bernard Darwin, n'aurait misé un sou sur le gamin du Massachusetts.

Tandis que les joueurs, leur tour achevé, quittaient l'un après l'autre le parcours, un retardataire faisait son entrée au Country Club. Il était parvenu à convaincre ses patrons, une fois encore, de lui donner un congé d'une semaine pour aller tenter sa chance à l'Open ; mais c'était un congé sans solde et les frais du séjour restaient à sa charge. Notre golfeur avait sauté dans un train le dimanche, à la gare de Rochester. Arrivé à Boston, apprenant que tous les « joueurs de classe » y étaient descendus, il avait retenu au Copley Square une chambre dont les tarifs excédaient largement ses maigres ressources. Le lendemain, un tram le déposait à Brookline où il avait à peine le temps de jouer deux ou trois trous d'entraînement. Après quoi, aux vestiaires, Walter Hagen, vingt et un ans et depuis peu professionnel en chef de Rochester, avisait près d'un casier un petit homme enfilant un pull-over criard et lui tendait la main sans hésiter.

« Dites donc, c'est bien vous, Johnny McDermott ?

– Oui », répondit Johnny en lui jetant un regard méfiant. Johnny désormais se méfiait de tout le monde.

« Enchanté de vous rencontrer, Johnny, tonna l'autre. Walter Hagen, de Rochester ! Je viens vous donner un coup de main pour régler leur compte à Vardon et à Ray. »

McDermott se dérida ; les vétérans qui avaient surpris l'échange éclatèrent de rire. Le tournoi avait bien besoin d'une grande gueule de plus ! Cette entrée en matière valut à Walter Hagen une salve de railleries qu'il accueillit comme il accueillait tout le reste : imperturbablement. Nul ne le connaissait alors – « Ils ne sont pas vraiment tombés à la renverse », devait-il confier par la suite –, mais ce n'était à ses yeux qu'un simple contretemps. Walter avait beaucoup réfléchi à son golf après avoir assisté à l'US Open de Buffalo, et plus encore après sa déconvenue à Shawnee. Il estimait avoir enfin mis le doigt sur ce qui l'avait tenu, jusqu'à présent, à l'écart des podiums : il n'était pas lui-même.

Walter Martin Christian Hagen fit son entrée en ce monde le 21 décembre 1892, doté d'un éventail impressionnant de caractères génétiques qui étaient autant d'avantages décisifs dans la pratique du golf : une sûreté de coordination stupéfiante ; un œil exceptionnel, rompu à l'appréciation des distances ; une musculature puissante et souple ; des réflexes de chat. Il avait un toucher si sensible qu'il savait, dit-on, évaluer le poids d'un club, à deux grammes près, rien qu'en le tenant dans ses mains. Son swing, très loin de la grâce d'un Vardon, évoquait plutôt le coup de hache d'un Ted Ray : campé dans un stance très ouvert, Hagen, selon ses propres termes, partait « à la renverse avant de basculer de l'avant ». Mais quelle importance ? Ses autres aptitudes compensaient largement son manque de classicisme. Et dans les occasions fréquentes où il envoyait son drive aux Enfers, ses stupéfiantes aptitudes au recovery ne manquaient jamais de lui procurer la rédemption.

Sa psychologie de joueur était encore, si possible, mieux adaptée à l'exercice de ce sport. S'il affichait toute la morgue d'un McDermott, prisant comme lui les rodomontades, à la différence du champion torturé, Hagen pouvait compter sur des nerfs en acier pour tenir parole. Aux antipodes d'un McDermott, Hagen ne jouait jamais mieux que sous la pression, notamment financière : plus son compte en banque était vide, plus son golf étincelait. Il préférait de beaucoup – bien que cela ne lui soit pas arrivé souvent aux Etats-Unis – un public hostile : la victoire ne lui en était que plus douce. Hagen a souvent répété que rien ne pouvait l'atteindre. On ne peut sans doute pas le croire tout à fait, mais on n'aurait jamais deviné ses failles à le regarder jouer. Sa suprême indifférence aux coups répétés du sort frisait le surnaturel : le golfeur Tommy Armour a dit de lui qu'il aurait pu se détendre assis sur un poêle brûlant. Quand il déboula sur la scène professionnelle, ce 15 septembre 1913 à Brookline, Walter Hagen gratifia le golf américain d'un style personnel aussi vif et rafraîchissant qu'un gin tonic sur la terrasse, un soir d'été. Aucun de ceux qui le virent entrer ce jour-là aux vestiaires n'oublierait sa première rencontre avec l'individu : pas après les exploits dont il allait se montrer capable.

Comparez son histoire à celle de Francis Ouimet : elles se ressemblent au point de se confondre. C'est la même origine modeste, un parent immigré, le statut de benjamin ; la même enfance en banlieue, entre un père autoritaire et une mère trop aimante ; la découverte du golf à l'âge de cinq ans ; les heures à s'entraîner, sur un parcours de fortune aménagé derrière la maison familiale ; caddie dès neuf ans, toute une enfance passée au contact de golfeurs accomplis ; la même aptitude à reproduire, au premier coup d'œil, n'importe quel swing. Un an d'écart, le choix du professionnalisme et un culot inoxydable sont les seuls traits qui distinguent Hagen et suffisent à opposer radicalement ces deux golfeurs. S'il émanait de Francis une bonté toute naturelle, Hagen, tout au long de sa vie, fait figure de voyou. Pas un méchant voyou : il serait plutôt l'oncle adoré mais de mauvaise vie – celui qui nous racontait ses bordées dans les ports les plus exotiques, nous éblouissait avec ses tours de cartes, et dont les pastilles de menthe ne cachaient pas tout à fait les trois whiskys éclusés au déjeuner. Sous tout autre rapport, à ce stade de leurs vies respectives, Walter Hagen apparaît comme le double ténébreux de Francis Ouimet.

Il avait passé cinq années d'apprentissage au club de Rochester, comme adjoint du pro en chef Andrew Christy. Son patron s'envola pour d'autres cieux en 1912 et Walter, assez logiquement, prit sa place. La même année, venu assister en spectateur à l'Open de Buffalo, il vit jouer un certain Tom Anderson, le petit frère du regretté Willie. Ce fut pour lui une révélation. La plupart des golfeurs arboraient sur le terrain les culottes froissées, la cravate et la veste en tweed qui formaient l'apanage de la vieille garde écossaise. Anderson avait opté pour la nouveauté : chemise en soie blanche, ornée de rayures rouges, bleues, jaunes et noires ; pantalon de flanelle blanche, soigneusement repassé et marqué d'un seul revers ; foulard rouge, noué négligemment sur la nuque ; casquette en tartan ; chaussures en daim blanc, avec d'épaisses semelles en caoutchouc rouge et de grands lacets blancs.

« Alors, ça, murmura Walter in petto, c'est une tenue qui a de la classe. »

Il monta au nord le mois suivant pour aller disputer l'Open du Canada, son premier tournoi professionnel. Sur cent inscrits, il finit onzième. A son retour, on lui demanda comment cela s'était passé : « J'ai perdu », répondit-il avec son laconisme coutumier.

Walter s'était efforcé d'imiter la tenue de Tom Anderson pour ses débuts canadiens ; mais tout ce qu'il pouvait se permettre à l'époque, c'était le foulard rouge et quand il avait voulu en commander un, le magasin n'en avait plus en stock. Cette année, à Brookline, il avait réussi à rassembler l'essentiel de la panoplie : seule la casquette manquait à l'appel. A l'époque, personne ne se serait risqué à jouer tête nue. Walter enduisit de brillantine ses cheveux d'encre et les plaqua en arrière, à la façon des vedettes du muet. Sur certaines photographies, il ressemble étonnamment à Bela Lugosi.

Nous le retrouvons donc faisant une entrée remarquée aux vestiaires du Country Club, avec son mètre quatre-vingts pour quatre-vingts petits kilos – une corpulence de poids léger –, sa grande tête ronde aux traits sensuels, sa mise de bellâtre, sa coiffure de gigolo et son aplomb ahurissant. Après avoir conquis d'emblée le sombre McDermott, il se concilia l'immédiate sympathie de tous les golfeurs présents dans la pièce. Ce trait du personnage allait d'ailleurs se vérifier durant un demi-siècle : on pouvait penser ce qu'on voulait de Walter Hagen, mais une fois qu'on avait fait sa connaissance, on ne pouvait pas ne pas l'aimer. Il était les années folles à lui tout seul. Même s'il n'avait pas joué tout à fait à leur niveau, ces pros endurcis auraient sans doute succombé à son charme ; mais comme ils n'allaient pas tarder à le découvrir, sur le terrain aussi, le « Haig » avait de très sérieux arguments.

Avec la plus forte participation jamais vue en Open américain et le concours de deux grandes vedettes britanniques, l'USGA escomptait une affluence record. L'entrée était gratuite (on ne ferait payer les billets qu'en 1922) et la direction du Country Club entendait s'assurer que la foule n'envahirait pas le terrain. On décida de cordonner les fairways. On recruta par petites annonces plus de deux cents bénévoles chargés de veiller aux cordes et de réclamer le silence en levant un drapeau rouge chaque fois qu'un golfeur s'apprêtait à jouer son coup. Il faut dire que l'étiquette des tournois restait très méconnue du grand public, au point que le *Boston Globe* jugea bon de publier une mise en garde : « Cet événement attirera sans aucun doute nombre de spectateurs enthousiastes qui ne sont pas familiers avec l'étiquette du golf. Par égard pour les joueurs, il serait judicieux que ceux des spectateurs qui la maîtrisent prennent la peine d'informer les autres sur la conduite à observer durant l'épreuve. »

Si l'on en juge à l'ambiance électrique qui régna sur la compétition, cet avertissement resta lettre morte. On disposa tout au long du parcours une escouade de commissaires expérimentés, pour la plupart membres du Country Club : munis de porte-voix, ils avaient pour tâche de régler la circulation du public et d'encadrer les bénévoles. D'autres étaient affectés à la « marque », un usage qui s'est perdu depuis : ces volontaires accompagnaient chaque joueur pour tenir une carte de score indépendante, à des fins de contrôle.

Le report du tournoi au mois de septembre provoqua une sérieuse pénurie de caddies. Les enfants qui avaient l'habitude de cette charge auraient été disponibles durant les grandes vacances, mais en septembre, l'année scolaire avait commencé. Pour parer à une épidémie d'école buissonnière dans leurs établissements, les proviseurs resserrèrent la surveillance et la discipline. Au total, les effectifs disponibles furent divisés par deux. On fit paraître en hâte des annonces dans la presse et, à la veille du tournoi, le Country Club avait pu rassembler un nombre suffisant de jeunes bénévoles. Mais l'expérience leur manquait : beaucoup n'avaient jamais porté un sac de toute leur vie. Le caddie master Dan McNamara ne ménagea donc pas sa peine pour inculquer aux jeunes recrues le détail des règles : pas question qu'un joueur écope d'une pénalité suite à la bourde d'un caddie trop vert. McNamara insista sur les points les plus délicats, mais dans l'ensemble, les mots d'ordre adressés aux aspirants caddies étaient les mêmes que ceux qui ont prévalu de tout temps : être à l'heure, s'accrocher et, surtout, la boucler.

Cette pénurie toucha Francis de plein fouet. Il avait un caddie attitré, qu'il connaissait depuis des années pour l'avoir côtoyé au Country Club. Le lundi, juste avant son dernier tour d'entraînement, ce dernier lui apprit qu'il venait de recevoir, à la dernière minute, une proposition de Louis Tellier. Le Français avait perdu chacun de ses matchs-exhibitions ; il ne pouvait plus compter désormais que sur sa prestation à l'Open pour réaliser son rêve américain. Il avait fait miroiter au caddie de Francis des espoirs de victoire et de gains partagés – ce qu'autorisait son statut de pro, tandis qu'un amateur n'aurait pu toucher aucune somme. C'était une de ces propositions qui ne se refusent pas et le caddie, le cœur gros, ne put qu'offrir à Francis ses excuses. Ce dernier fut accablé par ce coup du sort : il avait travaillé tout le week-end avec son caddie, comptant sur son soutien ; et il savait fort bien qu'il ne restait plus personne de disponible. Il s'éloigna vers le départ en se préparant à porter lui-même ses clubs.

Il aperçut alors, parmi les allées et venues de la foule, deux gosses qu'il avait souvent croisés à son club de Woodland : Jack Lowery, douze ans, et son petit frère Eddie, de deux ans plus jeune. Francis leur fit signe d'approcher.

« Bonjour, Jack. Qu'est-ce que vous faites là ?

– Moi et Eddie, on a décidé de sécher l'école pour voir jouer Vardon et Ray, expliqua Jack.

– Ah bon ? Ça te dirait de m'accompagner sur le parcours ? Je viens de perdre mon caddie.

– Qu'est-ce qui lui arrive ?

– Il va porter pour Tellier. Je ne peux pas lui en vouloir :

on dit que c'est un as et qu'il a de bonnes chances de gagner l'Open.

– Du moins, intervint Eddie pour la première fois, c'est ce qu'ils racontent dans les journaux. »

Mince, pensa Francis, *drôlement fûté, le petit gars.*

« Alors, reprit-il à l'attention de Jack : tu veux porter mon sac ?

– Ecoutez, je ne sais pas. Est-ce qu'Eddie peut venir ?

– Impossible, Jack : ce serait contraire aux règles. On n'a droit qu'à un seul porteur. »

Jack eut l'air ennuyé, mais son petit frère faillit fondre en larmes. Francis se rappela qu'il n'avait que dix ans : son bon cœur prit le dessus. « Mais s'il tient la marque, je pense que personne ne dira rien. »

Après un bref conciliabule, les frères Lowery acceptèrent. Aspirant golfeur, le petit Eddie avait vu bien des fois Francis jouer à Woodland. Il avait lu les articles qu'on lui avait consacrés dans la presse de Boston depuis qu'il avait joué à Garden City. Les deux frères venaient d'aménager un deux trous dans le terrain vague derrière chez eux ; et avant d'avoir pu mettre la main sur un matériel adéquat, ils s'étaient entraînés avec des parapluies et des pommes, s'efforçant l'un comme l'autre d'imiter le swing de Francis. S'ils étaient venus pour Vardon et pour Ray, cette rencontre représentait malgré tout une chance inespérée : le petit Eddie voyait Francis Ouimet comme une divinité locale.

Francis conduisit les deux frères sur le départ où il disputa un quatre balles avec Vince Lawrence, condisciple de Woodland, contre deux amateurs, son ami John Anderson et Heinrich Schmidt. Jack porta le sac tout au long du parcours tandis qu'Eddie tenait le compte scrupuleux des scores. La partie se déroula loin de la foule, attirée ailleurs par tous les grands noms à l'entraînement ce jour-là. Sur ce terrain qui lui était familier, Francis recouvra un peu de cette lucidité qui l'avait complètement abandonné à Wesley. Il signa un solide 77, mais Lawrence et lui perdirent par 3 et 2. Francis revint aux vestiaires juste à temps pour assister à l'entrée en scène mémorable de Walter Hagen ; après quoi il traversa Clyde Street et rentra chez lui. Il dîna paisiblement en compagnie de sa mère, de son frère et de sa sœur. Il monta se coucher tôt : il était attendu à la première heure le mardi matin, pour le premier tour des qualifications.

Les deux frères Lowery, quant à eux, attrapèrent le dernier tram pour Lower Newton Falls, une petite agglomération située à une dizaine de kilomètres de Brookline. Ils rentraient chez eux extatiques : le tour d'entraînement s'était si bien passé que Francis avait demandé à Jack de porter encore son sac le lendemain. Mais en poussant la porte, ils trouvèrent leur mère en compagnie d'un inspecteur de l'école. La plupart des enfants connus comme caddies ayant omis de se présenter en classe ce lundi-là, l'inspecteur avait entrepris la tournée systématique des foyers. Une loi récemment votée dans le Massachusetts interdisait à tout enfant de moins de seize ans d'exercer comme caddie en période scolaire. Les deux frères reçurent donc un savon en règle de l'inspecteur, suivi d'une correction carabinée de leur mère. Veuve depuis trois ans, Mme Lowery élevait sept enfants à elle seule. Elle comptait sur Jack, qui travaillait bien à l'école, pour montrer l'exemple. Elle s'inquiétait aussi pour Eddie : l'enfant, une semaine plus tôt, s'était ouvert le pied sur un tesson de bouteille.

« Eddie Lowery ! Tu n'avais rien à faire sur un terrain de golf avec ton pied blessé.

– Mais non, m'man, ça va très bien...

– Non, ça ne va pas très bien ! Tu portes toujours un pansement et le docteur t'a dit de te ménager pour que ça cicatrise. Jack, promets-moi que tu ne traîneras plus ton frère n'importe où. Demain matin, je veux que vous soyez à l'école.

– D'accord, m'man, je te le promets. »

Or Mme Lowery se contenta de cette promesse de l'aîné, supposant évidemment que c'était Jack qui avait dévoyé son petit frère et non l'inverse ; et que, le lendemain matin, Eddie ne demanderait pas mieux que de retourner à l'école. En quoi Mme Lowery se trompait par deux fois ; avec sept enfants à charge, elle avait des excuses.

En guise de punition, elle envoya se coucher les deux

fugueurs sitôt le dîner expédié. Elle n'avait pas plus tôt fermé la porte qu'Eddie entreprenait son grand frère.

« Jack, tu ne peux pas retourner à l'école : tu as promis à Francis que tu lui porterais son sac...

– Je sais bien...

– Tu ne vas pas lui faire ça ! Francis compte sur toi...

– Ils m'ont pincé, Eddie : qu'est-ce que tu veux que j'y fasse ?

– Que tu tiennes tes promesses.

– Je ne peux pas, Eddie. Mais Francis se débrouillera, tu vas voir. Il trouvera quelqu'un d'autre. »

Eddie n'en était pas convaincu, mais rien de ce qu'il put dire ne parvint à détourner son frère du chemin retrouvé de l'école.

Avant de se coucher, l'enfant changea son pansement : il était encore trempé de sang. Mais ayant inspecté sa blessure, il décida qu'elle tiendrait le coup. Il faudrait bien – car Eddie Lowery, auquel la valeur et la ténacité n'attendirent pas le nombre des années, avait arrêté sa conduite une bonne fois pour toutes. Et que Jack fasse ce qu'il veut !

Il ne serait pas dit que Francis Ouimet avait été lâché par les deux frères Lowery à la fois.

Mardi : première journée d'éliminatoires

16 SEPTEMBRE : le soleil s'invite dans un paysage idyllique – ciel bleu, nuages épars, température clémente. Un vent d'est apporte un peu de fraîcheur. A l'ouest de Boston, malgré l'heure matinale, il règne une activité fébrile : les greenkeepers et leurs équipes, debout depuis la première heure, achèvent de peaufiner le parcours. Les cochers attellent leurs chevaux, les chauffeurs démarrent leurs guimbardes : tous rejoignent en file indienne le quartier des hôtels, pour acheminer sur le départ un premier contingent de concurrents.

Dans la banlieue voisine de Lower Newton Falls, tout est encore paisible. Les deux frères Lowery se sont levés de bonne heure. Conformément à la promesse de Jack, ils prennent leur petit déjeuner, préparent leur cartable et s'en vont à l'école. Mais un peu plus loin, au lieu de tourner dans l'allée qui mène à leur établissement, Eddie s'arrête sur le trottoir. Et il tend à Jack son cartable.

« Je n'y vais pas.

– Hein ? Qu'est-ce que tu racontes ?

– Je vais au Country Club, moi ; et si tu avais quelque chose dans le ventre, eh bien, tu m'accompagnerais. »

Eddie attend une seconde : pas de réponse. Alors, ignorant les avertissements menaçants que lui crie son grand frère, il s'éloigne en direction de l'arrêt de tram. Il lui faut encore échapper à l'inspecteur de l'école, qui fait le guet sur le marchepied. Il saute en douce dans le dernier wagon.

S'il faut en croire le Boston Herald de ce mardi-là, « tout semble promettre une démonstration de golf sans pareille aux Etats-Unis ». Le *Boston Post* poussait un peu plus loin dans les superlatifs : « Aujourd'hui, au Country Club de Brookline, s'ouvre ce qui restera comme le plus grand tournoi open de toute l'histoire du golf américain. » Le *New York Times* mettait l'événement à la une et publiait les photographies de tous les favoris, Louis Tellier compris. Le Français, à défaut d'avoir brillé jusqu'ici par son jeu, s'imposait comme un génie des relations publiques avant l'heure. Ce journal posait enfin la question qui fâche : « Est-ce un amateur américain qui gagnera l'Open ? », ayant manifestement misé sur le quadruple champion amateur Jerry Travers.

Les reporters étaient si nombreux à se bousculer au Country Club que, pour la première fois dans l'histoire du tournoi, l'USGA fit ériger une tente réservée à la presse. On y trouvait une section réservée à la Western Union, avec dix lignes de télégraphe prêtes à diffuser dans le monde entier les péripéties du tournoi.

Francis s'abstint de lire les journaux ce matin-là et tous les jours de la semaine. Sa prestation à Garden City lui avait donné un avant-goût de la célébrité. Le jeune homme en avait retiré le sentiment qu'il y a des choses pires en ce monde, mais qu'il faut chercher assez loin. Passé l'émotion de voir son nom imprimé en capitales, Garden City lui avait enseigné cette leçon précieuse que l'admiration publique, à ses yeux, ne comptait guère. Il avait pris un énorme plaisir à dominer la pression, à se prouver à lui-même sa valeur, à gagner l'estime de ses condisciples. Mais la ferveur qu'il pouvait éveiller chez de parfaits inconnus le mettait mal à l'aise.

Il s'éveilla juste après l'aube au son d'une tondeuse sur le green du dix-sept. Il prit un petit déjeuner matinal, traversa la rue et, son sac dans les bras, enfila l'allée ombragée qui traversait le fairway du quinze en direction du club-house. Clyde Street débordait déjà de fiacres et d'automobiles, d'où descendaient pêle-mêle golfeurs et spectateurs. On avait placardé les horaires sur le panonceau près du club-house : quatre-vingt-quatre joueurs prenaient le départ deux à deux, un twosome toutes les cinq minutes, à partir de huit heures précises. Ce matin-là partirent les premiers un certain Nicholas de Mane, de New York, professionnel sans club attitré, et H.C. Lagerblade, pro de Youngstown, dans l'Ohio. Les deux hommes allaient signer respectivement 87 et 81, jeter l'éponge à midi et se faire oublier très vite.

Francis changea de chaussures dans les vestiaires et rejoignit le dixième fairway. Il comptait taper quelques balles d'entraînement le long du trou, en direction des arbres, en attendant son départ prévu à 9 h 45. Ce fut là qu'il tomba sur Harry Vardon : l'Anglais s'entraînait lui aussi, solitaire, concentré, arborant sa tenue légendaire : culottes *plus-fours*, chemise blanche, cravate noire, veston Norfolk coupé sur mesure. Francis n'avait jamais oublié ce swing lumineux qui l'avait tant inspiré des années plus tôt. Son tracé idéal, gravé dans sa mémoire, s'incarnait maintenant sous ses yeux, à l'identique, dans le geste pur et délié d'un champion qui en avait, à l'évidence, gardé toute la maîtrise. Apercevant son idole en chair et en os, le jeune homme se figea sur place...

Non, ce n'est pas un rêve. C'est le premier jour de l'US Open ; et là, juste en face, aidez-moi, mon Dieu, c'est bel et bien Harry Vardon.

... avant de s'apercevoir qu'ils n'étaient pas seuls. Une petite foule se massait derrière les cordes pour voir s'échauffer le champion. Francis aperçut Bernard Darwin, flanqué d'un personnage élégamment vêtu dont il n'apprit l'identité que plus tard : le magnat de la presse britannique, lord Northcliffe. Harry s'éloigna vers le putting green ; les spectateurs lui emboîtèrent le pas. Francis, sans se faire remarquer, s'écarta pour les laisser passer. Vardon était inscrit pour 9 h 25, quatre départs avant Francis. Le jeune homme le regarda fendre la foule de ses admirateurs sans jamais se départir de son « vardonique » demi-sourire, toujours amical, mais aussi lointain et digne, avec le détachement d'un monarque parmi ses sujets. Son caddie trottait derrière lui, emportant ses clubs sur mesure dans un luxueux sac en cuir. Francis regarda son propre équipement : un sac de toile et, dedans, un assortiment hétéroclite de dix clubs fatigués ; un simple pantalon blanc ; de grosses bottes à clous. Il baissa la tête, s'efforçant d'oublier l'essaim d'admirateurs qui bourdonnait autour de l'Anglais pour se concentrer sur sa routine d'échauffement. Sa première balle se perdit dans les broussailles.

Francis inspira profondément, tâcha de recouvrer sa concentration. Gagné par l'inquiétude croissante de n'être pas à sa place, il trouva son antidote dans une phrase qui avait été écrite, des années plus tôt, par ce même homme dont l'apparition avait provoqué ses doutes : « N'envisagez jamais l'éventualité d'une défaite : à force de s'inquiéter, on perd toute liberté de style. »

Ses muscles se relâchèrent ; les balles jaillirent enfin, plus heureuses. Un concert d'acclamations le fit soudain sursauter : Vardon prenait le départ en compagnie du champion de l'Open 1908, « Wee » Freddie McLeod. Une marée humaine s'ébranla le long du fairway à leur suite, emportant avec elle tous les spectateurs. Francis se remit au travail, mais il lui devenait de plus en plus difficile de se concentrer : déjà 9 h 30 et Jack Lowery ne se montrait toujours pas... Plus qu'un quart d'heure avant le départ. Résolu à s'en tenir coûte que coûte à sa routine, Francis ramassa son sac et se dirigea vers le putting green.

Il travaillait son swing quand il vit, du coin de l'œil, le petit Eddie Lowery se frayer un passage parmi la foule environnant le club-house. L'enfant le rejoignit enfin au putting green, hors d'haleine :

« Monsieur Ouimet, monsieur Ouimet...

– Eddie, où est Jack ? Bon sang, je démarre dans dix minutes.

– Il s'est fait pincer pour avoir séché l'école. Ils l'ont forcé à aller en classe.

– Alors, ça, ce n'est vraiment pas de chance. On l'a puni ?

– Non, mais il a drôlement eu la frousse.

– Ah bon ? reprit Francis, amusé. Et toi, Eddie, tu n'es pas à l'école ? Pourquoi ?

– Ils ne vont pas me manger, quand même. Et puis, c'est l'US Open. »

Francis tourna les yeux vers l'horloge : 9 h 40. Il rangea son putter, hissa le sac sur son épaule.

« Merci de m'avoir prévenu, Eddie. Je me serais inquiété, sinon.

– Pas de quoi, monsieur Ouimet. »

Francis s'éloigna vers le départ du un. Eddie le suivit timidement.

« Monsieur Ouimet ?

– Oui, Eddie ?

– Je peux porter pour vous, si vous voulez. »

Francis comprit qu'il parlait sérieusement. Il s'arrêta net, baissa les yeux sur Eddie Lowery et son mètre vingt.

« C'est très gentil de ta part, Eddie. Mais tu es trop petit : mon sac est aussi grand que toi.

– Mais moi, je porte mon sac tout le temps. J'y arriverai. Je porte aussi pour les gars de Woodland et je suis drôlement doué, vous savez, vous n'avez qu'à leur demander, aux gars de Woodland...

– Eddie...

– Parce que, vous comprenez, moi je suis venu ici tenir la promesse que Jack vous avait faite...

– Eddie...

– Et j'ai séché l'école et ça va m'attirer des tas d'ennuis et moi, je suis assez grand pour vous le porter, votre sac, je suis en sixième, moi... Et je veux faire le caddie pour vous. »

Les larmes montaient aux yeux d'Eddie : qu'elles soient sincères ou non, il avait en la matière un sens de l'à-propos qui confinait au génie. Ce fut d'ailleurs ce qui emporta la partie, car Francis n'eut pas le cœur de malmener le gamin davantage.

« Très bien, Eddie, écoute-moi. Ne pleure plus. Tu sais ce qu'on va faire ? Je vais porter le sac et toi, tu surveilleras la balle.

– Non, monsieur Ouimet.

– Tu peux m'appeler Francis, tu sais.

– J'y arriverai, monsieur Ouimet. Je vous assure. Je peux vraiment vous aider. Je connais votre style, je vous ai vu jouer tout plein de fois. Je peux le porter, ce sac. »

Francis regarda autour de lui : leur échange animé devant le putting green avait attiré l'attention. Quelques joueurs et leurs caddies – tous de solides gaillards expérimentés – leur jetaient des coups d'œil ironiques.

Qu'ils aillent se faire voir, pensa-t-il. Il fit glisser le sac de son épaule, le tendit au gamin.

« Entendu, Eddie ; on y va. Mais, s'il te plaît, appelle-moi Francis.

– D'accord, Francis. »

Et d'un geste professionnel aguerri, le gamin hissa le sac en travers de son dos, en maintenant les têtes de clubs de sa main droite, comme s'il avait fait cela toute sa vie. S'il avait porté à l'ancienne, de haut en bas, le bas aurait traîné par terre. Il essuya ses larmes ; un grand sourire illumina sa figure. Francis se retourna, leva le menton et s'éloigna vers le premier trou, suivi de près par son caddie.

Sur le départ, Francis retrouva son partenaire du jour, « Long » Jim Barnes. Le professionnel d'origine anglaise officiait désormais à Tacoma. Ils échangèrent une poignée de main ; le grand gaillard baissa les yeux vers l'enfant.

« C'est Eddie, mon caddie.

– Enchanté », ajouta le petit en lui tendant la main.

Amusé, l'autre se baissa pour la lui serrer.

A 9 h 45 tapantes, on les annonçait : « James Barnes, professionnel de Tacoma, dans l'Etat de Washington. »

Au Country Club, on suivait l'ancienne et charmante coutume écossaise qui consiste à surnommer les trous. Le un s'appelait ainsi *Polo Field* : il enjambait en effet l'ancien manège hippique de Clyde Park, reconverti par la suite en terrain de polo. C'est un dogleg orienté à gauche, semé de bunkers qui défendent son flanc droit, figurant comme un par cinq sur les cartes de score. Les longs frappeurs pouvaient espérer s'affranchir de la piste hippique dès leur drive, pour tenter dès lors un birdie relativement facile sur trois cent quatre-vingt-dix mètres.

Jim Barnes posa sa balle sur un tee, se mit aussitôt à l'adresse et, d'un long swing coulé, l'expédia en plein milieu du fairway.

On annonça ensuite : « Et de Brookline, le champion amateur en titre du Massachusetts, Francis Ouimet. » Applaudissements enthousiastes d'une vingtaine de curieux.

Eddie prit une poignée de sable humide dans la caisse prévue à cet effet. Il en bourra un moule à tee, posa le tout sur le départ. Francis n'était pas le seul à avoir le trac : en démoulant le petit socle de sable, Eddie l'écrasa par mégarde et dut recommencer toute l'opération. Après quoi l'enfant rempocha le moule, recula d'un pas, fit jaillir le driver d'un geste sec, le tendit à Francis. Le cœur battant, le jeune homme posa sa balle, prit son stance – *Ça y est, ça va commencer* – et fit un swing à contretemps : la balle dévia en hook pour finir une centaine de mètres plus loin, dans les herbes à gauche du fairway : il avait manqué de peu le hors-limites.

Francis rendit le driver à Eddie. Aucun des deux ne souffla mot ; le groupe se remit en marche. Barnes et son caddie marchaient devant, à grandes enjambées. Au soulagement de Francis, aucun des spectateurs ne les suivit : ils attendaient le départ prochain du favori local, Tom McNamara. Quand Francis et Eddie retrouvèrent la balle, loin derrière celle de Barnes, elle disparaissait sous dix centimètres de rough ; et, pour couronner le tout, un grand marronnier leur cachait le green.

Eddie regardait la balle sans rien dire, attendant que Francis se prononce. Le jeune homme demanda un fer 5 : la seule chose à tenter, c'était de regagner le fairway en coup punché, avec un peu de hook qui lui permettrait de gagner encore quelques mètres. Il exécuta le recovery à la perfection : la balle s'arrêta quelque trente-cinq mètres plus loin, sur la droite du fairway, mais loin encore derrière le drive originel de Barnes.

Francis et Eddie la rejoignirent. Ils examinèrent la situation : deux cents mètres à couvrir, un coup presque à l'aveugle pardessus le champ de courses, en direction d'un petit green en hauteur, fourré dans un coin du parcours, entouré d'arbres et de bunkers, avec une forte pente d'arrière en avant : un vrai guêpier. Francis s'efforçait de peser le pour et le contre : risquer le green ou bien jouer la sécurité, quitte à monter en deux coups ? Eddie lut aussitôt l'indécision sur ses traits et lui lança : « Quoi que tu décides, Francis, baisse la tête, et moi je surveillerai la balle. Je n'ai jamais perdu une balle de ma vie. »

Francis se retourna vers lui. Cette assurance totale que respirait le petit garçon semblait l'imprégner peu à peu. Ce serait donc le risque : Francis empoigna son club préféré, le brassie, joua un swing bien relâché. La balle s'envola droit en ligne : elle atterrit au bord du green, rebondit dessus, roula vers le trou et finit à vingt mètres du drapeau. Francis rendit le club à son caddie en souriant. « Eddie, je crois que nous allons devenir bons amis, toi et moi. »

Il fit le par en cinq ; Barnes, lui, tenait son birdie. Ils avancèrent.

Un peu plus loin, la majeure partie des joueurs découvrait que le Country Club, s'il avait concédé quelques bas scores à l'entraînement, n'allait pas pour autant leur rendre la vie facile. On avait reculé les départs jusqu'à l'extrême limite, ce qui augmentait la longueur des fairways et faisait intervenir de nouveaux obstacles. Avec tant de joueurs en lice, les tours d'entraînement avaient marqué les greens : l'herbe piétinée y tenait du tapis de billard, notamment autour des tasses. Des greens étroits et inclinés ; des drapeaux placés pour compliquer toute approche faisaient qu'à la plus petite erreur, la sanction s'élevait à trois putts minimum. Et comme la matinée avançait, le vent d'est grossit, avec des pointes occasionnelles à une force de deux clubs. Consensus des joueurs : le parcours se disputait à quatre coups de la veille – et deux coups au moins au-dessus du par.

Bienvenue à l'US Open.

Ami de Francis et tenant du titre professionnel pour le Massachusetts, Tom McNamara écopa d'une pénalité par l'inexpérience d'un caddie. Dans sa jeunesse, Tom avait usé ses souliers au Country Club de Brookline et connaissait le parcours aussi bien que Francis. Sur les quatre derniers US Opens, il avait fini deuxième à deux reprises – notamment l'année précédente, à Buffalo, deux coups seulement derrière McDermott. Il pouvait donc légitimement espérer, dans sa région natale, mettre enfin la main sur la coupe. Au trou deux, un par quatre de deux cent soixante-quinze mètres appelé *Cottage*, son approche finit dans un bunker sous le green, si profond qu'à l'adresse Tom ne voyait plus le vert. Tandis qu'il descendait sur le sable pour tenter de sauver le par, le caddie de son partenaire crut – à tort – qu'il fallait prendre en charge le drapeau. Il s'élança sur le green au moment où Tom jouait sa balle, en la topant légèrement. La balle jaillit en trajectoire rasante, le caddie ne parvint pas à l'éviter et elle heurta son sac, en infraction à la treizième règle. Le caddie master Dan McNamara s'avouait très préoccupé par l'ignorance des nouvelles recrues : ses inquiétudes ne se trouvèrent confirmées qu'une seule fois dans le tournoi, mais ce fut son propre frère qui en fit les frais. Tom écopa de deux coups de pénalité.

La grande affaire de la matinée concerna l'encadrement de la foule et ce, en raison d'un seul homme : Harry Vardon. Le Lévrier avait mené son aller à un train d'enfer, entraînant à sa suite non seulement ses admirateurs, mais encore les spectateurs des autres parties. Les commissaires furent vite débordés : la foule, selon certaines estimations, atteignait les cinq mille têtes. La plupart de ces gens assistaient visiblement à leur premier championnat de golf. Chaque fois que Harry s'éloignait sur le fairway, c'était une bousculade de curieux qui tentaient de forcer les cordes, montaient et descendaient les buttes, coupaient par les bosquets pour le rejoindre. Ils crapahutaient même dans les bunkers, laissant derrière eux une guirlande d'empreintes qui déconcentrait les golfeurs suivants. Harry était habitué à cette hystérie de masse ; pas les officiels du Country Club. Les commissaires faisaient leur possible pour canaliser la foule ; et si leurs cris, dans les porte-voix, n'entamaient en rien les ardeurs de l'assistance, ils étaient une source efficace de tracasseries pour les joueurs tout autour. Seuls les drapeaux rouges, se levant au moment où Vardon allait jouer, rétablissaient un semblant d'ordre. L'espace de quelques instants, les milliers de spectateurs observaient alors un silence religieux.

Leurs attentes furent largement comblées. Ce matin-là, entre le tee et le green, Harry donna sur chaque trou une leçon clinique de puissance et de précision. Il trouva chaque fois le fairway et réussit directement toutes ses approches. Mais une fois sur le green, son vieux talon d'Achille revenait le tourmenter. Harry dut taper trois putts aux troisième, cinquième et septième trous ; un putt manqué d'un mètre lui coûta le birdie sur le deux. Selon un chroniqueur du *Boston Globe*, il manquait cruellement « de conviction et d'audace » sur les greens. Comme toujours, Harry ne laissa rien paraître de sa déception. Mais l'adversité redonna, aux yeux des spectateurs, de l'humanité à sa figure inaccessible. Plus d'un amateur plaignit alors le pauvre Harry Vardon, le plus grand golfeur du monde, incapable de rentrer un petit putt comme le premier bûcheron venu.

Si l'on excepte son putting, Harry continua de ciseler ses coups tout au long du retour. Il l'effectua en 38 – malgré trois putts sur le green du petit seize qui lui valurent un double bogey –, pour rendre en souriant une carte de 75, sous les acclamations de l'assistance. Quand on afficha son score près du club-house, il y eut de nouveaux applaudissements.

La foule démonstrative qui l'accompagna tout du long eut une influence moins heureuse sur son partenaire, Frank McLeod : ce dernier signa 81. Harry alla ensuite déjeuner aux vestiaires en compagnie de lord Northcliffe et de Ted Ray, qui était descendu de Boston pour le voir jouer. Ted faisait partie des golfeurs inscrits aux éliminatoires du lendemain. L'affable géant n'entendait pas se claquemurer toute la journée à l'hôtel, laissant passer une occasion de signer des autographes et de bavarder avec les jolies filles.

L'USGA entendait rendre le parcours plus difficile ; elle y parvint admirablement. Ce matin-là, aucun des joueurs qui arrivaient l'un après l'autre ne put égaler le score de Vardon ; et ils ne furent que six, parmi les soixante-douze inscrits aux éliminatoires de ce mardi, à passer la barre des 80. Louis Tellier, épaulé par l'ancien caddie de Francis, draîna la deuxième assistance de la journée pour une carte de 80 tout rond. Tom McNamara, malgré sa pénalité de deux coups, prit la deuxième place avec 78. Il est à noter que cette pénalité ne fut pas infligée tout de suite. Ce fut le golfeur lui-même qui, son parcours achevé, signala l'incident à un arbitre de l'USGA. A l'époque, l'article en cause des règles, le 13-1, était rédigé comme suit : « Si la balle d'un joueur se trouvant au repos à moins de 20 yards (18,20 mètres) du trou est jouée et qu'elle heurte le drapeau ou toute personne se tenant devant le trou, la pénalité sera de deux coups. » L'arbitre et McNamara retournèrent mesurer la distance entre le trou et l'emplacement où Tom avait joué sa sortie de bunker. Elle n'était que de quinze mètres : la pénalité fut infligée.

Tom Vardon rendit ce matin-là une carte de 85, tout comme Fred Herreschof, l'amateur le mieux classé du jour : un score qui leur laissait leurs chances car, avant même midi, un cut à 170 paraissait plus que probable. Le pro attitré du Country Club, Alec « Nipper » Campbell, commit un 84 des plus décevants : il invoqua ensuite toute l'organisation du championnat qui l'avait empêché de se préparer convenablement. Mac Smith, le plus jeune et le plus doué des frères de Carnoustie, rendit une carte de 77 pour chiper la deuxième place à McNamara. Là-dessus, en fin de matinée, le champion de l'US Open 1907, Alec Ross, du club voisin de Rae Burn, signa un 76, arrivant un coup derrière Vardon.

Au club-house, parmi les initiés, c'était l'heure des bilans. Malgré les performances encourageantes des Américains de souche, on ne donnait pas cher de leurs perspectives à long terme. Ceux qui avaient vu jouer Vardon, souvent pour la première fois de leur vie, lui trouvaient tant d'aisance et de maîtrise qu'à leurs yeux la messe était dite. Un tel homme aurait pu jouer les yeux fermés et enchaîner toute la semaine des 75. L'ancien président Taft, qui était arrivé juste à temps pour voir l'Anglais jouer ses derniers trous, se joignit à la conversation et se mit à éplucher les résultats en compagnie du président du Country Club, Herbert Jacques. Vardon, affirmait Taft dans un concert d'approbations, serait très difficile à battre. Quant aux calamités qui affligeaient son putting, tout le monde les imputait à un manque de familiarité avec les greens rapides du Country Club. Attendez qu'il ait pris ses marques, répétait-on, qu'il se mette à rentrer ses petits putts, et le grand Vardon fera des ravages.

Et puis, le bruit parvint au club-house que l'enfant du pays – « Comment s'appelle-t-il, déjà... Ouimet ? Vous savez bien, l'amateur de Woodland, c'est un ancien caddie, un gosse d'ici, il a grandi de l'autre côté de la rue... » – était en train de boucler un parcours splendide, ayant conclu l'aller en 40 et revenant encore plus fort. Quelques personnes allèrent le voir jouer au seize. Ils en rapportèrent une confirmation : Ouimet avait scoré deux birdies, au onze et au quatorze. La rumeur courut comme un feu de paille : pour signer un 74 et passer devant Vardon, il suffirait au jeune homme de faire le par sur les deux derniers trous ! Francis bénéficiait de son expérience du terrain, mais aussi d'une caractéristique de son golf qu'il ne partageait avec aucun autre : non seulement il savait putter sur des greens rapides, mais c'étaient ceux qu'il préférait.

Quand il eut rentré le par sans encombre au dix-sept et qu'il prit place sur le dernier départ, l'assistance avait grossi à plus de deux cents têtes. D'autres spectateurs accouraient. Francis et Eddie s'étaient complètement absorbés dans leur parcours ; ils ignoraient le classement et Francis, tout à sa routine de jeu, ne remarqua même pas la foule. Le dix-huit, un par quatre de trois cent soixante-quinze mètres, enjambait à nouveau le champ de courses, longeant le premier fairway en sens inverse, jusqu'à un green en hauteur dont le flanc piégerait la balle trop timide dans un rough presque injouable – à moins de la renvoyer en contrebas, sur le chemin hippique. Francis tapa un drive superbe, suivi d'une solide approche qui s'arrêta six mètres derrière le trou. La foule qui traînait autour du club-house s'était approchée du green pour voir rentrer le jeune amateur. A présent, les enjambées de Francis dépassaient celles de son partenaire : le drive de « Long » Jim Barnes était parti dans le décor. Le golfeur malheureux eut toutes les peines du monde à s'en dépêtrer. Barnes rentra sa balle en sept coups – ce qui vint gâcher un parcours par ailleurs excellent, pour un total de 82.

On se passait le mot dans l'assistance : si Francis réussissait le par, il prendrait la première place, un coup devant Vardon ! Il lui fallait simplement rentrer sa balle en deux putts. Ouimet approchait du green, calme, souriant, détaché – adressant même quelques mots à des amis dans le public. Et qui était ce minuscule bonhomme qui hissait son sac au sommet du talus en soufflant ? Les choses commençaient à devenir intéressantes.

Francis ne prit pas de risque : un putt d'approche l'arrêta quelques centimètres avant le trou et le tap-in lui donna le par, tout simplement, pour un total de 74, le plus bas score de la matinée. A la moitié du premier jour des éliminatoires, un amateur inconnu avait pris la tête devant Harry Vardon en personne. Francis eut un grand sourire. Il serra la main de son caddie, puis celle de son partenaire ; et timidement, il ôta sa casquette sous un tonnerre d'applaudissements. Les espoirs américains, que Harry avait bien failli noyer moins d'une heure plus tôt, s'étaient en un instant raccrochés au plus inattendu des champions.

Vardon, Ray et lord Northcliffe, qui déjeunaient, entendirent les acclamations et sortirent aux nouvelles. Ils retrouvèrent Bernard Darwin près du green : ce dernier leur raconta ce qu'il venait de voir. Harry accueillit la nouvelle sans réaction apparente. Pour la première fois, il jaugea Francis, le regarda serrer en souriant une forêt de mains tout en regagnant les vestiaires.

« C'est le gamin dont tu me parlais, dit-il en allumant sa pipe.

– Oui. L'amateur que j'ai connu à Garden City. Brillante prestation, rétorqua Darwin en toute sincérité. Il s'est battu avec Jerry Travers jusqu'à la toute fin ; et il a bien failli l'avoir.

– Mais qu'est-ce que c'est que ce Tom Pouce qui lui porte ses clubs ? » interrogea Ted.

Northcliffe, pragmatique, alla à l'essentiel : « Bon, faut-il nous méfier de lui ? »

Darwin se rétracta en hâte : « Oh, non, je ne dirais pas cela. Son jeu de fers est encore un peu lâche ; il est très vert. Et puis, on n'en est qu'au premier tour des éliminatoires ! Il y a le temps. » Il ne put réprimer un sourire. « Mais c'est un brave garçon. »

Northcliffe lança un regard dubitatif vers Darwin : mal à l'aise, ce dernier s'éloigna vers la tente de la Western Union en grommelant une histoire de compte rendu pour Londres.

« Harry, je t'assure, poursuivait Ted, c'est un pygmée qui fait le caddie pour lui. »

Le regard de Vardon restait fixé sur le gamin. « On verra comment il avance cet après-midi, dit-il calmement. Maintenant qu'il a pris la tête. »

Dans l'ivresse de son premier succès, Francis oublia qu'il avait promis à sa mère de rentrer déjeuner chez lui. Aux vestiaires, les pros le félicitèrent chaudement, avant de le retenir à leur table. Mary n'alla pas le chercher mais Louise, sa sœur de dix-huit ans, partit aux nouvelles et revint vite en annonçant son premier exploit. Louise voulait y retourner sans attendre, pour ne pas manquer le tour de l'après-midi. Mary n'osa pas l'accompagner. Elle craignait de déconcentrer Francis s'il l'apercevait inopinément dans l'assistance. Elle tua le temps comme elle put, vaquant à son ménage. Mais elle se surprit à balayer la terrasse plus que nécessaire, tournant des regards anxieux vers l'autre côté de la rue.

Peu après une heure, quand Francis prit le départ de son deuxième parcours, ils n'étaient pas loin de mille à l'attendre : presque autant que pour Vardon, qui avait commencé, comme le matin, quatre groupes avant lui. Parmi cette assistance, on trouvait un nombre appréciable de journalistes bostoniens. L'angle « enfant du pays / ancien caddie » représentait un pur filon pour les plumitifs. Si le gamin supportait la pression, ils avaient la ferme intention d'en faire couler toute l'encre possible. Les yeux d'Eddie, devant cette foule, lui sortirent de la tête. Il tâcha de se concentrer sur leur tâche, répétant intérieurement une phrase qui ne tarderait pas à devenir son mantra. Pas question de bousiller à nouveau le premier drive, comme ce matin ; pas tant qu'Eddie Lowery veillerait au grain. *La tête basse, Francis ; et les yeux sur la balle. Je la suivrai pour toi.*

Le drive fila comme tracé à la règle : Francis signa *Polo Field* en quatre. Il avait senti la vision et la concentration lui revenir dès l'instant où il avait posé le pied sur le départ. L'affluence grandissante dans les galeries perturba davantage son partenaire Jim Barnes. Fort de son expérience au National Amateur, Francis ne craignait plus d'affronter la foule. De plus, il jouait dans sa ville natale, devant ses concitoyens, et semblait tirer sa force de leur bienveillance.

A la surprise générale, Vardon fut le premier des deux à flancher : avec deux bogeys sur *Polo Field*, le un, et sur *Pond*, le trois, trou difficile et tortueux. Il se rattrapa en marquant un birdie sur le sept – *Plateau*, le seul par trois de l'aller. Il rechuta en bogeyant coup sur coup le huit et le neuf. Cela lui donnait un total de 40 pour l'aller, bien loin de ce qu'il avait escompté. Mais sa main droite lui jouait à nouveau des tours : sitôt qu'il arrêtait sa balle à moins de deux mètres du trou, son putting devenait erratique. Tandis que Vardon luttait pour garder la tête hors de l'eau, de plus en plus de spectateurs désertaient les rangs pour aller jeter un œil au parcours du jeune Américain.

Francis joua solidement tout au long de l'aller ; sur *Pond*, il rentra un splendide putt de six mètres qui lui donna le birdie. Il était pleinement concentré, indifférent aux péripéties extérieures et, par bonheur, il ignorait qu'il avait trois coups d'avance sur Vardon. Selon un journaliste du *New York Times*, « on l'aurait cru en vacances ». En attendant son tour au neuf, Francis croisa le regard de Bernard Darwin dans l'assistance. Son ami côtoyait lord Northcliffe : il choisit de faire profil bas et répondit d'un signe discret.

Quelques instants plus tard, Eddie repéra dans l'assistance un homme au port altier et d'une corpulence impressionnante. L'homme les regardait, entouré par un cercle attentif de notables.

« C'est qui, le gros type ?

– Tu ne sais pas qui c'est, Eddie ?

– Non. Mais quand même, sa tête me dit quelque chose.

– C'est le président Taft.

– Sans blague.

– Je t'assure, Eddie, c'est le président Taft.

– Le président des Etats-Unis nous regarde jouer.

– C'est exact. »

Eddie rumina un moment cette révélation. Il toisa Taft de haut en bas, puis il hocha la tête. « D'accord. Eh bien, qu'ils regardent. » Et quelques instants plus tard, en entrant sur le départ : « Quand Jack va savoir ça... »

Président ou pas, Francis obtint son par cinq au neuf – soit *Himalaya*, le plus long et le plus difficile trou du parcours – pour un score remarquable de 38 à l'aller. Et il gardait son avance de trois coups sur Vardon. A seulement une heure de l'après-midi, ce second tour s'était changé en une course entre deux hommes. Il n'y avait aucun joueur en lice à moins de cinq coups d'Ouimet et de Vardon, dès lors pratiquement assurés de se qualifier. Mais Harry n'entendait pas laisser à quiconque le meilleur score de la journée. A trois trous devant l'Américain, Harry changea légèrement son grip sur le manche, de façon à contenir le tremblement de sa main droite. Et les putts se mirent à rentrer : deux birdies successifs, au dix et au onze, réduisirent son retard à un coup. Francis, toujours dans la bienheureuse ignorance de son avantage, répliqua par un birdie sur le treize. Quand il rentra son putt, pour la première fois de l'après-midi, la foule éclata en bravos : Eddie tressaillit, Francis sortit de sa concentration comme d'un rêve. Tandis qu'il répondait en redressant timidement sa caquette, son regard tomba sur le président Taft qui joignait sa voix à celle des autres. Mais pour Francis Ouimet, né du mauvais côté de Clyde Street, se faire applaudir par l'ancien président des Etats-Unis à deux pas de chez lui était un symbole trop marquant : sa capacité à s'abstraire des perturbations extérieures s'en trouva ébréchée. Quelques instants plus tard, en route vers le quatorze, Francis et Eddie virent courir à eux Frank Hoyt.

« Francis, Francis : tu mènes Vardon de trois coups !

– Ah bon ? »

Ce fut là qu'il l'apprit pour la première fois, juste après le choc que lui avaient causé les applaudissements de Taft : en prenant place sur le départ du quatorze, *Quarry*, un par cinq redoutable, sous une chaleur étouffante.

Eddie déchiffra l'indécision sur ses traits : « Ne les écoute pas, Francis, lança-t-il aussitôt. La tête basse, et les yeux sur la balle. »

Mais son assurance prenait soudain l'eau. Le départ en hauteur du quatorze réclamait un grand porté contre le vent au-dessus d'un grand piège de sable, jusqu'à une étroite zone d'atterrissage en oblique où les rebonds portaient sur la gauche, vers les ennuis. Francis voulut forcer son drive, exagéra son swing et la balle partit en hook sévère pour s'enterrer dans le bunker, court et à gauche du fairway. Ils la trouvèrent en plein milieu du sable, posée sur un lie jouable ; et la paroi, assez basse côté green, autorisait un bon recovery. Le par n'était donc pas hors d'atteinte ; Francis avait visité ce bunker d'innombrables fois et s'en était souvent sorti sans encombre. Il planta ses pieds dans le sable : son coup de brassie s'envola droit au-dessus du fairway, à plus de cent quatre-vingts mètres... mais passé le coude du dogleg, la balle rebondit à droite et finit dans un second trou de sable. Ses chances de faire le par s'amenuisaient : la balle reposait maintenant sous la lèvre du bunker ; Francis dut jouer une sortie en explosion pour regagner le fairway, ce qui n'avança sa balle que de quelques mètres. Trois coups déjà, et cent mètres encore à franchir jusqu'à un green en hauteur et fortement incliné. Dans son impatience à chercher le drapeau pour faire oublier ses deux erreurs, Francis ne retint pas assez son mashie : la balle dépassa le trou pour s'enfouir dans le rough léger en bordure de green. La foule gémit en même temps que lui ; en route vers le green, Eddie tâchait de le rassurer. « On peut y arriver en deux coups : ce qui nous donne six, c'est encore honorable. Pas de quoi s'en faire. Jouons notre jeu à nous ; laissons les autres se soucier du leur. »

Francis prit soigneusement sa ligne de putt, visualisa la trajectoire, joua un coup fluide. Mais la tête du putter fut ralentie par l'herbe plus épaisse de la bordure – le « poil de grenouille », disaient les golfeurs américains de l'époque. Et la balle mourut à quatre-vingts centimètres du trou. Là-dessus, pour la seule fois de la journée, Francis manqua un putt de moins d'un mètre et dut conclure par un tap-in. Double bogey.

Deux coups de perdus, plus qu'un d'avance sur Vardon.

Harry se trouvait sur le départ du dix-huit quand le bruit lui parvint que le jeune Ouimet avait échoué au quatorze. L'ombre du fameux sourire « vardonique » reparut sur ses lèvres. Un drive parfait, suivi d'une approche au fer moyen qui trouva l'arrière du green, à dix mètres du drapeau. Un double break et une crête difficile à négocier entre la balle et le trou en faisaient l'un des putts les plus difficiles de son parcours. Trois coups n'auraient pas semblé de trop. Mais Harry n'était pas à la peine sur les longs putts ; seules les courtes distances lui donnaient du fil à retordre en raison de sa main fantasque. En l'occurrence, sa touche de balle se révéla sans faille. Harry devait se rappeler toute sa vie la sensation physique de ce coup. La balle monta la pente jusqu'au sommet de la crête, s'immobilisa presque, tourna une première fois, puis une seconde – et prit de la vitesse à mesure qu'elle redescendait vers le trou, négociant les deux breaks comme sur des rails. Elle approcha sur une ligne déviée d'une quinzaine de centimètres pour, au dernier moment, virer presque à angle droit et plonger dans la tasse comme une souris dans son trou. Un tel birdie tenait du miracle. A ce stade du match, la foule avait pris parti pour Francis.

Elle salua d'abord l'exploit de Vardon par un gémissement ; puis on se rappela les bonnes manières et quelques applaudissements retentirent. Harry resta imperturbable. Mais il savait qu'il venait de prendre une sérieuse option pour la première place alors que son jeune challenger, en proie au doute, devait encore jouer quatre trous difficiles.

D'autres compétiteurs montèrent en puissance vers la fin de l'après-midi. Le jeune Mac Smith brilla sur le retour, renouvelant son 77 du matin pour se retrouver à trois coups derrière Harry : Alec Ross était à trois coups de Smith et Tom McNamara à quatre. Louis Tellier se qualifia sans problème, tout comme le partenaire de Vardon, Freddie McLeod. Le pro du Country Club, « Nipper » Campbell, recouvra juste assez de son golf pour signer 77 et passer le cut. Au terme d'une après-midi difficile, Tom Vardon redressa la barre à temps pour trouver lui aussi la qualification – mais par trois coups seulement. En fin de journée, les éliminatoires avaient rempli leur office. Le bon grain était séparé de l'ivraie et tous les favoris comptaient parmi les trente-deux survivants du jour.

Jim Barnes sut prendre dans ses voiles ce vent qui avait soufflé contre Francis au quatorze. Le golfeur efflanqué boucla son retour en 34, rendit une carte de 76 et finit cinquième ex aequo avec Tom McNamara. Quant à Francis, il parvint à se ressaisir après son passage à vide. Il fit le par au quinze et au seize. Sur le green du dix-sept, *The Elbow* (le coude), il affronta pour le par un putt glissant de 2,15 mètres. Ce dix-septième green était aussi le plus proche de chez lui. Francis s'y entraînait depuis l'âge de sept ans et le connaissait comme sa poche. Mais ce jour-là, le putt ne voulut pas rentrer : la balle rencontra une marque de crampon aux abords du trou et dévia sur la droite : bogey.

Quand Francis se dirigea vers le départ du dix-huit, il était en retard d'un coup sur Vardon. La foule se massait dans les galeries. Il tapa un drive digne d'un manuel et s'éloigna vers sa balle sous les acclamations. Mais il gratta légèrement et son approche arriva trop court : la balle toucha le talus pour rebondir juste à droite du green, dans le petit rough. Francis pouvait s'estimer heureux : elle aurait pu tomber dans un bunker ou même sur la terre battue du champ de courses en contrebas. Néanmoins il avait maintenant à jouer un chip difficile, tant par le lie que pour son stance. Il se mit en position et leva très proprement la balle. Elle bondit sur le green, se mit à rouler droit vers le trou – la foule retenait son souffle : s'il la rentrait, il rattrapait Vardon –, mais elle dévia sur la gauche au dernier moment et s'arrêta moins d'un mètre derrière le trou. Le doute n'était plus de mise ; les jeunes nerfs de Francis dominèrent le dix-huit et l'Américain enquilla le par sans broncher, pour un second tour à 78. Le public lui fit une ovation plus grande encore que celle qui avait salué ses exploits du matin.

Harry l'avait regardé arriver depuis les marches des vestiaires. Il sourit sans rien dire, se retourna et monta se changer.

Au terme de cette première journée d'éliminatoires, la liste affichée commençait ainsi :

Harry Vardon	75-76	151
M. Francis Ouimet	74-78	152
Macdonald Smith	77-77	154
Alec Ross	76-81	157
Tom McNamara	78-80	158
Jim Barnes	82-76	158
Louis Tellier	80-81	161
Alec Campbell	84-77	161

Un peu plus tard, devant les journalistes, Harry déclara que le principe retenu pour ces qualifications lui inspirait de sérieuses réserves : puisque le nombre d'inscrits impliquait deux journées d'éliminatoires, pourquoi avoir séparé les concurrents en deux groupes ? Il semblait plus logique de les faire tous jouer un premier tour sur dix-huit trous le mardi, puis un second tour le lendemain. L'objection se tient, mais on ne peut s'empêcher d'y entendre la voix d'un homme de quarante-deux ans, dont les capacités de récupération ne sont plus celles de son jeune adversaire, soucieux de ménager ses forces. Bon nombre de golfeurs, parmi lesquels Vardon, se plaignirent aussi de greens beaucoup trop lisses : sur le cinq et le huit, affirmaient-ils, on avait carrément l'impression de jouer sur du verre. Le Country Club et l'USGA, inaugurant ainsi la grande tradition des polémiques par voie de presse en championnat, répliquèrent en substance que si c'était facile, ça ne s'appellerait pas l'US Open.

Le président Taft vint serrer la main de Vardon et de Francis. Il leur souhaita bonne chance : ses obligations le contraignaient à repartir le soir même et, à son grand regret, il ne pourrait pas voir la suite du tournoi. Avant de partir, Taft apprit à l'un de ses amis, joueur invétéré, qu'à Londres le bureau officiel des paris donnait les favoris britanniques, Vardon et Ray, gagnants à deux contre un. L'enjeu minimum était de cinq mille dollars.

Le président avait suivi le duel entre Francis et Harry dans ses moindres détails ; il conseilla à son ami de miser quelque chose.

« Vardon et Ray gagnants ?

– Non, non, non, se récria Taft à voix basse. Perdants, bien sûr. »

Mercredi : deuxième journée d'éliminatoires

LA PRESSE se régala de l'affrontement Ouimet-Vardon : dans leur édition du mercredi matin, les six quotidiens de Boston consacraient une manchette aux exploits du champion local ; trois d'entre eux l'avaient mis à la une.

Au petit déjeuner, ce matin-là, Arthur Ouimet ignora résolument la présence de son fils dans le *Boston Globe* – ce qui était plus facile à dire qu'à faire, puisque sa photo ou son nom s'y étalait presque à chaque page. Francis, de son côté, l'évita non moins résolument et s'éclipsa dès le petit matin pour suivre en spectateur l'autre journée de qualification. Derrière toute sa sévérité, Arthur caressait pour son fils le rêve de n'importe quel immigré : une vie meilleure que la sienne. Mais il n'arrivait pas à l'exprimer devant Francis ; pas plus qu'il ne s'expliquait cette joie de vivre qui lui restait étrangère. Le fossé se creusait entre le père et le fils. Francis jouait au golf ; il avait pris la mauvaise pente. Arthur se désespérait.

Après son départ, ce matin-là, Mary et Louise se procurèrent tous les journaux qu'elles purent trouver et ajoutèrent les articles consacrés à Francis au press-book qu'elles avaient commencé après Garden City.

Le baromètre, ce mercredi, resta au beau fixe. Par ailleurs, le vent qui soufflait la veille était retombé, ce qui augurait de scores plus bas. En établissant les deux groupes, l'USGA avait pris soin d'équilibrer les talents. Harry avait été la vedette incontestée de la veille et l'attaque inattendue lancée par Francis avait déchaîné les passions. Le mercredi vit affluer plus de monde encore au Country Club, principalement pour voir Ted Ray se mesurer aux champions américains en titre, Jerry Travers et Johnny McDermott.

Travers prit le départ à 8 h 55 avec le onzième groupe. Il ne tarda pas à entraîner à sa suite une assistance nourrie ; c'étaient pour la plupart des couples de la bonne société bostonienne dont les préférences allaient au gentleman amateur plutôt qu'au professionnel dur à cuire. Jerry avait pour partenaire Tom Anderson : un pro très apprécié, celui-là même dont la tenue voyante avait, l'année précédente, tant impressionné le jeune Walter Hagen. Travers, maître de la guerre psychologique en match-play, s'accommodait moins bien de la régularité qu'exige la compétition en stroke-play. Ce caractère de son golf s'illustra dès le départ d'une façon éclatante. Ses drives atterrissaient un peu partout, sauf sur le gazon ; et ses recoveries exceptionnels pâtissaient d'un putting qui s'était, curieusement, mis aux abonnés absents. Sur le un, après une brillante sortie de bunker, il manqua un putt d'un mètre qui aurait sauvé le par. Après quoi Jerry, incontestablement le meilleur putter en lice, perdit peu à peu de son assurance. Il avait du mal à lire les greens et plus encore à les jouer, sur cette herbe rase et rapide comme un tapis de billard.

Une demi-heure plus tard, Johnny McDermott prit le départ en compagnie de Henry Wilder, un amateur local, attirant lui aussi une petite foule. On comprit dès le début que McDermott ne donnerait pas son meilleur golf : chose étrange, ce fut sans doute par calcul. Visiblement tendu, Johnny faisait primer la prudence sur l'audace échevelée dont il était coutumier. Plus question de prendre un raccourci au tournant d'un dogleg, d'expédier sa balle à travers les arbres ou de viser le drapeau depuis l'autre bout du terrain. Ses légions d'admirateurs, souvent issus des classes populaires, et qui l'aimaient justement pour ses exploits inouïs, n'y comprenaient plus rien. Bernard Darwin ne tarda pas à deviner que l'Américain, suite aux polémiques dont il avait fait l'objet, avait révisé sa stratégie selon une équation très simple : éliminer les risques, se qualifier à tout prix et réserver ses munitions au tournoi proprement dit. En somme, un plan solide, étonnamment prévoyant pour une tête brûlée telle que McDermott ; mais il allait à l'encontre de son tempérament le plus profond et son golf y perdait sa flamme.

Quinze minutes plus tard, Ted Ray prenait le départ. Les drives colossaux du Britannique avaient déjà fait parler d'eux durant ses tours de chauffe et passaient, auprès du public, pour l'attraction à ne pas manquer. On lui avait donné pour partenaire – choix judicieux – un long frappeur du New Jersey, Jack Hobens, gaillard trapu et aux avant-bras de Popeye. Leurs deux drives, sur *Polo*, fusèrent au ciel avant de franchir, l'un après l'autre, le coude du dogleg sous les acclamations.

Les deux hommes s'éloignèrent vers leur balle et un bon millier de spectateurs leur emboîtèrent le pas, parmi lesquels Bernard Darwin et lord Northcliffe.

Il ne restait guère de public pour les prochains partants : et deux golfeurs, parmi ceux-là, effectuèrent un parcours des plus confidentiels. Le petit Anglais Wilfred Reid ne trouva, pour l'encourager, que sa propre sœur et son beau-frère, Louis Tellier, venu par solidarité familiale. Cela ne l'empêcha pas de faire savoir d'emblée qu'il n'était pas venu faire de la figuration : il rentra un putt de plus de 3,60 mètres sur le green difficile de *Polo*. Un peu plus tard, Walter Hagen prenait son adresse sur le tee du un : la seule personne à le suivre fut son caddie, un gamin dont il avait fait la connaissance un quart d'heure plus tôt. Les débuts de Walter Hagen, si l'on excepte quelques commentaires désobligeants sur son accoutrement, passèrent totalement inaperçus. C'est au point qu'aucun journal ne sut restituer convenablement son patronyme. Dans tous les comptes rendus, il figure en tant que « W. Hagin ». Quelques articles lui donnent du « William », le *New York Times* poussant jusqu'à un familier « Willie ». Un chroniqueur imaginatif l'a aussi rebaptisé « Ned Dagin » tandis que le *Boston Globe*, un peu plus tard ce même mercredi (Walter ayant un peu fait parler de lui), le décrit comme « un golfeur que très peu de gens connaissaient, même de vue ». Il va de soi que l'ami Walter s'en souciait comme d'une guigne.

Francis allait et venait entre les trois groupes vedettes, se mêlant en souriant aux spectateurs, parfaitement détendu, félicité chaque fois pour sa prestation de la veille. Il fit une partie de l'aller en compagnie de son patron George Wright, puis il alla se camper au meilleur point d'observation du parcours : une remise adjacente au green du dix, d'où le regard n'embrassait pas moins de cinq fairways et cinq greens à la fois. Bernard Darwin l'y retrouva : le journaliste s'était soustrait quelques instants aux griffes de son redoutable employeur, lord Northcliffe, pour féliciter, du fond du cœur, son jeune ami américain.

Darwin le prit à l'écart, vérifia qu'il n'y avait pas d'Anglais aux environs pour surprendre son hérésie et lui dit dans un souffle :

« Francis, vous êtes en mesure de rivaliser avec n'importe lequel des joueurs en compétition. Et vous connaissez très bien le terrain. Je vous le dis très sincèrement, je pense que vous avez toutes vos chances.

– Oh, je n'en jurerais pas, monsieur Darwin...

– Non, écoutez-moi. Je le pense vraiment. Alors regardez droit devant vous. Ne vous occupez pas de ce que les gens racontent ; occupez-vous de votre golf.

– Je ne vous ai jamais posé la question, monsieur Darwin : est-ce que vous jouez ? »

Mais Darwin aperçut, derrière Francis, lord Northcliffe qui approchait du neuvième green en suivant le groupe de Ted Ray. Pour la première fois de la matinée, Ted faisait sa tête des mauvais jours : de fait, il était parti pour rentrer le seul double bogey de son parcours. La mine sombre du golfeur, tout comme celle du lord britannique, n'augurait rien de bon.

« Je bêche le gazon de temps à autre. Il faut que j'y aille : Londres attend. Tous mes vœux de succès. » Darwin lui donna une tape amicale et, après un dernier clin d'œil, il retournait près de son patron.

Ce matin-là, Ted Ray eut un entretien avec lui-même. Se qualifier, voilà l'essentiel : au diable la prise de risques. Il encaissa comme un homme son double bogey sur le neuf, referma le couvercle sur son tempérament volcanique et, tout au long du premier parcours, s'en tint à un golf solide. Mais son driver sortit rarement du sac : le rough montait à dix centimètres et Ted avait passé assez de temps, durant sa mise en place, parmi les « monarques des forêts » bordant les fairways de Brookline pour savoir qu'on ne franchissait pas impunément leurs redoutables remparts. A sa grande déception, la foule découvrit donc qu'il n'entendait pas massacrer ses balles sur chaque départ comme un gorille enragé : et ses drives, ce jour-là, se limitaient à une « petite » moyenne de deux cent trente-cinq mètres. En conséquence, sur le retour, bon nombre de spectateurs désertèrent les galeries pour aller voir Jerry Travers. Avec ce dernier, du moins, on ne s'ennuyait pas : chaque trou était une nouvelle aventure, entre drives lunatiques et recoveries sauvages.

Dans la même veine prudente que Ted Ray, Johnny McDermott fut un peu plus à la peine. Sans doute avait-il moins de ressources : à la différence de Ray, pour répondre au niveau d'exigence de l'US Open, Johnny devait transcender ses limites. Dès lors que son putter n'était plus là pour rattraper ses erreurs, sa marge de manœuvre se réduisait à zéro. Sur le difficile quatorze, McDermott envoya son drive en hook vers un grand orme, à gauche du fairway. Sa balle alla s'enterrer au pied de l'arbre, dans un rough impénétrable. Et quand il la retrouva, Johnny s'aperçut qu'elle reposait sur une autre balle, sans doute égarée lors d'un parcours antérieur. Personne autour de lui ne sut comment arbitrer la situation : on fit donc appel au président de l'USGA, Robert Watson.

Ce dernier arriva quelques minutes plus tard. Il s'accroupit pour examiner soigneusement le lie. Les deux hommes n'avaient pas vidé leur différend depuis l'esclandre de McDermott à Shawnee et la sèche réprimande de Watson qui s'était ensuivie. Cette rancœur ne facilita pas les choses.

« La balle doit être jouée comme elle repose », trancha enfin Watson.

McDermott protesta ; le président ne voulut rien savoir. McDermott regardait sa balle avec des yeux ronds ; il fulminait. Sans doute, dans sa dérive paranoïaque, s'imaginait-il que l'association avait disposé là cet obstacle tout exprès pour le faire perdre. Watson et ses aides se reculèrent pour le laisser jouer son coup comme ils l'avaient arbitré. Le public s'attendait au pire. McDermott finit par se tourner vers son caddie et réclama son niblick – l'équivalent d'un wedge d'aujourd'hui. Il avait conclu que sa seule chance était de lever la balle inférieure comme pour une sortie de bunker en explosion, avec l'espoir que sa propre balle décollerait du même coup. Johnny leva son club et l'abattit dans l'herbe comme on débite une bûche. La balle perdue s'envola pour retomber sur le fairway, trente-cinq mètres plus loin ; mais la balle de McDermott partit en oblique pour finir à deux mètres, toujours dans ce même rough impénétrable. McDermott contemplait les trous que son coup de fer avait laissés dans l'herbe : il se retint par miracle d'exploser. Watson lui tourna le dos et s'en alla. McDermott signa un double bogey.

Ted Ray poursuivait son parcours à un train d'enfer ; il boucla l'aller-retour en 74, à égalité avec le meilleur score de Francis la veille. Son partenaire Jack Hobens, étant arrivé trop court de trois centimètres sur le green du dix-huit, se contenta d'un 75. La première place de Ray semblait difficile à prendre. Un Jerry Travers consterné revint péniblement avec une carte de 82 : quatre putts au sept, même chose au dix. « Je suis le plus mauvais putter d'Amérique », déclara le champion. Il exagérait nettement, mais s'il ne trouvait pas une solution rapide à son problème, il risquait fort de ne pas passer le cut. Johnny McDermott, éreinté par son incroyable mésaventure sur le quatorze, retourna dans le peloton avec une carte de 81. Le favori de Boston, Mike « King » Brady, signa un honnête 80. Le double champion Alex Smith joua quinze putts sur les cinq premiers trous : à l'arrivée, 84. Son frère Willie rendit une carte de 83.

A la tête des amateurs en lice ce jour-là, on trouvait l'ami de Francis, John G. Anderson, qui signait 81. Anderson profitait d'une faille inexplicable dans le règlement de l'USGA, pourtant drastique en matière d'amateurisme : il se faisait rémunérer à la fois par *Golf Magazine* et par le *Boston Transcript* pour tenir la chronique d'un tournoi auquel il participait… en tant qu'amateur. Pour des raisons connues d'elle seule, l'association jugeait que faire le caddie contre quelques piécettes relevait du « professionnalisme » ; mais qu'en revanche, toucher un gros chèque contre un article sportif ne changeait rien au noble désintéressement du golfeur amateur. Heinrich Schmidt, autre amateur du Massachusetts, profitait lui aussi de la combine en officiant pour le *Boston Traveler* : comme Anderson, il rendit une carte de 81. L'un des derniers à rentrer ce matin-là, toujours dans l'indifférence la plus générale, fut l'imperturbable Walter Hagen, qui signa une carte de 78 pour se faufiler, mine de rien, en troisième place. Seul un triple bogey sur *Quarry* – un trou avec lequel Walter aurait d'autres démêlés – l'avait empêché de faire les gros titres.

En veston et cravate, la casquette élégante, aussi aimable et tranquille que s'il était descendu d'une affiche, Harry Vardon fit son apparition à la fin du parcours de son collègue Ted Ray. La foule massée autour du dernier trou salua le 74 du colosse britannique. Ce dernier ôta sa pipe et, avec un grand sourire, salua son public le chapeau bas. Les spectateurs d'un tournoi, aujourd'hui comme hier, ont un talent infaillible pour déchiffrer le tempérament d'un golfeur et réagir en conséquence. Ce matin-là, Ted ne leur témoigna qu'une bonne humeur toute rabelaisienne et contagieuse. S'il brûlait en Harry une flamme divine, inaccessible au commun des mortels, Ted était au contraire le sel de la terre, le bon vivant qu'on est heureux de coudoyer au bar du coin : le public terre à terre de la Nouvelle-Angleterre l'adopta sur-le-champ.

Les deux Jersiais prirent place aux côtés de lord Northcliffe, sur le patio devant les vestiaires, pour commenter le tour de Ted Ray tout en gardant un œil sur l'arrivée du dix-huit. Il semblait bien que le score de Ted garderait la première place, tout comme celui de Harry la veille. Mais au dernier moment, après avoir joué dans une indifférence quasi totale, leur compatriote Wilfred Reid fit un retour en fanfare. Il rentra un long putt pour scorer un birdie sur le quinze, *Liverpool* ; enchaîna par un autre birdie sur le seize, *Clyde*, réussissant un putt de 4,50 mètres. Deux pars solides au dix-sept et au dix-huit et, à la suprise générale, Reid rendit la meilleure carte de la matinée, 72 : soit le plus bas score enregistré sur un dix-huit en deux journées d'éliminatoires.

Le petit golfeur anglais revint aux vestiaires sous les acclamations, un triomphe comme il n'en avait jamais connu dans sa carrière. Il déclara par la suite que c'était à ce moment-là qu'il avait résolu de rester en Amérique, quelle que fût sa prestation future dans le tournoi. Pendant ce temps, l'humeur de Ted Ray tombait plus bas que sa moustache : « N'importe qui, mais pas lui », grommelait le colosse.

Harry échangea un coup d'œil complice avec Northcliffe.

« Voyons, Ted, déclara-t-il avec sérieux : tout pour l'Angleterre.

– Tout pour Wilfred, tu veux dire. De toute façon, ce sale type est à moitié français. »

Ted alla se chercher une bière. Northcliffe et Harry se levèrent pour applaudir poliment Reid à son entrée ; l'autre ouvrit des yeux surpris, sourit, répondit par un petit signe et souleva son béret prune, jumeau de celui de Tellier.

« Dire que je ne le paye même pas, grommela Northcliffe sans cesser de sourire. J'espère que vous n'allez pas le laisser vous battre.

– Alfred, le jour où je perdrai face à Wilfred Reid, vous publierez ma nécrologie. »

En descendant les marches des vestiaires, Harry tomba nez à nez avec un visage familier.

« Monsieur Vardon », lui dit Francis.

Le visage de Harry s'éclaira d'un sourire chaleureux. « Monsieur Ouimet », répondit-il en serrant la main que lui tendait le jeune homme. Ils se toisèrent en silence. En présence de son idole, Francis ne trouvait pas ses mots ; Harry s'amusait de sa timidité.

« Vous prenez une journée de vacances ? lui demanda-t-il enfin.

– En effet, monsieur.

– Bravo pour hier.

– Merci. Merci beaucoup, monsieur. Et bravo à vous aussi. »

Le sourire de Harry s'élargit :

« Vous avez bien failli m'avoir, sur la fin.

– Un coup de chance, je crois.

– Oh, non : la chance n'explique pas tout. J'ai vu votre swing.

– C'est vrai ? ... Oui, bien sûr. »

Harry se pencha vers lui :

« Et puis, il y a des gens qui ont un don pour les coups de chance. En golf, vous savez, c'est un talent comme un autre ; sans doute le plus utile de tous.

– Oui, monsieur. Je crois que je vois ce que vous voulez dire.

– Eh bien, dans ce cas... Je vous souhaite une très bonne chance. »

Harry lui donna une tape amicale sur l'épaule et s'éloigna. Quelques instants plus tard, Francis était abordé par Walter Hagen.

« Qu'est-ce qu'il t'a raconté, le vieux renard ?

– Il m'a souhaité bonne chance.

– Ne donne pas dans le panneau : il veut nous mettre la tête à l'envers. »

Hagen tendit la main et se présenta.

« Ouimet, c'est ça ?

– Vous pouvez dire Francis.

– Content de te connaître. Tu as visé un peu les battoirs de Vardon ? On dirait des gants de base-ball.

– Oui, j'ai remarqué.

– Ce type-là, sur un terrain, il connaît plus de tours que Houdini en personne. Tu l'as déjà vu jouer ?

– Une fois seulement. Il y a longtemps.

– Il sait y faire. Je me suis un peu amusé au practice à imiter son swing et tu sais quoi ? C'est de la dynamite. Tu es un amateur, pas vrai ?

– Oui.

– Alors, dis-moi : c'est comment, au club-house ? Drôlement rupin, je parie.

– C'est très joli.

– Peut-être qu'un jour on m'autorisera à y jeter un œil, reprit Hagen en tournant un regard mélancolique vers la grande bâtisse jaune. Bien, Francis, voici l'affaire. A propos de ce trophée... ça te plairait qu'on le garde de ce côté-ci de la pataugeoire ? En Amérique, je veux dire ?

– Ça me plairait énormément.

– Marché conclu, lança Hagen en lui serrant à nouveau la main. Alors à plus tard, fiston. »

Les départs du deuxième tour commencèrent à midi pile, alors que les derniers partants du matin n'avaient pas encore fini. Comme la veille, la composition des twosomes et l'ordre des départs restaient inchangés. Le beau temps avait attiré toute la matinée un flot continu de spectateurs au Country Club, et un public de plusieurs milliers de tête se répartissait équitablement entre les trois attractions du jour : Ted Ray, Johnny McDermott et Jerry Travers. La prestation de Wilfred Reid lui gagna, après le désert du matin, un public nourri. Son golf ne profita pas de leur présence bruyante : sur le trois, *Pond*, son drive dévia en pull et l'Anglais commit un triple bogey.

Quant à Ted Ray, il reprit les choses où il les avait laissées. Tirant furieusement sur sa pipe, laissant derrière lui une traînée de fumée digne d'un remorqueur, le golfeur rentra d'emblée un birdie sur le un. Son allure un peu maladroite, ses grands sourires et ses pitreries après chaque coup ou presque lui regagnèrent très vite les infidèles qui l'avaient délaissé le matin. Ted joua sans se forcer, mais avec un infaillible instinct pour sa position dans le classement. Quand, après un birdie sur le treize, il devint manifeste qu'il allait réussir le cut dans un fauteuil, s'adjugeant probablement la médaille des éliminatoires, il dégaina enfin son driver et régala dès lors son public par une série de coups stratosphériques.

Boum ! Deux cent soixante-quinze mètres au départ du quatorze, un par cinq ; sur le green en deux coups, putt d'approche et tap-in, pour un birdie de routine. De nouveaux spectateurs accouraient par centaines. Le quinze, *Liverpool*, mesure trois cent trente-huit mètres ; une allée reliant l'entrée de Clyde

Street au club-house coupe le fairway vers la marque des deux cent soixante yards, soient deux cent trente-huit mètres. Le golfeur moyen jouera court de l'allée, se réservant une approche au fer moyen. Mais le drive de Ted dépassa l'obstacle de plus de quarante-cinq mètres, dans un chœur d'exclamations et d'approbations enthousiastes. Ted aurait presque pu empoigner son putter dès le deuxième coup. Tout au long de ces derniers trous, il régna dans les galeries une atmosphère de fête ; et nul ne semblait plus l'apprécier que ce grand gaillard affable qui marchait, à toute vapeur, en tête des éliminatoires. Il fit vrombir un nouveau drive de légende sur le départ du dix-huit, signant un par facile. Il rendait, pour la deuxième fois, une carte de 74, établissant un nouveau record au Country Club sur trente-six trous joués en une seule journée. Ted entrait dans l'Open par la grande porte, avec trois coups d'avance sur Harry : c'était le meilleur score de toutes les éliminatoires.

Les autres, pour la plupart, eurent une après-midi moins faste. Wilfred Reid, malgré son triple bogey, parvint à se ressaisir et arriva en 79, tout comme le talentueux Robert McDonald ; les deux hommes se partagèrent la deuxième place avec un total de 151, le score de Vardon la veille. Devant des admirateurs toujours plus perplexes, Johnny McDermott poursuivit dans sa prudence inhabituelle et rendit une carte de 80, améliorant d'un modeste coup son score du matin. Pendant ce temps, un peu plus loin, Jerry Travers poursuivait un parcours digne des montagnes russes devant des spectateurs à bout de nerfs : dans les arbres, hors des arbres ; six bunkers, quatre sorties sauvant le par ; trois putts consécutifs à six reprises ; quatre putts à deux reprises ; un putt direct à cinq reprises. Travers signa 83. Après quoi on le vit faire les cent pas devant le club-house, aussi hagard qu'un explorateur après six mois de brousse, attendant de voir si son total de 165 lui permettrait de franchir la barre. On commençait enfin à parler du petit crack de Rochester : car Walter Hagen, suivant sa belle prestation du matin, signait un 79. Le « Haig » avait tenu parole : il s'était qualifié pour l'US Open. On le vit par la suite faire la leçon à un journaliste devant les vestiaires : « Hagen, avec un *e* : H,a,g,e,n ! »

Francis passa l'après-midi à suivre ses amis du Massachusetts. Ils firent bonne figure : Heinrich Schmidt et Mike Brady finirent avec McDermott à 161. Quant à John Anderson, il signa 79, à nouveau le meilleur score amateur de ces éliminatoires. A peine leur parcours fini, coiffant leur casquette de reporters, Anderson et Schmidt trouvèrent l'énergie de filer à la tente de presse pour pondre leur copie à l'intention des lecteurs de Boston. Faisant écho au pessimisme général de la presse, les deux joueurs convenaient à contrecœur que l'invasion britannique de l'US Open – dans laquelle il fallait désormais compter Wilfred Reid – risquait fort de réussir.

Parmi les résultats du jour, on comptait :

Edward Ray	74-74	148
Wilfred Reid	72-79	151
Robert McDonald	72-79	151
Walter Hagen	78-79	157
Jack Hobens	75-84	159
M. John Anderson	81-79	160
M. Heinrich Schmidt	81-80	161
J.J. McDermott	81-80	161
Mike Brady	80-81	161
Alex Smith	84-79	163

Et puis, en position périlleuse en bas de liste : M. Jerome Travers, 82-83-165.

Le cut s'établit à 166, quatre coups au-dessous de la veille. Travers avait, une fois encore, frôlé l'abîme et s'en tirait par un seul coup d'avance.

Au terme de ces premières hostilités, la liste des survivants comprenait soixante et un professionnels au cuir épais, emportés par Vardon, Ray et Reid ; et huit gentlemen amateurs, en tête desquels figurait Francis. On oublia vite les cadavres. La tête basse, une centaine de vaincus firent leurs valises et se hâtèrent d'aller prendre les derniers trains quittant Boston.

Dans un tournoi majeur, on s'attend toujours à voir quelques-uns des grands noms sortir prématurément. La surprise, à cet Open 1913, vint de ce que tous passèrent le cut, à l'exception d'un seul. Le champion de l'Open 1899, l'ex-pro de Carnoustie, Ecosse, à présent basé à Mexico, le cadet des frères Smith, Willie, termina loin derrière, à 171. Le soir même, il sauta dans un train de nuit pour la frontière mexicaine où l'attendait un destin tragique. Ses frères Alex et Mac ne devaient jamais le revoir vivant.

Francis se fraya un chemin dans la foule qui se bousculait devant le panneau où étaient affichées les heures de départ. Les premiers, Wilfred Reid et C.R. Murry, un Canadien du Royal de Montréal, commençaient à 8 h 15 le lendemain. Jouant des coudes, Francis finit par trouver son nom associé à celui d'un autre Canadien, Karl Keffer. Ils étaient inscrits pour le jeudi à 10 h 30.

Dans la lueur oblique du couchant, les fairways se paraient d'un éclat cuivré ; les foules bruyantes se déversèrent par les portes. Ne restèrent bientôt que les membres du Country Club, sur la terrasse et au bar du club-house : on discutait les chances de chacun, on prenait des paris, il régnait encore une atmosphère électrique. M. Jerry Travers, après une dure journée, se joignit à la respectable assemblée pour déguster un ou deux gin tonics. Quant aux pros « survivants », ils changèrent de souliers aux vestiaires, empoignèrent leur sac de voyage et hélèrent une voiture pour leur hôtel en ville. On arrangeait les détails de la soirée, on réservait le chauffeur pour le lendemain. La voiture personnelle de Northcliffe attendait Harry et Ted devant les portes pour les escorter au Copley Square, en compagnie de leur employeur et d'un Bernard Darwin aux doigts tachés d'encre.

Laissant la foule derrière lui, Francis emprunta son vieux raccourci derrière le seize, à travers le dix-septième fairway, pour déboucher dans Clyde Street, traverser malgré le flot continu des voitures et rentrer chez lui. Il fut le seul compétiteur de l'US Open à repartir à pied ce jour-là. Louise et Raymond, sa sœur et son frère, avaient déjà prêté main-forte à Mary pour la préparation du dîner, dispensant Francis de la corvée. Mary attendit le retour d'Arthur pour servir. Il entra en coup de vent, tonna contre le tournoi et ses embouteillages qui l'avaient retardé plus d'une demi-heure. Le repas eut lieu dans un silence tendu, interrompu seulement par les questions enthousiastes de Louise à son frère. Elle était la seule des enfants à ne pas se laisser intimider par les regards orageux d'Arthur. Francis répondit avec prudence, s'en tenant aux faits pour ne pas irriter son père davantage. Oui, il avait fait beau ; oui, on avait vu un très beau golf. Après le dîner, il prit congé pour aller pousser quelques balles sur son vieux putting green, dans le jardin.

Raymond et Louise débarrassèrent. Arthur et Mary restaient attablés en silence. Mary versa le café. Arthur feuilletait le journal du soir.

« Comment a-t-il joué, aujourd'hui ? finit-il par demander.

– Il n'a pas joué, Arthur. C'est demain qu'il joue. Et il a joué hier, pour ta gouverne. »

Grognement d'Arthur. Silence.

Mary posa sa tasse dans la soucoupe avec un peu plus de force que d'habitude. Arthur leva des yeux surpris. Mary se leva, passa au salon, en rapporta le press-book qu'elle et sa fille avaient compilé. Elle l'abattit violemment sur la table, devant son mari.

« Vois par toi-même », lança-t-elle d'une voix un peu tremblante.

Et elle s'en alla. Raymond et Louise lorgnaient la scène depuis la cuisine. Arthur baissa son journal pour regarder la couverture du recueil : une photo de Francis à Garden City, prise au finish de son swing, le club levé, le sourire aux lèvres.

Arthur redressa son journal et poursuivit sa lecture.

Jeudi :
premier jour

La presse de Boston se déchaîna le jeudi matin, appelant à la grande bataille américaine et enfilant, au fil de sa plume, un impressionnant collier de perles patriotiques. Un certain désespoir affleurait pourtant sous ce vernis de triomphalisme : l'écrasante domination de Harry Vardon, de Ted Ray et de Wilfred Reid sur les éliminatoires n'avait échappé à personne. On pouvait bien penser, pour se rassurer, que les McDermott, McNamara et consorts s'étaient ménagés avant d'entrer dans le vif du sujet ; l'enfer qu'ils avaient traversé pour simplement se qualifier criait le contraire.

Les plumitifs répétaient donc à l'envi que les qualifications, c'était du passé ; qu'au départ de l'Open proprement dit, chacun des soixante-quatre compétiteurs aurait le même rang que les autres... Mais force était de reconnaître qu'une victoire américaine aurait exigé une adresse et une endurance dont aucun des favoris locaux, jusqu'ici, ne s'était montré capable. Restait l'exception Francis Ouimet : le jeune homme, le mardi, avait lutté pied à pied contre Vardon. Mais ce n'était qu'un amateur en état de grâce ; il avait clairement bénéficié, l'espace d'un parcours, de la chance des débutants. La presse répugnait à placer trop d'espoirs sur les jeunes épaules de l'Américain ; personne en tout cas ne s'attendait à le voir renouveler son exploit sous la pression du tournoi.

La plupart des quotidiens annonçaient à la une de la pluie

pour l'après-midi mais rien ne semblait le confirmer : rares nuages, le thermomètre à 21, un vent léger.

Eddie Lowery s'était sagement présenté à l'école le mercredi ; après quoi il avait entrepris d'extorquer à son frère un alibi pour le lendemain matin. Echappant une fois de plus à l'inspecteur de l'école, il sauta de bonne heure dans un tram pour Brookline. Pas question de recommencer son arrivée en dernière minute : il entendait bien épargner toute inquiétude à son joueur. Quand Francis sortit de chez lui, peu après huit heures, il trouva son caddie qui l'attendait sur le trottoir. Ils ne s'étaient pas reparlé depuis le mardi et Francis n'avait aucune assurance de le revoir. Dès qu'il aperçut le petit gars résolu, son visage s'éclaira d'un grand sourire.

« Bonjour, Eddie.

– Bien dormi, Francis ?

– Très bien, je te remercie. »

L'enfant tendit aussitôt la main vers le sac. Francis le lui donna et ils traversèrent d'un pas résolu, en direction du Country Club.

« Tu vas faire 72, ce matin, lança Eddie.

– Ecoute, Eddie, on ne va pas parler de ça dès maintenant...

– Je t'assure : je l'ai vu en rêve. Soixante-douze.

– Autant aller voir ça sur le terrain, non ?

– Bon, d'accord, convint Eddie, peut-être pas ce matin. Mais je te dis qu'à un moment du tournoi, tu feras 72. »

Francis comprit qu'il était inutile d'insister. « Eh bien, tant mieux », conclut-il.

Ils arrivèrent juste à temps pour assister au départ du premier groupe, à 8 h 15 précises : Charles Murry, du Royal Montréal, et Wilfred Reid. Pâle et tendu, Reid était debout depuis l'aube. Que le sort l'eût désigné pour le premier départ avait causé au Britannique un grand soulagement : comme les foules qu'on attendait, en ce premier jour de tournoi, n'étaient pas encore arrivées, il pourrait jouer loin de l'affluence qui l'avait tellement déconcentré la veille. Il prit le départ devant quelques dizaines de spectateurs tout au plus. Le trac exigea pourtant son tribut : Reid commit un bogey sur le un.

Francis alla changer de chaussures au vestiaire. Il sentit aussitôt que l'atmosphère s'était tendue. La bienveillance amicale des derniers jours avait cédé le pas, chez les Américains, à un silence concentré. Vardon et Ray n'étaient pas encore arrivés et Reid venait de prendre le départ, si bien que l'équipe locale avait les vestiaires à elle seule. Jim Barnes, Alec Ross, Tom McNamara, Mike Brady, Jerry Travers : tous avaient déjà la tête à la compétition, le verbe rare, se saluant d'un hochement de tête, échangeant de rapides poignées de main. Johnny McDermott, comme à son habitude avant un grand tournoi, s'était isolé pour vomir aux toilettes. Personne n'aurait eu l'idée de disserter sur l'enjeu du jour, pas même un McDermott ; mais chacun savait au fond qu'il prendrait le départ animé de la même ambition que les autres, une ambition qui les travaillait tous depuis que Vardon et Ray avaient débarqué à New York : garder la coupe en Amérique.

Seul Walter Hagen déboula en retard – et quelque peu débraillé. Il confia à Francis, dont le casier était voisin du sien, qu'il venait de s'offrir la tournée des grands ducs à Boston et n'était rentré de sa noce qu'au petit matin. Hagen fit le tour de la pièce, tapant dans le dos des uns, serrant la main des autres et souhaitant bonne chance à tout le monde. Il laça ses chaussures à semelles rouges avec le plus grand soin et sortit tranquillement vers le premier tee, quelques instants avant son départ prévu à 8 h 25.

Sur le un, Hagen expédia son drive en plein milieu du fairway, répondit d'un signe de tête aux applaudissements polis qui s'élevaient, et s'éloigna vers sa balle en sifflotant, tel un homme qui se rend chez le barbier. Trois douzaines de spectateurs, parmi la foule qui commençait à arriver au club-house en se demandant quel groupe suivre, choisirent de lui emboîter le pas. Lors de son deuxième parcours, la veille, Hagen s'était déjà signalé à l'assistance par son inaltérable désinvolture. Or c'est une loi éternelle du golf : la moindre manifestation de fantaisie, parmi les légions impassibles qui se vouent corps et âme au sport le plus ascétique du monde, suscite immédiatement des torrents d'affection publique. Hagen était de cette rare espèce : les trublions. Au lieu d'arpenter les gazons comme un croque-mort à la tête d'un convoi mortuaire, il jouait au golf avec l'exubérance insolente d'un collégien qui fait la noce pour la première fois et se découvre, à son ravissement, populaire. Entre chaque coup, il se décontractait, plaisantait avec l'assistance, faisait de l'œil aux filles : ne manquaient plus que les tours de cartes. Malgré la pression croissante, le golfeur ne renonçait jamais à cette routine ; et le public était chaque fois plus nombreux à le suivre, comme hypnotisé par cette contagieuse désinvolture. A Brookline, ce jeudi-là, le rideau se levait pour la première fois sur l'une des figures les plus prisées de l'histoire des sports : le professionnel et play-boy, le sportif aussi brillant qu'humain qui a su s'arracher, par la force de sa volonté, à un milieu des plus humbles. Ce héros familier du panthéon américain, Hagen, aux côtés du champion de base-ball Babe Ruth et du boxeur Jack Dempsey, l'a pratiquement inventé de bout en bout. Ce jeudi matin, le crack de Rochester salua son entrée en piste d'un 37 pour l'aller, soit un coup sous le par.

Tandis que Francis sortait des vestiaires pour aller s'échauffer, la voiture de lord Northcliffe s'engageait dans l'allée circulaire pour déposer au Country Club Harry Vardon et Ted Ray. Leurs caddies se précipitèrent à leur rencontre, se hâtant d'emporter aux vestiaires leurs clubs et leurs souliers ; pendant ce temps, les deux champions étaient chaleureusement accueillis par les membres du comité d'organisation et les adhérents du club.

En route pour le practice, Eddie et Francis s'arrêtèrent pour contempler le tableau. Les yeux d'Eddie s'écarquillaient.

« Ils se prennent pour qui, ces deux-là ? Pour les rois d'Angleterre ?

– Mais c'est à peu près ce qu'ils sont, Eddie.

– En attendant, chez nous, c'est l'Amérique. » Et sur ces mots péremptoires, le petit caddie s'éloigna.

Le champion amateur Jerry Travers prit le départ à 8 h 35 tandis que Francis s'échauffait sur le practice voisin. L'annonce de son nom fut saluée par les applaudissements enthousiastes de ses admirateurs, issus pour la plupart des bonnes familles bostoniennes. Francis vit avec intérêt que Travers, sur le départ, empoignait son driver et non son fer 1.

Peut-être que Jerry a retrouvé son swing, se dit-il. *Ce serait tant mieux pour notre camp...*

Mais quelques instants plus tard, Jerry, ayant expédié sa balle en hook dans le grand rough, inaugurait un nouveau tour cyclothymique : bogey sur les trois premiers trous, birdie au quatre, le par sur les quatre suivants, pour boucler l'aller sur trois putts au neuf, qui lui donnaient 41. Tom Vardon et son partenaire prirent le départ juste derrière lui dans une indifférence quasi totale, car au même moment son illustre frère s'avançait sur le practice, environné par une foule d'adorateurs.

Six cents automobiles se serraient déjà sur chaque centimètre carré d'espace libre quand Harry prit le départ à 9 h 05, en compagnie d'un pro de Caroline du Sud, Tom Bonnar. Boston s'était tout d'un coup passionnée pour l'US Open, sans doute sensible aux rivalités nationales que la participation de Harry Vardon et de Ted Ray, pour la première fois, avait permis d'y introduire. Ils étaient venus en autocar, en tramway, en train et même à pied ; et parmi un éventail prestigieux de golfeurs en lice, une bonne moitié des neuf mille spectateurs avait arrêté son choix sur le Roi de Trèfle en personne. Guidé par les indications des porte-voix, un torrent de canotiers et de chapeaux à bride s'écoula le long du premier fairway à la suite de l'Anglais. Le consciencieux Bernard Darwin, son carnet de notes à la main, était du lot. Lord Northcliffe suivait lui aussi Vardon, mais de l'autre côté des cordes, avec l'air soucieux d'un propriétaire à la première course de son pur-sang.

Il n'avait aucune raison de s'en faire : affinant encore sa concentration pour ce premier dix-huit du championnat proprement dit, Harry ne manqua pas un seul fairway et, tout au long du parcours, il arriva chaque fois sur le green en régulation. Suivant un schéma tactique infaillible, chacune de ses approches atterrit bien au-dessous du trou, de façon à éviter des dévers particulièrement marqués. Mais à ce stade, sa guerre personnelle contre son putting recommençait.

Tant que ses putts d'approche arrivaient à moins de trente centimètres du trou, Harry n'avait aucun problème à faire le tap-in. Mais quand la balle s'arrêtait dans la zone des un à deux mètres, l'observateur attentif pouvait déceler une crispation du grip, un froncement de sourcil, de légères irrégularités dans la routine du champion. Harry parvint à s'épargner cette épreuve jusqu'au cinq, un exigeant par quatre de trois cent quatre-vingt-cinq mètres appelé *Newton*. Sur un green en oblique, il dut jouer un putt de trois mètres assez problématique. Pour la première fois de la journée, son avant-bras droit tressauta sur la montée du club : la balle dépassa le trou de plus d'un mètre. Le front en nage, Harry rejoua, le geste eut encore des ratés, il manqua le trou : bogey. La foule poussa un gémissement. L'Anglais demeura impassible ; il ramassa sa balle et continua.

Sur le six, un petit par quatre appelé *Baker* où Harry, d'ordinaire, était abonné au birdie, un drive digne d'un manuel, suivi d'une approche impeccable, le posèrent à moins de deux mètres du drapeau. Le putt se jouait droit contre la pente. Mais le génie avait quitté la lampe. La balle dépassa le trou de deux mètres et il manqua le retour en suivant : à nouveau un bogey. Nul n'aurait pu deviner, à dévisager Harry, la torture qu'il était en train d'endurer. Si ses ennuis provenaient à l'origine d'une lésion physiologique, ils s'étaient, à la longue, insinués dans son mental. Médecins et psychologues ont depuis étudié ces mouvements compulsifs, que les golfeurs appellent les *yips*, sous toutes leurs coutures : ils y voient l'expression d'un syndrome d'anxiété plus ou moins caractérisé. Dans les manifestations les plus aiguës, le cerveau cesse tout bonnement de fonctionner : la concentration s'évanouit, des pensées incongrues éclatent comme des pétards sous le crâne du patient ; la maîtrise des petits muscles devient impossible. Ceux qui n'ont jamais subi cette épreuve ont en général du mal à comprendre la terreur qu'elle peut inspirer. Il y a pourtant de quoi briser les caractères les mieux trempés : on a vu de vrais durs fondre en larmes, tandis que d'autres raccrochaient à jamais les clubs plutôt que de s'exposer plus longtemps à cette épée de Damoclès. Et cela, rien que chez les amateurs ! Imaginez un peu ce qu'une telle malédiction peut signifier pour quelqu'un dont ces putts représentent le gagne-pain. Personne ne peut seulement imaginer l'enfer qu'un Harry Vardon pouvait contempler derrière ce tableau des plus innocents : une balle et un trou, séparés l'un de l'autre par vingt-cinq centimètres d'herbe.

Le regard d'aigle de John McDermott ne lâcha pas Harry de la matinée. L'Américain était parti juste derrière lui, à 9 h 05, devant une assistance nourrie qui mêlait ses propres supporters aux retardataires de la foule entraînée par Vardon. Ce jour-là, l'électrique McDermott ne déçut pas ses admirateurs. Hormis d'être désigné par le sort pour prendre le départ en même temps que lui, rien n'aurait pu le combler davantage que de jouer en gardant ainsi l'œil sur son adversaire, reconstituant à chaque trou de pleines réserves de combustible pour son cœur vindicatif. Balayant toutes les précautions dont il avait fait preuve aux éliminatoires, McDermott retrouva d'un seul coup son golf de tête brûlée. Son jeu de grands fers constituait, de l'avis général, son meilleur atout : et chaque fois qu'il arrivait à portée de green, Johnny visait obstinément le drapeau, sans aucun souci tactique de son emplacement sur le vert. Dans ses mauvais jours, il payait cher cette audace en visitant les bunkers plus qu'à son tour ; mais ce jeudi-là, chacune de ses approches arriva si près qu'une nappe de pique-nique aurait suffi à couvrir et la balle et le trou. Il n'en resta pas là : le golfeur concrétisa trois de ces birdies potentiels, donnant à son public ample matière à applaudir. Ce dernier s'exécuta obligeamment ; McDermott brandissait le poing pour les encourager, espérant que le vacarme arriverait jusqu'aux oreilles de l'Anglais qui jouait devant lui. Les supporters américains avaient trouvé leur champion : après deux ans de règne, McDermott, le mal-aimé, leur apparaissait aujourd'hui à la hauteur de sa tâche. Le double champion sut conforter cette impression en prenant, au bout de six trous, la tête du tournoi, trois coups au-dessous du par.

Selon son habitude, Francis se dirigea vers un coin reculé du dixième fairway pour aller taper quelques balles usées en direction des arbres. Il vit Alec Ross, le champion de l'US Open 1907, prendre le départ à 9 h 40 ; puis deux de ses amis, Mike « King » Brady et Alec Campbell, le pro du Country Club, s'avancer sur le tee dix minutes plus tard. Sur l'insistance de sa mère, Francis avait pris un solide petit déjeuner ; il avait, chose étonnante, bien dormi, et se sentait frais et dispos. Eddie lui prodiguait un flot ininterrompu d'encouragements qui l'aidaient à se concentrer sur sa routine. Mais à mesure que les minutes passaient et qu'en se retournant vers le club-house il voyait la foule grossir, les joueurs faire la queue devant le départ, il sentit descendre sur sa poitrine un poids toujours plus écrasant.

A 10 h 10, c'était le départ de « Long » Jim Barnes. Cinq minutes plus tard, Tom McNamara s'avançait à son tour.

Francis et Eddie revinrent au putting green jouxtant le club-house. Francis aperçut Ted Ray devant les vestiaires : sa pipe fumant à plein régime, le colosse maniait un club en riant sous les regards admiratifs d'un groupe de jeunes dames. Ted, qui avait tiré l'avant-dernier départ de la matinée, affichait une complète insouciance. *Comment se fait-il que je n'arrive pas à l'imiter ?* se demanda Francis. Il posa deux balles sur le green et s'efforça de balayer ses doutes en retrouvant son putting. En vain : le moindre bruit, le moindre mouvement, la moindre pensée déplaisante déchiraient sa conscience à vif comme une baïonnette. Des hypothèses plus catastrophiques les unes que les autres se bousculaient dans sa cervelle : *Et si jamais... ? S'il arrivait ceci ? Ou bien cela ?* Ses mains tremblaient ; Eddie le regardait, non sans inquiétude, rater un putt après l'autre.

Mais qu'est-ce que je fabrique ici ?

Le groupe de 10 h 25 prit le départ ; c'était l'heure.

Francis et Eddie se dirigèrent vers le premier tee. Ils enfilèrent un couloir de spectateurs qui proféraient des encouragements, lui donnaient au passage une tape dans le dos. Il n'entendait rien, ne sentait rien. Il serra la main de son partenaire, Karl Keffer, en attendant qu'on dégage le fairway. Keffer rappela que Francis avait porté pour lui, quelques années plus tôt, durant un match du Country Club contre le Royal Montréal. Francis s'en souvenait vaguement, mais il aurait pu l'avoir vu en rêve. Les bruits et les voix lui arrivaient comme à travers du coton. Quand on annonça son nom, il eut du mal à faire le lien. *Qui est cette personne qui s'avance maintenant vers sa balle ? S'agit-il bien de moi ?* Il se mit en position. La foule se tut. A peine s'il entendait encore la voix familière d'Eddie : « La tête basse, Francis ; et les yeux sur la balle. »

Et rien pour l'inspirer ; pas une seule phrase tirée du livre de Vardon. Le blanc. Entre ses mains, cet étrange bâton. A ses pieds, une sphère blanche sur un petit monticule de terre. *Qu'est-ce que je suis censé en faire ?*

Il leva son club. La balle fusa d'abord à ras de terre, décolla, vira immédiatement en hook en fouettant les hautes herbes. Elle s'arrêta net derrière un arbre, à quelque trente-cinq mètres de là. Un coup vraiment catastrophique. Les spectateurs applaudirent un peu, histoire d'encourager le golfeur – « Pauvre gosse, il a l'air mort de trouille » – avant de le laisser partir seul à son calvaire.

Francis eut l'impression de recevoir une gifle. Ce fut pour lui comme le premier coup encaissé dans un assaut de boxe ; au lieu de le réveiller, cela l'engourdit. Il se sentait perdu, incapable de se défendre. Francis et Eddie attendirent que Keffer ait expédié son drive sur le fairway, puis ils se mirent en marche.

« Tout va bien, Francis, disait Eddie en haletant derrière lui. On peut encore la rentrer en quatre. »

Francis pressa le pas pour le distancer, mais le gosse ne le lâchait pas d'une semelle. Du sable dans les yeux, du coton plein la bouche, ses mains qui semblaient vissées n'importe comment à ses avant-bras : rien de ce qu'il avait connu jusque-là, pas même son match contre Travers durant l'Amateur, ne l'avait préparé à une telle expérience. En US Open, la pression change d'échelle : il vous faut de tout nouveaux instruments pour la mesurer chez un golfeur.

Eddie retrouva la balle enfouie parmi les herbes, juste sous les branches déployées d'un jeune pin. Ils examinèrent les éventualités, qui n'étaient pas réjouissantes. Ce fut surtout Eddie qui parla. « Un coup roulé, suggéra-t-il ; qu'elle reste en dessous des branches et qu'elle avance un peu, histoire de retrouver le fairway. »

Francis hocha la tête ; il n'écoutait qu'à demi-mot.

« Jigger », réclama-t-il : un fer difficile, à faible loft – l'équivalent de notre actuel fer 3.

Eddie le lui tendit. Francis s'efforça de trouver un stance confortable en se faufilant entre les branches du pin. Quelques swings d'essai – mais l'arbre, dans son dos, gênait la montée. Il finit par se jeter à l'eau mais, dans sa hâte de suivre la trajectoire, leva les yeux une fraction de seconde trop tôt : et la balle, à demi topée, fila comme un rat dans les herbes pour s'arrêter en bordure du fairway. En deux coups, il avait avancé de cinquante-cinq mètres.

« Tu l'as tapée trop haut, Francis. La tête basse, je te dis.

– Je sais. »

Quelque deux cent soixante-quinze mètres à couvrir jusqu'au green ; et il fallait franchir le coude du dogleg. Francis demanda son brassie ; il tapa comme un sourd, mais la balle dévia sur la fin pour finir dans un bunker. L'assistance poussa un gémissement : cette fois-ci, Francis l'entendit, mais il n'avait pas encore réintégré tout son corps. Keffer, monté sur le green en deux, attendait patiemment que Francis l'y rejoignît. Ce dernier se planta dans le sable et sortit la balle en explosion ; elle s'arrêta sur l'avant du green, à près de vingt mètres du trou. Son premier putt arriva trop court ; le tap-in lui donna un bogey. La mâchoire serrée, il tendit la balle à Eddie tout en marchant vers le deuxième départ. « Essayons-en une autre. »

Eddie plaça une balle neuve sur un tee. Le deux, *Cottage*, était un petit par quatre. Eddie proposa le fer moyen, privilégiant clairement la précision sur la distance. Francis réclama son brassie. Eddie hésita, envisagea l'insubordination, finit par tendre le club demandé sans rien dire. Il n'aimait toujours pas l'œil hagard de son golfeur, mais il choisit de ne pas le brusquer tout de suite, espérant que Francis saurait remonter la pente par ses propres moyens.

Mais Francis n'y était pas encore. Son coup partit très à droite, la balle manqua le fairway de six mètres, prit un mauvais rebond dans le rough et alla s'arrêter derrière un rideau d'arbres qui lui cachait le green. Son recovery, en coup punché, arriva trop court et finit dans un profond bunker à flanc de green. Une sortie en explosion le posa à dix mètres de la tasse, et il dut jouer trois putts avant de rentrer sa balle. Double bogey.

Un désastre. L'impasse absolue. Après deux trous disputés à l'US Open, il accusait déjà six coups de retard sur le premier, Johnny McDermott.

Ils se dirigèrent vers le troisième départ. Les yeux du golfeur étincelaient de colère. *Réveille-toi, Francis ! Bon... Qu'est-ce que je suis censé faire dans ce genre de situation ?*

Cette fichue soprano. S'abandonner à la musique, la laisser couler à travers soi... Ne plus lutter.

C'est ça : comme s'il y avait dans ta tête un robinet qu'on peut tourner à volonté...

Le dilemme semblait faire rage sous le crâne de Francis.

« Tu veux qu'on change de balle ? lui demanda Eddie.

– Ce n'est pas la balle, Eddie : c'est moi. »

Le coupable était enfin pointé. Et le jeune homme, à l'adresse sur le départ du sinueux par quatre, vit ses sensations lui revenir. Au lieu de fouetter sa balle n'importe comment, il se choisit une cible précise – un petit carré de fairway, à peine visible, logé entre deux buttes menaçantes. Et son regard, une fois arrêté sur l'objectif, ne le quitta plus, tandis que son esprit recouvrait ses facultés de concentration. Francis joua son meilleur swing de la matinée pour trouver le bon lie qu'il cherchait.

C'est déjà mieux.

Deux cents mètres encore jusqu'au green : mais au lieu de rouler sur le vert comme il l'avait espéré, son approche au grand fer dévia dans le rough suite à un rebond malencontreux. Francis monta en chip, finit à moins de trois mètres du trou. Son putt vint mourir sur le rebord, le privant du par. Ce n'était pas une catastrophe sur ce difficile *Pond*, dont le par avoisinait probablement les quatre et demi. Pas de quoi se réjouir encore – en trois trous, il était à quatre au-dessus du par –, mais il sentait que la série noire avait pris fin. Ses pieds se campaient à nouveau dans l'herbe ; ses pensées s'étaient éclaircies comme après un orage ; les tremblements avaient quitté ses mains. Il avait passé l'épreuve du feu, non sans y avoir roussi sa confiance : mais il savait qu'il lui restait des ressources. Et s'il voulait ressortir de la tombe qu'il s'était lui-même creusée, il n'y avait pas de temps à perdre.

Il s'agirait de répondre à une simple question : *Qu'est-ce que tu as dans le ventre ? De quoi es-tu capable ?*

Le double champion Alex Smith prit le départ juste derrière Francis. Louis Tellier se remit en chasse d'un asile américain à 10 h 40 ; John Anderson ne tarda pas à suivre et une assistance nourrie vint saluer le départ de Ted Ray, sur le coup de 10 h 55. Loin de la contenance joviale qu'on lui avait vue le mercredi, Ted arriva tendu et mal à l'aise. Bernard Darwin, à la demande de lord Northcliffe, était venu suivre son parcours. Pour le plus grand plaisir des spectateurs, le Britannique ouvrit les hostilités par un de ces drives dont il avait le secret. Mais en s'éloignant vers sa balle, il confia à Darwin qu'il avait – chose rare chez lui – très mal dormi.

« Je crains d'avoir trop joué au golf hier.

– Vous vous en sortirez, assura Darwin.

– Oh, que non : je n'ai plus de jus. »

Son par aisé, sur l'exigeant *Polo Field*, sembla d'abord démentir cette prédiction. Mais Ted enchaîna par deux bogeys d'affilée. Il devint alors clair que son assurance au drive, clé de voûte de tout son golf, s'était esquivée au plus obscur de la nuit. Tee après tee, ses premières balles s'ingéniaient à partir dans le décor. Le tour de l'Anglais se mua en un véritable parcours du combattant, réclamant chaque fois toute son intelligence du terrain et toute sa touche de balle pour réparer les dégâts commis au drive. Mais ce n'était pas la première fois que le grognard du golf affrontait un driver en panne ; Ted Ray courba la tête et banda ses forces pour un score à l'arraché, en attendant que son swing revienne.

A l'heure où Ted atteignait son premier green, le petit Wilfred Reid en était au retour, ayant bouclé les neuf premiers trous en 38, soit le par. Reid avait renoué sans peine avec son golf de la veille : solide, étanche, rétif à toute prise de risque. Faisant preuve d'une ténacité qu'on ne lui avait jamais vue jusqu'ici en tournoi, il termina au même rythme, ne commettant qu'un faux pas, au seize, suivi à nouveau de deux pars. Le premier golfeur du jeudi rendit une remarquable carte de 75 et prit d'emblée la tête du tournoi.

La concurrence ne tarda pas à se manifester : trois groupes plus tard, Walter Hagen, après un retour mouvementé – trois birdies, trois pars, trois bogeys –, créait l'exploit en signant une carte de 73. Quand il descendit du dernier green et qu'une meute de reporters, délaissant soudain Reid, encercla la nouvelle tête de classement, Hagen suivit la ligne de conduite qu'il adoptait toujours face à l'imprévu : faire comme si de rien n'était. La presse découvrit bientôt que le jeune gars de Rochester était un client en or et qu'il n'avait pas sa langue dans la poche.

« Comment expliquez-vous cette performance remarquable sur un parcours difficile ? – Eh bien, les gars, c'était le parcours ou moi ; et comme le parcours ne bouge pas, j'ai décidé de parier sur moi. – Vous y voyez un coup de chance ? – Sans un peu de chance, un golfeur est perdu ; avec elle, bon Dieu, il est imbattable ! » (Le « bon Dieu » disparut de tous les comptes rendus.)

Son interview fut l'une des plus longues de la matinée. Le projecteur avait enfin révélé Walter Hagen et n'entendait pas le lâcher de sitôt, même si les reporters s'ingéniaient encore à écorcher son nom.

On annonça aussi les premiers accidents. Jerry Travers, le roi du match-play américain, commit un 78, trahi une fois encore par son driver : Jerry avait visité plus d'arbres sur l'aller qu'une tronçonneuse, pour finir par l'échanger contre un fer sur le retour. Seuls quelques putts, rentrés depuis l'autre bout du green, lui avaient permis de limiter la casse. Malgré son impeccable costume de Park Avenue, c'est un homme aux yeux hagards qui émergea du parcours pour affronter, avec un courageux sourire, une haie de journalistes. Questionné sur cette contre-performance après sa facile victoire à Garden City, Travers eut l'élégance d'aller droit au but : « Le parcours est plus difficile », répondit-il simplement.

Suivit un Tom Vardon déjà mort et enterré avec une carte de 85. Tout ce que la presse put écrire d'aimable à son sujet, c'était que Tom, qui depuis quelques années soignait autant sa mise que son aîné, était rentré du parcours « flambant comme un sou neuf ». Il donna une brève interview en souriant. On n'avait pas grand-chose à lui demander, hormis son avis sur les chances de Harry ; il s'exécuta pourtant de bonne grâce. Du Tom Vardon pur jus : il se saborde au premier tour de l'Open, mais il est content d'avoir participé.

Arrivant au tournant sur un score de 39 qui n'avait, du moins pour un golfeur de sa trempe, rien de reluisant, Harry

Vardon comprit aux acclamations voisines que John McDermott passait à l'attaque. En sept trous, John n'avait joué que vingt-sept coups, trois de mieux que la moyenne de Harry. Il se retourna pour apercevoir l'Américain, le menton dressé, se pavaner au milieu de ses supporters. Son regard croisa les yeux inquiets de lord Northcliffe dans l'assistance : *Voyons, Harry, il serait temps de vous y mettre.* Sourire vardonique et petit signe rassurant de la main.

Il n'y a pas à s'en faire.

Au petit déjeuner, Harry avait prédit à Ted Ray que McDermott n'attendrait pas pour lancer une attaque. Oublie la façon dont il a joué aux éliminatoires, disait-il : ce gosse a besoin d'aller en tête, c'est plus fort que lui. Harry l'avait compris à Shawnee, durant le parcours qu'ils avaient joué côte à côte ; il savait aussi qu'en partant juste devant McDermott, il allait déchaîner le teigneux Américain.

Le sang-froid extraordinaire dont Harry faisait preuve sur le terrain a pu donner l'impression qu'il se souciait uniquement de sa balle au point d'en oublier ses adversaires. Rien n'est moins vrai : aucun golfeur n'a poussé plus loin que lui le sens tactique et la lecture de l'adversaire, de ses mouvements, de la façon d'y répondre. McDermott était un sprinter qui marchait à l'intimidation, dépensant une énergie considérable pour prendre la tête et, une fois là-haut, se nourrissant de son propre succès ; si l'on parvenait à le déstabiliser dans sa lancée, Harry était presque certain que l'Américain ne pourrait pas s'en remettre. Or Johnny ne cessait pas, depuis le premier départ, de lui dépêcher des gamins qui revenaient l'informer trou après trou sur son score, trahissant sa nervosité sur la question.

Dans les neuf trous que les deux hommes s'apprêtaient à jouer, la hauteur de la vision stratégique s'avère déterminante. En laissant, trois semaines plus tôt à Shawnee, filer la coupe dans les mains de McDermott, Harry avait posé un calcul à long terme qui trouvait enfin ses fruits. Aveuglé par la confiance, l'impulsif McDermott s'était jeté la tête la première dans le piège tendu par l'Anglais. Il était temps à présent de lui montrer à qui il avait affaire.

Harry, tout au long de sa carrière, avait su faire jouer à plein ce talent qui le rendait unique : cette capacité, sous la pression croissante du tournoi, à creuser toujours plus profond en lui-même et à y trouver de l'or. Durant les tours de mise en place, il avait noté que non seulement le retour du Country Club se révélait plus facile que l'aller – de trois coups au moins –, mais aussi qu'il convenait mieux à son golf : il entreprit donc de faire jouer cet avantage. Harry réussit le par au dix, un birdie au onze, et puis trois pars d'affilée, sur les trois trous les plus difficiles du retour. À chaque fois, il vit les gamins courir annoncer le résultat à McDermott. Enfin, sur le tee du quinze, un Northcliffe tout excité l'informa que l'Américain était à la peine. Trois putts sur le green du dix, un double bogey au onze... Harry s'engouffra dans la brèche : nouveau birdie au quinze, suivi de deux pars. Derrière, McDermott perdait pied : par, bogey, double bogey.

Quand Harry entra sur le dernier tee, l'avance au départ impressionnante de McDermott avait fondu comme neige au soleil, de six à deux points. Restait à porter le coup de grâce. Harry allait jouer son drive quand des poulets traversèrent l'aire de départ ; qui sait s'ils n'appartenaient pas à la famille Ouimet, juste en face... Harry s'interrompit, ôta son chapeau et salua bien bas les volatiles. Cette réaction très spontanée souleva l'hilarité générale. Son partenaire Tom Bonnar chassa les bestioles et, quand la place fut libre, Harry décocha un drive étincelant, suivi d'une approche qui le posa à six mètres du trou. Il jugea sa ligne, tapa un putt décidé, rentra un birdie aussi meurtrier qu'une estocade. Quand la foule explosa et courut pour le fêter, Harry, toujours soucieux de l'étiquette, les fit taire – le temps que Tom Bonnar, son obscur partenaire, achève son parcours sur un putt de soixante centimètres et rende une carte de... 86. Harry, quant à lui, avait bouclé le retour en 36, égalant le record de Hagen sur les neuf derniers trous ; il signait en tout un 75 et prenait la deuxième place du classement, à égalité avec Wilfred Reid.

McDermott apparut sur ses talons, littéralement à bout de forces, les traits tirés par l'effort démesuré qu'il venait de fournir. Il parvint à sauver le par sur le dix-huit, *Home,* en rentrant un putt de 4,50 mètres. Il bouclait son retour en 38, pour un total de 74, et prit la deuxième place, à un coup devant Vardon et Reid. Mais ses nerfs avaient payé un lourd tribut pour son aller phénoménal : sans passer par la tente de presse, Johnny fendit la masse des reporters, ne répondant que par monosyllabes à un barrage de questions, et se réfugia aux vestiaires. Harry, qui venait de commencer de bonne grâce sa propre interview devant la tente de presse, suivit très attentivement cette retraite. La douleur et l'hébétude se devinaient derrière les traits rigides du champion américain.

Le sourire vardonique reparut : les mâchoires du piège s'étaient refermées sur McDermott.

Mais il y avait beaucoup plus que la déception d'avoir mal joué dans la nervosité maladive et la mauvaise humeur de Johnny. Le champion paranoïaque ne s'en était ouvert à quiconque, pas même à ses parents chez qui il habitait encore ; mais il avait, au cours des semaines précédentes, essuyé de lourdes pertes en bourse. De mauvais placements le privaient pratiquement de deux ans d'économies. Johnny avait donc des raisons autrement plus pressantes que l'honneur du drapeau de vouloir à tout prix une troisième victoire en US Open. S'étant arraché, par miracle, à toute une vie de misère, après deux petites années au sommet, il se retrouvait brutalement rendu à son point de départ : lutter pour survivre.

Mais tandis que le milieu du peloton achevait son parcours, deux Américains venus d'Ecosse, forts d'une lignée immortelle, relevaient le défi lancé par Hagen. Alec Ross avait trente-deux ans : fils d'un maçon des Highlands, Alec avait émigré aux Etats-Unis en 1904 avec son frère aîné Donald, ancien pro et greenkeeper du légendaire links de Royal Dornoch, où il avait été intronisé par le Vieux Tom Morris en personne. Alec connut un succès foudroyant comme professionnel ; il remporta l'US Open en 1907 ; son frère eut moins de réussite et se retira vite du circuit pro. Donald Ross allait devenir, en suivant, l'un des plus grands architectes de parcours américains, le plus grand peut-être. On lui doit plus de trois cents parcours, parmi lesquels Pinehurst, Interlachen ou Oak Hill. Et c'était l'une de ses premières créations, Brae Burn, dans la banlieue de Boston, qui avait accueilli son petit frère Alec comme pro attitré. Ce jeudi matin, après un 39 assez quelconque sur l'aller, Alec Ross ne fit qu'une bouchée du retour. Sur le dix, un par trois, il manqua le trou en un de quelques centimètres ; réussit le par sur le traître onze ; au douze, un trois cent quatre-vingts mètres, son approche finit à moins d'un mètre du trou et il enquilla le putt pour un nouveau birdie... avant d'en signer un troisième au trou suivant. Son unique faux pas, durant ce retour, fut un bogey au seize. Cela ne l'empêcha pas de boucler les neuf sur un prodigieux score de 32, prenant la première place avec 71, et égalant du même coup le record du Country Club, vieux de quatre ans.

Un peu plus tard, Macdonald Smith, vingt-deux ans, réussit à son tour un 71 non moins brillant, quoique plus régulier. Mac Smith venait de s'établir à Westchester, dans l'Etat de New York, après avoir commencé sa carrière en Californie. Son swing était l'un des plus admirés après celui de Vardon. Il faut dire que, malgré son jeune âge, le golfeur avait déjà respiré l'air raréfié des sommets golfiques, finissant troisième à l'Open 1910 pour disputer le play-off avec son frère aîné Alex et Johnny McDermott. On lui avait depuis lors prédit les plus grands exploits. Aussi son apparition en tête du classement au Country Club ne surprit-elle guère les initiés. On notera que, des années plus tard, le crooner Bing Crosby, amateur averti s'il en fut, continuait de prêter à Macdonald Smith le plus beau swing de tous les temps.

Le dernier des Américains de souche ne s'avouait pas encore vaincu. Résolu à conquérir, sur son propre fief, ce trophée qui lui avait échappé de si peu les dernières fois, le Bostonien Tom McNamara effectua un aller non moins efficace. Tom était un joueur solide et régulier qu'on voyait toujours rôder aux portes des grands tournois ; mais par une succession peu commune de malchances, celles-ci se fermaient toujours à son nez. La série noire avait commencé à l'Open 1909, avec l'insolation qui lui avait fait perdre ses moyens sur les neuf derniers trous du tournoi. Pour l'édition 1913, Tom avait déjà essuyé le mardi une pénalité oiseuse par la faute du caddie de son partenaire. Il croyait fermement en avoir fini – pour cette année du moins – avec la guigne : en quoi il se trompait.

Sur le dix, un par trois, il décocha un splendide coup de fer en plein sur le drapeau. La balle retomba à soixante centimètres du trou... et s'enterra presque entièrement à l'impact. Peut-être aurez-vous du mal à le croire, mais il n'y avait pas un seul article, dans les règles de l'époque, pour traiter ce cas particulier : il n'y en aurait pas, en fait, avant 1960. Tenu de jouer la balle comme elle reposait, Tom dut perdre un coup à l'exhumer au mashie : il joua remarquablement bien compte tenu des circonstances, l'envoyant à quarante-cinq centimètres à peine du trou. Mais elle était maintenant recouverte d'une épaisse couche de boue... Et la règle autorisant le golfeur à nettoyer sa balle avant de la replacer n'existait pas encore ! Quand Tom voulut la rentrer, elle partit en oblique et, au lieu du birdie qui lui appartenait en droit, le golfeur malchanceux signa un bogey.

Si McNamara n'était pas encore certain d'être maudit, le petit par quatre *Maiden*, le treize, se chargea de lever toute ambiguïté. Cela commença par un drive superbe, suivi d'un nouveau coup de fer extraordinaire, qui culmina avant de retomber droit sur le drapeau. La balle s'abattit lourdement à deux pas du trou, laissa une marque profonde dans l'herbe, et l'effet rétro la ramena d'une trentaine de centimètres en arrière. McNamara s'était ménagé un putt de moins d'un mètre, droit contre la pente, un birdie presque assuré... Sauf qu'entre sa balle et le trou s'ouvrait maintenant la marque profonde qu'avait laissée sa balle à l'impact. Vous l'aurez deviné, les règles de 1913 n'autorisaient pas un golfeur à remettre son divot en place *avant* d'avoir joué son putt. Tom examina la situation, comprit qu'il ne pourrait pas éviter la marque au putting et décida donc de la lever en chip par-dessus l'impact. Il manqua le trou et dut se contenter d'un par au lieu du birdie presque assuré qu'il méritait. Malgré cette succession d'infortunes qui aurait sûrement abattu un golfeur plus fragile, Tom acheva son parcours au meilleur de son golf et rendit une carte de 73, à égalité avec Walter Hagen pour la troisième place. S'il avait joué selon les règles plus accommodantes de l'USGA d'aujourd'hui, Tom McNamara aurait fini seul en tête et fait tomber le record du Country Club avec un score de 70...

Durant sa courte vie, Eddie Lowery avait vu Francis jouer deux parcours entiers de golf, plus trois trous. Il y avait, dans le lot, de bons coups, d'autres moyens, et de vraies catastrophes, comme justement les trois derniers. Mais jamais Eddie n'avait vu Francis s'enflammer pour de bon. Vers 11 h 30, la rumeur se répandit que les scores fondaient et que plusieurs joueurs semblaient bien partis pour détrôner les têtes de liste provisoires. Eddie comprit que si son golfeur ne sortait pas de l'ornière où il semblait s'être enfoncé, il n'allait pas tarder à se faire dépasser par tout le peloton – et Eddie à retrouver les bancs de l'école. Il se creusa donc la cervelle pour trouver, parmi une réserve de souvenirs encore limitée, le conseil qui porterait. « Bon, Francis, il faut se calmer. Qu'est-ce qu'on peut faire pour redresser la barre ? »

Quand un joueur, durant un match ou un tournoi, sent la partie lui échapper, il aboutit tôt ou tard à un point de non-retour : soit il parvient à inverser la vapeur tout de suite, soit il peut dire adieu à la victoire. Francis Ouimet avait le dos au mur et il le savait.

Il regarda son caddie. Il se mit à sourire :

« Eh bien, je crois qu'il va falloir que je joue mieux.

– Ça me paraît un bon début », rétorqua Eddie.

En arrivant au quatre, le petit caddie remarqua le début d'un changement chez son golfeur. Il marchait plus résolument. Une lueur concentrée montait enfin dans son regard, qui était resté jusqu'ici vague. A l'adresse, le dos était plus droit. La différence restait subtile et eût sans doute échappé à un observateur moins averti : mais aux yeux d'Eddie, Francis n'était plus le même homme.

Son drive explosa comme une bombe ; son approche trouva le green ; deux putts lui donnèrent le par, son premier de la journée. Idem au cinq, puis au six, toujours plus vite à mesure que son golf montait en puissance. De nouveau, il marchait penché en avant ; il souriait, il respirait la résolution. La sagesse de Vardon l'inspirait : Francis ne perdit pas son énergie à échanger de menus propos avec son partenaire Karl Keffer. Eddie ne lui dit presque rien en dehors de son mantra : « La tête basse » ; il devinait que rien d'autre n'aurait pu percer ce champ de force dont le golfeur avait su s'entourer.

Certes, le swing de Francis n'avait pas encore recouvré cette liberté, cette aisance qu'il avait découvertes à ses meilleurs moments, durant l'été, mais il y a d'autres façons de négocier un parcours que par la pureté de l'innocence. Pour survivre à ce premier tour, il lui faudrait aller au charbon et jouer un golf de tâcheron, attentif à chaque coup, un golf où les pars s'arracheraient à force de sueur, de volonté, d'obstination. Ce fut par cet exploit qu'il conquit la foule. Sa petite sœur Louise et son frère Raymond étaient venus le voir ce matin-là ; le parcours de Francis fut pour eux une révélation à la fois exaltante et troublante : ainsi donc, l'enfant qu'ils avaient toujours connu insouciant et heureux leur avait caché son autre visage – et c'était celui d'un héros. A leurs côtés, nombre de spectateurs, même s'ils ne connaissaient rien au golf, furent sensibles à cette transformation. Ils virent Francis monter sur le green et rentrer proprement sa balle au sept, recommencer au huit, et à nouveau au neuf : trois pars appliqués et laborieux. Il bouclait l'aller en 41 : il n'avait pas perdu un seul coup après ses trois premiers trous ratés.

Tandis qu'il luttait pour rester dans la course, sa concentration et son équilibre étaient absolus. S'il n'avait pas encore recouvré tous ses moyens golfiques, il ne fait aucun doute qu'il en avait déjà l'attitude. Vardon venait de finir son parcours quand Francis se présenta sur le tee du dix. Le bruit se répandit que le jeune Ouimet était à nouveau en piste : les supporters américains arrivèrent en masse du club-house. Eddie estima que leur nombre avait grossi d'au moins trois cents têtes depuis leur départ. Francis ne les remarqua même pas.

Comme beaucoup de golfeurs en lice, Francis jouait mieux à un rythme soutenu. Le style de l'époque n'avait rien à voir avec le golf stratégique, médité coup après coup, que nous connaissons aujourd'hui en tournoi professionnel. On arrivait devant sa balle, on jaugeait la situation d'un regard, on jouait son coup. Le choix du club lui-même reposait surtout sur l'intuition et l'on se contentait souvent d'une vague estimation de la distance. Le golfeur se fiait plus à ses yeux qu'à un relevé topographique ; il était rare de voir un joueur prendre le temps d'analyser un putt sous tous les angles. En 1913, un parcours de l'US Open durait, en moyenne, trois heures et demie ; un impatient comme Ted Ray le bouclait en moins de trois heures.

Francis poursuivit son retour au pas de charge. Un birdie au quinze, un par cinq, lui permit de regagner l'un des coups qu'il avait perdus, mais il dut le céder au trou suivant, pour son seul impair du retour : sa balle finit sur la lèvre d'un bunker qui défendait le green de ce par trois. Une sortie et deux putts lui donnèrent un bogey. Au lieu de s'en vouloir, Francis se contenta d'inspirer profondément tout en approchant du dix-sept. Ils attendirent que l'assistance, au-devant d'eux, dégage le fairway. Eddie surprit Francis qui regardait, derrière un rideau d'arbres, sa maison de Clyde Street. Ce qu'il vit ou pensa ne fit que le renforcer dans sa résolution.

Sans un mot, il expédia sa balle au-delà du bunker protégeant le flanc gauche du dogleg ; un petit fer le posa sur le green – un green à deux niveaux et, de l'avis général, le plus difficile du parcours – où deux putts lui donnèrent le par. Un dernier trou à suivre. Sur l'aire de départ, Francis était attendu par la plus grande foule qu'il eût jamais vue. L'assistance courait tout le long du fairway, pratiquement jusqu'au green.

« Il y en a, du monde », observa Eddie.

Francis ne les regarda même pas. Il expédia son drive en plein fairway ; son approche trouva le green ; deux putts lui donnèrent le par. La foule l'acclama. Francis n'en finissait plus de sourire, tout à son soulagement. Après un début de parcours catastrophique, durant son tout premier tour en Open, il avait joué les quinze derniers trous en régulation pour rendre une carte de 77. Il signait la deuxième performance du matin pour un amateur (derrière le New-Yorkais Fred Herreshoff) ; certes, il restait à six coups du leader, mais il était indiscutablement revenu dans la course.

Peu après que Francis eut fait valider sa carte, Louis Tellier réussissait avec brio le premier quart de sa conquête américaine, sur une carte de 76. Le Français avait suivi, avec un égal succès, les traces de son beau-frère Wilfred Reid : un golf prudent et appliqué, privilégiant la précision sur la distance, qui s'accommodait bien des terrains étroits de l'US Open. Plus important encore pour ses ambitions à long terme, l'affable Tellier avait su gagner les sympathies de plusieurs personnalités du Country Club.

Les efforts conjugués des McDermott, McNamara, Mac Smith, Alec Ross, Walter Hagen et Francis Ouimet avaient redonné quelques couleurs aux supporters américains ; s'y ajoutèrent un solide 74 de « Long » Jim Barnes, un 75 signé par le champion de l'US Open 1909, George Sargent, et le 72 d'un certain Jack Croke, pro américain dont on ne savait rien. Quand, sur le coup de treize heures, Wilfred Reid entra de nouveau sur le départ pour ouvrir le deuxième tour, tous les regards étaient braqués sur le dernier cuirassé britannique à revenir au port : là encore, les Américains ne purent y trouver que des raisons d'espérer.

La prophétie de Ted Ray s'était pleinement réalisée. Manquant ses drives aussi bien que ses putts, le Britannique joua le pire golf de son séjour bostonien. Face à ces insuccès répétés, aux prises avec ses nerfs, le colosse d'ordinaire si jovial se laissait gagner par une irritation grandissante. La chaleur l'accablait ; des commissaires aboyaient dans un porte-voix au moment où il levait son club ; le public s'agitait sans cesse. Tirant comme jamais sur sa bouffarde, le Jersiais commit un double bogey sur le neuf, manqua un putt d'un mètre au onze, un autre de soixante centimètres au douze. Il laissa passer une occasion de birdie facile au quinze, signa un bogey sur le seize, réussit à grappiller deux petits pars sur les derniers trous. Au lieu de se mêler à l'assistance comme il l'avait fait le mercredi, il quitta en trombe le green du dix-huit et alla se réfugier aux vestiaires. Un reporter, qui l'avait interviewé à plusieurs reprises dans la semaine, voulut recueillir ses impressions à chaud : Ted se contenta de grogner qu'il n'avait pas envie de revenir sur le parcours qu'il venait de jouer. Un autre lui tomba dessus au sortir des vestiaires ; il commit l'erreur de lui dire qu'avec sa carte de 79 il se retrouvait à huit coups des premiers.

« Eh bien, je tâcherai de marquer soixante-dix la prochaine fois ! aboya Ted. Il faudra peut-être que je fasse des courbettes à ma balle chaque fois qu'elle refusera d'aller où je veux, qu'est-ce que vous voulez que je vous dise ? »

Le plumitif bégaya une excuse et battit en retraite. Bernard Darwin, qui arrivait à cet instant pour interroger lui aussi le Britannique, opéra aussitôt une volte-face stratégique vers la buvette. Lord Northcliffe lui-même, bien que se rongeant les sangs et brûlant de dispenser à son champion des conseils qu'on ne lui demandait pas, choisit à contrecœur de garder le silence.

Le dernier golfeur de la matinée, Herbert Strong, un pro anglais expatrié de trente-quatre ans, dut jouer son parcours seul en raison du nombre impair de concurrents. Il arriva sur le coup de quinze heures et rendit une carte de 75, apportant une touche finale à l'offensive américaine. Parmi les champions de souche, seul Mike Brady n'avait pas répondu présent : il signait un 83 peu reluisant.

Il y avait de quoi se réjouir : le golf américain dominait le classement, pas un seul Britannique en vue avant Reid et Vardon qui se disputaient la septième place. Ted Ray, à la vingt-neuvième, s'était largement fait rattraper et ne réussirait peut-être pas le cut. Au Country Club, les fibres patriotiques vibraient de concert : ce but qui avait semblé inaccessible aux Américains la veille encore paraissait tout d'un coup à portée de main. Dans le brouhaha des vestiaires, les golfeurs du cru se serraient les coudes et se félicitaient à mi-voix. Francis arborait son plus radieux sourire, tout heureux de découvrir qu'aux yeux de ses pairs, il avait su tenir sa place. Hagen allait de l'un à l'autre, motivant les troupes, les exhortant à faire aussi bien l'après-midi, à ne pas relâcher la pression. Ces adeptes d'un sport hautement solitaire communiaient dans une solidarité qu'ils n'avaient jamais connue de leur carrière. Même le sinistre McDermott parut sensible à l'excitation générale : on l'entendit chuchoter que ce premier tour préfigurait peut-être un nouveau Shawnee. Le rêve américain tutoyait des sommets.

La réalité ne tarda pas à reprendre ses droits.

Le soir venu, cette heure enthousiaste aux vestiaires n'était plus qu'un lointain souvenir. Wilfred Reid fut le premier à doucher les espoirs yankees. Ce petit homme replet, où beaucoup avaient vu un faiseur durant la semaine, se révéla cet après-midi-là d'une trempe autrement coriace. « L'Angleterre a de la chance de compter Wilfred dans ses rangs », devait confier lord Northcliffe à Bernard Darwin en apprenant les exploits de Reid. Darwin, qui savait bien que le golfeur n'avait d'autre ambition que sa carrière personnelle, ne jugea pas utile de détromper son employeur.

Dans ses deux parcours du jeudi, Reid tint le rôle du lièvre à la perfection : il partit parmi les premiers et établit un score à l'aune duquel le reste des joueurs devrait se mesurer. Reid n'excellait pas au drive, mais il avait l'intelligence de connaître ses limites : aussi jouait-il la prudence sur le tee, s'appuyant ensuite sur un jeu de fers d'une précision mortelle afin de combler son retard. Pour ajouter à cette panoplie, il rentra à six reprises des putts de plus de trois mètres et n'en manqua pas un seul au-dessous de cette distance. En d'autres termes, Reid pratiquait déjà la stratégie qui a fini par s'imposer, aujourd'hui, comme la plus payante en Open. Modèle d'application et de constance, il signa 36 sur l'aller comme au retour, pour une carte de 72 – soit deux au-dessous du par – et un total de 147 pour la journée.

A de rares exceptions près, la performance américaine de l'après-midi peut se résumer d'un mot : la panne. Si l'on ajoute aux difficultés intrinsèques d'un parcours de golf les conditions éprouvantes d'un grand tournoi, on est à peu près assuré qu'en Open, sur quatre tours, un joueur enregistrera au moins une contre-performance. Mais personne au Country Club n'aurait pu se douter que tous les Américains de souche allaient signer la leur en même temps ! Les raisons de cet échec collectif demeurent mystérieuses ; sans doute la psychologie de groupe a-t-elle joué. Il est toujours plus facile de tenir le rôle du challenger, et leur succès prématuré parut priver les Américains de toute audace. On aurait dit qu'ils cherchaient, sans conviction, à préserver une avance qu'ils n'estimaient pas vraiment méritée : et comme des resquilleurs pris la main dans le sac, l'un après l'autre, ils la restituaient en baissant la tête.

Ce fut Walter Hagen qui donna le signal en cédant, après un aller solide, à un accès de nervosité des plus inhabituels pour lui. Un drive superbe lui donna l'occasion de tenter le green du neuf, un par cinq de quatre cent soixante-quinze mètres, dès son deuxième coup. Hagen choisit de jouer court du vert et mit dans les arbres son approche timide. Il réussit à retrouver le green et conclut le trou sur un bogey. Il bouclait ainsi son aller un coup seulement au-dessus du par ; mais la mèche du doute venait de percer le coffre-fort de son crâne. Hagen ne s'effondra pas pour autant. Il perdit petit à petit sa confiance, comme par une artère sectionnée, et se mit à enfiler les bogeys comme des perles. Il rentra en 40, quatre au-dessus du par, pour un 78 bien décevant après sa carte de 73 le matin même. S'il affectait toujours la nonchalance d'un touriste au casino, Hagen était au fond un compétiteur acharné. Même à cette époque où sa carrière n'était encore que balbutiante, Walter ne connaissait qu'une place qui en valût la peine : la première. Il fit le malin devant la presse (« C'est le même parcours pour tout le monde, les gars ; on les aura demain »), se retira aux vestiaires et faillit passer son poing à travers le mur.

Le climat venait encore compliquer les choses : le thermomètre ne cessa de grimper tout l'après-midi, s'accompagnant d'une humidité croissante. L'air devint aussi étouffant que la tension, changeant ce deuxième tour en épreuve d'endurance aussi bien que de nerfs. Jerry Travers, champion national amateur, entama son deuxième dix-huit en format stroke-play avec toute l'allégresse d'un condamné partant pour la potence. Malgré le soutien d'un public toujours fidèle, il effectua une prestation non moins boiteuse et rendit, une fois de plus, une carte de 78. A mi-chemin du tournoi, le favori américain accusait neuf coups de retard sur Wilfred Reid.

Les trois hommes qui, le matin, avaient créé une énorme surprise dans le camp américain firent aussi bien... dans la déception. Un Mac Smith en totale déroute effectua un aller catastrophique en 44 ; se ressaisit au tournant ; boucla le retour en un impeccable 35. Son score à la moitié du tournoi : 71-79, au total 150, trois coups derrière Reid. Alec Ross, dans une veine similaire, parvint à perfectionner le désastre : 45 sur l'aller, 35 au retour pour un total de 80. Quant à Jack Croke, le pro inconnu qui avait réussi un 72 inopiné, il retomba sans surprise dans l'anonymat après une carte de 83 : on n'entendit plus parler de lui. A mi-chemin du deuxième tour, le jeudi après-midi, une moitié des têtes américaines du classement s'était déjà fait rattraper.

Au milieu de ce trio en déroute, Harry Vardon, sans état d'âme, fit son travail – en l'occurrence, un dix-huit étincelant de plus. Harry avait trop d'expérience pour croire aux éloges démesurés dont la presse l'accablait régulièrement ; et il accueillait dans la même indifférence les rumeurs de sa chute imminente. On était au golf, sport où les trophées et les prix ne tombent qu'après le quatrième tour. Le Britannique, imperturbable, pratiqua ce golf impérial qu'il jouait déjà quand la plupart des Américains étaient encore sur les bancs de l'école. Sa main droite lui coûta bien deux petits putts sur le retour ; malgré cela, il signa 37 et 35 pour une carte de 72. Il enjambait d'un seul coup six Américains pour aller disputer la première place à Wilfred Reid, avec 147.

Quant au jeune John McDermott, c'était la deuxième fois de la journée qu'il prenait le départ sur les talons de Vardon ; mais cette même position produisit maintenant des effets tout autres. Sous ses yeux, le matin même, son ennemi juré avait encaissé sans ciller ses plus terribles attaques. Son coup d'avance sur le Britannique ne lui servirait pas à grand-chose. Sa tactique d'intimidation éclair avait échoué : Harry Vardon n'était plus celui qu'il avait battu trois semaines plus tôt à Shawnee. Et au fil des heures, il devint clair que Johnny n'avait pas de plan de rechange.

Après avoir joué les quatre premiers trous au par, Johnny monta sur le green du cinquième en deux coups. Arrivé à 4,60 mètres du drapeau, il mit quatre putts à rentrer sa balle – dont les deux derniers à moins de trente centimètres. A partir de cet instant, son venin reflua et, au lieu de s'épancher contre Vardon, les Anglais, le monde entier, revint corroder son esprit fragile. On ne fait pas de miracle quand le doute s'instille. Voyant son parcours lui échapper, McDermott se sentit tenu de prendre toujours plus de risques ; ceux-ci ne payant pas, une colère irrépressible ne tarda pas à l'aveugler. Il criait de rage en voyant dévier ses balles, tapait ses clubs dans la terre, en jeta même un contre un arbre : tout lui était bon pour tenter de se secouer, de sortir de cette agitation impuissante. Mais ses drives ne voulaient toujours pas filer droit ; ses putts ne voulaient pas rentrer. Il boucla son parcours en 79, six coups derrière Vardon et Reid.

Ayant quitté le dix-huitième green avec les nerfs en pelote et sa confiance en lambeaux, McDermott aperçut un Vardon impeccable, la pipe à la main, qui bavardait aimablement avec les journalistes sous la tente de presse. Ce spectacle suffit à le chasser droit dans les vestiaires. Il refusa une fois encore toute déclaration, n'adressa même pas la parole aux autres joueurs. Il passa une demi-heure immobile devant son casier, serrant sa tête à deux mains comme s'il avait voulu empêcher l'impensable de jaillir de son crâne. Peu après, il retournait à son hôtel sans avoir parlé à quiconque.

Jerry Travers se traîna jusqu'au club-house après avoir sué sang et eau pour une nouvelle carte de 78. Neuf coups à mi-chemin d'un Open, c'est encore rattrapable, mais Jerry avait compris que son swing ne reviendrait pas de la semaine : tous ses espoirs étaient en salle de réanimation. Le pro du Massachusetts Mike Brady, éreinté au premier tour, tenta quant à lui une remontée. Il signa une bonne carte de 74 qui le replaçait, de justesse, dans la course, à dix coups de la tête. Pendant ce temps, Tom McNamara prenait un ascenseur direct pour la cave. Tom avait fini par produire un golf aussi calamiteux que sa déveine chronique : il boucla son parcours en 86 et dut remettre au placard ses rêves de trophée. Peu après, l'un des seuls pros américains à avoir répondu présent cet après-midi-là donna un aperçu de ses performances dans les années à venir : « Long » Jim Barnes signa un 76 pour disputer à Mac Smith la deuxième place. Le tenant du titre 1909, George Sargent, rendit lui aussi une carte de 76 pour rejoindre, un coup derrière Barnes et Smith, la troisième place ex aequo avec Alec Ross.

Les deux amis amateurs de Francis oublièrent eux aussi leurs espoirs. Heinrich Schmidt accusait dix-neuf coups de retard au terme de son deuxième tour, ce qui lui interdisait de franchir la barre du troisième : il se consacra dès lors à sa chronique du tournoi. De même, John Anderson qui, à treize coups de la tête, pouvait encore passer le cut, préféra se retirer en invoquant des raisons professionnelles. John avait compris qu'il n'avait plus aucune chance de gagner et le journaliste en lui souhaitait creuser un sujet très prometteur : parti deux groupes derrière Francis Ouimet, il avait eu en effet tout loisir de voir à l'œuvre son jeune ami.

Après un déjeuner aux vestiaires, Francis se présenta sur le départ vers quinze heures. On n'avait pas encore affiché les résultats : ni lui ni Eddie ne connaissaient la déroute des premiers Américains. Francis n'était concentré que sur un but : éviter que ne se répète son mauvais départ du matin. Sitôt devant sa balle, il recouvra grâce et vision. Il savait, dès son swing d'essai, où le coup s'en irait : de fait, la balle atterrit à trente centimètres du point qu'il avait visualisé.

Ça va bien se passer, songea Francis.

C'est aujourd'hui qu'il signe un 72, songea Eddie.

C'était le même Francis que celui qui avait émergé cet été-là, survolant Wollaston avant de remporter l'Amateur du Massachusetts ; celui qui avait combattu pied à pied contre Travers à Garden City. Francis fit un birdie sur *Polo Field*, signa un par facile au deux, puis deux nouveaux birdies sur les deux trous suivants. Sur quatre trous, il améliorait sa performance de six coups... Cela ne s'arrêta pas là. Il ne perdit que deux coups sur les quatre trous suivants et conclut cet aller difficile par un birdie au neuf pour un total de 36, deux au-dessous du par... Le feu sacré.

« Un sérieux client, le gosse », murmura-t-on dans le public quand, sur le green du neuf, il rentra un putt de plus de trois mètres. « Je vous crois », rétorqua Eddie entre ses dents.

Tandis que les joueurs commençaient à remballer, leurs caddies délaissèrent la bière de rigueur à la buvette pour courir assister au parcours de Francis. Les gosses du Country Club allaient en bande, suivant le jeune Américain dont ils étaient presque tous d'anciens collègues, et applaudissant les premiers à ses exploits. Ces fils d'ouvriers, ces jeunes déracinés vagabondant aux marges du golf s'étaient approprié la quête de Francis. Pour la première fois de l'histoire, un golfeur issu de leurs rangs portait leurs couleurs en championnat national. En retour, le soutien de ce public comptait énormément pour Francis : car il savait ce qu'était la vie de l'autre côté de la rue. Véritables intouchables dans les castes du golf, les caddies venaient de rien et ils n'iraient nulle part, malgré tous leurs discours et leurs châteaux en Espagne. Si Francis ne devait accomplir qu'une seule chose dans ce tournoi, que ce fût de leur donner une raison d'y croire ; de leur prouver qu'on peut s'en sortir à force de volonté. Incarnation de l'Espoir, Francis les entraîna derrière lui, tout au long du retour, comme le joueur de flûte de Hamelin. Il négocia le passage le plus difficile, entre le douze et le quinze, en un coup seulement au-dessus du par. Arrivé au trou le plus facile du tournoi – le seize, *Clyde*, un court par trois –, il n'avait plus que deux coups de retard sur Reid et Vardon. Aucun Américain n'avait approché de si près les champions britanniques depuis deux heures.

Clyde est situé dans un angle du terrain, près de l'entrée de Clyde Street : le départ tourne le dos au club-house. Long de cent quatorze mètres, c'est le trou le moins exigeant du parcours. Un grand bunker frontal défend un drapeau en fond de green ; ce jour-là, on avait déplacé le drapeau sur le centre gauche, l'un des emplacements les plus aisés à atteindre. Le seul vrai danger résidait derrière le green : à cinq pas à peine, on tombait hors limites. En attendant que le groupe au-devant cède la place, Francis remarqua son frère et sa sœur qui lui faisaient des signes dans l'assistance. Puis son regard fut attiré vers sa maison, qu'on apercevait derrière les arbres à droite. Il y surprit un spectacle nettement moins réconfortant : son père qui rentrait du travail, de l'autre côté de la rue, à deux cents mètres de là. Debout sur la terrasse, Arthur se retourna pour regarder en direction du seize. Francis n'aurait su dire s'il l'avait vu, mais peu importait. Eddie n'avait pas remarqué ce regard et il ignorait tout des dégâts terribles que ce père était capable d'infliger au mental de son fils : mais la déconcentration passagère de son joueur ne lui échappa pas. Brusquement, le soleil se voilait : le regard de Francis devint terne. Eddie tira le mashie du sac et le tendit. « La tête basse, hein. Je m'occupe de la suivre. »

Francis mit plus longtemps que d'habitude à adresser la balle. Son placement et sa préparation parurent bien chaotiques au jeune caddie. Francis s'immobilisa, baissa les yeux sur son club comme s'il remettait son choix en cause ; il joua son swing sans aucune conviction. La balle monta au ciel. Il sembla un instant qu'elle allait retomber sur le green, mais, tout comme le matin, elle trouva un coin du bunker. Cette fois-ci, au lieu de rebondir, elle s'y enfouit presque entièrement à l'impact.

Francis examina son lie. On était vingt ans avant l'invention du sand-wedge, conçu précisément pour ce genre de coup. La seule solution, face à une balle ensablée, était d'y aller au mashie, en fermant bien la face de club pour réduire le loft. Il n'y avait plus qu'à taper de toutes ses forces en priant pour qu'elle sorte, car on ne pouvait presque rien contrôler dans un coup comme celui-là. Francis s'y essaya : la balle sortit bien de sa tombe, mais elle heurta la lèvre du bunker et retomba sur le sable. Décidé à la poser près du drapeau et sauver un bogey, Francis ouvrit maintenant sa face de club et tapa trois centimètres derrière la balle, pour une sortie classique en explosion. La balle décolla au-dessus du bunker, monta trop haut, retomba 3,60 mètres derrière le trou. Francis prit soigneusement sa ligne, mais le putt ne voulut pas rentrer. Double bogey. Quatre coups de retard sur les Anglais.

« Oublie le seize : il est joué, maintenant, lui conseilla Eddie.

– Tu as raison.

– Plus que deux trous. Les champions soignent toujours leur fin de parcours. » Eddie l'avait lu quelque part.

« Un coup à la fois, Eddie.

– Exactement », répondit le gamin. Et il tira le driver.

Francis résista à l'envie de se retourner vers sa maison, qu'on voyait encore mieux depuis le départ du dix-sept. Il s'efforçait de retrouver la clé de son swing. *Réfléchis, Francis, réfléchis. Que fais-tu lorsque les émotions commencent à prendre le dessus ? Sur quoi te concentrer ?*

Je le connais, ce parcours ; je le connais mieux que quiconque. Je sais exactement comment jouer chacun de ces dix-huit trous : j'en connais tous les pièges, chaque faux rebond des fairways, chaque tourbillon de vent entre les arbres. Ce dix-sept, je l'aperçois depuis ma fenêtre depuis que j'ai quatre ans.

« Le driver », réclama-t-il.

L'enfant lui remit le bois 1, qu'il avait déjà sorti.

« Par la droite, loin de l'obstacle.

– Ça me paraît très bien », répondit Eddie.

Francis joua un swing d'essai ralenti ; il logea sa balle exactement où il voulait, sur la droite du fairway, loin du bunker défendant le coude du dogleg. Ils allèrent voir la balle : bon lie, vue dégagée, un peu moins de cent soixante mètres jusqu'au green.

« Le mashie, demanda Francis.

– Attention à ne pas dépasser le trou. »

Francis adressa la balle, visualisa le coup, le fit devenir réalité : une belle approche au fer long qui atterrit juste devant le green, monta sur le vert et s'arrêta bien avant le drapeau. Il joua un putt d'approche court, pour ne pas risquer de prendre la pente ; son tap-in lui donna le par. L'assistance applaudit. Francis enchaîna sur un autre par solide au dix-huit. Il finissait en 74, rejoignant Alec Ross, Walter Hagen et George Sargent à la cinquième place pour un total de 151.

« Désolé, Eddie, s'excusa-t-il quand ils se furent éloignés de la foule. Si je n'avais pas loupé le seize, je te les aurais donnés, tes 72.

– Ce n'est pas grave. On les fera demain. »

Louis Tellier, l'un des derniers prétendants à jouer, garda vivaces les espoirs de la France et les siens en réitérant sa performance du matin sur une carte de 76. Mais son parcours, une fois de plus, passa inaperçu car derrière le rideau des arbres, d'incessantes explosions de sifflets et d'acclamations ne cessaient de détourner ses spectateurs. Ces derniers ne regrettèrent pas leur désertion : trois groupes plus loin, une assistance médusée regardait passer, comme un tonnerre, une locomotive nommée Ted Ray.

Ted avait passé une heure à fulminer avant d'entrer sur le départ remonté comme une pendule. Le sourcil froncé, la pipe fumant à plein régime, l'Anglais manqua pulvériser sa balle ; et il s'éloigna sur le fairway à grands pas, entraînant à sa suite une foule que certains chroniqueurs ont estimée à six mille personnes. Avec l'œil enflammé d'un prophète fou menant ses ouailles en Terre Promise, Ray retroussa ses manches et mit KO le

Country Club d'un direct du droit. Il monta sur le green de *Polo Field* en deux coups ; deux putts plus tard, il tenait son birdie. Sur le deux, son drive manqua de peu trouver le green ; Ted monta en chip et enquilla directement un putt de neuf mètres pour un nouveau birdie. Au six, il réussit un chip-in depuis la bordure : birdie. Il manqua le quatrième d'un centimètre, sur le sept. Six pars, trois birdies : Ted Ray effectua l'aller en 35, le score le plus bas jamais enregistré sur les neuf premiers trous du Country Club... En vingt ans d'existence.

A mesure que la rumeur de ses exploits se propageait, les spectateurs s'arrachaient aux autres parties pour courir voir cette dégelée que le fort des Halles administrait à l'US Open. Ils ne furent pas déçus. Ted signa le par sur le dix et sur le onze. Puis, au douze – un par cinq de trois cent quatre-vingt-huit mètres –, il fit fuser un drive kilométrique qui survola l'assistance, le coude du dogleg, les bunkers et les arbres, pour atterrir en plein milieu du fairway, à une petite centaine de mètres du green. Son coup de niblick fila droit sur le drapeau pour se poser à trois mètres. Ted déboula devant sa balle, y jeta un coup d'œil à peine et rentra sans ciller son putt pour l'eagle.

On commençait à murmurer qu'il semblait bien parti pour faire tomber le record du parcours, 71 : et même, tant qu'il y était, pour descendre sous les 70 : inouï ! Avec cet assaut furieux, Ted n'avait pas seulement recouvré son meilleur golf, mais aussi son sens de l'humour. Quand un putt qui semblait faisable refusait de rentrer, il s'inclinait, chapeau bas, devant sa balle, tout comme il l'avait suggéré d'un ton sarcastique au journaliste. Ted jouait à un tel niveau que cela ne se produisit qu'à deux reprises, mais la foule jubila chaque fois. Il entrait sur le départ du treize quand Harry Vardon rejoignit Northcliffe et Darwin dans les galeries. Vardon regarda son compatriote tirer un nouveau boulet de canon et partir à grands pas derrière sa balle, comme pour lui régler définitivement son compte : « Je vois que Ted s'est réveillé », observa-t-il sobrement.

Allait-il franchir le record ? Ted assura le par sur le treize ; faillit trouver le green en deux au trou suivant, mais son approche arriva trop court et le chip lui coûta le birdie. Il se créa une nouvelle occasion dès le quinze : mais son putt de dix-huit mètres dépassa le trou d'un peu plus d'un mètre et Ted manqua le retour, sa seule erreur de tout l'après-midi. Ted ne craqua pas pour autant : il s'inclina encore une fois devant sa balle avant de jouer son tap-in pour le bogey, sous les acclamations. A trois trous de l'arrivée, il lui fallait encore un birdie pour descendre sous les 70. Il n'en trouva pas d'occasion véritable avant le dix-huit.

Les spectateurs se massaient tout au long des trois cent soixante-quinze mètres : quand un nouveau drive démesuré, suivi d'une approche chirurgicale, permit à Ted de se poser 1,50 mètre au-dessous du trou, ce fut l'explosion. L'Anglais se retrouvait en passe de signer un 69 sur le parcours ! Sur la terrasse et aux balcons du club-house, on se bousculait pour mieux voir. Dix rangs de têtes entouraient le green du dix-huit, *Home*. Ted laissa finir son partenaire avant de mettre ce qui parut une éternité – presque une minute – à juger sa ligne. Il se campa sur sa balle et finit par jouer le coup. La balle fila droit sur le trou, vacilla sur la fin, dévia d'un cheveu à droite, s'arrêtant au bord du trou. Ted attendit qu'elle tombe : en vain. Il joua son tap-in avec un accablement sincère.

Il venait tout bonnement de battre le record du Country Club – et ce, sous la pression d'un l'US Open. Il venait, du même coup, d'enjamber une bonne partie du peloton pour se propulser directement de la vingt-neuvième à la deuxième place, n'accusant plus que deux coups de retard sur Harry et Wilfred Reid. Mais si Vardon avait pour devise « Ne jamais désespérer », Ted aurait pu revendiquer pour sienne : « Jamais content. » Dans les interviews qu'il donna juste après, il parla surtout de sa contre-performance du matin ou de ce dernier putt qui n'avait pas voulu rentrer, l'empêchant de passer sous les 70 (comme à son habitude, il n'avait pas perdu de vue un seul instant l'état de son score). Aux Américains découragés qui venaient de se faire distancer cet après-midi-là, le Jersiais dispensait une leçon magistrale sur les qualités requises pour remporter ce tournoi – et a fortiori, n'importe quel major. La plupart ayant déjà pris congé, cet enseignement ne leur profita pas ; mais Francis assista au dernier putt de Ray depuis la terrasse du club-house, où il avait rejoint Jerry Travers et John Anderson : et il en saisit aussitôt la signification.

« Il s'en veut d'avoir fait 70.

– Un sacré joueur, déclara Anderson.

– Ce ne sera pas facile de le battre, ajouta Travers.

– Si j'en juge à tout ce que je viens de voir, Jerry, reprit Francis, ce ne sera pas facile de toute façon. »

L'ancien champion amateur Fred Herreshoff arriva juste derrière Ray ; il rendit une carte de 78 pour un total de 153. Francis se retrouvait le dernier amateur encore en lice. Cinq minutes plus tard, enfin, débouchait une silhouette solitaire – encore une fois dans l'indifférence la plus absolue du public bostonien. Herbert Strong, du club d'Inwood dans l'Etat de New York, faisait suivre son 75 du matin par une remarquable carte de 74. Une fois qu'il l'eut fait valider à la tente de l'USGA, les résultats du jour se présentaient comme suit :

Wilfred Reid	75-72	147
Harry Vardon	75-72	147
Edward Ray	79-70	149
Herbert Strong	75-74	149
Mac Smith	71-79	150
Jim Barnes	74-76	150
M. Francis Ouimet	77-74	151
Alec Ross	71-80	151
Georges Sargent	75-76	151
Walter Hagen	73-78	151
Louis Tellier	76-76	152
John McDermott	74-79	153

Après un conciliabule sous la tente des officiels, le président de l'USGA, Robert Watson, fit savoir que les organisateurs avaient décidé, une fois de plus, d'écrémer la compétition. Le cut s'établit à 165. Douze golfeurs se trouvèrent éliminés ; six autres, en fin de liste, choisirent d'abandonner, parmi lesquels John Anderson. Des cent soixante-neuf compétiteurs partis le mardi, il n'en restait plus que quarante-neuf.

Bien que Jerry Travers, Mike Brady, Alex Smith et Tom McNamara aient survécu au cut, rares étaient ceux qui, désormais, les attendaient dans le dernier carré ; fans et reporters doutaient aussi qu'un Herbert Strong ou qu'un John McDermott puisse faire la différence. La classe parlait d'elle-même et la domination des envahisseurs britanniques paraissait soudain inéluctable : les Américains leur avaient ouvert les portes en grand.

L'USGA fit connaître les tirages au sort pour le lendemain. Parti presque le dernier ce jeudi-là, Ted Ray ouvrirait la marche à 8 h 45, au côté de Mike Brady. Harry était du cinquième groupe, à 9 h 05, immédiatement suivi par Walter Hagen. John McDermott se retrouvait au huitième groupe ; venaient ensuite Barnes, Tellier et Reid, Tellier partant à 10 h 15 en compagnie de Tom Vardon. Le sort attribua à Francis un départ assez tardif, 11 heures, en compagnie de l'ancien champion de l'Open George Sargent. Et contre toute attente, la courte paille échut encore au même homme : Herbert Strong repartait seul, et en dernier, à 11 h 15.

Après s'être changé aux vestiaires, Francis s'apprêtait à repartir en compagnie d'Eddie quand un membre âgé du Country Club, dont Francis avait souvent porté les clubs, les aborda devant le bâtiment.

« Félicitations, Francis : vous avez joué de façon splendide, aujourd'hui. Nous nous sommes régalés.

– Merci, monsieur.

– Une merveilleuse démonstration, poursuivit l'autre avant d'ajouter à voix basse : Et je crois que vous êtes parvenu à vos fins. Il vaudrait peut-être mieux en rester là.

– Je vous demande pardon ?

– Vous avez amplement prouvé votre valeur. Maintenant, il serait fair-play de vous retirer, vous ne croyez pas ? Laissez les pros se disputer la bourse. Après tout, c'est leur tournoi.

– Je n'ai que quatre coups de retard, répondit Francis.

– C'est encore mieux. Vous partirez avec tous les honneurs. Avec votre dignité intacte, si vous voyez ce que je veux dire. »

Francis se sentit piquer un fard. Il n'en croyait pas ses oreilles ; il tâcha de garder son calme. Mais Eddie se plantait déjà sous le nez du monsieur :

« Vous avez bu ou quoi ?

– Pardon, mon petit gars ? »

Francis fit taire son caddie d'un geste :

« Je crois que vous n'avez pas compris, monsieur. J'irai jusqu'au bout. Le plus loin possible. Je l'ai promis à M. Watson, je l'ai promis à l'USGA. C'est ce que je leur ai dit quand ils me l'ont demandé...

– D'accord, d'accord, tempéra l'homme, non moins soucieux d'éviter un affrontement.

– Et pour ce qui est de l'honneur, je tiendrai promesse...

– En effet ; et vous avez bien raison, bien raison, ajouta l'autre avec un geste vague. Ce n'était qu'une suggestion.

– Merci de votre sollicitude, monsieur.

– Mais de rien ; et bonne chance. » Le bonhomme se hâta de décamper.

« Quel culot, quand même, grommelait Eddie en le suivant d'un œil mauvais.

– Allons-y, Eddie. »

Evitant la foule qui se pressait aux portes, ils coupèrent par le fairway du quinze. Francis s'efforçait de dominer sa colère, mais les idées se bousculaient sous son crâne. L'homme avait-il parlé pour lui-même ou bien au nom du Country Club ? Comment s'imaginer, quand on connaissait un peu Francis Ouimet, qu'il pourrait jeter l'éponge après être allé si loin ? Il marchait si vite qu'Eddie, le sac sur l'épaule, peinait à le suivre.

« Ne te laisse pas faire, Francis ; n'écoute surtout pas ce gros plein de soupe. »

Mais quand ils eurent traversé Clyde Street, la colère de Francis avait cédé le pas à la crainte d'affronter son père. Eddie ne consentit à lui remettre le sac que devant la maison.

« Je les ai bien nettoyés. J'ai essuyé les grips, aussi.

– Tu t'es débrouillé comme un chef, Eddie ; comme un chef.

– Toi aussi.

– Tu sèches encore l'école, demain ? »

Eddie le regarda droit dans les yeux et il hocha solennellement la tête : inutile de rappeler à Francis ce que c'était qu'une promesse.

« Alors, à demain, Eddie.

– Tu n'as pas encore fait 72, mais ça va venir. Probablement demain.

– Ce serait un sacré parcours, si j'y arrivais.

– Va te reposer, Francis. Ne t'inquiète de rien, tout se passera bien. »

Francis sourit.

« Tu n'auras pas de problème pour rentrer chez toi ?

– Penses-tu. »

Et sur un signe de la main, le gamin prit congé. Francis gravit lentement le perron. Parvenu devant sa porte, il se retourna une dernière fois vers le Country Club : de gros nuages noirs se massaient à l'horizon.

Bernard Darwin resta jusqu'à près de dix heures sous la tente de presse à peaufiner son article, avant de le câbler en Angleterre. Les éditions du matin feraient la part belle aux succès britanniques.

A 19 h 30, un Northcliffe exultant raccompagnait Harry et Ted à leur hôtel, le Copley Square. Il suggéra de fêter cette mémorable journée par un dîner au champagne. Harry déclina poliment l'invitation : il avait pour habitude, en tournoi, de ne prendre qu'un souper léger dans sa chambre, et de se coucher tôt. Il faut dire que si, au plan personnel, sa rage de vaincre demeurait intacte, Harry commençait à se lasser des obsessions patriotiques du magnat. A maintenant quarante-deux ans, le champion avait aussi à cœur de ménager ses forces en prévision du deuxième jour.

Quant à Ted, en lente descente d'adrénaline après son parcours à haute tension, il déclara qu'il avait besoin d'un remontant et d'un bain chaud, dans cet ordre, avant d'envisager de partager avec Northcliffe un dîner rapide – et le colosse mit l'accent sur le mot « rapide ». Il était du premier départ et devait se présenter au Country Club moins de douze heures plus tard.

Ted entra au bar du Copley Square et demanda un double

whisky. Le bar jouxtait un restaurant assez en vue de cuisine hongroise, dont la mode venait de prendre en Amérique. La salle était pleine de golfeurs et de spectateurs du tournoi : aussi l'arrivée de Ted ne passa-t-elle pas inaperçue. Il empoignait son verre quand une voix familière le héla. « Ted ! Ted ! Par ici, mon vieux ! »

Se retournant, il aperçut Wilfred Reid attablé en compagnie de Tom Vardon et de deux hommes qu'il ne connaissait pas. Par égard pour Tom, il se joignit à leur table. Les deux Américains, des membres éminents du Country Club, écoutaient avec ravissement Reid leur conter par le menu les péripéties de la journée. Ted se taisait, plus intéressé par son verre que par le volubile Reid ; les Américains le prièrent poliment de revenir sur son extraordinaire performance au deuxième tour. Ted répondit avec modestie, sans s'étendre sur la question. De toute façon, Reid ne lui en laissa guère le temps.

« ... Et je puis vous assurer, messieurs, qu'en prenant le départ, je ne m'imaginais certes pas que je me retrouverais en tête avec ce bon vieux Harry Vardon ! Et encore moins avec deux coups d'avance sur le grand Ted Ray ! »

Ted eut un sourire confus ; Tom pouffait en douce. Ted commanda encore un verre. Les deux Américains, certains désormais que Wilfred avait épuisé le sujet de ses exploits, aiguillèrent la conversation sur la patrie natale de leurs distingués visiteurs : l'un et l'autre avaient prévu de séjourner bientôt à Londres. Mais la conversation ne tarda pas à se mêler de politique et Reid, sans faillir, se lança dans un nouveau réquisitoire contre le système fiscal britannique.

« J'ai récemment passé quatre années sur le continent, à Paris. C'est ma façon à moi de protester... En Angleterre, le travailleur est pieds et poings liés, à la merci du fisc.

– Si tu aimais Paris tant que ça, rétorqua Ted en finissant son deuxième whisky, il ne fallait pas te gêner pour rester.

– A vrai dire, on m'offrait une meilleure place dans un club près de Londres. J'y réside depuis une petite année. Et je dois dire que je le regrette, quand je vois le prix d'usurier qu'il m'en coûte.

– L'impôt britannique, rétorqua Ted qui commençait à

bouillir, s'applique au riche comme au pauvre : je ne vois pas ce qu'on pourrait imaginer de plus équitable.

– Si je puis me permettre, il me semble que votre système fiscal est autrement plus juste », lança Wilfred à ses deux interlocuteurs américains. Les deux hommes, sur leurs gardes, tentèrent de botter en touche.

« Nous n'avons institué l'impôt sur le revenu que l'année dernière...

– Précisément, poursuivit Wilfred, et je crois comprendre qu'il s'agit d'une avancée remarquable par rapport à cette dîme inique que nous subissons au Royaume-Uni.

– Je parie que Wilfred ne va plus tarder à venir frapper à la porte de votre service d'immigration, ironisa Ted.

– A ce que j'ai cru comprendre, poursuivit l'autre sans relever, l'Amérique ouvre ses bras à tous les opprimés, tous les miséreux de la terre... Ce n'est pas vrai, Tom ? »

Tom Vardon fut accablé. Il avait connu souvent les explosions de colère de Ted et, pas plus que les deux Américains, il ne tenait à l'attiser ; en attendant, il était à peu près certain que Reid venait de l'insulter ouvertement. Mais il n'eut pas le temps de trouver sa réponse ; Ted s'en chargea pour lui.

« Cela montre, j'imagine, que les points de vue changent selon les pays.

– Je ne comprends pas où tu veux en venir, déclara Reid, s'adressant à lui pour la première fois.

– Où je veux en venir, gronda le colosse, c'est qu'à force de vivre à Paris et d'entendre toutes les fadaises des socialistes, avec ton petit jugement, tu t'es mis à penser comme eux...

– Je précise que je suis originaire du Surrey, rétorqua Reid en rougissant jusqu'aux oreilles, et que j'en suis fier.

– C'est bien ce que je dis : parce qu'on les connaît, les gens du Surrey ! Il est clair qu'ils n'ont pas les vues assez larges pour bien comprendre des sujets d'ordre général – la fiscalité, par exemple...

– Ah, vraiment ?

– Ah, vraiment.

– Eh bien, laisse-moi te dire que je préfère le Surrey... Que je préfère n'importe quel comté d'Angleterre, en fait, à l'île de Jersey !

– Qu'est-ce que tu as contre Jersey ?

– On les connaît, les gens de Jersey ! Ça adore donner sa petite opinion sur les sujets les plus divers, mais au fond, ça ne vaut pas tripette... »

Ted se leva d'un bond, renversant sa chaise, et gifla Reid à toute volée : « Tiens ! Et qu'est-ce qu'il dit de ça, le Surrey ? »

Reid en resta bouche bée. Pendant un instant de suspens, les deux Américains crurent que Ted plaisantait. Là-dessus, le petit Anglais se jeta littéralement sur le grand, lequel s'écarta en lui assenant un coup de poing sur le nez. Reid s'effondra dans une mare de sang, se redressa d'un bond, se jeta de nouveau sur Ted. Le chef de rang s'interposa, bientôt imité par Tom et par les Américains. On sépara les deux adversaires. Tom entraîna Ted à l'écart : « Tu ferais mieux de partir, lui glissa-t-il à l'oreille. Mais bravo pour Jersey. »

Ted sortit en hâte et regagna sa chambre au quatrième. L'algarade avait pris fin aussi soudainement qu'elle avait commencé. Reid, bouillant de colère, menaçait encore de lui courir après : Tom l'agrippa fermement pour lui chuchoter : « Il pèse quarante kilos de plus que toi ! Tu veux vraiment te faire tuer ? »

L'argument parut porter : Reid se calma enfin. Il essuya le filet de sang qui coulait de sa bouche et se commanda un verre. Une escouade de garçons s'empressa de redresser les chaises et de faire disparaître les débris de vaisselle. Wilfred, tout en se tamponnant le nez avec un mouchoir, s'excusa platement auprès des deux Américains qui ne tardèrent pas à décamper, après quelques paroles de circonstance. Wilfred et Tom se rassirent. Reid paraissait hagard.

« De quoi ai-je l'air ? demanda-t-il en ôtant la serviette.

– A franchement parler, Wilfred, tu as l'air d'un boxeur qui vient de perdre son match. »

Un brouhaha courait dans la salle. Quelqu'un sortit chercher un reporter de sa connaissance. Wilfred Reid sentait tous les regards posés sur lui. Le garçon lui apporta son verre. Les larmes lui montèrent aux yeux. Il resta cinq minutes avec Tom, le temps de vider son cocktail d'une main tremblante, rassembla les restes de sa dignité comme les lambeaux d'une robe en loques, se leva et sortit lentement.

Quand la presse débarqua au Copley Square, aucun des deux hommes ne voulut descendre pour commenter l'incident. Les appels dans leurs chambres restèrent sans réponse. Ils finirent par faire savoir qu'ils se reposaient en vue du tournoi. Les reporters se rabattirent sur les témoins de l'algarade.

Francis, ce soir-là, évita son père et ce dernier lui rendit la pareille sous l'effet d'un cessez-le-feu provisoire : au retour de son travail, Arthur s'était fait houspiller par Mary, qui lui avait arraché la promesse de laisser Francis tranquille. Quand le jeune homme poussa la porte, la famille, sur ordre de son père, avait déjà soupé. Mary lui prépara une assiette qu'il mangea seul à la cuisine : après une journée tumultueuse, le calme était le bienvenu. Il rejoignit ensuite les autres dans la salle à manger ; Louise et son petit frère Raymond, surexcités, revenaient sans cesse sur ce qu'ils avaient vu au Country Club. Francis fut ravi de leurs encouragements. Il suggéra pourtant de ne pas en parler trop ouvertement devant leur père. Louise et Mary passèrent le restant de la soirée à découper des articles pour leur album de presse. Son père, comme à son habitude, resta seul au salon, devant son journal.

Francis alla se coucher à vingt-deux heures. Deux heures durant, étendu sur son lit, il repassa mentalement le film de son deuxième parcours. Il pointait ses erreurs l'une après l'autre, cherchait des façons de ne pas les reproduire. Bien entendu, on changerait les drapeaux de place, allant vers un surcroît de difficulté. Il passa en revue les emplacements probables – il les connaissait tous, sur tous les greens –, avant de méditer chaque fois la stratégie qui permettrait de les négocier au mieux.

Placement. Précision. Discipline. Alors, alors peut-être, et si jamais la vision lui revenait comme à Wollaston, comme à Garden City... *Non, ne t'avise même pas d'y penser. Un coup à la fois.*

Le sommeil le gagna peu après minuit.

A deux heures du matin, il se mit à pleuvoir.

Vendredi : deuxième jour

UN SOMMEIL sans rêves. Profond, immobile, reposant ; sans sursauts, sans pensées vagabondes et sans impressions pénibles.

Mais quel est ce bruit ?

Francis s'éveilla lentement. Il regarda sa montre de gousset, posée sur la table de chevet : 6 h 45. Il tourna la tête vers sa fenêtre.

La pluie ; c'est la pluie.

Il tira les rideaux, ouvrit la fenêtre : un monde gris-vert au-dehors, drapé dans des rideaux de pluie fine. Francis contemplait ce spectacle d'un œil incrédule. Un coup de froid descendu du Canada : on le reconnaissait au premier coup d'œil, à la première bouffée d'air humide. Et c'était parti pour durer : de gros nuages s'amoncelaient au-dessus de Boston. Le soleil se cachait. Il allait pleuvoir comme cela toute une journée ; peut-être deux.

Francis regarda la rue où les flaques grossissaient déjà. En face, au Country Club, les fairways drainaient bien la pluie, comme d'habitude. Pas d'eau stagnante. Les greens seraient jouables, peut-être même davantage que les jours précédents. Une joie inattendue l'envahit.

J'ai dû jouer ce parcours par un temps pareil une bonne centaine de fois.

Harry, debout depuis l'aube, prit son petit déjeuner avant six heures dans la salle de restaurant déserte. Il regardait calmement les trombes d'eau s'abattre derrière la vitre.

Un vrai climat britannique, songeait-il.

Il souleva la théière pour se resservir ; sa main droite se mit à trembler. La baisse de pression réveillait son nerf malade. *Personne ne s'en rendra compte : c'est comme ça depuis dix ans.* Il reposa la théière, serra le poing sous la table, attrapa sa tasse de la main gauche.

Ted le rejoignit dans la même tenue que la veille : veste de coton et pantalon en velours côtelé, et coiffé d'un feutre crânement incliné. Sa pipe ne brûlait pas encore, mais ce n'était qu'une question de minutes. Il s'assit et se mit à chercher ses allumettes d'un air distrait.

« Bien dormi ? s'enquit Harry.

– Comme un bébé. Je me suis réveillé toutes les trois heures, et j'ai pleuré. »

En souriant, Harry lui tendit une allumette. Ted bourra sa pipe et l'alluma. Tom avait informé Harry de l'altercation survenue la veille avec Reid : Ted n'en fit pas mention.

« Tu as vu Reid ? finit-il par demander.

– Non. »

Ted tirait sur sa pipe en contemplant la pluie : « Temps de cochon, grommela-t-il ; on se croirait au pays. » Et il commanda son petit déjeuner.

Debout devant la porte, au côté de son frère Jack, Eddie Lowery affrontait l'œil pénétrant de sa mère qui s'était agenouillée devant eux.

« Vous allez me promettre que vous ne manquerez pas l'école aujourd'hui. Je n'ai pas envie que l'inspecteur revienne : qu'est-ce que vous voudriez que je lui dise ?

– D'aller se faire cuire un œuf.

– Eddie !

– D'accord, d'accord... J'y vais. »

Ils s'éloignèrent vers l'école, située à trois kilomètres de là, en se blottissant sous un grand parapluie.

« Si tu sèches encore, elle ne te croira plus jamais, observa Jack.

– Tant pis. J'y vais quand même.

– Si l'inspecteur t'attrape...

– Qu'il essaie. »

Eddie tendit son cartable à Jack, empoigna le parapluie (« Je vais en avoir besoin ») et fila vers l'arrêt de West Newton.

« Mais qu'est-ce que je vais leur dire, moi, à l'école ! protestait Jack dans son dos.

– M'en fiche ! »

Attablé devant son journal à la cuisine, Arthur regardait à la dérobée Francis faire ses préparatifs : il avait mis des bottes, un pantalon de coton blanc assorti à sa chemise, une cravate soigneusement nouée. Une grosse veste de toile sombre, à deux boutons ; une casquette en laine. Pas d'imperméable : les vrais joueurs se passaient de tels accessoires en tournoi. Francis se contenta de prendre une veste de rechange pour le deuxième tour. Il sortit ses clubs de la penderie, près de l'entrée.

« Et ça va jouer sous la pluie », lança Arthur comme pour lui-même.

Louise était debout, prête à partir à son école de sténo. Elle serra son frère dans ses bras. Elle comptait sortir de bonne heure pour venir le voir ; Raymond avait confié à Francis qu'il ferait l'école buissonnière pour suivre lui aussi le tournoi. À la porte, la mère de Francis se dressa sur la pointe des pieds pour l'embrasser ; elle se moquait bien qu'Arthur la voie faire.

« Bonne chance, Francis, dit-elle avec un grand sourire.

– Merci, maman. »

Francis jeta un regard vers son père avant de sortir. Arthur tourna la page de son journal ; le nom de son fils s'y étalait.

Peu après huit heures, une file ininterrompue d'automobiles avançait déjà au pas d'un bout à l'autre de Clyde Street. Il n'y avait plus une place de parking disponible. Francis sortit sur la terrasse ; au bas des marches, un grand parapluie noir rasa le trottoir jusqu'à lui ; on apercevait à peine Eddie sous la corolle de toile. L'enfant rejoignit son golfeur avant qu'il ait pu se mouiller, empoigna le sac qu'il hissa sur son épaule droite, appuyant le manche du pépin sur sa gauche.

« Faut laisser les cannes au sec », expliqua-t-il.

Francis baissa sa casquette, redressa son col et regarda la pluie.

« Les greens seront moins rapides, aujourd'hui, remarqua Eddie.

– Il faut faire avec le parcours.

– Ça ne sera pas facile de signer ; mais je crois que tu vas y arriver.

– Eddie... C'est une belle journée pour le golf : tâchons de nous amuser. »

L'enfant lui jeta un regard sceptique : mais Francis souriait.

« D'accord », convint Eddie.

Ils traversèrent, se frayant un chemin entre les flaques et les voitures.

IL NE RESTE GUÈRE QUE L'ESPOIR, titrait le *Boston Globe* ; et le *Herald* : VARDON ET RAY CONTRE UNE POIGNEE D'AMERICAINS. La plupart s'accordaient à enterrer d'ores et déjà McNamara, Travers ou Brady. McDermott n'avait toujours pas recouvré ses moyens : y parviendrait-il avant la fin ? Quant à ce Hagin – Dagin ? Hagen ? –, malgré des débuts prometteurs, il manquait encore d'expérience. Ce qui ne laissait plus grand monde : Mac Smith ; à la rigueur, un nouveau venu, Jim Barnes ; ou encore le champion de l'Open 1909, George Sargent. La plupart des chroniqueurs ne donnaient pas l'ombre d'une chance à Francis, même s'ils avaient cessé, pour une moitié d'entre eux, de le décrire comme un gamin. Les journalistes se raccrochaient aux branches à longueur de copie, s'efforçant sans trop y croire de flatter la fibre patriotique du lecteur tout en ridiculisant les chances des derniers Américains en lice. Seul John Anderson entrevoyait une lueur d'espoir : « Venons-en, écrivait-il, à cet homme – que beaucoup, hier encore, traitaient d'enfant, et qui défendra aujourd'hui les espoirs de dix mille spectateurs. Je veux parler de Francis Ouimet, ce jeune et brillant amateur du club de Woodland. Il n'est qu'à quatre coups de la tête du classement et paraît décidément bien parti pour finir à une place dotée. Quand bien même ce ne serait que la dixième, il s'agirait encore du plus bel exploit jamais accompli par un amateur américain en medal-play, compte tenu du niveau exceptionnel des participants à ce tournoi. »

Arthur Ouimet, pour la première fois, lut jusqu'au bout cet article qu'Anderson avait entièrement consacré à son fils. Il replia soigneusement son journal, comme à son habitude, et le posa au coin de la table de la cuisine. Puis il enfila son imperméable et partit à son travail sous la pluie, en pestant contre les encombrements de Clyde Street.

Aux vestiaires, ce matin-là, la flamme américaine ne se voyait nulle part. Ray et Vardon étaient arrivés parmi les premiers, bien avant huit heures. Leur performance de la veille – cette ascension inexorable qui les avait emmenés en tête de liste – les rendait plus intimidants encore ; et leur tranquille assurance faisait le vide autour d'eux. Les golfeurs américains, en leur présence, baissaient inconsciemment la voix et détournaient les yeux. Les Britanniques ne parurent même pas s'en apercevoir, ce qui, bien entendu, était très loin de la vérité : ils savaient très bien l'influence qu'ils exerçaient sur leurs adversaires et ne se privèrent pas de prendre tout leur temps pour se préparer. Ils avaient apporté des habits et des souliers de rechange, qu'ils rangèrent soigneusement dans leur casier. « Ils sont anglais, murmurait-on, ils jouent toute l'année sous la pluie : encore un avantage pour eux. »

Les Américains les évitaient autant que possible, comme s'ils avaient déjà reconnu leur défaite. Il n'y eut que Hagen pour les aborder avant de sortir jouer : « Eh ben, dites donc, leur lança-t-il, quelle bouillasse : c'est des rames qu'il va lui falloir, à mon caddie ! » Les deux Anglais répondirent avec bonne humeur.

Avec la pluie, personne ne se risqua au practice. Les golfeurs patientèrent à l'intérieur en tâchant de s'échauffer. Le malaise était pesant : McDermott, une nouvelle fois, alla vomir son petit déjeuner. La plupart des joueurs ne firent qu'un bref passage au putting green, juste avant qu'on appelle leur nom.

Francis entra dans la pièce quelques minutes seulement avant que Ted Ray n'en sorte pour prendre le départ. Le colosse passa en trombe devant lui, sans lui accorder un mot ni un regard. Harry se contenta d'un très vague signe de tête : il était déjà dans la partie et la tactique reprenait le pas sur sa courtoisie habituelle. Mike Brady, sortant sur les talons de Ted, s'arrêta pour serrer la main de Francis.

« Bonne chance, lui souffla-t-il.

– A vous aussi. »

Un peu plus tard, Francis croisa Hagen qui ajustait soigneusement le nœud de son foulard rouge. En un regard, ils s'étaient découvert un point commun : ils étaient les deux seuls Américains du vestiaire vraiment contents d'être là. « Alors, gamin, lui lança Hagen : si on montrait aux grosses légumes de quoi nous sommes capables ? »

Ils se serrèrent la main. Hagen sortit sous la pluie ; Francis avait encore deux heures à tuer. Il s'étendit sur le banc, devant son casier, ferma les yeux et tâcha de visualiser le parcours qu'il espérait jouer.

En passant à la tente du comité d'organisation avant de se présenter sur le départ, Walter Hagen élucida une énigme. Le secrétaire de l'USGA avait mal lu son nom sur son bulletin de participation. Il faut dire que l'aspirant champion avait apporté à sa signature quelques embellissements qui n'avaient pas dû aider au déchiffrage. Le nom « Hagin » figurait maintenant sur tous les documents officiels du tournoi, d'où les bévues à répétitions des reporters. L'auteur de la leçon « Dagin » n'avait, quant à lui, aucune excuse. Il était malheureusement trop tard pour corriger la méprise, s'excusa le secrétaire. « Je vais vous dire, trancha Hagen : si je gagne, je pense qu'ils apprendront très vite à l'écrire. » Et il s'éloigna vers le premier tee.

8 h 45. Ted Ray et Mike « King » Brady au départ du un, devant une petite foule malgré l'heure et la pluie torrentielle ; quatre-vingt-onze pour cent d'humidité, un vent à vingt kilomètres-heure ; le thermomètre plafonnant à quatorze degrés, qui en paraissent plutôt cinq quand on est face au vent. En

Nouvelle-Angleterre, on appelle ces averses-là des « grains de nord-est » : la carte de visite de l'automne, qui annonce déjà le changement de saison. Un temps froid et humide s'insinue jusque dans la moelle des os, promène sur la terre des rideaux de pluie, cache les fairways luisants sous une nappe de brume. Le golf de Brookline, vingt-quatre heures plus tôt, semblait encore un tableau de pastorale ; il s'était mué en forêt des âges primitifs. Un paysage vallonné de parapluies noirs environnait l'aire de départ : un millier d'irréductibles Bostoniens arboraient des imperméables noirs, des cirés, des caoutchoucs. En raison du temps, chaque golfeur prenant le départ se vit offrir une mignonnette de whisky, selon la vieille coutume écossaise ; quelques-uns en demandèrent une autre.

Lord Northcliffe exigea que Bernard Darwin et lui se passent de parapluie. L'ample et chaud manteau de Northcliffe lui permettait d'aller les mains vides ; mais le journaliste accueillit ces dispositions avec moins d'enthousiasme. Débordant d'excitation, Northcliffe embrassait d'un œil avide le premier trou où Ted Ray n'allait plus tarder à jouer. Décidément, les trois mois de report qu'il avait réclamés aux organisateurs portaient chance à l'Angleterre : « Un vrai temps de chez nous, comme à Hoylake cette année. Il me semble que c'est excellent pour nos garçons, vous ne croyez pas ? »

Le dernier jour du British Open, en effet, s'était joué sous des trombes d'eau ; Darwin en avait rapporté un méchant rhume. « On verra bien », répondit sombrement le journaliste. Il avait déjà l'air trempé.

Le drive de Ted dévia en slice pour finir dans le rough. Le colosse, sous son chapeau dégoulinant de pluie, enfouit les poings dans ses poches et s'éloigna vers sa balle. Son caddie suivit, levant leur unique parapluie au-dessus des clubs pour garder les grips au sec. Ted marchait devant d'un pas résolu, bravant la pluie qui lui cinglait la figure : bref, le golf à l'anglaise dans sa plus pure expression.

Brady, lui, trouva le fairway. Ted commit un second slice : la balle atterrit dans un bosquet, à une vingtaine de mètres du trou. Il lui fallut négocier un pitch délicat à travers les arbres pour trouver l'avant du green. Brady survola le champ de courses et atterrit devant le green : un pitch le posa sur le vert et il réussit son putt, signant un birdie. Ted ne rentra sa balle qu'au deuxième putt, pour le par : ce qui parut le mettre en rogne.

Ils obtinrent l'un et l'autre le par au deux. Au trois, *Pond*, Ted tapa encore un méchant slice qui atterrit derrière une butte, juste à droite du fairway. Brady joua un drive impeccable, mais son approche dévia en hook pour se piéger dans un bunker de green. Le deuxième coup de Ted frôla le sommet, perdit de l'élan et arriva une cinquantaine de mètres trop court. Il gratta son troisième, faisant jaillir une motte trempée de la taille d'une perruque, et arriva trop court une fois encore. Brady tenta une sortie de bunker en explosion ; son club glissa sur le sable humide et compact, il talonna sa balle et celle-ci survola le green en direction de l'étang (*pond* en anglais) qui donne son nom au trou : Brady ne dut son salut qu'au rough humide, qui l'arrêta net. Les deux hommes montèrent en chip ; tous les deux rentrèrent la balle en deux putts. Double bogey pour chacun.

Lorsque Ray dut rattraper, difficilement, un nouveau tee-shot erratique pour sauver le par sur un putt d'un mètre quatre-vingts, il devint manifeste que son rythme l'avait déserté. Ses coups de hache sur le tee ne sonnaient pas juste et Brady décela tout de suite l'ouverture. Sentant l'Anglais à sa portée, il décida de passer à l'attaque. Ted allait souffrir pour lui tenir tête.

Alors qu'ils arrivaient au troisième tee, Darwin et Northcliffe avaient rebroussé chemin vers le un pour voir partir Harry Vardon à 9 h 05. Les spectateurs se blottissaient les uns contre les autres sous les assauts de la pluie, mais Harry s'avança tête haute. Il ne portait pas d'imperméable, rien que ses *plus-fours* habituels, son veston Norfolk et sa cravate. Déjà trempé comme une soupe, avec sa seule casquette pour empêcher l'eau de lui couler dans les yeux, le champion respirait une telle maîtrise que la pluie ne semblait pas même le toucher.

Walter Hagen était arrivé cinq minutes plus tôt pour le voir taper son premier drive : l'image de ce swing si pur traînait encore dans sa mémoire. Harry et son partenaire, Elmer Loving, un pro d'Arcola, entraînèrent à leur suite une foule de trois mille personnes : il va de soi que pas une seule n'était venue pour Elmer Loving.

Tandis que cette impressionnante assistance s'éloignait le long du fairway, Hagen prit son adresse devant un premier échantillon de son futur fan-club : étudiants, jolies filles, gandins en chasse et parieurs de tout poil, une foule hétéroclite qu'il avait rassemblée durant les deux derniers jours. La magnifique tenue de Hagen ne se révéla pas vraiment adaptée à la pluie : la soie prenait l'eau ; ses revers soigneusement marqués traînaient dans la boue ; le foulard rouge pendouillait à son cou. Quant à ses semelles rouges en caoutchouc, si efficaces sur terrain sec, elles glissaient sur l'herbe humide. Tout cela n'empêchait pas l'imperturbable golfeur de rayonner : il avait sauté dans le train de Boston sur un coup de tête et voilà qu'il se retrouvait bien placé, le dernier jour de l'US Open ! Il lança une ou deux blagues sur la pluie, pour amuser la foule, avant de ciseler un drive splendide. Sa course au trophée commençait ; et il jouait juste derrière la tête du classement, Harry Vardon.

John McDermott prit le départ les traits crispés par une farouche résolution. Johnny avait tombé la veste et la cravate au vestiaire : il jouait en chemise et les manches retroussées. Déjà l'étoffe détrempée lui collait à la peau, soulignant sa silhouette efflanquée, ses côtes saillantes, ses muscles longilignes. A six coups de Vardon et quatre de Ray, John paraissait possédé par une fureur sacrée, la mâchoire serrée, tendu de tout son être vers le parcours à jouer : maintenant ou jamais ! Une assistance nourrie – la troisième de la matinée – s'ébranla sur ses talons, à travers la brume qui tournoyait au pied des arbres.

Francis se releva de son banc à 9 h 30 ; il entendait Mac Smith et Alec Ross parler à voix basse de Wilfred Reid. L'Anglais prenait le départ dans une demi-heure et ne s'était toujours pas montré au Country Club. On racontait qu'il s'était colleté la veille avec son compatriote Ted Ray au Copley Square Hotel. Son beau-frère Louis Tellier, arrivé un peu plus tôt, n'avait voulu faire aucun commentaire.

Wilfred Reid finit par arriver, la tête basse, le regard fixe, à demi dissimulé sous une casquette. Il alla droit à son casier sans saluer quiconque, ce qui ne lui ressemblait guère. Francis l'aperçut, entre deux casiers, immobile sur son banc, pâle et tremblant, les yeux rougis de fatigue. Il avait un œil au beurre noir, le nez enflé, un hématome couvrant la pommette et la tempe. Louis Tellier vint s'asseoir près de lui et les deux hommes échangèrent quelques mots en français. Francis sentait que Tellier tâchait de son mieux de le motiver : mais Reid secouait la tête, l'air égaré, se tordant les mains. Que lui arrivait-il donc ?

Ça ne me regarde pas, trancha Francis. Il se redressa et partit s'étirer.

Pendant ce temps, le duel entre Brady et Ray se poursuivait. Les deux hommes étaient à égalité à la fin du six ; ils signèrent l'un comme l'autre un bogey au sept. Ray, qui perdait des coups à un rythme inquiétant, redescendait vers le peloton. Au huit, un par quatre, l'Anglais tapa son premier drive correct de la matinée. Mais il topa son approche au mashie et la balle roula dans le rough humide, droit vers un bunker, avant de s'arrêter à deux doigts de l'obstacle ; de là, Ray négocia un recovery parfait, à moins d'un mètre du trou, et sauva le par en rentrant son putt. Ils arrivèrent au neuf à égalité. Un nouveau drive égaré coûta le bogey au Britannique ; l'Américain réussit un par solide.

Comment expliquer ce passage à vide ? Par le manque d'échauffement, peut-être, quoique le practice n'eût pas grande importance pour son golf volontariste. C'était peut-être la pluie, ou encore une séquelle inconsciente de son altercation avec Reid, qui avait déréglé l'axe de son swing par ailleurs laborieux. Quoi qu'il en soit, Ray bouclait l'aller en 41, ouvrant la porte aux Américains lancés à ses trousses : Brady, avec 40, remontait à sept coups de lui. Mais quand ils se réfugièrent un moment sous l'abri bordant le dixième trou, l'inquiétude qui avait tenaillé Ted toute la matinée s'effaça de ses traits. L'Anglais ralluma son brûle-gueule, ôta son chapeau pour l'égoutter avec vigueur et il adressa un grand sourire à son adversaire stupéfait. Cet aller, qu'il avait appris à détester, était à nouveau derrière lui. Il lui semblait qu'un poids énorme avait glissé de ses épaules.

Un froid humide et pénétrant. Une pluie si violente qu'elle changeait chaque pas en épreuve. Une brume intermittente qui empêchait de juger les distances. L'atmosphère pesante écrasait chaque drive ; la pluie rabattait les balles au sol, où l'herbe mouillée arrêtait leur élan. Selon les calculs de Harry, de telles conditions de tournoi revenaient à un handicap moyen de quatre coups ; mais pour Ted et lui-même, dont le jeu reposait largement sur le drive, ce tribut fut plus lourd.

Harry comprit qu'il avait des ennuis dès le premier trou. Il avait bien dormi, pris un solide petit déjeuner ; il avait pratiqué une séance d'étirements et observé scrupuleusement sa routine monacale en tournoi. Pourtant son swing ne voulut pas venir. Sa main droite était comme inerte. Le drive de Harry manqua le fairway ; son deuxième coup partit en slice ; son recovery manqua le green et il rata le putt qui aurait sauvé le par : bogey.

Il tenta de s'accrocher. Il avait connu des conditions de jeu bien pires – par exemple, deux mois plus tôt, le dernier jour du British Open où il avait failli décrocher son sixième trophée. Le mauvais temps n'était qu'une variable stratégique, un obstacle supplémentaire sur le parcours. Son tee-shot au deuxième trou lui sembla plus fluide ; il trouva le green et obtint un par facile. Mais dès le trois, il renouait sur le départ avec un slice des plus marqués ; son recovery ne valut guère mieux. A nouveau un chip manqué, à nouveau un bogey. Même chose au cinq : drive incontrôlé, recovery déficient, putting quelconque : bogey. Il avait perdu trois coups d'avance en l'espace de cinq trous : Harry dévalait la pente dans le sillage de Ted Ray.

Northcliffe, en le voyant rater son drive au cinq, faillit faire sauter les boutons de son grand manteau. Ses deux champions à la dérive... Darwin vit le moment où le magnat, n'y tenant plus, se tournerait vers lui pour lui crier de faire quelque chose : il préféra rebrousser chemin sous le prétexte de voir partir Hagen.

Walter démarra sans encombre, réussissant le par aux deux premiers trous : on n'apprend pas le golf sur les bords du lac Erié sans devenir un spécialiste du gros temps. Walter n'avait qu'un motif d'inquiétude : ses belles semelles en caoutchouc. Le swing de Hagen se caractérisait par un stance particulièrement large ; et chaque fois qu'il le jouait à plein, pour peu qu'il exagère son transfert de poids, ses chaussures partaient en aquaplaning sur l'eau de ruissellement. Or Walter, esclave de la mode, avait laissé ses vraies chaussures de pluie dans son casier de Rochester. Long de trois cent quatre-vingt-dix-huit mètres, le troisième trou, *Pond*, exigeait puissance et précision au premier coup. Walter voulut taper comme un sourd, son pied droit glissa sous lui et la balle partit presque à la verticale ; elle retomba sur le fairway, à quelque quatre-vingt-dix mètres. Pestant contre lui-même, il tenta de se rattraper, mais il expédia son coup de brassie dans les arbres. Après l'avoir cherchée pendant quatre minutes, il eut la surprise de retrouver sa balle posée sur une souche d'arbre, environnée de quelques éclats de bois. On aurait dit qu'un lutin l'avait mise là.

Walter réfléchit : ce tee naturel lui fournissait un lie excellent et comme la souche était à découvert, il ne manquait pas de place pour l'adresser. Il choisit de ne pas déclarer sa balle injouable, ce qui lui aurait coûté un coup. Il empoigna un fer au-dessous du grip et tapa un petit recovery. Mais la balle heurta en décollant quelques éclats de bois qui dépassaient encore de la souche comme des aiguilles, ricocha contre un tronc et atterrit dans le rough détrempé, à quelques pas du fairway. Il parvint tant bien que mal à l'amener sur le devant du green ; le drapeau était tout au fond et Hagen, déstabilisé par son aventure, mit trois putts à trouver la tasse. Il signait un double bogey, sept coups sur ce par cinq.

Cette fois, il n'y eut pas de sifflotements ni de plaisanteries à l'adresse de la galerie. Plein de colère rentrée, le Haig gagna le départ du six, *Bakers*, un par quatre de deux cent cinquante et un mètres. Il resserra son stance, se remémora le swing équilibré de Vardon et leva son club. Ses pieds bien campés en terre, il ne glissa pas et tapa un drive solide, au brassie, jusqu'au milieu du fairway. Cela lui laissait cent trente mètres à courir jusqu'à un green en surplomb, entièrement dissimulé par une butte : un coup à l'aveugle. En allant reconnaître le terrain, Walter aperçut un gamin qui sortait en courant des arbres, derrière le green. Il n'y prit pas vraiment garde ; il revint à sa balle, empoigna son mashie et envoya son caddie sur la butte pour l'aider à prendre sa ligne. Après quoi il lui fit signe de descendre et tapa un coup fluide.

Et puis, le silence... Hagen finit par aller aux nouvelles. Son caddie, sur le green, fouillait vainement le gazon du regard. Hagen pensait avoir joué un coup superbe : pourtant sa balle n'était nulle part ! Il songea tout d'abord au gamin qu'il avait aperçu près du green ; il le revit justement qui courait le long du prochain fairway.

« Rattrape-moi ce gosse ! cria-t-il à son caddie. Et fouille-le, c'est peut-être lui qui m'a piqué ma balle... »

Le caddie s'élança vers l'enfant tandis que Hagen battait méthodiquement le rough derrière le green : au bout du compte, il était peut-être arrivé trop long ? Tout cela n'avait ni queue ni tête. Là-dessus, son partenaire le rappela sur le green. Quand il arriva, l'autre lui montra le trou. Walter baissa les yeux et se mit à sourire. « Salut, ma jolie. »

Il l'avait rentrée directement depuis le fairway. En deux coups. Un double bogey au trois, un eagle au quatre.

Walter ramassa sa balle et l'embrassa. Le public ne se tenait plus de joie. Hagen était revenu au par, avec le coup le plus extraordinaire de tout le tournoi. (On ne s'étonnera pas que, dans son autobiographie haute en couleur et particulièrement fantaisiste, Hagen ait choisi de situer cet épisode à un moment plus dramatique. Il le place au dernier tour, le parcours du vendredi après-midi, l'insérant entre deux bogeys déchirants et un birdie stupéfiant d'audace, lesquels n'ont d'ailleurs jamais eu lieu.)

Harry entendit les vivats saluer l'exploit de l'Américain. Il arrivait au six quand Darwin lui rapporta la nouvelle : Hagen venait de dépasser Ted Ray et talonnait désormais Harry d'un coup. Muni de cette information, le champion se sentit plus calme qu'il ne l'avait jamais été.

Il fit le par sur les quatre trous suivants.

Francis noua ses lacets, jeta un coup d'œil à sa montre et récapitula les horaires. « Long » Jim Barnes, 9 h 30 ; Louis Tellier et Tom Vardon, quatre groupes plus tard, 9 h 50 ; Mac

Smith et Alec Ross, 10 heures. Il vit Wilfred Reid quitter le vestiaire, au tout dernier moment, pour son départ à 11 h 05.

Les yeux éteints, d'un pas de somnambule, Reid entra sur le tee pour disputer son troisième tour de l'US Open et défendre son avance de trois coups. Quelque mille cinq cents spectateurs, attirés par ses exploits de la veille, se pressaient dans les galeries. Mais Reid n'avait pas fermé l'œil de la nuit ; il n'avait rien pu avaler ni ce matin ni la veille au soir. Toute sa combativité et son assurance, vertus essentielles au golf et particulièrement fragiles dans son cas, s'étaient évanouies après le coup de poing de Ted Ray. Tenant à peine debout, privé de tous ses repères, le golfeur ne répondit même pas aux acclamations qui saluèrent son entrée. Tout le monde, se figurait-il, savait déjà son humiliation de la veille : Ray avait mis en pièces tous ses rêves de conquête américaine. Wilfred ne se sentait tout simplement plus la force d'affronter ce parcours exigeant, dans des conditions climatiques épouvantables, au niveau du championnat le plus difficile au monde. Son drive partit en hook sévère dans les herbes ; il manqua son recovery en suivant. Le déclin survint à une vitesse étonnante : double bogey sur les trois premiers trous, bogey au quatrième. Moins d'une heure après son départ, il avait perdu cinq coups et toute son avance. La suite ne tarda pas à consacrer la déroute totale du Britannique. Il n'y a, au reste, pas grand-chose à en dire : le suspense est absent de cet épisode douloureux, Reid se révélant totalement impuissant à remonter la pente. Il devint bientôt clair, même aux yeux des néophytes, que le golfeur ne jouait plus que comme un automate, signant sa capitulation de façon flagrante. Son tournoi prit fin dès l'instant qu'il eut frappé sa première balle.

En plus de vingt parcours qu'il avait joués au Country Club près de trois semaines durant, Reid n'avait jamais effectué un dix-huit en plus de 76. Ce vendredi matin, il boucla l'aller sur un catastrophique 46. Les galeries se vidèrent : ses spectateurs, d'abord isolément, bientôt par dizaines, désertaient son twosome comme des passants gênés fuyant la scène d'un suicide. Quand il eut fini son troisième tour, sur une carte de 85, ils n'étaient plus qu'une demi-douzaine, parmi lesquels son épouse qui pleurait à chaudes larmes. Son partenaire, l'amateur américain Bill Fownes, avait tellement pitié de lui qu'il voulut le serrer dans ses bras à la fin. Rattrapé puis avalé par le peloton, Reid se trouva aussitôt relégué au rang des tocards. Sa surprenante déconfiture fit énormément jaser sous la tente de presse, au club-house et parmi les spectateurs : mais l'Anglais n'allait pas tarder à s'en expliquer publiquement, provoquant par là le plus gros scandale du tournoi.

Francis sortit des vestiaires à 10 h 30. Eddie l'attendait sous l'auvent de la remise des caddies, tout en buvant un chocolat chaud ; il se dépêcha de le rejoindre. Le gamin s'était muni de deux serviettes : il en portait une autour du cou tandis que l'autre protégeait les clubs. Il voulut lever le parapluie pour abriter son joueur, mais il était trop petit. Francis lui dit de ne pas s'en faire, prit son putter et se dirigea vers le putting green.

« Alors, Eddie, quelles nouvelles ?

– Il paraît que Ray et Vardon ne vont pas fort ; le frimeur, Hagen, s'en sort plutôt bien ; et Reid est carrément au tapis. »

Si c'était vrai, Francis comprit avec stupeur qu'il n'était plus loin de la première place. Il laissa tomber deux balles sur le green, où elles jetèrent des éclaboussures.

« Pour les autres, je ne sais pas. Peut-être que McDermott et le Français sont encore dans la course ; l'autre grand type, aussi, Barnes...

– Bon, bon... Une fois qu'on aura commencé, plus question de s'inquiéter de tout ça, d'accord ?

– Jouons notre jeu à nous », approuva Eddie en hochant gravement la tête.

Johnny McDermott restait bel et bien dans la course. Il avait disputé assez d'Opens dans sa carrière pour savoir l'importance décisive du troisième tour : c'est la dernière chance pour un retardataire de prendre quelques risques calculés en vue d'améliorer son classement ; au quatrième tour, la prudence prévaut et les occasions se raréfient, changeant ce dernier parcours en une sorte de finale d'échecs. Johnny s'était assez familiarisé avec le terrain pour savoir où avancer ses pions et il n'était pas trop loin des têtes de classement : six coups derrière Vardon, quatre derrière Ray. Cerise sur le gâteau, le tirage au sort lui avait donné pour partenaire un expatrié d'origine anglaise, H.H. Barker, dont la présence ravivait avec succès sa flamme xénophobe. Malgré son apparence physique fragile, malgré des difficultés personnelles autrement éprouvantes que celles qu'il avait connues sur le terrain, John McDermott ne pouvait pas se comparer à un Wilfred Reid : le meilleur pro d'Amérique n'avait certes pas dit son dernier mot. .

Quand il prit le départ deux groupes derrière Hagen, à 9 h 20, la pluie tournait au déluge et les bourrasques glaciales battaient sans répit le parcours. Dans ces conditions, jouer en manches de chemise comme McDermott avait tenu à le faire évoquait les mortifications d'un ascète, comme s'il avait fallu, pour oublier les éléments déchaînés, se soumettre à leur loi sans retenue. Sur l'aller, ce matin-là, Johnny fit aussi bien que quiconque et mieux que beaucoup. Rien de spectaculaire, rien de désastreux non plus : il composa avec le terrain et la météo, ne prit des risques qu'à deux reprises et s'en tira sans une égratignure. Sur les neuf premiers trous, McDermott signa le par, 38 : il reprenait trois coups à Vardon en réduisant son avance de moitié, dépassait un Reid en pleine dégringolade et revenait talonner Ted Ray à un coup d'écart.

Mais bien avant que McDermott eût bouclé son aller, Ted avait repris les choses en main. Illustrant une fois encore sa dualité Jekyll/Hyde, l'homme à la pipe réussit un retour aussi étincelant que sa première moitié de parcours avait été pénible. Aux drives approximatifs, aux approches imprécises et aux putts timides se substitua tout un éventail de coups aussi puissants qu'inspirés, que le golfeur exécutait avec assurance tandis que les pans de sa veste battaient au vent. Qu'est-ce qui avait changé ? Le temps ne s'était pas amélioré, au contraire. Lui avait-il donc fallu neuf trous pour oublier son altercation avec Reid ? On est tenté de le croire, mais l'hypothèse ne tient guère : Ted avait toujours eu les poings chatouilleux et une bonne bagarre, loin de l'aveugler, lui éclaircissait plutôt les idées. Au bout du compte, l'explication est peut-être plus simple : Ted détestait tout bonnement les neuf premiers trous du Country Club. Comme il devait l'expliquer à Bernard Darwin en quittant le parcours, ce matin-là : « Vous ne pouvez pas savoir comme je préfère le retour, ici : je voudrais pouvoir l'emporter avec moi pour pouvoir le rejouer au lieu des neuf premiers. »

L'une des caractéristiques les plus surprenantes de son style, c'est que Ted n'emportait jamais plus de sept clubs : driver, brassie, quatre fers et son putter. Il lui arrivait fréquemment de n'en sortir que quatre sur un parcours : driver, brassie, putter et son club favori, un fer qu'il qualifiait de « Snieler niblick ». Le loft de ce club correspondait en gros à celui de nos fers 9 ; mais Ted, en raison de sa force peu commune, l'utilisait pour toutes sortes de coups, depuis des tirs à cent quatre-vingts mètres jusqu'aux chips les plus subtils. La plupart du temps, quand il avait réussi son drive, le Snieler lui suffisait à monter sur le green. Ce fut le cas durant ce premier retour du vendredi : Ted réussit un chip-in au douze pour un birdie et poursuivit jusqu'au dix-huit avec six pars d'affilée, signant une carte de 76 : 41 pour l'aller, 35 au retour. Ted Ray avait su se ressaisir à temps et prenait la tête avec un total de 225.

Son partenaire Mike Brady, malgré un parcours valeureux, ne put tenir tête à Ray sur le retour. Avec trois putts qui vinrent mourir au bord du trou, Brady signa 78, concédant le coup qu'il avait pris à Ray et y ajoutant un autre. Avec au total dix points de retard sur Ted, Brady pouvait dire adieu au trophée. Quelques instants plus tard, Tom McNamara réussissait un ahurissant 32 sur le retour, signant une carte remarquable de 75. Hélas pour Tom, cet exploit ne lui servit de rien : son 86 de la veille avait sapé toutes ses chances. Il termina trois coups derrière son ami « King » Brady. Aux trois quarts du tournoi, les deux tiers du Triumvirat américain étaient officiellement hors course.

Peu avant que Ted Ray ne boucle son troisième tour, à 10 h 45, Francis faisait son entrée sur le premier départ. Des lambeaux de brume flottaient autour des pierres, se glissaient entre les arbres : il apercevait à peine sa cible. Plus de trois mille personnes étaient venues le voir, parmi lesquelles nombre de visages familiers : son frère Raymond, George Wright et une dizaine d'employés de Wright & Ditson ; Frank Hoyt, à la tête d'un contingent de Woodland ; son vieux client du Country Club, M. Hastings ; et le caddie master Dan McNamara. Quand on annonça Francis, leurs applaudissements durèrent plus d'une minute, forçant le jeune homme à lever la main pour y répondre et les calmer. Il est étonnant qu'il les ait seulement remarqués car, entre les vestiaires, le practice et le tee, Francis s'était senti gagné de nouveau par son état de grâce : ce calme profond, cette lucidité totale. Comme toujours, cette inspiration avait fondu sur lui sans s'annoncer. Il est vrai qu'il avait préparé son parcours avec le plus grand soin, tant au plan mental que physique. Les motifs de déconcentration étaient légion, mais Francis n'en avait laissé aucun s'immiscer entre lui et la tâche qu'il s'était fixée. Malgré la pluie et le froid, il se sentait au chaud, affranchi de toute préoccupation sinon celle de jouer son golf le plus solide : *un coup à la fois.*

Francis déposa la balle sur un tee. Eddie lui tendit le driver. « Baisse la tête, recommanda-t-il. C'est moi qui la suivrai. »

Francis lui sourit : il savait que l'étincelle était là, aujourd'hui : et Eddie, qui l'avait senti lui aussi, lui retourna son sourire. Le temps s'arrêta. La foule se tut – et l'on n'entendit plus que les doigts creux de l'averse sur un millier de parapluies. Francis se mit à l'adresse ; et puis, le swing : timing parfait, contact spendide, un boulet de canon qui déchira le rideau de pluie, à la médiane exacte du fairway, pour finir deux cent vingt mètres plus loin. La foule explosa. Francis et Eddie s'éloignèrent tandis que les commissaires s'époumonaient dans leur porte-voix et qu'aux cordes les bénévoles s'efforçaient de contenir les spectateurs enthousiastes.

Parmi ces derniers, nul sans doute ne comprenait mieux que John Anderson la signification du regard à la fois joyeux et concentré qui brillait dans les yeux de Francis. Le golfeur amateur en avait eu la primeur deux mois plus tôt, durant les six trous miraculeux qu'il avait disputés contre lui à Wollaston ; il avait retrouvé ensuite ce regard en spectateur, lorsque Francis se mesurait à Jerry Travers à Garden City. Un frisson parcourut l'échine d'Anderson ; cela n'avait rien à voir avec le froid.

C'est très bien parti, se dit-il.

Quelques centaines de mètres plus loin, au 246, Clyde Street, Mme Ouimet était à sa cuisine quand les acclamations lui arrivèrent du trou un. Elle tourna les yeux vers la pendule : il était 10 h 45, l'heure à laquelle son fils prenait le départ. Mary sortit une chaise sur la terrasse et s'assit là, tournée vers le terrain, un châle sur les épaules, à égrener son rosaire. A chaque nouvelle acclamation – il allait en retentir quelques-unes –, elle récitait un *Je vous salue Marie.* Elle ne bougea plus durant deux heures.

Sur le premier fairway, avec quelque cent quatre-vingt-dix mètres à courir, Francis empoigna son brassie. Sa balle survola le champ de courses pour atterrir juste court du green. Son pitch le posa à 2,50 mètres du trou et il rentra son putt pour son premier birdie du parcours. Francis emportait dix clubs dans son sac : son driver ; deux brassies presque identiques – dont un légèrement plus ouvert, qu'il appelait un *spoon* (l'équivalent de notre bois 3) ; un *cleek* (bois 5) ; un club à semelle arrondie, qu'il appelait un « sammy » ; un fer à faible loft, pour les coups roulés ; un fer moyen, un mashie, un mashie niblick et un niblick (fers 3, 5, 7 et 9) ; enfin, son putter. Tous avaient des manches en noyer, fragiles et flexibles. Les shafts en acier avaient fait depuis peu leur apparition, mais l'USGA ne devait les autoriser qu'à partir de 1924. Si vous soupesiez le putter qu'utilisait Francis, vous auriez bien du mal à retrouver les sensations auxquelles vous êtes habitué sur les greens d'aujourd'hui. La tête est une mince lame d'acier en biseau, d'une légèreté surprenante. Elle mesure à peine 2,5 centimètres en hauteur, ce qui signifie qu'elle arrive à peine au centre d'une balle posée à terre. Pour frapper sur le sweetspot avec régularité, il faut une précision incroyable : le manche en noyer tient de la badine pour la souplesse, mais le club possède un équilibre et un toucher de balle inégalés. Dans les mains expertes de Francis, qui le pratiquait depuis des années, cet engin délicat devenait aussi léger et expressif que la baguette d'un chef d'orchestre.

Sur le court deuxième trou, *Cottage*, Francis produisit son brassie préféré sur le tee, pour arrêter sa balle à 2,40 mètres du drapeau. Sur le green, son putter inspiré lui donna son deuxième birdie d'affilée. La foule cria de nouveau, cette fois-ci plus fort. Au troisième départ, le driver : encore un coup de canon. Deux cents mètres à courir, un tir à l'aveugle vers le green de *Pond* où le moindre écart de trajectoire vous précipitait dans un obstacle ou l'autre. Le brassie de Francis posa la balle sur l'avant du green. Deux putts plus tard, il tenait son *troisième birdie d'affilée*. Les spectateurs étaient comme fous.

Eddie et Francis rejoignirent le départ suivant. Francis adressait des sourires aux spectateurs qu'il reconnaissait : on l'aurait cru en promenade. Le petit Eddie allongeait le pas derrière, pour ne pas se laisser distancer, lui aussi le sourire aux lèvres, tandis que les spectateurs lui tapaient dans le dos au passage, l'encourageant tout autant que son golfeur. Eddie n'osait plus dire un mot, de peur de briser l'état de grâce. Et la foule était électrisée ; les gamins couraient d'un bout à l'autre du parcours annoncer ces débuts étincelants, ne tardant pas en retour à rapporter quelques nouvelles du classement. On avait appris la dégringolade de Reid et l'on savait que Ted Ray avait bouclé son parcours à 225 au total. Après seulement trois trous, Francis lui prenait déjà un coup. Seule une question restait en suspens : où en était Vardon ?

Harry arrivait au quinze à l'instant où Francis prenait le départ. Son retour avait commencé par un bogey malencontreux. Au départ du dix, un par trois, il avait décoché un coup de fer proprement magnifique, posant sa balle à trente centimètres du drapeau. Mais elle était allée se loger dans une profonde marque de pitch que son auteur n'avait pas réparée : la balle y disparaissait à moitié. Les règles interdisaient alors de replacer tout divot sur le green tant que la balle n'était pas dans le trou ; mais elles faisaient obligation à l'auteur du bouchon de s'en acquitter ensuite, ce que ce dernier avait négligé de faire. Pas de chance, songea Harry qui choisit de ne pas s'y attarder. Il leva la balle au niblick, mais dépassa le trou, ce qui le contraignit à un difficile putt en descente sur 1,50 mètre. Sa main droite tressauta sur le downswing, la balle vira brutalement au bord du trou et Harry encaissa un quatre immérité. Ce revers, il le savait, lui coûtait la tête du classement : dans de telles circonstances, on eût excusé un accès passager d'abattement. Mais les tours et détours de sa chance, Harry les lisait par son intuition et non dans sa carte de score. Convaincu, sans pouvoir le justifier, qu'il avait passé le pire, il recouvra aussitôt toute la maîtrise de son golf. Ne jamais désespérer : à la suite de ce coup du sort, Vardon avait enchaîné quatre pars solides.

En arrivant au quinze, il avait une vision claire et détaillée de sa stratégie pour le reste du parcours. Il avait trouvé son swing et pouvait se permettre de conclure prudemment, sans chercher l'exploit. Selon toute probabilité, ce temps de chien allait laisser sur le carreau une bonne moitié des concurrents. Il serait toujours temps, ensuite, de faire les comptes.

Le quinzième départ était aussi éloigné que possible des neuf premiers trous : c'était pourtant de là-bas que lui arrivaient, à travers un voile impénétrable de pluie et de brume, des acclamations répétées. Harry devina que quelqu'un, sur l'aller, était en train de le rattraper, qu'il l'avait peut-être déjà rejoint. Sans doute un champion local, à en juger à l'enthousiasme qu'il suscitait. Alors, qui ? McDermott, sans doute, ou bien le petit jeune, Ouimet. Harry paria McDermott : inutile de s'inquiéter, il connaissait le client et en faisait son affaire.

Mais si c'était l'autre ? Harry percevait chez ce gamin quelque chose qui le troublait davantage. Après tant d'années de règne dans sa discipline, il ne comptait plus les jeunes loups qui l'avaient défié : des cracks dans le genre de McDermott, tout en fanfaronnades, les dents longues et l'envie forcenée d'en découdre. Vingt ans déjà qu'il leur tenait tête ; pas un seul n'avait réussi à le détrôner. Il leur manquait son expérience poussée du championnat, ce cuir épais qu'il s'était tanné à la dure. Malgré toute leur assurance, Harry connaissait le défaut de leur cuirasse. La pression d'un Open est une force terrifiante : la plupart des jeunes concurrents cassaient comme le verre entre les mâchoires de cet étau. Et Harry avait appris mieux que quiconque à exposer leur talon d'Achille : il les laissait revenir à lui, s'épuisant à la manœuvre – avant de s'envoler sur les derniers trous et de les laisser sur place, une gifle dont ils ne se relevaient pas. C'était grâce à cette stratégie qu'il avait disposé la veille de McDermott ; il entendait bien recommencer aujourd'hui. Si bien que peu importait quel jeune loup s'était lancé à ses trousses : lui aussi ne pourrait que s'y casser les dents. Et Harry s'apprêta à taper son drive.

Sauf que... Il y avait le sourire de ce gamin. Celui-là ne serrait pas les dents ; il n'arpentait pas le parcours en somnambule. Il se détendait entre deux coups, il riait, plaisantait avec son caddie, savait relâcher la pression. Il n'avait pas besoin, pour jouer son golf, de cultiver en lui une sorte de fureur sacrée, comme un McDermott ; ou au contraire, de se fermer entièrement à la plus petite émotion, à l'instar de Travers et de Travis, les deux automates jumeaux. A dire vrai, Harry n'avait jamais vu un golfeur américain de souche, pro ou amateur, afficher une telle décontraction sur un parcours de championnat. Ce qui l'amenait à une conclusion aussi surprenante qu'imparable : sur le terrain, *Ouimet s'amusait vraiment.*

Une question involontaire retentit sous son crâne : *Il ne te rappelle pas quelqu'un ?* Et la réponse arriva, des plus inquiétantes : *Toi, Harry. C'est toi en plus jeune.*

Le golf se gagne et se perd dans la tête. Des joueurs plus forts que lui, Harry en avait vu briller, et pâlir, plus qu'à son tour : s'il avait pu s'illusionner là-dessus, la maladie était venue lui dessiller les yeux. Mais il en avait retiré aussi un décisif avantage : car Harry Vardon avait visité l'enfer et s'y était arraché à la force du poignet. Il lui avait fallu, pour remonter la pente, une ténacité dont il n'avait jamais retrouvé l'équivalent chez un de ses adversaires : il n'imaginait pas que cela fût possible. Cette conviction secrète l'avait soutenu tout au long de sa résurrection et par la suite ; c'était l'atout maître que Harry Vardon gardait en réserve dans sa manche : *Pour la volonté, j'en remontrerais à n'importe qui.*

Il baissa les yeux sur son driver. Ses deux mains tremblaient sur le grip. *Qu'est-ce qui se passe ?* Il respira à fond, fit taire les tremblements ; et ces pensées dérangeantes, il les enferma à triple tour avant de les jeter au fond d'un puits obscur. Car il avait du pain sur la planche.

De nouveau maître de lui, sans plus laisser une seule seconde à l'indécision, Harry joua chacun de ses coups, chacun de ses putts, avec une lucidité, une économie de moyens totales. Il signa quatre pars d'affilée, bouclant son tour en 78 pour un total de 225 : il se retrouvait à égalité avec Ted pour la première place.

Lord Northcliffe et Ted Ray l'attendaient aux vestiaires après son passage obligé sous la tente de presse. Le magnat débordait de fierté d'avoir, à ce stade, placé ses deux poulains en haut du classement. Les deux champions se montrèrent nettement plus circonspects. Leur avance était mince : s'ils avaient appris la déconfiture de Wilfred Reid (Ted ne souhaitait pas s'étendre sur le sujet), il restait sous la pluie bon nombre d'Américains en mesure de combler l'écart.

Hagen fut le premier de ceux-là à rentrer. Après son double bogey au trois et son eagle au quatre, le Haig avait résolu d'élaguer les extrêmes. Jouant dès lors un golf aussi solide que régulier, il effectua l'aller en 39 et reprit deux coups aux Britanniques. Restait le problème de ses chaussures, peu adaptées à ce terrain glissant : pour maîtriser son transfert de poids, Hagen convoqua de plus en plus souvent le swing de Vardon dans sa mémoire. Il boucla un retour aussi soyeux que sa chemise : 37, un au-dessous du par. A 76, celui qu'on n'attendait pas revenait à deux points des Britanniques, avec un total de 227.

John McDermott arriva peu de temps après lui. Il avait talonné les deux leaders durant neuf trous et ils étaient restés à sa portée jusqu'au quatorze ; mais un double bogey à trois putts, sur le quinze, brisa son élan. McDermott eut beau, dès lors, enchaîner les pars et rendre une carte de 77, il n'avait repris qu'un seul coup aux Britanniques.

Sous la tente de presse, les questions allaient bon train : le champion s'était-il laissé distancer ou pouvait-il encore s'imposer au dernier tour ? McDermott gardait là-dessus ses fidèles, avec pour évangile la finale de l'Open 1910 : il l'avait commencée avec trois coups de retard pour revenir en tête et imposer un play-off. L'année suivante, il était à nouveau parvenu à rattraper son retard au dernier tour avant de s'adjuger le trophée. Face à ce chœur des croyants, un Heinrich Schmidt avait choisi de rejoindre le camp, minoritaire, du schisme, invoquant plusieurs raisons : primo, en ces deux occasions triomphales, McDermott ne partait pas de si loin ; secundo, il ne tombait pas des hallebardes ; tertio, les adversaires qu'il avait su rattraper ne s'appelaient pas Vardon et Ray.

McDermott refusa de répondre aux questions de la presse ; mais pour quiconque l'avait vu scruter, d'un air hagard, le panneau d'affichage devant le club-house, il crevait les yeux que John était plutôt de l'avis de Schmidt. Il lui semblait en fait avoir laissé passer sa chance. Grelottant et trempé comme une soupe, il alla se réfugier dans la chaleur des vestiaires. A cinq coups de son ennemi juré, dans des conditions qui n'avaient pas permis jusqu'ici un seul parcours au-dessous du par, il voyait ses espoirs de conserver le titre se réduire comme une peau de chagrin.

Deux groupes derrière, la foule se passionnait pour les progrès de « Long » Jim Barnes. L'Anglo-Américain de Tacoma s'accrochait depuis le matin : ses drives, qu'il jouait d'ordinaire longs et rasants, ne prenaient guère le vent : à la différence de ses adversaires, le climat n'affectait son jeu que de façon marginale. Quant à ses scores depuis le début du tournoi, ils épousaient un modèle déposé par Ted Ray : Barnes gaspillait ses coups tout au long de l'aller ; se repentait au tournant ; faisait son salut au retour. Après un 41 de débauché sur les neuf premiers trous, il enregistra trois birdies, au onze, au douze et au quinze. Il lui restait trois trous à jouer et trois pars suffiraient à le propulser en tête ; quelqu'un le lui fit remarquer et Barnes retomba aussitôt dans le péché : quatre coups pour un bogey au seize, pourtant un trou facile.

Qu'importe, tranchèrent in petto les spectateurs. *Avec deux pars, il se retrouve à égalité avec Vardon et Ray.*

... Mais Barnes commit un nouveau bogey, sur le dix-sept.

Bon. Ce qui est fait est fait. Le par au dix-huit et il se retrouve seul en deuxième place, avec un petit coup de retard.

Hélas, trois fois hélas... Après un drive éblouissant, Barnes expédia son approche au-delà du green : la balle rebondit sur l'allée pour s'arrêter à plus de cinquante mètres du trou. Suivit un recovery tout en finesse, qui traça dans les airs un arc paresseux avant de poser la balle comme une plume à moins de deux mètres du trou. Pour sauver le par, il ne lui restait qu'à réussir un putt droit contre la pente. Les journalistes et les joueurs américains qui avaient déjà fini leur tour, et savaient maintenant leurs espoirs nationaux en délicatesse, se pressaient autour du green.

Il va forcément la rentrer ; au pire, il partagera la deuxième place avec Hagen.

Mais l'assistance péchait par optimisme : Barnes força son putt, dépassa le trou de soixante centimètres... et manqua le retour ! Double bogey. Jim ramassa sa balle et, d'un geste rageur, essuya une petite motte de terre qui s'y était collée, déviant la trajectoire. Il avait joué de malchance. Le golfeur rendit une carte de 78 : à un coup derrière Hagen et trois de retard sur Ray et Vardon, il prenait la troisième place.

Raymond Ouimet, qui avait promis de sécher l'école pour assister au parcours de son frère, tint parole. Il arriva juste à temps pour voir Francis enquiller un putt sinueux de six mètres, réussissant son quatrième birdie de la matinée... sur le sixième trou. Une clameur tonitruante monta de l'assistance qui se massait sur trois rangs. Le bruit attira de nouveaux curieux : ils accoururent en piétinant le terrain détrempé. Dix minutes plus tard, quand Francis rentra sans ciller un putt d'un mètre cinquante pour un par solide au difficile sept, il rassemblait le public le plus nombreux de tout le parcours.

Malgré la tension toujours plus forte, Francis n'était pas du genre à envoyer promener ceux qui l'abordaient entre deux trous. Or sur le chemin du huit se trouvait son vieux copain Frank Hoyt. Francis l'appréciait énormément : c'était d'abord un ami, ensuite un excellent joueur auquel il se mesurait régulièrement à Woodland. Mais Frank était aussi celui qui, croyant bien faire, l'avait convié le dimanche précédent à un parcours de mise en train qui s'était révélé catastrophique ; c'était encore lui qui, le mardi, avait couru l'informer qu'il était passé devant Vardon, brisant aussitôt sa concentration. Ce vendredi, quand il vit Hoyt s'élancer vers lui, sa première impulsion fut de décamper au plus vite.

« Francis, Francis », criait Hoyt, hors d'haleine.

Oh non, pas lui, songea Eddie.

« Tu ne vas pas me croire : Vardon vient de signer 78, Ray 76 et avec Reid mort et enterré...

– Merci, Frank ; c'est très encourageant.

– Mais tu comprends ce que ça veut dire ? insista l'autre.

– Oui, oui, tenta de le couper Eddie, c'est clair comme de l'eau de roche. »

Mais il en fallait plus pour démonter Frank Hoyt :

« Si tu voyais ce qui se passe au club-house : c'est la folie, là-bas ! Tout le monde ne parle que de ça. Où en est-tu, à quatre sous le par ?

– Trois, se hâta de rectifier Eddie.

– Un bogey au cinq, précisa Francis en pressant le pas.

– Attends, attends, laisse-moi faire le calcul... Trois coups d'avance aujourd'hui, ton total est au par... Bon Dieu, Francis, ça te donne deux coups d'avance sur Ray, quatre sur Vardon : tu mènes de deux coups !

– Merci d'être venu me le dire, Frank », répondit poliment Francis. Ils arrivaient au départ du huit et la foule s'écartait devant eux. Eddie se planta devant Hoyt, lui bloquant le passage : « Eh bien, merci, Frank ; merci d'être passé... »

Il attendit que le barrage de la foule se referme, puis il rejoignit son golfeur sur le départ. Il sécha le grip du driver avant de le tendre à Francis.

« Ne t'occupe surtout pas de ces salades. Continue de faire comme tout à l'heure.

– Notre jeu à nous.

– Exactement. Comme si de rien n'était. »

Francis effectua sa routine comme à l'accoutumée, mais Eddie sentait bien qu'un éclat de doute s'était maintenant fiché dans la sphère parfaite de sa concentration. Cet infime accroc à sa confiance allait, tout comme mardi, précipiter une fois de plus l'hémorragie. Le manche en noyer du club, détrempé par la pluie, se révélait plus flexible encore qu'à l'accoutumée, ce qui impliquait une sanction immédiate en cas de swing trop appuyé ou de mauvais timing. Or l'anxiété montante de Francis appelait cette sanction de toutes ses forces : son drive dévia en hook pour finir dans un bunker. Son recovery atterrit trop court du green. Un chip et trois putts plus tard, il marquait un double bogey.

Eddie tâcha de le rassurer : « C'est normal, Francis : il faut savoir faire avec. Tout le monde a un coup dur de temps à autre. »

Francis hochait la tête d'un air entendu ; mais au neuf, un par cinq, le schéma se reproduisit : un drive indécis ; un deuxième coup qui parvint tout juste à franchir le ruisseau coupant le fairway en deux ; un troisième qui le posa sur l'avant du green – avec le drapeau tout au fond. Son putt d'approche s'arrêta trois mètres avant le trou. Au deuxième putt, la balle vira sur la gauche : bogey. Il lui avait suffi de deux trous pour perdre son avance. Pour la première fois de la matinée, Francis se retrouvait à égalité avec Vardon et Ray.

Sur le chemin du dixième tee, Eddie aperçut dans l'assistance l'un de ses copains, un vrai petit dur, et lui fit signe d'approcher : « Tu vois ce type ? » lui souffla-t-il. Il lui montra discrètement Frank Hoyt, qui continuait de les suivre tout en notant les scores. « S'il fait mine de cavaler vers nous, tu n'hésites pas, tu le plaques à terre. »

Peu avant midi, il ne restait plus sur le parcours qu'une poignée de concurrents sérieux. Le petit Français Louis Tellier, après une nuit passée à tenter de réconforter son beau-frère Wilfred Reid, lutta vaillamment pour garder la tête hors de l'eau. Par chance, il était apparié à Tom Vardon, témoin direct de l'altercation de la veille : le compte rendu objectif de Tom offrit un contrepoint bienvenu au récit larmoyant de Reid et permit à Tellier de recouvrer un peu de son calme. Par ailleurs, leur groupe passa complètement inaperçu du public : cet isolement profita au Français qui rendit une solide carte de 79, à six coups de la première place.

Suivaient deux bons amis que le sort avait unis sur ce tour : Mac Smith et Alec Ross. Les racines écossaises ne font pas tout et Ross souffrit terriblement des conditions météo. Après un calamiteux 93, Alec pouvait dire adieu au tournoi. Mac ne se trouva guère mieux sur l'aller, qu'il boucla en 42 ; mais il sut se ressaisir au tournant et rendit une carte de 80. Il restait donc de l'espoir pour Mac. Celui-ci passa devant Tellier, rejoignant John McDermott à la cinquième place.

Ne resta plus dès lors, parmi les prétendants, que Francis. Son partenaire George Sargent, encore en lice au départ, avait lâché prise dès le premier trou et s'était fait largement distancer. Au départ du dix, en attendant que le fairway se dégage, Francis trouva les moyens de se ressaisir. Si sa vision l'abandonnait pour l'instant – et il fallait se rendre à l'évidence, la grâce n'était plus là –, il ne restait plus qu'à serrer les dents et boucler le retour coûte que coûte.

Réfléchis, Francis. Personne ne t'imaginait arriver si haut dans le classement ; bien franchement, si on te l'avait dit, tu n'y aurais pas cru toi-même. Et pourtant, t'y voilà : alors de quoi as-tu peur ?

Ce changement de perspective suffit à le rasséréner. Au cœur de l'épreuve, Francis venait de se découvrir une ressource miraculeuse de simplicité : il n'avait rien à faire de spécial pour rebondir, sinon d'envisager sa situation sous un nouvel éclairage. *C'est du golf ; c'est un jeu ; on devrait toujours s'y amuser.*

Le dix lui concéda le par grâce à un tee-shot qui finit sur le green. Mais ses ennuis n'étaient pas finis. Après un bon drive au départ du onze, son approche trouva le rough : il rentra la balle en cinq coups, pour un bogey. La nouvelle se répandit comme une traînée de poudre : Ouimet venait de perdre un coup sur Vardon et sur Ray.

Quand Ted l'apprit, il était au practice où il s'échauffait avant de commencer son quatrième tour, à 12 h 15. L'Anglais avait englouti un repas chaud aux vestiaires et il s'était offert un verre de whisky avant de passer des habits secs. L'annonce inattendue qu'il avait repris la tête du tournoi lui donna le coup de fouet qui lui manquait pour affronter son calvaire personnel : les neuf premiers trous du Country Club. Un autre motif d'étonnement l'attendait au départ : l'assistance venue le voir avait fondu comme neige au soleil. Le colosse n'allait pas tarder à en savoir la raison – mais cette autre surprise lui serait moins plaisante.

La pluie tombait de plus en plus dru, parfois en oblique

sous les coups de vent. Les nuages noirs semblaient appuyer directement contre la cime des arbres, offrant une illustration saisissante de la pression barométrique. Francis perdit une nouvelle occasion de rattraper ses erreurs au douze. Son drive, au départ de ce par cinq, finit dans un bunker. Il sortit en pitch ; son troisième coup arriva trop court du green. Seuls un chip précis et un putt ferme lui permirent de sauver le par. Au treize comme au quatorze, il ne prit aucun risque et récolta deux pars. Vint le grand quinze : le drive de Francis atterrit devant l'allée qui traversait le fairway. Il étudia longuement son approche : cent dix mètres seulement, contre le vent. Eddie et lui se concertèrent à mi-voix sur le fer à employer. Son public comptait à présent plus de quatre mille têtes, mais sa concentration demeurait absolue. Golfeur et caddie optèrent pour le mashie, le fer 5. Francis décocha une épure de coup, la balle se posa tout doucement sur le green pour s'arrêter à trois mètres du drapeau.

La foule se massa tout autour du green tandis que Francis et Eddie étudiaient le putt sous tous les angles. Le putting de Francis n'avait rien d'orthodoxe pour l'époque, même s'il ne déparerait pas dans nos tournois modernes : il reposait davantage sur la rotation des épaules que sur le coup de poignet, les coudes pointaient de chaque côté du corps, la frappe était sèche au lieu d'un mouvement fluide. Francis trouva enfin sa ligne et Eddie s'écarta. Le golfeur prit son stance, vérifia une dernière fois sa ligne et joua le coup : la balle partit comme sur un rail et plongea dans la tasse. Birdie. La foule rugit à nouveau. Ragaillardis par les acclamations, Francis et Eddie s'éloignèrent vers le départ du seize.

Ted prenait son adresse sur le premier tee quand il entendit la clameur. Il comprit aussitôt ce que cela voulait dire : Ouimet les avait rattrapés encore une fois. Ted recula d'un pas avant de se remettre en place une fois le calme revenu.

Eh bien, d'accord, pensait-il. *Qu'il nous rattrape, le jeunot. On va lui montrer à quoi ça sert, un quatrième tour.*

Et Ted pulvérisa sa balle : deux cent trente-cinq mètres face au vent, la balle en plein milieu de fairway. Le dernier tour commençait.

De l'autre côté de la rue, sur la terrasse des Ouimet, l'ultime clameur saluant le birdie de Francis au quinze fit se lever d'un bond Mary. Jamais les cris n'avaient été plus proches et soudain, la mère de Francis n'y tint plus. Elle décrocha son parapluie, descendit les marches et traversa Clyde Street comme si elle avait répondu à l'appel de Dieu. Elle s'approcha de l'endroit où elle vit le plus de monde : elle l'ignorait encore, mais c'était bien le public de son fils. Ils se massaient sur près de dix rangs, tout autour du seizième green. Du haut de son petit mètre soixante, Mary ne voyait rien. Les applaudissements recommencèrent : Mary avisa un homme de haute taille et lui demanda ce qui se passait. L'autre jeta un coup d'œil, debout sur la pointe des pieds ; il lui apprit que le tee-shot de Francis Ouimet venait de finir sur le green.

Louise et Raymond s'étaient retrouvés dans la foule en route vers le seize. Il virent Francis réussir son par trois – pour la première fois depuis le début du tournoi – et se hâtèrent d'aller se poster à une place libre, contre les cordes qui bordaient le fairway suivant. Les porte-voix allaient et venaient, les commissaires s'époumonaient pour tenter de guider la foule. Mary se laissa emporter par le flot. Elle ne tarda pas à comprendre le principe : agripper un bout de corde et ne plus le lâcher. Elle se ménagea donc une place de choix et vit son Francis placer un long drive en plein fairway. Elle le héla quand il passa devant elle ; sa voix se perdit dans le tumulte. Mary ne connaissait presque rien au golf : tout au plus quelques notions qu'elle avait attrapées dans les articles consacrés à son fils. C'était assez pour comprendre qu'en expédiant, au deuxième coup, sa balle sur cet ovale de gazon ras qu'on appelait le green, Francis avait très bien joué. Et la foule parut se réjouir davantage quand il ne lui fallut que deux autres coups pour mettre la balle au fond du trou. Mary joignit sa voix aux acclamations.

« C'est mon fils », lança-t-elle à son voisin tandis que les spectateurs s'élançaient déjà vers le départ suivant. Il ne l'entendit même pas.

L'émotion la submergea et ses yeux s'emplirent de larmes. Tous ces gens venaient voir son fils ; tous ces cris saluaient ses exploits. Mary se figea, incapable d'aller plus loin, et la foule s'ouvrit contre elle comme une vague. Soudain, ils étaient passés, elle se retrouvait seule – nul n'était resté pour voir le groupe suivant. Deux haies noires de spectateurs bordaient maintenant le dernier fairway, courant jusqu'au club-house, et seuls les appels répétés des hommes aux porte-voix parvinrent à faire taire leur brouhaha surexcité. D'autres gens levèrent vers le ciel de grands piquets rouges : un silence tendu tomba sur l'assistance. Chacun retenait son souffle ; Mary n'entendait plus que le clapotement de la pluie. Francis devait être là, quelque part dans cette marée humaine. Elle suivit les regards et tout là-bas, au-dessus de la crête noire que découpaient contre le ciel les chapeaux noirs et les épaules, elle vit se lever un club : puis on entendit un choc plein, celui du bois contre la balle.

Ils crièrent d'une seule voix, comme une créature gigantesque ; s'élancèrent en même temps contre les cordes. Il devait marcher parmi eux, elle en était certaine, les réactions de la foule dessinaient son sillage, ils lui faisaient signe, ils criaient son nom.

C'est lui. C'est Francis.

Quelques instants plus tard, ils explosèrent à nouveau de joie. Ils acclamaient un nouveau coup, plus fort encore que tout à l'heure. Et cette grande foule noire vint entourer une sorte de plateau circulaire, à gauche de l'imposant club-house jaune.

C'était trop pour Mary. Baissant soudain les yeux, elle s'aperçut qu'elle ne portait que sa petite robe d'intérieur : où avait-elle donc la tête ? Elle ne pouvait pas se montrer dans cette tenue ! Elle s'essuya les yeux et se dépêcha de rentrer chez elle. Elle attendrait le retour de Raymond et de Louise : eux lui raconteraient ce qui s'était passé.

Mais ce doit être bien, se dit-elle. *Ce doit être bien.*

Francis gravit rapidement le talus du dix-huitième green. Parvenu là-haut, il se retourna et tendit la main à son caddie pour l'aider à franchir la pente glissante. Eddie refusa d'un geste : il monta tout seul, le sac sur une épaule et le parapluie contre l'autre.

Harry et Ted avaient déjà commencé leur quatrième tour

quand retentit ce concert de clameurs. Lord Northcliffe ne tarda pas à rattraper Harry ; celui-ci marchait vers sa balle, sur le second fairway.

« Mais qu'est-ce qui se passe donc ? s'enquit le magnat.

– C'est Ouimet, expliqua Harry. J'imagine qu'il nous remonte ; ou qu'il est en passe de nous rattraper.

– Ce blanc-bec ? Impossible.

– Oh, il va y arriver.

– Foutaises : il sort à peine de l'œuf.

– Vous verrez bien », rétorqua Harry. Il rejoignit sa balle, choisit son club et se concentra sur le coup à jouer.

Sur le green de *Home*, George Sargent proposa de jouer son putt en premier pour laisser le champ libre à son partenaire : un geste élégant que Francis salua d'un signe de tête. Sargent rentra sa balle en deux putts, pour une carte de 79. La foule applaudit poliment, Sargent s'écarta. Bernard Darwin s'était dépêché de revenir au dix-huit pour assister à cette conclusion. Debout près du club-house, soulagé que Northcliffe ne soit pas dans les parages, le journaliste s'efforçait vainement de réprimer un sourire ravi. *Dire que je l'ai connu à Coney Island ; que c'est moi qui l'ai remarqué le premier, à Garden City, il y a quoi ? Trois semaines seulement ? Et regardez-le aujourd'hui...*

La balle reposait six mètres à droite du trou, dans une légère pente à gauche. Eddie tendit son putter à Francis. Ils étaient absolument seuls, dans l'un de ces curieux moments d'intimité que connaissent les grands tournois de golf, au milieu d'un cercle de six mille personnes.

« A ton avis ? demanda Francis – un peu par courtoisie car il connaissait ce putt comme sa poche.

– Par la gauche, répondit Eddie. Dans la pente.

– Va pour la gauche.

– Si elle ne rentre pas, attention au coup d'après. »

Francis s'installa, jeta un dernier regard à sa ligne et la balle obéissante prit la pente, filant droit sur le trou... Mais un peu trop vite. Elle frôla la tasse par l'amont, s'arrêta 1,20 mètre plus loin. La foule gémit, puis applaudit. L'excitation ressurgissait : le putt à venir pouvait mettre Francis en première place, à égalité avec les Anglais.

Ils l'examinèrent rapidement ; Eddie, accroupi entre les jambes de son golfeur, inspectait lui aussi le terrain. Sa blessure au pied s'était rouverte et lui faisait un mal de chien ; il choisit de l'oublier. « Tout droit », trancha le petit caddie.

Il n'y eut aucune hésitation : Francis la mit au fond.

Un peu plus loin, Vardon entendit le hurlement collectif, suivi d'acclamations tonitruantes, la plus belle ovation que cette édition du tournoi eût connue jusqu'ici. Le Britannique adressa un signe de tête un rien narquois à lord Northcliffe : *Vous voyez ? Il nous a rattrapés.* Le magnat courroucé tourna les talons et s'en alla voir Ted.

Walter Hagen, derrière Vardon, arrivait quant à lui sur le green de *Polo Field*. « Mince alors, s'exclama-t-il : le gosse y est arrivé. »

De retour sur sa terrasse, Mary Ouimet entendit elle aussi la clameur ; serrant plus fort son rosaire, elle rendit grâce pour sa prière exaucée.

Près du club-house, Raymond s'élança vers son frère : la foule ne le laissa pas passer. Louise courait déjà chez eux prévenir sa mère.

Sur les marches du club-house, Bernard Darwin se retint juste à temps de brandir un poing triomphal, griffonna dans son carnet : « Fabuleux, fabuleux ! » et se dépêcha d'aller retrouver Vardon et Northcliffe.

En allant faire valider sa carte, Francis croisa le président de l'USGA, Robert Watson, et son vieil ami George Wright, auxquels il adressa un signe amical. Les deux hommes échangèrent une poignée de main.

Trente minutes plus tard, une silhouette solitaire arpentait le dix-huitième fairway. Herbert Strong, dernier joueur de ce troisième tour, avait souffert, pour une fois, de son esseulement. Après avoir commencé la journée à égalité avec Ted Ray pour la deuxième place, Strong rendit une carte de 82 qui le plaçait en huitième position, ex aequo avec Louis Tellier. Quelques instants plus tard, les résultats définitifs du troisième tour étaient affichés devant le club-house :

M. Francis Ouimet	74	225
Ted Ray	76	225
Harry Vardon	78	225
Walter Hagen	76	227
Jim Barnes	78	228
Mac Smith	80	228
John McDermott	77	230
Louis Tellier	79	231
Herbert Strong	82	231

Dans des conditions de jeu qui n'avaient permis qu'à dix-sept des cinquante meilleurs golfeurs du monde de passer sous la barre des 80, Francis avait signé le parcours le plus bas de ce vendredi et repris quatre coups aux deux plus grands joueurs en activité. Quoique la règle ait connu de rares exceptions, les spécialistes conviennent qu'à ce stade d'un tournoi, on ne peut plus espérer remonter un retard supérieur à cinq coups sur la tête du classement : le trophée se joue parmi le dessus du panier. Cela ne laissait que sept hommes en lice, sans compter Tellier et Herbert Strong qui émargeaient à la frontière de l'exploit.

Sous la tente de presse, le débat faisait rage sur les espoirs américains. McDermott avait l'air cuit et, sans pouvoir l'exclure d'office, on doutait sérieusement de le voir rebondir. Mac Smith, en revanche, restait un client sérieux : par le passé, il était allé jusqu'au play-off en Open et ses deux frères s'étaient adjugé le trophée. De Jim Barnes, on ne savait pas grand-chose : il y a loin de Boston à Tacoma et rares étaient ceux qui l'avaient déjà vu jouer. Mais ses deux premiers tours avaient fait forte impression et nombre d'observateurs fondaient maintenant sur lui leurs espoirs. Les journalistes craquaient pour Walter Hagen – prémices d'une histoire de cœur qui allait durer près de trente ans ; mais si le dandy de Rochester pointait seul à la deuxième place, on n'imaginait quand même pas le voir dépasser, à son premier Open, des golfeurs de l'envergure de Vardon et de Ray.

Il y avait enfin Francis. Ce dernier s'acquitta du passage de rigueur sous la tente de presse : il y resta quelques minutes, consacrées surtout à s'excuser de ses impairs au huit et au neuf. Chaque fois qu'un reporter en appelait à son patriotisme et tentait de lui extorquer un pronostic, le jeune homme bottait prudemment en touche.

« Un golfeur ne peut compter que sur la chance pour s'imposer devant de tels adversaires, et dans des conditions de jeu si éprouvantes. »

Francis Ouimet, le gamin d'en face : celui qu'on n'attendait pas. A l'évidence, le destin venait de le propulser sous les feux de la rampe ; mais quand il eut pris congé de la presse, les avis différaient à son sujet. Poussé par une force inconnue, dopé par les encouragements des supporters locaux, l'enfant du pays avait-il joué au-dessus de son niveau ? Le destin lui réservait-il d'autres belles surprises ? Les cyniques et les petits malins, deux espèces courantes en journalisme sportif, avaient fait leurs calculs : à les en croire, le phénomène Ouimet ne tarderait plus à se dégonfler. Venu de nulle part, ce gamin s'était hissé à des sommets défiant l'imagination : cela ne rappelait-il pas un certain Icare ? Le quatrième tour allait remettre les pendules à l'heure et renvoyer le petit prodige au plancher des vaches. Avec le trophée en ligne de mire, Vardon et Ray ne feraient qu'une bouchée de lui.

Mais tout le monde, dans la tente de presse, ne partageait pas cette opinion. A l'opposé des sceptiques professionnels, les lyriques patentés – autre figure obligée du métier – en tenaient résolument pour le petit Francis, alléchés par les gros titres potentiels : les articles s'écriraient tout seuls.

Derrière ce double chœur s'élevait la voix solitaire et désintéressée d'un John Anderson qui fourbissait ses arguments : « Ne l'enterrez pas trop vite, répétait-il aux pessimistes. Je vous rappelle qu'il a fini un coup derrière Vardon aux éliminatoires de mardi ; et qu'il vient de remonter les deux Anglais ce matin. » Mais comment a-t-il fait ? objectaient les autres. Ce sont des pros endurcis, les meilleurs golfeurs au monde ; lui n'est personne ! Un petit marrant moqua les oreilles décollées du gosse, se taillant un franc succès. « Je vais vous dire comment il a fait, s'énerva Anderson. Il a joué mieux que les autres, c'est tout. »

Mais ses collègues restaient dubitatifs. Anderson était seul –

hormis Bernard Darwin dans le secret de son cœur – à entretenir la flamme de l'espoir. Dehors, les supporters locaux votaient avec le cœur et non la tête : mais ils osaient à peine y croire. Il régnait au Country Club une atmosphère singulière : dix mille personnes retenaient leur souffle.

Francis n'a jamais confié quelles avaient été ses pensées durant l'heure précédant son quatrième tour. Il la passa aux vestiaires, assis devant son casier, le dos à la pièce, le regard fixe – à visualiser, peut-être, le parcours à jouer ; ou bien à se rappeler comment il en était arrivé là, toutes ces années d'épreuves et de déceptions. Il passa des vêtements secs, nettoya ses chaussures. Les autres joueurs allaient et venaient sans lui adresser la parole.

Eddie l'attendait devant la remise des caddies, trempé jusqu'aux os. Il n'avait pas pensé à se munir d'habits de rechange. Quand Dan McNamara le vit grelotter, il l'invita dans l'atelier du pro à se chauffer contre le poêle. Eddie pendit son manteau près du feu. On lui donna une tasse de chocolat chaud.

« Continue à l'épauler comme tu le fais, lui lança Dan.

– Je vais essayer, monsieur. »

Au coin du feu, l'enfant entreprit de nettoyer chacun des clubs du sac. Il vérifia ses réserves de balles, ses moules à tee. Il délaça discrètement son soulier droit pour inspecter son pied : le sang détrempait le bandage. Des rubans aux couleurs du drapeau américain étaient en vente sur un présentoir.

« C'est combien, pour un ruban ?

– Je te l'offre », répondit Dan.

Eddie réfléchit un instant. « Et pour deux ? »

Quand Wilfred Reid quitta le terrain après son troisième tour, sa sœur et son épouse allèrent trouver un journaliste dont elles avaient fait la connaissance sous la tente de presse. Elles lui rapportèrent l'algarade survenue la veille, au Copley Square Hotel, entre Wilfred et Ted Ray. Toutes deux avaient suivi par le menu le calvaire de Wilfred sur le parcours : à bout de forces, elles fondirent en larmes et mirent Ray en cause. La rumeur de cette altercation avait couru parmi la presse et la confirmation qu'en donnèrent les deux femmes se répandit comme une traînée de poudre. Après avoir fait enregistrer sa carte, Reid se présenta sous la tente de presse où il offrit enfin sa version de l'incident.

Il présenta les choses comme une discussion politique animée, entre deux bons amis, qui avait malheureusement dérapé. Il ne laissa en rien supposer une animosité latente entre les protagonistes. Dans tous ses comptes rendus, Wilfred se donnait le rôle de la victime innocente d'une inexplicable agression : il avait voulu vaillamment riposter avant d'en être empêché par les témoins. Il n'eut pas besoin de souligner la différence flagrante de gabarit entre Ted Ray et lui-même ; il n'imputa pas non plus sa contre-performance du troisième tour aux séquelles de cette bagarre, laissant les reporters tirer leurs propres conclusions. Celles-ci allaient encore s'autoriser de son quatrième tour, l'après-midi : car Reid rendit une carte non moins calamiteuse que la précédente, à 86. Il finit loin des places dotées, en seizième position, accréditant l'idée que l'agression de Ted Ray lui avait coûté son tournoi.

Pour sa défense, il faut reconnaître qu'il ne chercha pas à porter plainte ou à obtenir une quelconque réparation financière – attitude qui serait impensable aujourd'hui. Bien entendu, il n'existait pas encore d'avocats pour lui suggérer cette manœuvre ; mais il est probable qu'il ne les aurait pas écoutés. On devine, dans la réaction de Reid, un code de conduite implicite, hérité d'un âge où les vrais gentlemen réglaient entre eux leurs différends : et tant pis s'il en coûtait quelques bleus à la figure comme à son orgueil. Il y eut véritablement de la noblesse chez Reid à vouloir confiner à la sphère privée un épisode qui l'avait privé, c'est indiscutable, de toutes ses chances à l'US Open.

Pour des raisons connues de lui seul, Ted Ray n'a jamais voulu s'expliquer sur cette altercation. Questionné là-dessus, sans doute aurait-il répondu que ça ne regardait personne. Du moins s'en voulait-il d'avoir frappé : il l'a reconnu ensuite devant Harry. Mais à ses yeux, le dossier était clos et n'aurait jamais dû se retrouver dans les journaux. L'intérêt de la presse américaine pour cette histoire parut le déconcerter : sans doute estimait-il que des journalistes britanniques auraient eu le bon goût de fermer les yeux. De fait, un Bernard Darwin, s'il a raconté le tournoi sous toutes ses coutures, n'a pas consacré une seule ligne à l'incident. Cette incompréhension face à la mentalité différente des Américains valut à Ted une sérieuse déconvenue : cet après-midi-là, tandis que la presse propageait le point de vue de Wilfred sans que Ted daignât seulement répondre, l'opinion se retourna petit à petit contre l'homme dont elle avait fait au départ son favori. Pour la première fois de sa carrière, Ted Ray endossait les habits peu enviables de l'affreux.

La pluie et le froid, encore et toujours : il y avait eu quelques accalmies durant la matinée, mais la pluie n'avait jamais cessé tout à fait. En ce début d'après-midi, il semblait que toutes les vannes du ciel s'étaient ouvertes au-dessus de Brookline. Des flaques se formaient sur les fairways ; seul le drainage exceptionnel des greens, pour la plupart surélevés et obliques, empêcha le parcours d'être déclaré injouable. Peu après midi, l'USGA, après en avoir délibéré, décréta que le tournoi continuerait comme prévu.

Ted Ray et Mike Brady ouvrirent le dernier tour à 12 h 15. Ted, qui ignorait encore les déclarations de Wilfred Reid, imputa au mauvais temps la désertion de son public ; quand de maigres applaudissements répondirent à l'annonce de son nom, il ne s'en soucia guère. Il s'était préparé de longue date à un accueil peu enthousiaste des Américains, en raison notamment de sa stature : on n'a guère envie de soutenir Goliath. Mais sous son armure, le Britannique se sentait fourbu : la tournée l'avait fatigué, il était loin de chez lui depuis trois semaines, la plus longue absence qu'il ait connue de sa vie. Ted aimait bien l'Amérique mais, à la différence de Harry, ne se sentait aucune affinité particulière avec le pays. Et comme Harry, il en était venu à se méfier des obsessions de lord Northcliffe. Son acharnement à conquérir l'Open lui paraissait soudain très éloigné du véritable esprit sportif. Le magnat pouvait bien rêver de revanche, mais ses golfeurs avaient d'autres soucis : à commencer par celui de mettre la balle au fond du trou. Or ce vendredi après-midi, malgré quinze années passées à pousser la balle sous les pluies britanniques, Ted affrontait les pires conditions climatiques de toute sa carrière.

Plus qu'un dernier parcours et il pourrait laisser tout cela derrière lui. L'adresse ; la prudence ; l'amour du travail bien fait. Jouant dans le premier groupe, Ted n'avait personne devant lui ; rien ne l'empêchait d'aller au train d'enfer qu'il affectionnait : et peut-être cet aller de malheur céderait-il à ses assauts pour leur ultime rencontre ? Il expédia son premier drive vers le ciel, droit sur les nuages qui coiffaient le terrain. Quand il s'éloigna vers sa balle, Northcliffe était là, réglant son pas sur le sien.

Il aurait dû se munir d'un fouet, grinça Ted intérieurement.

Son deuxième coup partit en slice dans le rough, anéantissant ses espoirs de birdie. Il monta en pitch ; deux putts lui donnèrent le par. Il trouva le green suivant dès son deuxième coup, mais putta trop vite et mal : il s'y reprit par trois fois et finit en bogey. Sur *Pond*, le par cinq qui l'avait fait enrager toute la semaine, il réussit l'un de ses drives de légende, monta sur le green au brassie et, en deux putts, signa un birdie splendide : il revenait au par.

Le quatrième trou, *Hospital*, ne mesurait que deux cent soixante-quinze mètres, distance à laquelle Ted, en temps normal, trouvait le green neuf fois sur dix. Mais l'hôpital qui donnait son nom au trou se révéla de mauvais augure. Parfaitement exécuté, son drive fut arrêté par le sol détrempé au sommet d'une colline surplombant le green, à quarante-cinq mètres du drapeau. Ted empoigna son fidèle Snieler et gratta nettement sa balle, l'expédiant à vingt mètres de là, dans un bunker profond. Il employa encore le Snieler pour s'en sortir et trouver la bordure ; de là, il lui fallut encore trois putts pour rentrer sa balle : et il en manqua un de trente centimètres. Ted fulminait : rien n'était plus humiliant pour lui que de commettre en public ce genre de faute. Double bogey, et deux au-dessus du par après quatre trous.

Ted descendait du green quand Bernard Darwin rejoignit l'assistance au petit trot.

« Où étiez-vous ? s'enquit Northcliffe.

– Au club-house. J'ai vu finir Ouimet : il les a rattrapés.

– Dépassés, vous voulez dire : Ted est en train de lâcher prise. »

Darwin regarda le colosse se diriger vers le cinquième départ : il avait l'air d'un homme aux abois. Northcliffe fit jouer le fermoir de sa montre de gousset : « Bon. Je vais voir Harry partir. Vous, vous restez avec Ray. Qu'il ne s'avise pas de me laisser tomber. »

Northcliffe tourna les talons. Il ne vit pas Ted enchaîner ses trois meilleurs coups de la journée sur le cinq, où il n'avait réussi qu'une fois le par depuis le début du tournoi. Le tee-shot se jouait à l'aveugle : la balle survolait une série de buttes masquant un fairway incurvé à droite, tandis qu'un bosquet se lovait au coude du dogleg : tout cela n'empêcha pas Ted de toucher le fairway en plein centre. Le green était défendu par des bunkers à gauche et par le rough à droite : le Snieler de l'Anglais posa la balle au milieu du vert. Là-dessus, Ted rentra sans faillir un putt de 4,50 mètres : birdie. Il se retrouvait un coup au-dessus du par après cinq trous qu'il avait joués quasiment à une allure de demi-fond : en trois petits quarts d'heure.

Ted empocha son par au six mais, sur le trou suivant, renoua avec les ennuis. Le sept était le plus long et le plus difficile des pars trois du Country Club : on l'avait baptisé *Redan* pour sa ressemblance avec un célèbre trou de North Berwick qui a inspiré des dizaines d'avatars dans le monde : le green surélevé, défendu de tous côtés par des bunkers, évoque une place forte. Ted pensa mal son attaque : son tee-shot arriva trop court à droite et, après être monté sur le green, il lui fallut encore trois putts pour en finir. Double bogey. Trois au-dessus du par.

Son naturel de Jersiais revint alors au galop. Ted s'éloigna d'un pas rageur en jetant son putter au loin, dans l'herbe, où son caddie courut le ramasser. Northcliffe avait eu raison par anticipation, songea Darwin : le colosse était bel et bien en train de craquer. Et le condamné continuait de courir à l'échafaud : Ted signa un bogey sur le huit, après un nouveau drive calamiteux. Il arriva au dernier trou de l'aller à quatre au-dessus du par : il fallait à tout prix juguler l'hémorragie. Avec ses quatre cent soixante-quinze mètres, le neuf, *Himalaya*, aurait pu faire un par cinq facile pour un aussi long frappeur que Ray ; pourtant Ted n'avait cessé de le manquer tout au long de la semaine. Et il avait besoin d'un birdie.

Il prit son adresse sous une pluie diluvienne. Son chapeau blanc n'était plus qu'une masse informe qui pendait sur ses tempes. Il prit le temps de se concentrer et cela lui réussit : l'Anglais trouva les ressources de taper un de ses drives de légende, qu'il fit suivre d'un coup de brassie non moins efficace. Il lui restait quatre-vingts mètres à couvrir, à l'aveugle, jusqu'au green en surplomb. Ted empoigna son niblick Snieler ; mais il leva les yeux trop tôt et perdit vingt-cinq bons mètres : sa balle atterrit à flanc de green et seul le terrain détrempé l'empêcha de dégringoler toute la pente pour revenir à ses pieds. Bernard Darwin, à ce stade, avait tiré ses conclusions : Ted affectionnait peut-être un rythme soutenu mais sa vitesse, que rien ne bridait puisqu'il ouvrait le tour, était en train de nuire gravement à son golf. Chaque coup semblait hâtif, notamment sur le green.

Quand il gratta son approche sur le neuf, pour la première fois de la matinée, quelques partisans américains dans l'assistance se permirent de manifester leur joie. Les commissaires chassèrent aussitôt les importuns et réclamèrent le silence. L'Anglais prit la mouche devant cette entorse flagrante à l'étiquette : « On n'est tout de même pas à un match de football ! », l'entendit-on grommeler. Il refusa de jouer son coup suivant avant qu'un silence total ne fût rétabli. Ted ignorait encore que les déclarations de Reid avaient circulé. Elles expliquaient pour beaucoup ce revirement du public ; s'y ajoutait le fait que son passage à vide ménageait une ouverture inattendue pour les Américains lancés à ses trousses.

Quoi qu'il en soit, Ray prit très mal la chose. Son chip arriva un peu court et il manqua le putt qui aurait sauvé le par. Il conclut l'aller sur un nouveau bogey pour un total de 43, cinq coups au-dessus du par : une performance catastrophique pour lui aussi bien que pour quiconque. L'aller du Country Club avait extorqué, une fois de plus, sa livre de chair au colosse. Peu après treize heures trente, cet après-midi-là, la compétition redevenait donc ouverte : et ce n'était pas seulement du fait de Ted.

Harry n'avait pas à s'inquiéter de tomber en défaveur : cela n'était pas près de lui arriver un jour. On ne siffle pas la Statue de la Liberté ou le Rocher de Gibraltar. Sa renommée sans tache, son autorité naturelle, son sang-froid à toute épreuve forçaient le respect de chacun. Quoique néophytes en golf, les spectateurs américains percevaient d'instinct tout ce que sa stature recouvrait de vertus : travail, autonomie, confiance en soi, fair-play. Et quand ils découvrirent la fêlure de cette icône – cette maladresse chronique sur les petits putts, dont il s'accommodait avec tant de grâce, ils ne l'en aimèrent que d'avantage. Vardon ne jetait pas ses clubs en l'air ; il ne disait jamais un mot plus haut que l'autre. Ce vendredi, au Country Club, Harry ne rencontra pas d'autre ennemi que lui-même.

Ayant obtenu le par au premier trou, il sentit son malaise grandir dans des proportions insoupçonnées tout en patientant sur le deuxième tee. Il savait que Ouimet les avait rattrapés à la fin du troisième tour ; on l'avait aussi informé que Ted était à la peine. Cette fois-ci, le Lévrier ne s'était pas lancé dans un de ces sprints comme il les aimait. Ce n'était pas l'une de ces remontées fulgurantes sur les tout derniers trous, face à de petits concurrents à bout de souffle qui perdaient pied l'un après l'autre. Cette fois-ci, Harry était au coude à coude avec un joueur plus jeune que lui, un joueur qui l'inquiétait plus que tout autre n'avait su le faire en des années de carrière. La pluie étouffait ses atout golfiques et Harry savait que ce duel se jouerait sur la résistance nerveuse. Or, pour la première fois depuis sa guérison, il craignait de n'être pas à la hauteur. Il arrive toujours un moment, dans la carrière d'un champion, où celui-ci doit s'effacer devant quelqu'un de plus vif, de plus fort, de plus jeune : cette heure avait-elle sonné pour lui ?

Il sut dès le deuxième trou que quelque chose clochait ; il lui semblait que sa faculté de discipliner à la fois son corps et son esprit avait rompu ses amarres. Les tremblements qu'il avait ressentis le matin sur le quinze ressurgirent ; et ce n'était pas que le nerf abîmé, car ses deux mains tressautaient de conserve. S'il faisait toujours merveille avec les longs clubs, touchant chaque green en régulation, il se révélait incapable de manier le putter. Plus impuissant qu'un bébé sous l'orage, Harry signa un bogey sur chacun des quatre trous suivants.

Debout dans les galeries, lord Northcliffe vivait son pire cauchemar : à l'instant décisif, après neuf ans d'attente et alors que la victoire semblait à portée de main, ses deux champions partaient simultanément en vrille : 43 sur l'aller pour Ted, 42 pour Harry, les pires scores que l'un comme l'autre aient signé de tout leur séjour à Brookline.

Le premier Américain en mesure de mettre à profit cette aubaine s'appelait Walter Hagen. Ce dernier n'avait pas prévu d'habits de rechange ; il se présenta sur le départ à 12 h 40, juste derrière le groupe de Harry, dans sa chemise de soie bonne pour l'essoreuse. L'aire de départ s'était changée dans l'intervalle en un champ de boue ; pour éviter de glisser, Walter devait camper solidement ses belles chaussures dans la gadoue, comme un batteur de base-ball à l'instant du lancer, face au public le plus nombreux qu'il ait connu de sa jeune carrière. Cette fois, il n'y eut pas de clin d'œil aux filles ni de bonnes blagues pour amuser les gosses : même un Hagen était forcé de se rendre à la gravité de la situation. Pour la première fois de la semaine, l'insouciant jeune pro de Rochester sentit la pression du tournoi refermer sur lui ses mâchoires implacables.

Sa balle partit en push vers les arbres, à droite du fairway. Depuis le rough détrempé, il ne parvint pas à rejoindre le green. Il monta en chip et fit le par. Au deux, son approche survola le green étroit pour finir dans un bunker arrière. Il tenta une sortie en projection et la manqua, expédiant la balle de l'autre côté, à flanc de green. Un chip discutable réclama deux putts pour rentrer enfin la balle, en double bogey, sur un trou qu'il considérait comme le plus facile du parcours.

Walter était parti en sachant son classement, mais il avait décidé d'ignorer les développements ultérieurs et ne savait rien des difficultés qu'affrontaient Vardon et Ray. Sur le chemin du troisième départ, le Haig se tint donc un petit sermon intérieur.

Bousille encore un trou comme ces deux-là, fiston, et tu peux dire adieu au titre. Qu'est-ce qu'ils penseront de toi quand tu reviendras à Rochester sans le trophée et la queue entre les jambes ? Après tous tes beaux discours ? C'était donc pour ça que tu t'es sapé comme un prince et que tu t'es tapé tout ce voyage ? Pour baisser les bras durant le parcours le plus important de ta vie ?

Sa réponse, bien évidemment, fut non : mais Walter n'avait pas la moindre idée de ce qu'il pourrait bien entreprendre pour inverser la vapeur. Surtout avec ce gazon détrempé, où ses fichues semelles rouges glissaient comme des savonnettes... Il arriva plutôt découragé sur le troisième départ, perché au sommet d'une butte. Et baissant les yeux sur le fairway en contrebas, il vit Harry Vardon frapper son deuxième coup.

C'est ça : le swing de Vardon.

Dès l'instant qu'il l'avait découvert, le lundi, le geste fluide du champion britannique avait ébloui Hagen : il y voyait, à juste titre, un sommet d'élégance et de pureté. Avec son don naturel pour l'imitation, Walter s'était aussitôt amusé à le reproduire au practice. Et si c'était la perfection qu'il lui fallait aujourd'hui, pourquoi ne pas emprunter son swing au meilleur joueur du monde ?

Hagen posa une balle sur le tee. L'image de Harry dans la tête, il recula, joua trois swings d'essai qui achevèrent de le convaincre : il ne penchait ni en avant ni en arrière ; il gardait son équilibre, ses pieds restaient solidement plantés en terre. Avant d'avoir pu se raisonner, il prit son adresse, rejoua le swing de l'Anglais et décocha une pure merveille, deux cent dix mètres le long de la médiane du fairway.

Ça marche.

Hagen rejoignit sa balle, convoqua une nouvelle fois l'image de Harry et, d'un coup de brassie, posa sa balle sur le green. De là, il adopta son propre putting et, deux coups plus tard, empochait un birdie. Un au-dessus du par après trois trous.

Sur le court quatre, où il avait réussi cet eagle providentiel le matin même, Walter poursuivit sa stratégie mimétique : nouveau drive élégant et précis, suivi d'un pitch dans le pur style de Vardon, qui posa sa balle à moins de deux mètres du drapeau. Rebelote : il rentra sa balle d'un seul putt, pour son deuxième birdie d'affilée. Il revenait au par : et son imitation lui permit d'y rester les deux trous suivants. Au sept, un par trois, son coup de fer arriva à moins de quatre mètres du drapeau. Il montait sur le green quand une rumeur se fit dans le public.

« Formidable ! s'exclama quelqu'un.

– Qu'est-ce qu'il y a de formidable ? » s'enquit Hagen.

Un type qu'il n'avait jamais vu de sa vie courut aux cordes pour le lui dire :

« Ray et Vardon ont fait 43 et 42 sur l'aller.

– Pas possible, dit Hagen dont le cœur s'arrêta de battre.

– Vous les menez d'un coup, Hagen, poursuivit l'inconnu. Vous êtes en tête !

– Vous n'auriez pas dû me le dire... »

L'histoire n'a pas retenu le nom de l'inconnu ; mais on ne peut s'empêcher de penser à ce cher Frank Hoyt, l'ami bien intentionné de Francis.

Walter avait atteint le green, mais sa combinaison Vardon/Hagen, peut-être parce qu'il avait appris les scores, cessa de fonctionner. Le dandy s'infligea trois putts sur moins de quatre mètres pour signer un médiocre bogey. Il revenait à égalité avec Vardon.

Au huitième trou, ni Hagen ni son alter ego ne parvinrent à trouver le fairway : il lui fallut trois coups pour monter sur le green et encore deux putts pour rentrer sa balle. Walter ne savait plus sa position dans le classement et s'en félicitait ; mais il commençait à se dire que ses exercices d'imitation étaient en train de saboter son tour. Après tout, s'il était arrivé jusque-là, c'était grâce à son propre swing : autant donc s'y tenir. Walter se remit à jouer comme Hagen et décrocha un par facile sur le grand neuf. Il bouclait l'aller en 40 et, à en juger à son public qui ne cessait de grossir, il devait rester dans la course. Comme d'habitude, son instinct ne le trompait pas : il menait en fait Ted Ray d'un coup et disputait la première place à Vardon, son ex-modèle.

Les rumeurs se succédaient sans discontinuer sous la tente de presse. Des messagers ne cessaient d'accourir pour donner des nouvelles. Enthousiasmes et abattements se succédaient à un rythme électrique, au gré des annonces contradictoires.

« Hagen a fait l'aller en 35 ! » Euphorie générale.

Quelques instants plus tard, son aller était confirmé à 40 :

l'enthousiasme retomba jusqu'au moment où... « McDermott commence le retour à 37 !

– Il revient dans la course !

– Comment ça, il revient ? Il est en tête !

– On le savait, qu'il y arriverait ! »

Puis on apprit qu'en fait, McDermott avait signé 39 : il accusait encore deux coups de retard sur Vardon.

« Barnes revient ! Trente-six sur l'aller ! »

... Nouveaux espoirs déçus, cette fois-ci dans les grandes largeurs car Barnes signa en réalité 41. Mac Smith fut crédité d'un 37 qui se révéla un 38 : il faisait jeu égal avec Ted Ray, mais il rendait encore un coup à Vardon.

Ces sautes d'humeur n'étaient encore rien face au traitement auquel, sous la pluie, l'aller du Country Club soumettait les golfeurs. Les deux Anglais avaient chuté durement ; Hagen s'en tirait tout juste ; Barnes s'infligeait à lui-même une correction magistrale. Contant fleurette à la pneumonie, John McDermott était reparti à l'assaut du parcours en manches de chemise, cette même chemise à tordre qu'il portait le matin : mais il fut le seul, dans cette première fournée de favoris, à produire son meilleur jeu malgré ce temps de cochon. Johnny arracha le par sur chacun des sept premiers trous et seule une faute mineure lui coûta un bogey sur le huit. Il jouait comme un homme qui se bat pour sa vie, pour sa patrie et pour sa mère. Ses supporters, après avoir désespéré de son héroïsme toute la semaine, y croyaient à nouveau. Les galeries grossissaient à vue d'œil autour de son groupe, à mesure que se répandait la rumeur que McDermott avait redressé la barre.

Mais cela suffirait-il ?

Si l'on envisage la situation de Ray et de Vardon à ce stade, on peut se demander ce qu'il leur restait à prouver. Une tournée de deux mois leur avait donné l'occasion de battre, à plate couture et à domicile, tout le gratin des pros et des amateurs américains. Leurs renommées respectives, voire leur place dans l'histoire, étaient retenues depuis longtemps. Ils jouissaient d'une admiration universelle dans leur discipline et, d'un point de vue financier, se trouvaient aussi bien lotis qu'un golfeur pût l'être à leur époque.

Ce vendredi-là, les deux hommes jouaient en terre étrangère, après une tournée fatigante au calendrier des plus chargés ; devant un public sinon hostile, du moins peu coopératif ; par un temps à ne pas mettre un chien dehors, des conditions qui aurait provoqué l'annulation immédiate de tout autre événement sportif qu'un tournoi de golf. L'homme qui avait financé leur séjour se révélait un inquiétant fanatique, prêt à tout pour laver un affront plus ou moins établi, vieux de neuf ans et qui ne les concernait en rien. La forme physique de Harry laissait à désirer et Ted voyait le public américain le prendre soudain en grippe. Après tout ce qu'il avait enduré depuis vingt-quatre heures, on peut pardonner au colosse une crise passagère. Parti comme une bombe, et jouant loin devant tous les autres, Ted arriva sur le dixième départ bien convaincu que la victoire lui avait échappé depuis longtemps. Il se hâta donc de commettre un bogey sur le dix, montant à six coups au-dessus du par. Ce fut alors qu'on l'informa que trois Américains l'avaient rattrapé ou dépassé ; et que trois autres le talonnaient.

Si vous vous êtes jamais demandé ce qui différencie un vrai champion d'un de ces joueurs de talent qui ne font que passer dans le monde du golf, alors il faut se pencher sur le retour de Ray et de Vardon ce vendredi-là, durant le quatrième tour de l'US Open 1913.

Quoique mieux intégrée à sa personnalité, l'émotivité de Ted ressemblait pour beaucoup à celle d'un McDermott : la fureur contenue et le ressentiment de classe d'un fils du peuple avaient toujours joué un rôle décisif dans sa motivation. Au départ du onze, le fort des halles trouva soudain le moyen de canaliser dans son golf toute la colère et la frustration qu'il avait accumulées depuis vingt-quatre heures. Son swing se rétablit ; ses drives retrouvèrent le chemin des fairways. S'ensuivirent un birdie au onze ; un par au douze ; un birdie au treize ; un par au quatorze. La chance n'est jamais que le résidu d'un travail acharné, se plaisait-il à répéter. Et sur le quinze, ses années d'acharnement lui octroyèrent un dividende inattendu : son drive stratosphérique partit en hook sévère, droit sur les arbres, percuta un tronc et rebondit en plein milieu du fairway. Mettant à profit ce coup de chance, Ted arracha le par sur trois des quatre derniers trous, ne commettant qu'un impair au seize où trois putts lui donnèrent un bogey. Il était parti en colère, il revint en colère, bouclant son retour au par, en 36, pour une carte de 79 et un parcours joué en moins de deux heures et demie. Son partenaire Mike Brady signa 80 et finit le tournoi quatorzième.

Ted alla faire valider sa carte. Il s'était préparé à voir une cohorte de golfeurs défiler sous ses yeux pour revendiquer le titre. Sous la tente de presse, tout comme Harry l'avait fait avant le début du tournoi, Ted estima le score du futur vainqueur à 300 : lui-même finissait à 304. Il ne chercha aucune excuse à son parcours, mais refusa aussi d'évoquer l'affaire Wilfred Reid : « Je n'ai rien à déclarer là-dessus. » Il prit congé de la presse, alla boire un whisky et ressortit pour voir Vardon arriver.

Ted Ray avait joué si vite que quand il eut fini, Francis n'avait même pas tapé son premier drive. Le jeune homme était au practice quand il vit le Jersiais faire le par sur *Home*, le dix-huit. Eddie courut aux nouvelles et revint lui donner le score de Ray.

« Soixante-dix-neuf ? s'étonna Francis. Ce n'est pas très bas, non ? Même sous cette pluie.

– Il est mort, trancha Eddie.

– Je n'irais pas jusque-là, Eddie...

– Mort et enterré. Il n'y a plus qu'à faire porter les fleurs.

– Inutile de se mettre martel en tête...

– Mais on s'en fiche, Francis ; parce que ton 72, celui dont je n'arrête pas de te parler, c'est maintenant que tu le signes. »

Pour la première fois, les prédictions de son caddie mirent le jeune homme mal à l'aise. « On verra ça. »

Quand Francis se présenta sur le départ, John Anderson sortit en hâte de la tente de presse pour se joindre à l'assistance. Les autres développements ne comptaient guère à ses yeux : le récit de la journée comme celui de ce tournoi, pour l'avisé John Anderson, commençaient et finissaient avec Francis Ouimet, le gamin d'en face.

En quinze années, Bernard Darwin avait vu Harry Vardon jouer des centaines de parcours aux quatre coins du monde. Il l'avait vu à son zénith comme à son nadir. En tant que journaliste, il avait assisté à son ascension, à sa chute, et tenu la chronique minutieuse de sa résurrection ; en tant qu'ami et partenaire occasionnel, il témoignait d'une pénétration peu commune du golf de Harry, s'accompagnant d'une admiration autorisée pour son immense talent. Mais jamais Darwin n'avait vu le champion plus irrégulier qu'en ce vendredi après-midi : après un par au dix, il commit un bogey au onze, un trou dont il s'était pourtant joué toute la semaine. Suivit un birdie au douze ; puis un autre bogey au treize – là encore, un trou qui ne lui avait jamais posé de difficulté auparavant. Darwin le connaissait assez pour savoir que quelque chose n'allait pas ; quoi que ce fût, Vardon ne trouvait pas le moyen de redresser la barre.

En arrivant au départ du quatorze, le groupe de Harry dut patienter quelques instants ; l'Anglais en profita pour bourrer sa pipe et l'allumer, s'abritant sous le parapluie de son caddie. Le geste était surprenant : Bernard Darwin ne se rappelait pas avoir déjà vu Vardon allumer sa pipe sur un terrain de golf. Et il lui sembla que les mains de Harry tremblaient.

Quelqu'un jaillit de la tente de presse et courut dire au journaliste que Ted venait de finir à 79, pour un total de 304. Lord Northcliffe arrivait à grandes enjambées, jetant des éclaboussures autour de lui. Harry fit signe à Darwin d'approcher, s'enquit du score de Ted, jeta un œil à sa propre carte.

« Il me faut donc le par sur les cinq derniers trous, si je veux le rejoindre en tête.

– Oui. »

Les yeux tournés vers le fairway, Harry tirait sur sa bouffarde. Darwin décela un changement notable dans son expression : le champion semblait soudain rasséréné, maître de lui ; un demi-sourire revenait sur ses lèvres. D'avoir trouvé à occuper ses mains l'avait peut-être détendu ; ou bien c'étaient les effets relaxants de son tabac favori.

Mais oui, sûrement.

Harry joua un drive long et puissant, qui le posa sur le fairway du par cinq. Son deuxième coup, précis, prudent, l'arrêta quatre-vingt-dix mètres avant le trou. Suivit un niblick qui manqua de peu l'avant du green, le contraignant à monter en chip. La balle s'arrêta à 1,50 mètre du trou, en contrebas. Harry n'avait qu'un putt pour sauver le par. Il étudia le coup plus longtemps que d'ordinaire ; lentement, posément, il se mit à l'adresse. Quand il écarta le putter, Bernard Darwin retint son souffle et fut presque tenté de fermer les yeux... Mais la main de Harry ne flancha pas : la balle fila droit dans la tasse. Par cinq.

Après un quatre de routine au quinze, Harry entra sur le départ du seize, un par trois. Son assistance gigantesque roulait comme du mercure tout autour des limites de ce petit trou. Harry savait que ce seize était sans doute sa dernière chance de birdie, l'occasion de passer devant Ted et de s'adjuger tout de suite le trophée : il décida de la tenter. Il visa directement le drapeau, qui se dressait à l'avant droit du green : une infime erreur de distance expédia sa balle dans le bunker avant droit. Si la foule s'abstint d'applaudir son erreur, comme elle l'avait fait pour Ted, on ne peut pas dire qu'il trouva beaucoup de réconfort parmi les spectateurs. « Ça y est, s'écria quelqu'un à haute voix. Il a son compte. »

Harry monta vers le green, les mâchoires serrées. Il inspecta son lie : le bunker tenait de la fosse à purin et Harry s'était coupé toute retraite en cherchant le drapeau : il n'était qu'à trois mètres du bord de l'obstacle, ce qui ne laissait pratiquement pas d'herbe pour ralentir la balle. Non seulement il allait devoir la cueillir dans un sable humide et compact, mais il fallait encore lui imprimer assez d'effet rétro pour l'arrêter net sur le green. Difficulté : proche de l'impossible ; marge d'erreur : zéro.

Harry choisit son niblick, ouvrit en grand la face du club et joua deux swings d'entraînement écourtés. Il se mit à l'adresse, campa ses pieds dans le sable, visa la cible, regarda sa balle et joua. Un swing court et tranquille, accompagné d'un coup de poignet lorsque la tête de club s'enfonça sous la balle, et coupé très tôt. La balle jaillit du piège posée sur une semelle de sable, passa tout juste la lèvre du bunker, toucha le bord du green et roula tout doucement, pour s'arrêter à un peu plus d'un mètre du drapeau. Les sentiments partisans n'étaient plus de mise devant un coup de cette classe. La foule ne put qu'applaudir et Harry, un demi-sourire aux lèvres – *ils ont déjà changé d'avis* –, répondit d'un coup de chapeau. Tirant sur sa pipe, il examina soigneusement sa ligne avant d'empoigner son putter. Une plaque de boue était restée collée au flanc de la balle ; ayant évalué ses effets sur la trajectoire, il tapa un putt compensé qui la rentra droit dans la tasse. Il tenait son par.

Quand il se présenta sur le dix-sept, Ted Ray arrivait du club-house pour le voir rentrer. Les deux hommes échangèrent quelques mots devant les cordes.

« Je viens de comprendre quelque chose, Harry : il n'y en a pas un seul qui veuille nous voir gagner.

– Ah, vraiment ?

– Ah, vraiment. Et si ça devait quand même se produire... Eh bien, mon vieux, j'aimerais autant ne pas être seul à porter le chapeau. Ce serait donc gentil que tu me rattrapes. »

On vit alors Harry éclater de rire. Il n'avait pas manqué une seule fois le par sur ces deux derniers trous depuis le début de la semaine. Et l'on aurait pu croire que ses rattrapages au quatorze et au seize avaient littéralement cautérisé ses nerfs défaillants, car il renouvela cet exploit sans faillir : deux fairways, deux greens, quatre putts. Harry conclut le dix-huit au par, sur un tap-in de quinze centimètres. Tout comme son compatriote avant lui, il s'était ressaisi à temps pour boucler le retour en 79, pour un total de 304 qui le mettait à égalité avec Ray en tête de classement. Le vaste public qui l'avait suivi tout au long des dix-huit applaudit poliment avant de s'évaporer, à la recherche d'un Américain encore dans la course.

Quand Harry quitta le green, Ted l'attendait pour lui serrer la main, mais pas Northcliffe. Fulminant, le magnat évita leur regard et ne leur adressa pas la parole. Il ne tarda pas à s'en aller boire, seul, un verre au club-house.

« Mais de rien, Alfred », lui lança Ted quand il tourna les talons.

Harry alla faire enregistrer sa carte. Bernard Darwin l'attendait sous la tente des officiels et le prit à l'écart avant que les autres journalistes ne l'accaparent. « Je crois que c'est la première fois que je vous vois fumer en tournoi, Harry. »

Vardon eut un sourire malheureux : « Oui. J'aurais dû seulement m'y mettre quatre trous plus tôt. »

Après quoi Ted et Harry se présentèrent ensemble sous la tente de presse. Les deux hommes étaient clairement abattus, mais résolus à faire bonne figure et à assumer honnêtement leurs échecs. Northcliffe se glissa au dernier rang pour les entendre.

« Vous êtes tous deux, provisoirement, en tête de classement. Quelles sont vos chances, à votre avis ?

– Ce fut une journée éprouvante, mais je crois que nous n'avons plus aucun espoir de gagner, répondit Harry.

– Vous avez, l'un comme l'autre, très bien joué toute la semaine. Que s'est-il donc passé ?

– Soyons francs, messieurs, déclara Ted : j'ai joué comme un manche et, pour couronner le tout, Harry s'y est mis à son tour.

– Mais comment expliquez-vous votre contre-performance : les conditions climatiques ?

– Elles sont les mêmes pour tout le monde, rappela Harry. Nous avions nos chances. Mais à mon grand regret, mon putting m'a, une fois de plus, laissé tomber. Comme je l'avais craint.

– Et maintenant, que croyez-vous qu'il va se produire ?

– Le tournoi reste ouvert, dit Ted. Bonne chance aux autres.

– Faut-il comprendre que selon vous, un Américain pourrait remporter cet Open ?

– Oui, convint Harry. Il reste trois ou quatre golfeurs qui ne sont pas encore rentrés et qui feront mieux que nous. » *Mais un seul qui t'inquiète vraiment, Harry : reconnais-le.*

« Ce ne sera plus très long, conclut Ted. Quant à nous, nous ferions aussi bien de plier bagage. »

Après ce coup de tonnerre, un essaim de reporters s'échappa de la tente de presse et la rumeur courut comme l'éclair. Vardon et Ray s'avouaient pratiquement vaincus ! Un Américain va ravir le trophée : vous pouvez mettre en presse ! Northcliffe sortit de la tente comme une furie. Ted et Harry, l'air sinistre, retournèrent sur le terrain, curieux de voir à l'œuvre l'homme qui allait les battre.

Une demi-heure plus tard, ils avaient retrouvé le sourire.

Eddie tendit le driver à Francis. « La tête basse, hein, c'est moi qui suivrai la balle. »

Francis tapa un drive splendide. Eddie le jugea très en forme : souriant à nouveau, concentré, précis. Un jeu en finesse, un jeu régulier comme il l'avait produit toute la semaine. Ne pas se soucier des autres : c'était ce qu'ils avaient convenu juste avant leur quatrième tour et Francis semblait parti pour s'y tenir scrupuleusement.

« Tu as l'air drôlement content, Francis.

– Eh bien, nous ne sommes pas censés gagner ; personne n'y croit, à juste titre d'ailleurs...

– Ne dis pas ça ! Nous avons les mêmes chances que n'importe...

– ... Si bien qu'il ne nous reste plus qu'à jouer pour le plaisir ; à nous amuser, Eddie. Il faudra nous en souvenir. »

Sous la pluie battante, il fit le par aux quatre premiers trous.

Il devenait impossible de jouer, avec le va-et-vient continuel des spectateurs, sans être informé de ce qui se passait au-devant. En arrivant sur le onzième départ, Walter Hagen apprit donc qu'il était de nouveau à égalité, cette fois-ci avec Ted Ray, pour la première place. Il balaya tout de suite les implications de cette idée : il avait enfin retrouvé son swing et celui-ci tenait le coup. Non seulement son assurance innée travaillait pour lui, mais il avait réussi à prendre de l'élan.

Il obtint le par au onze. Au trou suivant, la rumeur filtra que Ted Ray avait fini en 79 pour un total de 304 : il suffisait à Walter de boucler son retour en 37, un au-dessus du par, pour décrocher l'égalité. S'il revenait au par, il s'adjugeait directement le trophée ! Sept trous à courir, et un coup d'avance pour la sécurité...

Le triomphe, la gloire, la richesse : cet avenir qu'il s'était toujours rêvé semblait soudain à portée de main. Hagen tendait l'oreille : était-ce l'appel du destin ou bien le chant des sirènes ?

Après être monté sur le green en deux coups, il enchaîna trois putts avant de rentrer sa balle, signant un bogey sur le douze. Adieu son assurance : il se retrouvait à égalité.

Le treize, un court par quatre : un birdie presque donné pour nombre de golfeurs, même si Walter n'était pas encore parvenu à le marquer. C'était sans doute la meilleure chance qui lui restât avant la fin. Alors, jouer la sécurité – ce qui signifiait, au mieux, finir premier ex aequo et aller en play-off – ou tenter d'arracher le coup de la victoire ? Il avait joué la sécurité sur le douze : et voyez où ça l'avait mené.

La raison l'emporta. Walter privilégia la prudence : au lieu de son driver, il joua un fer long et trouva le fairway. Suivit une approche d'orfèvre, qui déposa la balle comme une fleur à 3,60 mètres du trou. *Tu as vu ça, Walter ? Tu choisis de jouer tactique et le birdie te tombe quand même tout cuit dans le bec.*

A douze pas de lui, le birdie, la première place, le trophée peut-être.

Le putt fila droit sur le trou, tout droit, la foule cria... La balle arriva un rien trop vite, prit le rebord comme un rail, parcourut un demi-cercle, s'arrêta... et ne tomba pas ! L'assistance laissa échapper un grand gémissement. Un tap-in lui donna le par.

Du calme, Walter, du calme. Va pour le par, c'est un score des plus chouettes en la circonstance. Tu le voulais, tu l'as eu, que demande le peuple ? Il n'y a plus qu'à continuer comme ça. Quatre trous de passés, plus que cinq à couvrir. Souviens-toi que tu joues pour l'égalité, pas pour l'avantage. Ne prends pas de risque et c'est emballé.

Le quatorze, *Quarry* : un par cinq de quatre cent trente mètres. Walter joua le drive parfait, un draw puissant qui épousa le coude du fairway, attrapa une pente à l'impact et roula sur vingt mètres supplémentaires, malgré la pluie. Walter la voyait depuis l'aire de départ, à découvert, sur un lie qui semblait excellent.

Comme il approchait de sa balle, un gamin arriva du green en courant. Des nouvelles du groupe au-devant : à quatre trous de l'arrivée, Vardon était à égalité avec Ted. Qu'à cela ne tienne : il les rattraperait tous les deux. Il pouvait y arriver.

Hagen examina sa balle. Il avait joué son drive en sorte de se ménager l'accès au green. Lie parfait, drapeau visible, cent quatre-vingt-dix mètres à courir : il pouvait y arriver en deux. C'était le dernier par cinq du parcours : un birdie sur ce trou pouvait faire la différence, lui permettre d'enjamber les Angliches et de rafler directement l'Open. La perspective lui parut alléchante ; s'y ajoutait l'envie de se reconstituer quelques réserves, en prévision des quatre derniers trous très exigeants : avec un birdie sur celui-ci, il pourrait encore survivre à un bogey malencontreux...

Walter Hagen venait de s'aventurer sur ce fil du rasoir qui est le lot de tous les challengers dans un tournoi sportif : s'agit-il d'aller vers sa chance, de forger son destin en prenant un risque calculé... ou bien est-ce le pari de trop, dont l'ambition démesurée se retournera contre vous et vous fera tout perdre ?

Il inspecta son sac. Il pouvait se poser court du green avec un petit fer, se ménageant un troisième coup facile pour monter au vert ; par-dessus le marché, s'il arrivait bien, un seul putt suffirait peut-être et il tiendrait son birdie. C'était la solution la moins risquée. Le par, dans ces conditions, était pratiquement acquis : et il n'avait besoin que de pars. D'un autre côté...

Ce n'est pas du gâteau, ce green : tout en descente, avec de grosses pentes latérales... Trois putts là-dessus n'auraient rien d'étonnant.

Walter balançait. Il avait réussi un birdie sur ce fichu trou le jeudi matin : monté en deux grâce à un drive solide, tout comme celui qu'il venait de taper. Mais ce jeudi-là, le terrain était encore sec, l'herbe rapide : les conditions de parcours avaient changé du tout au tout. Pouvait-il se permettre de prendre à nouveau le risque ?

Sa main se posa sur un petit fer, s'arrêta... Là-dessus, Hagen se pencha et, d'un air hésitant, il empoigna son brassie. Les spectateurs s'en aperçurent et un frisson les parcourut : *Il tente le green !*

Hagen répéta son swing une, deux, trois fois. Cent quatre-vingt-dix mètres, extérieur/intérieur, terrain en montée, drapeau en fond de green, arriver court, laisser la balle rouler sur les derniers mètres. A gauche, que des ennuis : des arbres et un mur marquant le hors-limites ; à droite, toute la place du monde, mais c'était à gauche qu'il fallait jouer. Flexion des poignets, pas trop vite, laisser le club s'exprimer. *Ne t'en fais pas pour la distance ; avec tout ce qu'il a plu, l'herbe freinera ta balle.* Il adopta son stance, une ultime pensée – *Quel swing, au fait, le swing Hagen ou le swing Vardon ?* –, pas de réponse.

Il swingua. Fort. Il donna tout ce qu'il avait. Topa sa balle. Elle filocha dans l'herbe en rase-mottes, projetant dans son sillage des gerbes d'eau comme une roue à aubes, avant de s'arrêter trente-cinq mètres plus loin, toujours sur le fairway. L'image, bête à pleurer, de cette balle changée en tourniquet d'arrosage se grava dans les rétines de Walter Hagen. Elle allait le hanter toute sa vie, malgré tous les triomphes de sa carrière future.

Il n'avait plus le choix : adieu veau, vache, birdie, cent cinquante-cinq mètres jusqu'au green, il fallait monter là-haut et rattraper son par. Il empoigna un fer long. Nerveusement. De nouveau, il swingua trop fort – et ses fameuses chaussures à semelles rouges, aussi élégantes qu'incommodes, consommèrent enfin une trahison annoncée. Ses pieds glissèrent sur l'herbe humide, ses hanches se déboîtèrent, entraînant les bras dans leur élan, la balle jaillit en hook de la tête de club, à gauche, à gauche toute, droit vers le mur du hors-limites – si elle le franchissait, il était cuit... Mais la balle percuta le mur, rebondit et alla finir dans les hautes herbes, entre le mur et le fairway. Après trois coups.

Un peu plus de cinquante mètres jusqu'au green, par-dessus un bunker gros comme une tranchée. Et la balle, au fond du rough. De Charybde en Scylla... Mais du moins le mur lui sauvait-il la mise. Restait à monter sur le green et à rentrer tout de suite sa balle, pour sauver le par.

Il pouvait y arriver. Se poser en bordure, juste derrière le bunker, la laisser rouler gentiment vers le drapeau. Hagen empoigna son niblick. Il leva sa balle à la perfection : elle fila droit sur le vert et atterrit très précisément à l'endroit voulu, cinq centimètres au-dessus de la lèvre du bunker. Mais la pluie avait mis à nu une plaque de terre détrempée juste à la bordure : au lieu de rebondir, la balle plongea dans cette mélasse, s'y arrêta et tout doucement, avec une lenteur de torture chinoise, redescendit la pente pour finir sur le sable.

Walter s'approcha du green, le cœur au bord des lèvres. Dans un bunker après quatre coups... Sa dernière chance : bien la sortir et la rentrer d'un seul putt, pour un bogey. S'il parvenait à arracher un birdie, quelque part sur les quatre derniers trous, il rattraperait encore Vardon et Ray. *Il pouvait y arriver.*

Il regarda dans la fosse. Lie correct, dans la pente, et bien assez de green pour s'arrêter ensuite. Un morceau de terre meuble s'était collé à sa balle, mais pas du côté qu'il devait frapper. Il se détacherait à l'impact, et sur le gazon Walter récupérerait une balle jouable.

Son niblick, encore une fois. Il se pencha sur la balle, ouvrit la face du club : grand swing paresseux, exécuté à la perfection. La balle s'envola dans une gerbe de sable, atterrit, roula pour s'arrêter à cinquante centimètres de la tasse. La foule explosa de joie : quel coup de maître ! Il allait l'obtenir, ce bogey qui lui permettrait de rester en course. Walter empoigna son putter et s'approcha de la balle.

La boulette de terre qui s'était collée à sa balle était toujours là. Et le pire, c'était qu'elle se présentait de face, précisément à l'endroit où son putter allait faire contact.

Ma chance m'abandonne...

Une minute : en tapant assez fort, il écraserait sûrement la boulette. La balle redeviendrait à peu près sphérique. Sur quarante-cinq petits centimètres, on devait quand même arriver à la faire rouler droit ! Mais oui ! *Il pouvait y arriver.* Son caddie vint lui suggérer, à mi-voix, le niblick en coup coupé. « Non, dit Walter : le putter. »

Il prit son stance : un putt qui, en d'autres circonstances, aurait été un jeu d'enfant. Quarante-cinq centimètres en montée.

Le putter toucha la boulette, la boulette ne céda pas et après un tour, la balle vira sévèrement à droite. L'assistance poussa un gémissement douloureux.

Mais le désarroi intérieur de Hagen était bien plus assourdissant. Son tap-in lui donna un double bogey. Il allait jouer les quatre trous suivants au par, finissant trois coups derrière Vardon et Ray ; mais il savait déjà qu'il était trop tard.

Il avait écouté le chant des sirènes.

Deux groupes derrière Hagen, Johnny McDermott tenait tête à l'orage. Son assaut final, plein de vaillance et de courage, ne connut pas de désastre comparable à celui de Hagen au quatorze. Son public ne l'abandonna pas comme celui de Walter après son double bogey : au contraire, il récupéra une bonne partie des déçus, qui l'accompagnèrent dès lors jusqu'à la fin. Mais de petites erreurs finirent par entraîner sa perte : un chip indécis sur le douze se solda par un bogey ; un putt insouciant sur le quinze arriva trop court et lui en valut un autre. Au dix-huit, son drive eut un mauvais rebond sur le fairway et finit dans le rough, pour un ultime bogey : mais à ce stade, Johnny avait déjà laissé partir son titre. Il rendit une carte de 78 pour un total de 309, à cinq coups de Vardon et de Ray. On ne pouvait pas lui reprocher grand-chose : il s'était montré brillant, motivé, ne devait sa défaite qu'à son retard accumulé. Ce vendredi après-midi, McDermott produisit enfin le golf brûlant et inspiré que ses fans attendaient de lui ; et quand il eut rentré son dernier putt, ceux-ci le gratifièrent d'une ovation retentissante. Le champion déchu ôta sa casquette trempée : il avait laissé toutes ses forces sur ce terrain. Il resta là sous la pluie, grelottant et pâle, les traits tirés, promenant un regard noir sur la foule qui l'acclamait. Y voyait-il des amis ou des ennemis ? On n'aurait su le dire.

Johnny McDermott, double champion de l'US Open, n'avait pas vingt-trois ans : il ne gagnerait plus un seul tournoi de toute sa vie, à quelque niveau que ce soit.

A l'abri sous la tente de presse, Harry et Ted le virent arriver. Les deux hommes se regardèrent, le sourcil haussé.

« Inattendu, remarqua Harry.

– Plutôt, oui. Mais pas désagréable », ajouta Ted à mi-voix.

Du flambeau triomphal des espoirs américains, il ne restait guère qu'un moignon de chandelle. Hagen fini, McDermott enterré, la foule reporta son attention sur Jim Barnes : on avait entendu dire qu'il faisait des étincelles ! En réalité, il avait joué 41 sur l'aller, mais il était remonté à deux coups de Ray et un de Vardon. Il lui fallait 34 sur le retour, soit deux au-dessous du par : un tour de force même par beau temps, mais Barnes en était capable, il l'avait réalisé pas plus tard que la veille au matin. Hélas, ce vendredi, sous les trombes d'eau, il apparut que Jim Barnes n'était pas à la hauteur de cet exploit. Deux bogeys consécutifs au dix et au onze le laissèrent à trois coups de la tête. Son étoile pâlit vite et l'on n'en parla plus.

Parmi les pros américains, il ne restait désormais que Mac Smith. Certes, Mac partait de loin – cinq coups de retard –, mais il réussit à donner quelque poids à ses chances en bouclant l'aller au par, soit 38. C'était le meilleur score réalisé au quatrième tour par un compétiteur américain. Son public grossit en conséquence et s'augmenta encore quand il parvint à tenir le par jusqu'au treizième trou. Il se retrouvait dans la même situation que Hagen une heure auparavant : cinq pars lui auraient donné l'égalité avec Vardon et Ray. Mais le quatorze allait faire une nouvelle victime. Son drive s'écarta du fairway, il commit un bogey : un coup de retard. Un second bogey au dix-sept réduisit ses chances à zéro.

Ce qui ne laissait plus, sur le parcours, qu'un seul professionnel en mesure de rattraper les Anglais. Celui-ci joua devant un public indifférent et toujours de passage, suivi seulement par son épouse, son partenaire Tom Vardon et leurs caddies. Il était aussi le seul golfeur à ne se revendiquer ni de l'Union Jack ni du drapeau étoilé. Jouant sur un dernier coup de dés son destin en Amérique, le petit Français Louis Tellier commença son parcours à six coups de la tête, se jeta dans la tourmente et faillit bien réussir un miracle.

Deux birdies d'affilée sur les deux premiers trous ; puis un chapelet de pars qui se conclut par un birdie des plus inattendus, sur l'imposant huit. Les fausses rumeurs n'avaient cessé de se bousculer sous la tente de presse, mais personne n'eut l'idée de propager celle-ci, qui était pourtant vraie : Tellier venait de réussir l'aller en 35, trois coups au-dessous du par, et à ce stade il était en tête avec trois coups d'avance ! Pour sortir du bois et rapporter le trophée à Paris, il lui suffisait désormais de faire 37 sur le retour plus facile, soit un au-dessus du par.

La chance toquait à la porte, celle-ci s'ouvrit et Louis s'y était à demi faufilé quand il glissa sur le départ détrempé du douze. Encore une victime de la mode : Louis arborait une paire de souliers des plus chics, dans le genre de ceux qui avaient précipité la perte de Hagen. Son drive finit dans les bosquets. Il manqua le recovery. Six coups, bogey. Il renoua avec le par au treize, mais un nouveau bogey au quatorze le repoussa sous la tempête en lui claquant la porte au nez. A un coup seulement des meilleurs au départ du dix-sept, Tellier ne put offrir mieux que deux bogeys décevants. En descendant du dernier green, il ne trouva pour l'attendre que son beau-frère Wilfred Reid et son œil au beurre noir. Ils s'embrassèrent. Tom Vardon serra la main de Louis, lui offrant ses félicitations dans le français approximatif des fils de Jersey. Tellier finissait son tournoi à 307, avec trois coups de retard, en troisième place ex aequo avec Hagen, Barnes et Smith.

Etant allé jeter un coup d'œil aux résultats, Tom croisa Harry et Ted.

« Qui vous a rejoints ?

– Personne, dit Harry. Pour le moment.

– Ils se sont tous ramassés, ajouta Ted.

– Incroyable. On se croirait à Prestwick, non ? » Tom faisait allusion à l'édition 1911 du British Open, où Harry et lui avaient attendu, en vain, qu'une escouade de challengers parvienne à reprendre l'avance modeste du champion. « Tous ces jeunes loups plus doués les uns que les autres, qui trébuchaient sur la dernière ligne droite...

– Exact, reprit sèchement Ted. Et si tu te souviens bien, j'en faisais partie. »

Bernard Darwin sortit des arbres pour leur apprendre que Barnes et Mac Smith comptaient parmi les dernières victimes du retour.

« Il faudrait le dire à Northcliffe, suggéra Harry.

– Où est-il ?

– Au club-house ; devant un verre, à mon avis.

– Dites-lui d'ôter le pistolet de sa bouche », ajouta Ted. Les trois Jersiais éclatèrent de rire. Darwin prit congé en hâte.

« Alors, qui reste-t-il ? demanda Tom.

– Ils ont un ultime espoir », déclara Harry.

Un ultime espoir.

En route pour le cinq, Eddie vit jaillir des arbres une gigantesque marée noire, des milliers de spectateurs surexcités qui couraient à eux comme un troupeau de bisons en furie. Et le caddie reconnut Frank Hoyt à la tête de la horde. « Revoilà les ennuis », murmura-t-il sombrement.

Inutile d'espérer, avec cette foule, laisser Francis dans l'ignorance ; du moins Eddie fit-il le nécessaire pour que Hoyt ne donne pas les nouvelles lui-même. Elles étaient exhaustives et, pour une fois, exactes : Vardon avait bouclé son tour en 79, finissant à égalité avec Ray pour un total de 304. Aucun concurrent n'avait pu les rejoindre ; tous les pros américains avaient échoué. Point final. La route de la victoire s'ouvrait toute grande à Francis : il était en tête, en finale de l'US Open, avec cinq coups d'avance.

Eddie tourna les yeux vers Francis ; celui-ci évita son regard. On aurait dit qu'il venait de recevoir un piano sur le crâne.

Oh non, supplia Eddie intérieurement. *Ça ne va pas recommencer.*

Le cinquième trou, *Newton* : ce par quatre de trois cent quatre-vingt-quatre mètres commence sur un drive à l'aveugle, qui doit surmonter une saillie rocheuse avant de trouver le fairway en montée. Les joueurs prennent leur visée en s'orientant sur les rochers ; au-delà, le fairway s'incurve en dogleg sur la droite et, une vingtaine de mètres avant le green, un long bunker étroit vient sanctionner toute approche un peu courte. Francis commença par slicer légèrement son drive ; il franchit la saillie, mais sa balle prit un mauvais rebond sur le fairway et finit à droite, dans le rough. Il y gagnait en distance – il avait passé le coude du dogleg en oblique –, mais son deuxième coup allait devoir négocier le bunker depuis un lie pour le moins problématique. Francis aurait pu jouer court de l'obstacle et monter sur le green en trois ; il préféra tenter de le passer. Cent soixante-quinze mètres : Eddie lui tendit son brassie le plus ouvert. Le swing lui parut en place, mais l'herbe humide ralentit la tête de club, la face dévia légèrement, le coup partit trop court : sa balle atterrit dans le bunker. Ils allèrent voir.

Complètement enterrée : pour la sortir d'un seul coup, il lui aurait fallu une bêche, et sans garantie. Francis regardait sa balle intensément ; Eddie patienta. Il finit par demander son niblick. Il répéta son swing, joua le coup. Le club pénétra bien derrière la balle qui ressortit de sa tombe ; mais elle resta sur le sable. Il en était à trois, mais tenait maintenant un lie potable. Il la posa sur le green : six mètres pour arracher le bogey. Son putt arriva trop court. Double bogey. Son avance retombait à trois.

« Tout va bien, Francis, lui dit Eddie. Comme sur des roulettes. »

Le six, *Baker*, était le trou préféré de Francis qui l'avait fort bien négocié tout au long de la semaine : deux pars et un birdie, pas plus tard que le matin. Trois bunkers, à portée du tee-shot, défendent le flanc droit du fairway ; si l'on parvient à les éviter, le trou offre un accès assez aisé vers un green en plateau, défendu sur trois côtés.

Un fer, se dit Francis. *Il faut que je joue un fer.*

Lors des trois tours précédents, il avait pourtant empoigné son driver avec confiance, obtenant même un birdie à la dernière occasion. Mais il avait appris son classement et le ver était dans le fruit : jouer la sécurité ; protéger son avance.

Eddie lui tendit le sac. Francis en tira le fer 1.

« Tu es sûr que tu ne veux pas plutôt le driver ? »

Francis fit signe que non. Il se mit en place. *Sûr et certain, Francis ?* répéta le ver.

Il joua son swing en proie à cette hésitation et l'imprima à sa balle. Elle partit bien droit, dévia légèrement, atterrit en deçà du point qu'il aurait touché au driver et rebondit à gauche, pour s'arrêter net dans le rough. Il en était quitte pour une approche aveugle, mais somme toute facile. Mais il força son swing et le coup partit en pull : la balle alla se loger trois mètres à gauche de la bordure du green, entre deux bunkers, dans le gros rough. Or le drapeau était sur l'avant gauche : Francis n'avait plus de marge de manœuvre. Son chip alla trop loin. Il lui fallut deux putts pour rentrer sa balle. Cinq coups sur le six, bogey, encore un coup de perdu. Il n'en restait que deux.

Sur la longue marche qui mène au septième trou, les spectateurs toujours plus nombreux débordèrent les commissaires et leurs aides. Francis dut jouer des coudes pour entrer sur le départ et, quand on eut dégagé l'aire, il s'aperçut qu'il était seul : il avait perdu son caddie.

« Eddie ? Eddie ! »

Quelques instants plus tard, les commissaires ouvrirent une brèche dans le rang compact des spectateurs et l'on vit s'avancer un parapluie sur jambes, d'où dépassait un sac de clubs. La minuscule silhouette rejoignit enfin son joueur sous les rires bienveillants et les applaudissements du public. Francis souriait, participant à la bonne humeur générale.

« Ces pignoufs ne voulaient pas me laisser passer, fulminait le gamin. *C'est moi qui porte ses clubs !* que je leur criais. Et ils ne bougeaient pas.

– Ce n'est pas grave, Eddie. On va y aller au fer moyen. »

Cet intermède soulagea quelques instants Francis de son fardeau. Il obtint le par sans encombre sur *Plateau*, en trois coups.

Le huit, *Corner*, est un par quatre de trois cent quarante-sept mètres. Le départ surplombe un fairway en dogleg prononcé à droite, défendu par trois bunkers dont le plus éloigné est aussi le plus dangereux : large et profond. Dans l'idéal, il faudrait jouer un fade appuyé le long du flanc gauche pour finir au centre du fairway. Le silence se fit quand Francis contempla le fairway en contrebas ; on n'entendait que la pluie tambouriner sur les parapluies et les toiles cirées.

Du coin de l'œil, Francis aperçut deux hautes silhouettes qui se tenaient à l'écart, près des arbres : Vardon et Ray. Ils étaient venus le voir jouer, la pipe à la main, l'œil attentif, avec l'air froid d'un juge à un examen de passage. Le cœur de Francis bondit dans sa poitrine.

Harry Vardon me regarde. Mince.

Eddie suivit son regard puis, le dévisageant, vit l'angoisse se peindre sur ses traits.

« Il faut rester concentré, Francis. Regarde bien la balle !

– D'accord, Eddie. »

Regarde plutôt ces visages, autour de toi : la plupart te sont inconnus mais il y a aussi des figures familières : tiens, John Anderson, George Wright, Heine Schmidt. Ton frère Raymond, ta sœur Louise. Et puis, tous les autres, tous ces golfeurs dont tu as fait la connaissance ces quatre dernières semaines : Jerry Travers, Robert Watson, Jim Barnes, Walter Hagen. Tous ces gens sont pour toi.

Mais de tous ces visages, Francis ne retenait que le regard perçant de Vardon, dur et froid comme une lame. Il passa en revue chaque élément de sa routine pour se donner une contenance : grip, stance, alignement, répartition du poids. Il arrêta sa cible ; mais la trajectoire qui, d'ordinaire, se dessinait dans son esprit, n'apparut pas. Plus rien : il avait perdu la vision.

Trop vite ; il avait swingué trop vite, mains et hanches n'étaient pas dans le rythme, la balle partit à droite dès le début, accentuant peu à peu son slice loin de la cible et du fairway, en direction des trois bunkers et notamment du dernier, le plus périlleux... où elle alla tomber. Quand Francis et Eddie coururent mesurer les dégâts, on entendait déjà le « oh ! » des spectateurs placés près de l'obstacle. La balle s'était enfoncée dans la paroi avant du bunker, juste au-dessous d'un talus de 1,20 mètre, dans une empreinte très profonde laissée par un prédécesseur qui n'avait pas jugé bon de ratisser avant de repartir. Aucun espoir de l'avancer ; et presque aucun de la toucher avec un club. La catastrophe ; Eddie avait l'air accablé.

« Ils feraient aussi bien d'enterrer le jeunot tout de suite avec sa balle, souffla Ted à Harry, non sans compassion.

– Un coup de malchance », commenta Harry.

Francis se tenait immobile au bord du bunker, les mains sur les hanches, la tête baissée vers la fosse. Sans s'en rendre compte, Eddie avait adopté la même posture.

Francis finit par montrer du doigt l'empreinte, trouvant un exutoire à sa rancœur : « Tu vois, Eddie ? Les râteaux sont là pour ça. Il faudra s'en souvenir. »

Eddie hocha la tête.

« Bon, qu'est-ce qu'on fait ?

– Il faut que je la joue en arrière, à l'opposé du green. Ça ne me plaît pas, mais il n'y a pas le choix. On va prendre le niblick. »

Francis se campa le plus près possible de sa balle, le dos au green, enfonçant dans la boue presque jusqu'aux chevilles. Il répéta le swing. Le talus, derrière lui, gênait le mouvement du club. Il s'arrêta un moment, se concentra, puis tapa une sortie en explosion. La balle jaillit de l'empreinte de pas, mais pas du bunker. Elle atterrit sur la paroi opposée, qu'elle redescendit pour trouver enfin un lie jouable. Déjà deux coups.

Estimant qu'il avait maintenant assez de champ pour franchir la lèvre, Francis choisit un fer un peu plus long. La touche de balle y était, pas la distance : il arriva trop court de trente-cinq mètres. Un bon pitch le posa à trois mètres du drapeau, après quatre coups. Il jugea mal sa ligne, le putt dévia sur le droite et le tap-in lui donna un double bogey.

Sa précieuse avance s'était entièrement volatilisée en l'espace de trois trous. Il était retombé à égalité avec Vardon et Ray. « Voilà ce qui arrive quand on joue la sécurité », conclut-il.

Ils se mirent en route vers le prochain départ.

« Les Angliches nous regardent, remarqua Eddie.

– Il n'y a pas de loi qui l'interdise.

– N'empêche, ça m'énerve.

– Alors, dis-toi la chose suivante (et Francis, en l'expliquant, sentit brusquement son moral remonter) : nous sommes quand même à égalité avec eux. Et ils n'y peuvent plus rien : ils ont fini leur tour. »

Eddie médita là-dessus un moment.

« C'est drôlement bon pour nous, hein ?

– Drôlement bon. »

Un Northcliffe hors d'haleine, tirant Darwin dans son sillage, rejoignit Ted et Harry dans le public qui suivait Francis jusqu'au neuf. Les yeux à nouveau étincelants, les joues rouges d'émotion, d'alcool ou bien des deux, le magnat évoquait un Lazare sorti du tombeau.

« Ça s'arrange, leur lança-t-il : seul ce gamin pouvait encore vous rejoindre, si Darwin a bien compris ? » Il eut un geste vague vers le journaliste, qui s'excusa d'un sourire impuissant.

« C'est à peu près cela, convint Harry.

– Ça s'arrange en effet, ajouta Ted.

– Bravo. Beau travail, les gars. Bien joué.

– Nous n'avons rien "joué" depuis une heure et demie, Alfred, répondit Harry.

– Deux heures, dans mon cas, précisa Ted.

– Bien entendu ; mais vous m'avez compris. Bien joué pour l'Angleterre. »

Ted jeta un regard à Harry, secoua la tête et continua de marcher.

Pour la deuxième fois seulement de ce quatrième tour, sur le départ du neuf, Francis dut jouer en deuxième, laissant l'honneur à son partenaire George Sargent. Francis tapa un drive solide sur le fairway, suivi d'un bon coup qui lui permit de monter au troisième sur le green du par cinq. Son putt de birdie vira sur le bord du trou. Il effectua un tap-in de routine et boucla son aller en 43, le score de Ted, soit un coup de mieux que Harry. Les trois joueurs en étaient toujours au statu quo sur lequel avait commencé le dernier tour.

Il est difficile de déterminer avec exactitude le nombre de spectateurs à ce stade. Les estimations les plus hautes avancent le chiffre de dix mille ; mais si vous y ajoutez tous ceux qui, dans les années à venir, allaient assurer qu'ils y étaient, il faudrait rajouter un zéro. Les joueurs et les caddies qui avaient déjà fini ; les membres du comité d'organisation ; les vieux briscards de la presse sportive ; les adhérents du Country Club encore en état de se déplacer, tous s'étaient maintenant lancés sur les traces de Francis. Des néophytes qui étaient venus à Brookline sans même savoir ce qu'était un tournoi de golf comprenaient qu'ils étaient peut-être en passe de vivre une page d'histoire. Pour la première fois depuis quatre jours, tous les enjeux de cette édition 1913 ne reposaient plus que sur les épaules d'un joueur. Autant dire que l'atmosphère était électrique.

Le partenaire de Francis s'en tint au rôle de l'homme invisible. Ancien champion de l'Open lui-même, George Sargent eut l'élégance de reconnaître un moment crucial du tournoi et de lui laisser toute la place. S'il restait à peu près dans la course au départ de son quatrième tour, il s'était laissé distancer depuis longtemps : il préféra dès lors jouer vite, et mal. Pour autant, il n'invoqua jamais sa courtoisie comme une excuse et assuma pleinement sa carte de 89 : remarquable formateur (il deviendrait bientôt l'un des piliers de la PGA américaine), George Sargent allait retirer de ce vendredi des leçons qui compenseraient largement sa déception personnelle. Tout concourait donc à ce que, durant ce retour du vendredi après-midi, Francis eût toute la scène à lui seul, s'il consentait à en profiter.

A lui d'en décider.

Vendredi après-midi : les neuf du retour

« FAITES place ! Silence, s'il vous plaît ! Rentrez dans le rang, à droite ! » Les éclats des porte-voix se couvraient sans cesse ; les préposés aux cordes tenaient tête à la foule tout au long du fairway ; et des spectateurs, par milliers, jouaient des coudes pour trouver la meilleure place – un petit miracle s'il n'y eut personne de piétiné.

Francis et George Sargent entrèrent sur le départ du dix, *Redan*. Depuis le tee surélevé, le regard embrassait le fairway en contrebas, coupé par une étroite ravine ; tout au bout, le green perché à mi-hauteur. Trois obstacles pour défendre le flanc gauche et un bunker allongé juste devant. Cent trente mètres jusqu'au drapeau.

Il tombait des hallebardes. Le vent se leva, soufflant des pans de pluie à la figure de Francis qui s'efforçait de viser le green. Il avait obtenu le par sur ce trou à chacun de ses tours précédents. Eddie lui tendait déjà le fer ouvert dont il s'était servi chaque fois, mais Francis parut hésiter.

« Qu'est-ce qu'il y a ?

– Le green doit être mou comme de la vase, maintenant. Avec une trajectoire haute, la balle va s'enterrer à l'impact.

– Aïe. »

Francis plissa les yeux :

« Je peux tenter un coup punché au fer moyen, contre le vent. Avec un peu de chance, ça empêchera aussi la boue de coller à la balle.

– Tu peux y arriver ?

– Je joue ce coup-là tout le temps.

– Alors, d'accord », convint Eddie en lui tendant le fer moyen.

Francis plaça la balle sur un tee très ras ; il essuya la pluie qui lui coulait sur la figure. Il répéta son geste : backswing écourté, mains en avant, tempo ralenti, finish sans amplitude. Puis il adopta son stance.

« Les yeux sur la balle », recommanda Eddie.

Mais pour la première et unique fois de la journée, Francis omit de suivre ce bon conseil. Il releva les yeux une fraction de seconde trop tôt, impatient de voir comment ce coup ambitieux allait se dérouler. Il faillit bien manquer la balle : sévèrement topée, celle-ci ne roula que sur quelques mètres, sans même parvenir à quitter l'aire de départ. La foule réagit comme devant un accident de la route. Rouge comme une pivoine, Francis s'approcha de sa balle et rendit le fer moyen à son caddie.

« Ce n'était pas vraiment ce que j'avais en tête, s'excusa-t-il.

– On peut encore y arriver en trois.

– Je vais essayer, Eddie. »

Il redemanda le niblick qui lui avait été proposé au départ. Cette fois, il réussit un swing splendide, la balle culmina, se posa sur le green comme une plume, sans s'enfoncer ni ramasser de boue, et s'arrêta à moins de 2,50 mètres du drapeau. L'espérance ressurgit aussitôt et la foule acclama son champion local.

« Voilà un joli coup, glissa Harry à Ted.

– Sans parler du putt à venir : le gamin va sauver son par.

– Il n'y arrivera pas », intervint Northcliffe.

En approchant du green, Bernard Darwin ne put que se ranger à l'avis de son employeur, mais il se surprit à espérer secrètement que le jeune Américain rentre son putt. Harry et Ted, quant à eux, n'en doutaient pas un seul instant. C'est une attitude de protection courante chez les pros : n'attendre que le meilleur d'un adversaire.

En l'occurrence, cette attente-là fut déçue. Francis dépassa le trou d'un mètre et, pour couronner le tout, se retrouva confronté à un putt en descente : le public s'étrangla quand il le rata une nouvelle fois. Trois putts sur 2,40 mètres... Cinq coups, double bogey, un pur cauchemar. Francis accusait deux coups de retard sur les Britanniques avec seulement huit trous restant à jouer.

Tandis que la foule se précipitait vers le départ suivant, Harry, tout en tirant sur sa pipe, prit le temps de scruter les traits de son adversaire : son œil aguerri y déchiffra sans peine l'abattement. *Il n'en peut plus.*

« Si nous allions boire ce verre ? suggéra-t-il à Ted.

– J'allais te le proposer. »

Et les deux hommes s'en retournèrent au club-house ; à leurs yeux, la messe était dite. Northcliffe hésita un moment avant de les suivre. « Bon, trancha-t-il, je rentre. Nos garçons joueront leur play-off demain ; si seulement ce temps de cochon pouvait se rétablir d'ici là. » Il tourna les talons, s'aperçut que Darwin restait en arrière :

« Vous ne venez pas, Bernard ?

– Je crois que je vais attendre un peu, se justifia le journaliste. Voir la fin de tout ça ; pour mon article.

– A votre guise. »

La foule en arrivait aux mêmes conclusions : ce vaillant jeune homme avait fait de son mieux, mais il avait fini par atteindre ses limites. Tout était perdu : la coupe partirait en Angleterre, que ce soit dans les valises de Vardon ou bien dans celles de Ray. Se résignant enfin à prendre congé de la tempête, plus d'une centaine d'Américains emboîtèrent le pas aux deux Jersiais. Et quatre-vingt-dix-neuf pour cent des restants n'auraient pas donné un sou des chances de Francis à ce stade. « C'est fini, déclara à haute voix un néophyte qui s'était improvisé spécialiste dans l'instant : il ne les remontera plus. »

Ses deux voisins exprimèrent leur désaccord.

« Vraiment ? s'écria l'homme. Qu'est-ce qui vous en rend si sûr ?

– Je l'ai déjà vu jouer, rétorqua Jerry Travers.

– Ecoutez, reprit le type d'un ton patient, comme on fait la leçon à un imbécile : il a deux coups de retard, il reste huit trous à jouer, je vous dis qu'il n'a aucune chance. » Et il tourna les talons.

« Vous avez peut-être bien raison, lui dit John Anderson ; mais si vous partez maintenant, vous le regretterez. »

Francis ne pouvait pas ne pas remarquer le départ de Vardon et de Ray, tout comme il vit les désertions par centaines dans les rangs du public. En repartant du green, Eddie et lui enfilèrent une haie étroite de spectateurs. Au premier rang, il y avait les fidèles parmi les fidèles, tous les petits caddies de Brookline qui se bousculaient contre les cordes pour avoir la chance de lui donner une tape dans le dos ou de crier un encouragement : « Vas-y, Francis ! Tu peux y arriver ! » Tant qu'il resterait ne fût-ce que l'ombre d'un espoir, ceux-là ne l'abandonneraient pas. Mais derrière eux, Francis entendit distinctement un homme déclarer à son voisin : « Dommage qu'il ait craqué. »

Il reçut ces mots comme une gifle. *Il parle de moi.*

Cet incident provoqua chez le jeune golfeur une réaction fascinante : au lieu de lâcher prise, prenant prétexte de l'abandon du public pour s'apitoyer sur son sort, il s'enflamma. L'excellence et la colère : tout juste l'état d'esprit qu'il lui fallait pour continuer à se battre.

« Ce trou est passé de toute façon, dit-il à Eddie. N'y pensons plus.

– D'accord.

– Donc, nous avons deux coups de retard et huit trous à jouer.

– C'est ça.

– Il nous reste une chance.

– Un coup à la fois. » S'il n'en restait qu'un, Eddie serait celui-là.

« Et plus question de gâcher bêtement un drive : on ne peut pas se le permettre.

– Je n'arrête pas de te le dire, Francis : baisse la tête, c'est moi qui suivrai la balle. »

Francis sourit. « D'accord, Eddie. »

Le onze, un par quatre de trois cent cinquante-six mètres, exigeait un drive long et précis : Francis le lui donna. Son approche au fer long trouva le green sans encombre. Deux putts lui permirent de décrocher un par et de reprendre un semblant de confiance : Dieu sait qu'il en aurait besoin. En route vers le douze, il analysait la tâche qui les attendait.

« Sept trous pour rattraper deux coups, Eddie. Je dirais que nos meilleures chances se situent maintenant sur le douze, et au seize.

– Allez, Francis. On en reprend un. »

C'était un court par cinq de trois cent quatre-vingts mètres : le départ était surélevé, mais le fairway en montée vers le green, décalé à droite, rallongeait nettement les distances. Avec un bon drive, on pouvait espérer monter en deux coups ; un deuxième coup bien placé offrait une occasion réelle de birdie.

Francis s'acquitta de la première condition en tapant un drive long, puissant et bien centré. Cent quatre-vingts mètres à courir jusqu'au trou, la balle un peu au-dessus de ses pieds, à flanc de colline. Le risque d'un lie en montée, c'est le hook. Pour atteindre le green, l'idéal eût été un fade accentué. Francis opta pour son brassie, ouvrit son stance et sa face de club en se fiant à ses sensations ; il répéta le geste. Une touche excellente, mais la balle refusa obstinément de dévier à droite : elle accusa au contraire un léger draw, rebondit plus à gauche à l'impact et roula jusqu'à un bunker situé à une quarantaine de mètres du green. L'humeur de la foule était au creux de la vague. Francis pouvait dire adieu à son birdie ; même sauver le par n'était pas gagné d'avance. Ils furent des dizaines d'autres à jeter l'éponge et s'en retourner au club-house.

Devant ce que nombre de pros considèrent comme le coup le plus difficile au golf – une sortie longue de bunker –, Francis déposa calmement sa balle sur l'avant du green, après trois coups. On ne pouvait pas fonder d'espoir de birdie avec un putt de douze mètres, mais il rentra le suivant et sauva son par cinq. Son public n'en continua pas moins à se vider par petites saignées, deux par ici, trois par là. Une erreur de plus et c'en serait bel et bien fini des espoirs américains ; on eût dit que les fuyards n'avaient pas le cœur d'assister à ce dénouement tragique. Même Anderson et Travers virent leur foi mise à rude épreuve.

Mais l'esprit de Francis bouillonnait tellement qu'il n'eut pas le temps d'être nerveux. *Encore six trous. Deux coups à reprendre.*

Fichu pour le douze, mais on doit pouvoir faire le treize en trois coups seulement ; après quoi, il m'en faudra un autre quelque part... Ce fut alors qu'il sut – on peut parler de vision, on peut parler d'instinct –, qu'il sut précisément, comme s'il l'avait lu dans un livre, qu'il reprendrait le premier dès maintenant, sur le treize ; et le deuxième, au seize...

... *Minute, Francis : d'abord le treize.*

Un par quatre : deux cent quatre-vingt-dix mètres, en montée et à droite, jusqu'à un green en cuvette, défendu sur son flanc droit par un rideau d'arbres jaillissant des bois en oblique ; et le drapeau, dressé derrière ce rempart, sur la droite du green. Pour se ménager un accès visible, le drive devait chercher la gauche du fairway. Francis se représenta mentalement le coup à jouer – voilà, la vision était revenue – et la balle atterrit à l'endroit précis qu'il avait en tête.

« Il va me falloir la distance exacte jusqu'au drapeau, Eddie. Et pendant que tu seras là-haut, montre-moi aussi la ligne.

– Entendu. »

Ils arrivèrent à la balle. Le gamin posa le parapluie et le sac pour arpenter soigneusement la pente et le green. Il s'aligna entre Francis et le drapeau, et agita les bras. Après avoir pris ses repères, Francis lui fit signe et Eddie dévala la colline. « Cent huit mètres », dit-il hors d'haleine.

Francis empoigna son niblick sans quitter sa ligne du regard. *Le drapeau est dans la pente à droite. Toutes les pentes convergent vers le fond de la cuvette. Il faut se poser à droite et laisser la balle redescendre doucement vers le trou. Cela implique de risquer le bunker à droite : ma cible ne doit pas faire plus d'un demi-mètre carré.* Il répéta des waggles pour trouver le bon dosage et joua le coup. La balle monta, la trajectoire semblait parfaite, mais... *Non, non, elle va trop à droite, trop à droite, attention à l'obstacle...*

Francis s'élança derrière elle comme s'il avait voulu la rattraper en vol, Eddie sur ses talons, bientôt suivi par les spectateurs. Tous les yeux suivaient la courbe de la balle...

Elle atterrit soixante centimètres à droite de sa cible, sur une mince bande de rough logée entre le green et le bunker fatal, rebondit dans une éclaboussure... et s'arrêta net dans le rough.

Le terrain détrempé lui avait épargné la catastrophe : mais maintenant ?

En arrivant sur le green, Francis comprit qu'il arrivait à un nouveau point critique : 1,20 mètre de rough avant la bordure ; derrière, la pente du green qui dévalait jusqu'au fond de la cuvette ; et sur la pente, à dix mètres, le drapeau. Il s'agissait d'arrêter la balle en pleine descente au voisinage du trou : autant dire un exploit impossible.

« Un petit chip, trancha Francis. La poser en bordure, pour la ralentir un peu, et la laisser prendre la pente tout doucement. Elle devrait dévier droite gauche d'une cinquantaine de centimètres, ça dépendra de la vitesse.

– Pense à te laisser un putt en montée derrière.

– Non. Il faut que j'y arrive maintenant. Le fer moyen, Eddie. »

Il fit aller et venir la tête de club dans l'herbe jusqu'à trouver le bon rythme, puis il écarta son club, faisant voler les gouttes de pluie de la tête. *La dernière chance.* Il redescendit d'un geste fluide : la tête effleura l'herbe et percuta la balle avec un bruit bien sec : un saut de puce de 1,50 mètre, qui la posa précisément sur la bordure, et descendit sur le green en roulant.

Derrière les cordes, Bernard Darwin avança d'un pas involontaire. *Mais oui... On dirait bien...*

Lord Northcliffe avait apporté aux vestiaires une bouteille de whisky et trois verres, pris au bar du club-house. Harry et Ted avaient ôté leurs vestes trempées et chaussé leurs souliers de ville. Northcliffe versa le breuvage. « Eh bien, à l'Angleterre et à la victoire... »

Un rugissement sauvage, venu des arbres dans leur dos, s'engouffra comme une tempête par les fenêtres du vestiaire. Northcliffe s'arrêta net de verser : « Qu'est-ce que c'était, bon sang ? »

Après être rentrée chez elle pour se changer, Mary Ouimet n'avait pas osé ressortir. Elle avait passé l'après-midi sur sa terrasse. On lui avait dit que son fils entamerait sa dernière « tournée », ou quelque chose comme ça, aux environs de quinze heures. Elle tourna les yeux vers la pendule de l'entrée : déjà dix-sept heures passées. Raymond et Louise avaient promis de revenir lui donner des nouvelles : elle attendait toujours. On n'entendait plus aucune acclamation sur le parcours depuis plus d'une heure. Le froid la gagnait malgré son châle et ses doigts engourdis n'arrivaient plus à égrener son rosaire. Mary se leva pour rentrer.

A cet instant précis, le rugissement qui venait de balayer les vestiaires arrivait sur Clyde Street.

Mary s'étrangla et se rassit illico.

... *qu'elle y va*, pensait Darwin. « Allez... allez », murmura-t-il.

La balle descendit le treizième green, à une lenteur pénible au début, mais prenant de la vitesse avec la pente ; elle prit la pente latérale tout comme Francis l'avait prévu, droite gauche, de plus en plus à gauche, jusqu'à filer droit sur la tasse... Francis descendit sur le green pour la suivre dans sa course, Eddie s'élança sur ses talons. Il y avait quelque chose d'inéluctable dans la course de la petite sphère blanche...

« Oui, laissa échapper Eddie... Oui ! »

La balle heurta en plein le drapeau, le fit vibrer légèrement, et plongea droit dans le trou. Trois coups. Birdie.

La foule cria d'une seule voix.

« Il vient de reprendre un coup », dit Harry quand la clameur se tut.

Harry et Ted échangèrent un regard : un simple signe de tête, sec et las, et les deux hommes empoignaient leurs vestes humides dans les casiers.

« Mais non, protestait Northcliffe. Il a forcément son compte. Moi, je vous dis que les Américains se raccrochent au plus petit espoir...

– Gardez-nous le whisky, Alfred.

– Rien n'est encore joué », ajouta Harry qui marchait déjà vers la porte.

Darwin cocha une troisième fois la carte de score et nota le chiffre trois. « Bien joué », murmura-t-il.

Eddie souleva le drapeau, Francis récupéra sa balle et la tendit à son caddie pour qu'il la nettoie. Eddie se permit un petit moulinet avant de remettre le drapeau en place. « Et d'un. »

En entendant cette clameur monter du treize, les centaines de spectateurs qui avaient rebroussé chemin vers le club-house s'arrêtèrent net. La plupart d'entre eux tournèrent aussitôt les talons pour rejoindre au pas de charge l'endroit où le cri avait retenti. John Anderson, la mine réprobatrice, voyait ces déserteurs revenir en masse, poser cent questions sur ce qu'ils avaient manqué, se bousculer pour les meilleures places le long du quatorzième fairway. Jerry Travers déboucha une flasque en argent et porta un toast aux repentis. « A votre santé, hommes de peu de foi. »

Il but une copieuse rasade avant de tendre la flasque à Hagen. *Madame la Chance*, pensa Walter en la levant vers Francis, *ce jeune homme est tout à vous.*

Francis se découvrait un second souffle. Son intuition sur le treize avait payé. Malgré la pluie et le froid, il se sentait les idées claires et de nouvelles forces. Sur le départ du quatorze, avec l'honneur, son drive trouva une nouvelle fois le fairway. Francis ne prit aucun risque. Il faut dire que le trou ne comptait pas vraiment parmi ses préférés : c'était là qu'il avait commis son seul sept de la semaine, durant les éliminatoires ; là encore qu'il avait essuyé un six des plus malencontreux le jeudi après-midi. Par ailleurs, son instinct lui criait que c'était au seize qu'il aurait sa chance. Francis ne risqua donc pas le green au deuxième coup : il choisit sagement d'arriver court. Beaucoup de spectateurs ne comprirent pas cette prudence. Certains lui en tinrent rigueur : mais en golf, à la différence des scores, il n'y a pas de carte pour garder trace des opinions changeantes du public.

« Ça, c'est malin, observa Hagen qui se rappelait ses mésaventures au quatorze.

– Oh, que oui, approuva Travers, non sans arroser cet éloge d'une nouvelle rasade.

– Il sait très bien ce qu'il fait », conclut John Anderson.

Un wedge le posa sur le green en trois. La foule gémit à

nouveau lorsque Francis manqua son grand putt pour le birdie ; mais il n'avait pas vraiment cherché à le rentrer, plutôt à négocier une approche qui remplit largement son office : un tap-in facile lui donna le par.

Un coup de retard ; quatre trous à jouer.

L'angoisse des spectateurs était si tangible qu'on aurait pu la couper au couteau : ils paraissaient à mi-chemin entre le malaise et la folie. Francis attendait, sur le quinzième départ, que le fairway soit dégagé, quand il vit venir à lui un type entre deux âges, dont le visage ne lui disait rien. Il mit un temps à le reconnaître : un homme d'affaires du Country Club, un bûcheron pour lequel il avait porté des années auparavant et dont le nombrilisme atteignait, semble-t-il, des sommets ordinairement réservés aux infantes et aux vedettes de cinéma.

« Francis, puis-je te parler un moment ? »

S'attendant à quelques mots d'encouragement, Francis fit signe à un commissaire de le laisser passer.

« Alors, Francis, lui dit l'autre sur le ton du secret : comment ça va ?

– Très bien, monsieur ; et vous-même ?

– Merci de me le demander. Eh bien, figure-toi que j'ai d'énormes difficultés au drive. Je ne comprends vraiment pas pourquoi, mais je n'arrête pas de partir en slice. Je me demandais si je n'ouvrais pas trop les mains à l'accompagnement... » Et joignant le geste à la parole, le raseur se mit à répéter devant lui un swing catastrophique.

Trop poli et d'un naturel trop bienveillant pour le planter là, Francis le regarda tournicoter à quelques reprises avant de lui proposer un remède simple. Mais un Eddie fou de rage, qui venait de comprendre le fin mot de l'affaire, accourut pour prendre les choses en main. Il n'y mit pas vraiment les formes.

« Hé, ho, monsieur ! Laissez-nous tranquilles ; on a du travail.

– Pardon, mais je voulais seulement...

– Fichez le camp, je vous dis ! Du balai ! A la revoyure ! Faut vous faire un dessin ? »

Et le petit caddie avança sur lui en grondant, tel le chien de garde sur le monte-en-l'air. Les spectateurs les plus proches éclatèrent de rire et le raseur prit la fuite, le rouge aux joues, sous les applaudissements de la foule. Francis lui-même riait aux éclats.

« On ne va pas non plus se laisser emmieller par cette tête d'andouille ! tempêtait le gamin. Non mais, tu as vu le culot de ce type ? Tu y crois, toi ?

– Non. Mais rien que pour te voir lui régler son compte, ça en valait la peine... »

Eddie n'avait pas prémédité cet effet, mais son intervention avait permis à Francis de relâcher un peu de pression. Plus détendu qu'il ne l'avait été depuis l'épreuve du dixième trou, le golfeur prit son adresse, leva son club et décocha une pure merveille, un drive rectiligne et puissant dont la trajectoire lui ménageait la meilleure approche possible. Comme il s'éloignait vers sa balle, Vardon et Ray rejoignirent les derniers rangs de l'assistance. Quelques instants plus tard, Northcliffe jaillit de derrière les arbres comme s'il avait eu le diable aux trousses.

« Tiens, tiens : qui voilà », murmura Eddie en les apercevant.

Francis ne remarqua pas leur réapparition et l'assistance n'y prêta pas garde : on était très loin de la cérémonie funèbre que les Anglais avaient quittée quatre trous plus tôt. Le birdie de Francis avait ressuscité les fidèles. Encore quatre trous. Harry et Ted restaient un peu à l'écart, observant en silence. Ils avaient l'habitude ; en de telles circonstances, l'adversaire n'a d'autre choix que de regarder.

Le green du quinze, avec ses deux étages, offrait une large cible au deuxième coup de Francis : cent soixante-cinq mètres à courir, avec le drapeau au fond à gauche. Pour approcher, il fallait se poser sur le palier supérieur. En adoptant son stance, Francis découvrit que la balle n'était pas tout à fait au niveau de ses pieds : elle reposait un peu au-dessous, un lie qui favorise les déviations gauche droite ; mais occupé à évaluer les autres paramètres du coup, le golfeur négligea d'en tirer toutes les conséquences.

Le swing était bon, mais la balle partit aussitôt en slice, en direction d'un bunker difficile. Si elle trouvait l'obstacle, c'était un bogey presque garanti et une fin de partie prématurée... Mais le slice s'accentuait encore ! Le coup était si mauvais qu'il finit par se révéler presque bon. La balle atterrit dans le rough dix mètres à droite des deux bunkers, à quarante pas en aval du drapeau. Les préposés aux cordes devaient maintenant lutter à chaque coup pour contenir l'affluence : la foule déchaînée vibrait au rythme du parcours, passant, d'un coup à l'autre, de l'euphorie à l'abattement. A présent, ils se taisaient, le front soucieux : Francis allait passer une fois encore l'épreuve du feu.

« C'est fini », souffla Northcliffe à Bernard Darwin. L'humeur du magnat remontait au beau fixe à mesure que la dépression s'accentuait chez les autres. « Il ne peut rien tenter d'où il est. »

Francis et Eddie inspectèrent le lie. Une catastrophe : la balle était enterrée dans un sol détrempé, piétiné depuis le matin, entre des empreintes de pas et de petites flaques. Francis prit sa ligne : il regardait tour à tour le drapeau et sa balle, avec le regard inflexible d'un guerrier.

Eddie lui présenta le sac ; Francis en tira le wedge.

Un swing décidé ; la moindre hésitation serait fatale à la trajectoire. Grip ferme, traversée ferme, les poignets à peine lâches pour bien décoller la balle...

Un contact sec : elle émergea proprement, bien droite, pas trop puissante. Elle se posa comme une fleur sur l'étage supérieur du green et se mit à rouler mieux encore – regardez ça, *elle y va !* ... A la stupeur croissante de la foule, elle décrivit une courbe gracieuse en direction du trou et finit par s'arrêter juste au-dessous, à quinze centimètres. Francis aurait pu la rentrer en soufflant dessus.

Les applaudissements et les cris se déchaînèrent une fois encore. Francis remercia d'un geste joyeux, tout en montant sur le green.

« Mais comment fait-il ? » grommela Northcliffe.

Harry et Ted échangèrent un regard entendu.

Une fois que George Sargent eut joué, Francis empoigna son putter et fit mine de réfléchir soigneusement à sa ligne... La foule se mit à rire, évacuant un peu de tension, et l'acclama quand il rentra son tap-in.

« Je ne comprends pas comment il peut tenir », lança Ted.

Harry ne répondit rien. *Il fait comme nous, Ted.*

« Il ne peut pas continuer longtemps ainsi, fit Northcliffe en empoignant le bras de Darwin.

– Je ne pense pas, Alfred. » *Mais après tout, peut-être que si...* Le journaliste dégagea doucement son bras.

A mesure qu'elles se rapprochaient, les acclamations – tout comme le matin – finirent par faire sortir Mary Ouimet. Elle n'attendrait pas plus longtemps Louise et Raymond : il fallait qu'elle aille aux nouvelles, tout de suite.

Levant son parapluie, elle attendit, sur le trottoir, une trouée dans le flot des voitures. Il n'y en eut aucune : une file ininterrompue d'automobiles avançait au pas dans la rue. Les conducteurs partis trop tôt avaient entendu eux aussi les cris : ils faisaient maintenant la queue pour rentrer à nouveau au Country Club. La chaussée n'étant pas asphaltée, les véhicules, avec la pluie, s'y étaient embourbés par dizaines. Pas un policier ni un bénévole du comité d'organisation en vue : ils étaient tous sur le terrain pour suivre les derniers trous de Francis. Les conducteurs piégés dans le bouchon en étaient réduits à se débrouiller par eux-mêmes : l'exaspération montait, les coups de klaxon se multipliaient... Mary finit par lever un bras péremptoire, arrêta la circulation dans les deux sens et traversa, allant droit à la foule qu'elle voyait se masser autour du seizième green.

« C'est celui-là, disait Eddie en arrivant sur le tee du seize. Maintenant ou jamais. Il nous faut le birdie. »

Un par trois de cent quatorze mètres, le trou le plus facile du parcours. Il n'y avait pas à tergiverser : Francis plaça sa balle sur un tee, prit son stance et joua son swing avec une motivation totale. *Mon intuition s'est vérifiée au treize ; elle se vérifiera ici aussi. A moi de jouer.*

Un tee-shot comme tiré au cordeau jusqu'au drapeau, qui souleva un nouveau frémissement dans la foule. Mais il avait tapé trop fort, dopé par son regain d'assurance. La balle survola le drapeau, se posa derrière, roula, vint s'arrêter net à l'extrême fond du green. Le trou était placé tout à l'avant : douze mètres à courir, moins un putt qu'un pèlerinage.

Qu'ai-je fait ?

« Le birdie est exclu, souffla Ted à Harry.

– Et peut-être bien le par. »

Francis examina le putt dans les deux sens, le cœur battant, la gorge nouée. *Cela n'aurait pas dû se produire. Je devais signer un deux sur ce trou.* Il trouva sa ligne, mais inutile d'espérer rentrer la balle au sortir d'une telle déception : encore hanté par cette intuition contredite, il perdit une fraction de seconde à déplorer l'occasion manquée, une hésitation fatale qui se communiqua de l'esprit à la main. Le coup flotta, le putter alla au contact sans toute la fermeté requise. La balle partit parfaitement en ligne – du moins avait-il su déchiffrer le green –, mais elle s'arrêta trop court d'un peu moins de trois mètres.

Un nouveau revers pour la foule ; un nouveau point critique et une question lancinante : le gamin pourrait-il continuer longtemps ainsi ?

« Ce putt-là n'est pas une partie de plaisir », observa Ted. Il avait rencontré quasiment le même durant son dernier parcours et il l'avait manqué, pour un bogey.

Harry ne répondit rien. *Rien de tel*, pensait-il, *que le cran de la jeunesse.*

« C'est sûr, il est fini », voulut croire Northcliffe en tâchant de gagner Bernard Darwin à son optimisme. Le journaliste remarqua que le magnat, malgré la pluie et le froid, était en nage.

Un silence de mort régnait autour du green. Francis, à genoux, scrutait le putt sous tous les angles, tandis qu'Eddie faisait de même pour plus de sûreté. Ils confrontèrent leurs impressions.

« Intérieur gauche, dit Eddie.

– Intérieur gauche.

– Prends ton temps ; nous avons la journée. »

Eddie s'écarta. Francis se mit en position ; il embrassa du regard toute la distance de la balle à la tasse.

Mary Ouimet venait de rejoindre les derniers rangs des spectateurs quand une nouvelle explosion d'enthousiasme manqua la faire tomber à la renverse. Des cris, des youyous, des inconnus qui se jetaient dans les bras l'un de l'autre, des hommes et des femmes qui échangeaient un baiser ; des gosses qui sautaient de joie. La foule grossit soudain vers elle et elle battit en retraite pour lui laisser le passage.

« Je veux bien être pendu... », laissa échapper Ted.

Harry se taisait. Il n'avait pas douté une seconde. Plus rien ne l'étonnait de ce golfeur : Ouimet semblait lui tendre un miroir inquiétant, où il se retrouvait plus jeune.

Francis et Eddie cheminèrent dans la boue vers le dix-septième départ. Deux trous à jouer, deux pars quatre longs et exigeants. Un coup de retard : deux occasions d'arracher l'égalité.

« Tu as encore une intuition ?

– Plus d'intuition, Eddie. Je me fiche du moment, mais je veux faire un trois. »

Bernard Darwin laissa partir devant Northcliffe et les deux Jersiais. Tous ces rebondissements lui donnaient le vertige ; il s'aperçut qu'il n'était pas le seul. La foule n'en pouvait plus de tension : les gens respiraient avec peine, les yeux écarquillés. Les uns semblaient perdus dans un profond recueillement tandis que d'autres, secoués de rires nerveux, ne tenaient pas en place.

Une bande de gamins de Brookline qui avaient grandi avec Francis tomba sur Mary Ouimet dans la galerie. Ils la prirent immédiatement sous leur aile, jouèrent des coudes dans la cohue, firent place nette sans ménagement : « On se pousse ! C'est sa mère ! » et l'installèrent tout contre la corde, déterminés à ce qu'elle ne perde rien du spectacle.

Le dix-sept : trois cent trente-huit mètres, dogleg à gauche, bunker à gauche au tournant.

Reste à droite. Reste à droite, et rectiligne.

En attendant Francis sur le départ, George Sargent croisa le regard de Harry Vardon dans l'assistance. George avait travaillé trois années sous ses ordres à Ganton, il le connaissait bien et avait toutes les raisons de l'admirer. Quand Harry s'en était allé en Angleterre, Sargent était resté encore un an sous la direction de Ted, avant d'émigrer en Amérique.

George dévisagea Francis : ses yeux étincelants de motivation, son alignement économe. *Incroyable*, se dit-il : *en toute logique, ce gamin ne devrait même pas être ici, la pression aurait dû le démolir depuis longtemps ; et regardez-le, il est frais comme une rose.* Puis il revint à Harry et à Ted : la mâchoire serrée, le tuyau de la pipe menaçant de craquer comme une brindille entre leurs dents. *Et au contraire, Ted et Harry... Le gosse n'était même pas né qu'ils disputaient déjà des Opens : on pourrait croire qu'ils ont pris le pli, mais non...*

Eddie, pour la première fois du tournoi, croisa les doigts dans son dos.

Francis tapa un drive solide, bien à droite du fairway, pas excessivement long : il avait retenu l'accompagnement, sacrifiant la distance à la précision. Cent cinquante mètres jusqu'au green, deux obstacles à gauche, un troisième court et à droite. Et au milieu, une ouverture bien droite jusqu'au drapeau.

« Jigger », demanda-t-il. Un fer 3.

« Tu veux la monter en coup punché ? » Eddie se rappelait son précédent catastrophique, au dix.

« Exactement. »

Ils se dévisagèrent. Dans les yeux de Francis, Eddie ne lut qu'une détermination sans faille. Alors, pas d'hésitation : « Dégomme-la », conclut le caddie en lui tendant le club.

On leva les drapeaux rouges ; les commissaires réclamèrent le silence. Francis joua son swing : des milliers de têtes pivotèrent en même temps pour suivre la balle dans son essor. Elle atterrit à l'endroit précis qu'il avait visé, court du green, rebondit en avant, monta en roulant sur le deuxième palier. Elle s'arrêta six mètres derrière le drapeau ; elle n'avait pas fini de rouler qu'Eddie essuyait déjà le putter avant de le tendre à son joueur.

Un cri assourdissant retentit : ce fut la ruée vers le green, dix mille personnes se bousculant pour les meilleures places, le dix-sept envahi en quelques secondes, les préposés aux cordes manquant céder sous l'assaut. Ils parvinrent tant bien que mal à contenir cette masse informe et quand Francis posa le pied sur le green, un silence absolu se fit, mais un silence tout en tension, dont la charge montait sans cesse, une dynamo travaillant à provoquer l'explosion. Un silence traversé de murmures : *Est-*

ce qu'il peut la rentrer ? Est-ce qu'il va la rentrer ? Il doit la rentrer. Il va la rentrer.

Le clapotis de la pluie. Ce calme surnaturel qui annonce un orage. Francis alla juger sa ligne de derrière la balle, dans un silence sépulcral.

Une économie parfaite de gestes : tranquille, précis, le golfeur fit le tour du green, s'agenouilla pour mieux lire les pentes ; petit à petit, l'idée du putt se dégagea – *Aval et latérale, elle va verser à droite en approchant du trou.* Il choisit sa cible : un petit rond d'herbe plus pâle, qui marquait l'ancien emplacement d'un trou, vingt centimètres à gauche. Puis il revint tranquillement derrière sa balle, où Eddie l'attendait. Il s'agenouilla de nouveau, tendit le doigt vers le rond d'herbe :

« Ici.

– Ça me va bien », dit Eddie ; et il s'écarta.

Bernard Darwin se faufila au premier rang, juste à côté de Jerry Travers. Les deux hommes se saluèrent d'un hochement de tête. Travers but une gorgée de sa flasque avant de l'offrir au journaliste, qui accepta.

« Il est remarquable au putting, chuchota Darwin.

– Et attendez-vous à entendre du monde si jamais il la rentre », répondit Travers en souriant.

Il va y arriver, songeait John Anderson. *Il est parti pour la rentrer.*

Au moment même où Francis écartait son putter, à quinze mètres de là, un énervé pris dans l'embouteillage écrasa son avertisseur, déclenchant une cascade de coups de klaxon qui se répercutèrent dans le silence. Sur le parcours, dix mille têtes tressaillirent, sauf une.

Allez, vas-y, pensa Francis. *Mets-la dans le trou.*

Le putt lui sembla bon à l'impact : ferme et sûr. Il attendit de voir le lie à nu avant d'oser relever la tête et, au premier regard...

Elle va vite... Aïe, j'ai tapé trop fort.

« Oui... », lança Eddie.

La balle courut bien droit jusqu'au rond d'herbe, prit la pente latérale à cet endroit précis, se mit à dévier vers la droite, la foule se resserrait autour du green, un cri muet montait dans toutes les gorges...

« Oui ! » répéta Eddie.

La balle heurta la paroi du trou dans un choc sourd, rebondit à sa verticale... et retomba droit dans la tasse.

Pour un birdie.

Le hurlement dut s'entendre à trois kilomètres à la ronde. Chapeaux, parapluies, sacs à main s'envolèrent. Et puis, des embrassades, des bras levés au ciel, des bonds de joie, l'extase, le septième ciel... Jamais une telle liesse n'avait régné sur un terrain de golf américain : il n'y avait jamais eu de joueur, avant ce jour, pour la faire naître. Ce besoin vital dont tous ces gens, quelques heures plus tôt, n'avaient même pas conscience, ce jeune homme avait su, comme un sourcier, le mettre au jour : et comme à une prière, il y avait été répondu.

Jerry Travers, qui n'avait rien d'un joyeux drille, sautait maintenant comme un cabri, Hagen embrassait toutes les filles, Darwin s'essuyait les yeux comme beaucoup d'autres, Mary Ouimet serrait dans ses bras, tour à tour, les caddies extatiques qui lui avaient servi d'anges gardiens : et les gamins de faire la ronde en criant « Francis a rentré le putt ! Francis a rentré le putt ! » Ces débordements durèrent plus d'une minute, qui sembla une heure.

« Superbe birdie, déclara enfin Harry.

– Et superbe putt, ajouta Ted, pour l'Amérique. »

Lord Northcliffe ne trouva rien à dire.

Francis, dans l'œil du cyclone, s'accorda un grand sourire timide, quelques signes de remerciement dans toutes les directions, puis il alla rechercher sa balle au fond du trou. Eddie l'y rejoignit, rayonnant. Francis lui tendit la balle à nettoyer. Ils n'échangèrent pas un mot ; cela n'était pas nécessaire. Ils n'auraient pas pu s'entendre de toute façon.

« Encore un trou à jouer ! criait John Anderson, s'efforçant de rétablir un semblant d'ordre aussi bien chez les commissaires que dans l'assistance. Il lui reste un trou à jouer ! »

La raison reprit ses droits. Tout le monde se mit en route vers le dix-huitième trou.

« Bon, dit Francis à son caddie : allons chercher ce quatre. »

La dernière haie : il était pour l'instant à égalité avec Vardon et Ray, mais tout reposait maintenant sur sa capacité à faire le par sur le dernier trou, celui qu'on appelait *Home*. Une tasse en fer-blanc logée dans un disque de gazon surélevé, à trois cent soixante-quinze mètres du départ, derrière un plat marquant l'emplacement de l'ancien champ de courses. Trois coups pour s'adjuger le trophée ; quatre pour aller au play-off ; cinq et plus pour tout perdre. La foule passa rapidement de l'euphorie à l'angoisse. On comprenait soudain que rien n'était encore joué. Les cris couraient le long des cordes : *Il lui faut faire quatre ! Quatre pour l'égalité ! Est-ce qu'il peut y arriver ? Est-ce qu'il va y arriver ?* Par bonheur pour tout le monde, ces quatre coups allaient être joués par la plus sereine, et de loin, des personnes présentes.

Regard clair ; mains précises ; concentration absolue. Son drive leva une éclaboussure en plein centre du fairway, sans rouler davantage, mais en mettant malgré tout le green à portée d'un bon coup de fer moyen. Eddie empoigna le club et le tendit à Francis tout en marchant, avant même que ce dernier le lui eût réclamé.

« Les yeux sur la balle, hein. »

C'est ce qu'il fit. Francis releva seulement la tête pour la voir s'envoler vers le drapeau, juste au-dessus des deux buttes qui défendaient l'avant du green. La pluie recommença juste à ce moment-là, lui coulant dans les yeux. Il vit sa balle atterrir et arracher un divot de bonne taille au sommet du talus. Cela devait signifier qu'elle avait rebondi sur le green.

« Eddie, je crois que j'ai un putt pour gagner le tournoi. »

Ils coururent à la balle en même temps que la foule. Eddie lui tendait déjà le putter. Mais en montant, ils s'aperçurent que sa balle n'avait pas trouvé le green. Elle avait heurté le flanc du talus, juste au-dessous de la ligne de crête : le rebond l'avait arrêtée un peu en arrière. Dix centimètres plus haut et Francis n'aurait été qu'à un putt de la victoire. Il pouvait néanmoins s'estimer heureux. En temps normal, sa balle aurait dévalé la pente jusqu'à la terre battue du champ de courses : un bogey presque assuré. L'herbe détrempée le sauvait.

La balle reposait sur un lie correct, au sommet de la dernière butte, à la lisière du green. Quelques centimètres de bordure, puis le gazon et le trou, à douze mètres de là, logé dans une petite dépression. Francis mesura la distance à pas comptés ; il revint à sa balle.

« On en reste au putter ? s'enquit Eddie.

– Oui.

– Mets-la direct. »

Le putt n'avait rien d'évident. Difficile d'évaluer correctement le frein qu'allaient représenter ces quelques centimètres de bordure ; et deux pentes latérales venaient encore compliquer les choses. Il avait voulu jouer un putt ferme, mais avec l'humidité qui alourdissait imperceptiblement son club, il tapa plus fort qu'il ne l'avait escompté. La balle manqua le trou de quelques centimètres et ne s'arrêta que 1,50 mètre plus loin.

La foule laissa échapper un soupir collectif... avant de retenir à nouveau son souffle. Une dernière fois. Ceux qui étaient restés en poste autour du dix-huitième green avaient vu beaucoup de joueurs tenter, et manquer, ce même putt auquel s'attelait à présent Francis : en descente et, de prime abord, en ligne droite – pas tout à fait cependant : à mieux y regarder, on devinait une latérale gauche. Tandis que George Sargent s'apprêtait à finir son parcours, dix mille paires d'yeux inquiets couraient de la balle à la tasse : 1,50 mètre ou bien 1,50 kilomètre ? Le doute empoignait tous les cœurs. Les spectateurs se serraient les uns contre les autres en grelottant de froid autant que d'appréhension. George Sargent joua son putt et s'écarta rapidement. Ils étaient des milliers à suivre chacun de ses gestes ; les autres regardaient droit devant eux, n'osant plus tourner les yeux vers le green, incapables d'en supporter davantage.

C'est incroyable, pensa Darwin, *que tant de personnes puissent produire un tel silence.*

Francis ne perdit pas de temps : il ne mit pas plus de dix secondes à juger sa ligne. Eddie lui tendit une serviette ; il essuya ses mains, le grip du putter, se mit en position, posa la tête du club devant la balle pour vérifier sa ligne, la replaça derrière la balle, baissa les yeux, écarta le club...

Pensez-vous qu'il ait seulement envisagé de manquer ce putt, après tout le chemin parcouru ?

Il donna une petite tape et recula pour voir rouler sa balle. Elle partit vers le trou à une allure tranquille, vira doucement au bord et plongea dedans pour le par.

Alors la digue céda. Un tonnerre : si le cri au dix-sept s'était entendu dans tout Brookline, celui-là dut voyager jusqu'à Boston. Le semblant d'autorité qui restait encore aux commissaires et aux bénévoles fut balayé dans l'instant. Ce fut une ruée indescriptible vers le green, un cercle compact de spectateurs qui se referma sur Francis. Abdiquant toute impartialité, les membres du comité d'organisation s'élancèrent à leur tour. Les gamins de Brookline, arrivés les premiers, portèrent aussitôt leur héros en triomphe : et quand il s'éleva au-dessus de cette masse d'imperméables noirs, les acclamations redoublèrent. Le putter encore dans les mains, Francis souriait, s'abandonnant à la joie collective. Eddie fut emporté par le flot, se perdit, crut bien finir piétiné avant qu'une escouade de bras amis ne l'arrache à son tour à l'anonymat. Les acclamations s'organisèrent : mais au lieu des trois vivats de rigueur, Francis allait en recevoir trente-trois. Toutes les filles voulaient l'épouser, toutes les mères le cajoler, les pères le voulaient pour fils, les gamins se rêvaient à sa place... Des émotions pures, intenses, un délire collectif, toute la tension accumulée durant cette journée se déchargeait maintenant dans une euphorie magique et viscérale, entre des larmes de joie et de stupéfaction. Des amitiés se nouèrent entre de parfaits inconnus ; l'instant se gravait à jamais dans les mémoires. Une procession spontanée se forma, qui ramena le champion aux vestiaires tandis que la litanie des vivats continuait.

Mary recula à l'écart tout en le regardant s'éloigner, les yeux brillants. Ce fut là que Louise et Raymond la retrouvèrent, recevant avec fierté les félicitations de gens qu'elle ne connaissait même pas. Elle les serra dans ses bras ; ils ne l'avaient jamais vue dans cet état.

« Vous croyez qu'il sera là pour dîner ? » leur demanda-t-elle.

Ils l'assurèrent que oui. Mary jeta un dernier regard vers son fils que les spectateurs portaient en triomphe ; et elle s'en retourna chez elle. Elle avait mis un poulet au four, à tout hasard. Le plat préféré de Francis.

Quand ce dernier putt rentra, Harry et Ted échangèrent un signe de tête approbateur. Et quand la foule percha le golfeur sur ses épaules, ils se sourirent. Ils étaient sincèrement contents pour le jeune Américain. Tous deux avaient mal joué, comme ils l'avaient avoué sans ambages sous la tente de presse. Le succès de Francis n'était donc que justice. Harry et Ted lui avaient laissé une ouverture où il avait su s'engouffrer : et les deux champions britanniques étaient sûrement les spectateurs les plus à même d'apprécier cet exploit à sa juste mesure.

Ils regagnèrent le club-house, pressés de rentrer à l'hôtel pour se préparer au play-off du lendemain. Aucune trace de Northcliffe. Plusieurs journalistes, emportés dans ce tourbillon d'émotions – ces mêmes plumitifs qui n'avaient cessé, depuis deux jours, de dénigrer Francis –, avisèrent les deux Anglais et réclamèrent aussitôt leurs impressions sur la prestation de l'Américain.

« C'est la plus belle démonstration d'adresse et de sang-froid à laquelle il m'ait été donné d'assister sur un parcours de golf, déclara Ted.

– On ne peut que s'incliner très bas devant ce remarquable exploit, ajouta Harry. Et nous nous réjouissons grandement de retrouver M. Ouimet sur le terrain demain matin. »

Qu'avaient-ils pensé de son putt pour le birdie au dix-sept ?

« Il fallait une lucidité absolue pour rentrer cette balle, assura Ted. Je n'ai jamais vu un putt tapé avec plus d'assurance.

– Je le fais figurer, dit Harry, au nombre des plus beaux coups de golf jamais joués. »

La procession arrivait maintenant devant les vestiaires et ne semblait nullement vouloir s'apaiser. Ces débordements risquaient de fatiguer le joueur, et John Anderson, avec sa sollicitude coutumière, fit de nouveau entendre la voix de la raison : « Il doit jouer demain ! Faites-le descendre ! » D'autres, parmi lesquels Jerry Travers et Tom McNamara, lui prêtèrent bientôt main forte. La foule finit par les entendre : on déposa Francis à terre, le gratifiant d'une ultime ovation. Le jeune homme salua de la main et disparut à l'intérieur. L'assistance se dispersa lentement, à contrecœur.

Les autres joueurs, l'un après l'autre, vinrent le trouver aux vestiaires. Assis sur son banc, Francis saluait chacun par son nom, heureux, humble, plein de reconnaissance pour leur estime. Il vit Mike Brady, Jim Barnes, Mac Smith, Louis Tellier et son accent à couper au couteau, Tommy McNamara et son frère Dan, et George Wright, la larme à l'œil. John Anderson attendait, au bout de la file, de pouvoir le serrer dans ses bras.

« Je ne sais pas comment tu as fait pour réussir ce putt au dix-sept, lui dit-il. Ça ne t'a pas déconcentré ?

– Quoi donc, John ?

– Ces coups de klaxon.

– Je n'ai pas entendu. Sincèrement, John, je n'ai rien entendu du tout. »

Anderson s'éloigna vers la tente de presse où son travail le réclamait. Mais Francis n'en avait pas fini avec les félicitations : les membres les plus éminents du Country Club attendaient déjà de lui témoigner, l'un après l'autre, leur reconnaissance. Francis y retrouva celui qui lui avait, un peu plus tôt, conseillé l'abandon : mais aucun des deux n'y fit allusion durant leur bref échange. L'adrénaline retombait et Francis commençait à fatiguer quand son dernier visiteur se présenta : Walter Hagen au sortir de la douche, rasé de frais, habillé de pied en cap, fleurant l'eau de Cologne et la valise à la main.

« Hé hé, fiston, tu y es arrivé, dit-il en lui serrant la main. Tu leur en as mis plein la vue.

– On m'a dit que vous vous étiez bien débrouillé vous aussi. »

Hagen haussa les épaules :

« J'ai saisi une petite chance, je l'ai gardée comme j'ai pu... Non, mon gars : c'est toi qui as fait des étincelles, aujourd'hui. Ça, c'était du golf.

– Merci.

– Désolé de ne pas rester demain pour te voir flanquer une pâtée aux autres zigotos, mais faut que je me sauve : je suis ratissé.

– Mais j'ai vu le panneau des scores. Vous touchez un prix, non ?

– Bof... Quatrième ex aequo : soixante-cinq dollars. Je vais te dire, entre ma piaule ici et quelques bonnes amies que j'ai à domicile, ils sont déjà partis.

– Walter, ç'a été un vrai plaisir. »

Walter baissa la voix :

« Savoir qu'on peut jouer dans la cour des grands... Ça fait quelque chose, hein ?

– C'est merveilleux.

– On remettra ça, Francis, fais-moi confiance. A l'année prochaine. »

Ils se serrèrent la main une dernière fois.

« Mets le paquet, fiston, lui lança Hagen en se dirigeant vers la porte.

– Et ne dépensez pas tout d'un seul coup.

– Comme je dis toujours, je me fiche pas mal de posséder des millions ; tout ce que je demande, moi, c'est de pouvoir les claquer. » Francis l'entendit s'éloigner en sifflotant.

Une fois seul, Francis s'offrit un bain brûlant et, enfin réchauffé, passa des habits secs que son frère lui avait apportés. Il était huit heures passées quand il sortit ; la nuit tombait. La pluie avait fini par se changer en bruine. L'endroit était presque désert : il y avait encore de la lumière au club-house où les adhérents fêtaient dignement la journée – Francis avait décliné leur invitation – et sous la tente de presse, où les opérateurs avaient déjà câblé au monde entier l'annonce de ses exploits.

Soudain Eddie s'avança devant lui : le gamin s'était abrité sous l'auvent des vestiaires où il l'attendait, le sac à la main.

« Eddie, tu es encore là ? Mais qu'est-ce que tu fais ?

– Comme les autres jours, Francis. Il faut que je te raccompagne chez toi. Pour porter chance, tu comprends.

– Mais tu t'es séché ? Tu as eu à manger ?

– Tu penses, sourit le gamin. Ils m'ont soigné aux petits oignons. » Il ouvrit le parapluie et le tendit à Francis. Ils cheminèrent en silence un moment. Ils longèrent le green du dix-huit et traversèrent le fairway, tout en évitant les flaques.

« Quelle journée, hein, lança Eddie.

– Magnifique, Eddie. Ce que je me sentais bien.

– Tu avais déjà entendu des gens crier comme ça ?

– Eh bien, non, je ne crois pas. »

Devant eux, le dix-septième green luisait dans le demi-jour. Eddie s'attarda un moment, Francis s'arrêta à son tour. Tous deux se retournèrent pour embrasser du regard le parcours désert. Et ils prirent spontanément une grande inspiration, comme pour humer une ultime bouffée de leur triomphe.

« Tu aurais dû voir la tête des Angliches quand ton putt est rentré.

– Ils y étaient ?

– Un peu, qu'ils y étaient. »

Harry m'a vu à l'œuvre.

« Tant mieux », conclut Francis.

Ils traversèrent la rue toujours embouteillée pour arriver enfin devant chez Francis. Alors seulement, le jeune homme reprit le sac des mains de son caddie : inutile d'espérer qu'Eddie le lui cède avant ce moment symbolique. Il tendit le parapluie au gamin.

« Dis donc, sourit Eddie, demain, c'est samedi : il n'y a pas d'école ! Mais je parie que l'inspecteur sera quand même à mes trousses.

– Tu peux me rejoindre demain matin ? S'il ne t'a pas retrouvé d'ici là ?

– Ne t'en fais pas pour moi. Le play-off démarre à dix heures, je serai ici à huit heures trente précises.

– Eddie, tu m'as beaucoup aidé aujourd'hui ; je ne peux même pas te dire à quel point. Je ne crois pas que j'y serais arrivé sans toi. »

Eddie leva sur lui des yeux qui brillaient dans le crépuscule. « Merci, Francis. » Ils se serrèrent la main.

« Repose-toi bien.

– Toi aussi. » Et le caddie s'éloigna dans Clyde Street, disparaissant sous l'énorme pépin qui ne laissait voir que ses petites jambes.

Chez lui, Francis trouva Mary, Louise et Raymond qui l'attendaient devant un poulet rôti. Arthur était debout dans le salon, le journal du soir à la main ; il portait encore sa salopette. Il avait passé la journée à travailler dans le jardin d'une propriété qui jouxtait le Country Club : il avait entendu tous les cris, les ovations, sans savoir à qui ils étaient destinés. A présent, il savait. Père et fils se dévisageaient sans rien dire ; un ange passa.

« Tu t'es bien débrouillé, aujourd'hui ? lança Arthur.

– Oui, en fait : ça s'est très bien passé.

– J'ai entendu des conversations... » Il détourna le regard, mal à l'aise : le silence retomba.

« Tu as passé une bonne journée, papa ?

– Moi ? » Arthur leva sur lui des yeux surpris. « Il y a ces bouchons qui m'empoisonnent la vie... J'imagine que demain, ce sera la même chose.

– Tu as du travail, demain ?

– Le matin.

– Je joue encore, demain.

– Je sais », dit Arthur. Il se racla la gorge. « Ta mère a servi le dîner.

– Tant mieux. Je meurs de faim. »

Arthur montra de la main la salle à manger – cette main qui tenait encore le journal où s'étalait, en première page, la photo de son fils. Tout le monde se mit à table. Arthur prononça les grâces, Mary fit le service. Son frère, sa sœur et sa mère ne parlèrent que de Francis et de son exploit tout au long du dîner. Arthur ne parla guère ; mais il était tout ouïe.

Des quarante-sept joueurs qui disputèrent cette édition 1913 de l'US Open, seuls les dix premiers touchèrent des dotations. On ne pouvait attribuer les trois premiers prix – trois cents, cent cinquante et cent dollars – avant le play-off du samedi. Outre le trophée, que John McDermott avait restitué au comité de l'USGA avant le début du tournoi, le vainqueur recevrait également une médaille en or. Si Francis remportait le play-off, il s'adjugerait le trophée et la médaille, mais pas la bourse, à laquelle il n'avait pas droit en sa qualité d'amateur. Quoi qu'il arrive samedi, les trois cents dollars iraient donc à Harry ou bien à Ted. Le reste des dotations fut remis aux joueurs avant leur départ, le vendredi soir. Voici la liste des prix, accompagnée de leur équivalent en dollars d'aujourd'hui :

Quatrième place :	Jim Barnes	
	Walter Hagen	
	Macdonald Smith	
	Louis Tellier	65 $ (1 174 $)
Huitième place :	John J. McDermott	40 $ (719 $)
Neuvième place :	Herbert Strong	30 $ (539 $)
Dixième place :	Patrick Doyle	20 $ (360 $)

John Anderson faisait partie des deux dizaines de journalistes qui veillèrent sous la tente de presse, jusque tard dans la nuit, pour préparer les éditions du matin. Son compte rendu commençait de la sorte : « Peut-on s'asseoir au calme et s'efforcer de livrer un commentaire lucide sur cette finale en trente-six trous du tournoi national ? La pensée revient sans cesse au palpitant finish du jeune Francis Ouimet, qui est parvenu à faire jeu égal avec Harry Vardon et Ted Ray pour la conquête du trophée.

On a déjà vu, en football, en base-ball, le héros du jour porté en triomphe par ses admirateurs... Mais ces manifestations demeuraient étrangères aux terrains de golf américains avant qu'un modeste garçon de Woodland, Francis Ouimet, ne frappe de stupeur le public et ne soulève une lame de fond d'enthousiasme comme peu de golfeurs de ce pays, et probablement du monde entier, ont pu en connaître. »

A côté de John, Bernard Darwin rédigeait fiévreusement, à destination du *Times* de Londres, des câbles télégraphiques. Il y relatait son expérience en ces termes : « Après mûre réflexion, je déclare que douze vies d'homme ne me permettraient pas de connaître à nouveau une finale en Open aussi inattendue, aussi haletante et aussi belle. Le golf que M. Ouimet a produit aujourd'hui nous laisse sans voix. Je doute qu'un golfeur ait jamais été soumis à plus forte pression – pression qui, en soi, représente déjà la pire épreuve nerveuse qu'on puisse subir, dans n'importe quel sport, voire, suis-je tenté d'ajouter, dans n'importe quelle circonstance. Ce que ce joueur a accompli relevait tout simplement de l'inconcevable. Aucun des spectateurs présents n'oubliera ces cris sauvages, ces poignées de main, cet envol de respectables couvre-chefs lorsque M. Ouimet réussit un birdie sur le green du dix-septième trou. Les plus éminents Bostoniens semblaient tout à coup frappés de folie et pour ma part, quoique plus modéré dans mes acclamations, j'avouerai avoir été effleuré par la frénésie ambiante. Alors que toutes les forces du golf américain gisaient sur le carreau, au terme d'une contre-offensive aussi vaine qu'épuisante pour entraver l'avancée de mes compatriotes, ce blanc-bec de Francis Ouimet a surgi à la dernière minute pour prendre la relève.

L'image qui me reste est celle de ce jeune héros jouant tous ces coups décisifs comme s'il s'était agi d'un parcours du dimanche. Il ne se pressait pas, il ne tardait pas davantage : chacun de ses gestes respirait la résolution et, quelles qu'aient été ses pensées en ces moments-là, il n'en laissait rien paraître. Il rayonnait tout simplement de calme et de naturel. On ne saurait décrire la joie et la confusion générales lorsque M. Ouimet est enfin parvenu à rejoindre les hommes de tête. Les spectateurs américains, oubliant toute retenue, ont explosé littéralement de bonheur. Ils ont toutes les raisons d'être fiers de leur jeune champion. Je me sens, quant à moi, fier d'une discipline qui nous dispense de telles leçons de sang-froid : car seul un grand jeu peut révéler de grands hommes.

On peut maintenant douter qu'un jeune homme de vingt ans ait quelque espoir de battre, demain, ces deux grands champions. Quoique son golf n'ait nullement à pâlir en comparaison, on voit mal qu'un golfeur si jeune puisse résister à la tension ; et cependant, il s'en est montré capable aujourd'hui. Il lui reste une nuit pour dormir sur la situation nouvelle où il a su se hisser – mais je ne doute pas qu'il dorme, ayant vu à l'œuvre son flegme ahurissant. Reste que demain, il se mesurera non à de simples scores sur le papier, mais à Vardon et à Ray, en chair et en os. Il les verra jouer leurs coups et il lui faudra suivre : un David face à deux Goliaths. Sans vraiment croire à la possibilité d'une défaite, j'estime que, sur le plan moral du moins, l'Angleterre vient d'en essuyer une aujourd'hui. Tout cela est très déconcertant et pour ma part, j'ai renoncé à tout pronostic quant à la journée de demain. Je me présenterai devant le départ l'esprit ouvert, prêt à toute éventualité. Nous sommes à la veille du plus beau play-off jamais disputé. »

On ne vit pas Ted Ray au bar du Copley Square, ce soir-là. Le costaud préféra dîner de bonne heure dans sa chambre – un choix judicieux, dans la mesure où Louis Tellier, Wilfred Reid et leurs épouses avaient pris place dans la salle à manger. Le chèque empoché par Tellier était le plus gros de sa carrière et même si Reid avait perdu toutes ses chances pour un coup de poing, les deux couples se sentaient d'humeur joyeuse. Wilfred avait éveillé l'intérêt de quelques clubs américains – peut-être la notoriété de l'incident y avait-elle aidé... Quoi qu'il en soit, les deux hommes prirent ce soir-là leur décision définitive. Après un bref séjour au pays pour y régler leurs affaires, ils reviendraient très bientôt en Amérique pour s'y installer comme professionnels.

A l'autre bout de la pièce, dans un salon privé, Harry dînait en silence en compagnie de son frère Tom et de lord Northcliffe. L'air était lourd de calculs, mais aussi de souvenirs : une fois de plus, le fidèle Tom, après avoir fini le tournoi sans éclat, serait là le lendemain pour porter les clubs de son frère.

« Si l'on met de côté ce qu'il a fait aujourd'hui, dit Tom... Eh bien, à vous deux, vous devriez le battre facilement.

– Oui, répondit Harry, nous devrions.

– Plus que deux joueurs en lice, en fait, assena Northcliffe.

– Il faut lui rendre justice, poursuivit Tom : il s'est battu vaillamment, mais il aura laissé toutes ses forces sur le parcours, cet après-midi.

– Précisément. Et il recommencerait le même exploit dès le lendemain ? C'est un amateur, tout de même. Vous avez déjà été battu par un amateur, Harry ? Je veux dire, en match, d'homme à homme : cela vous est arrivé ?

– Non.

– Aucun amateur n'a jamais remporté l'Open ici, poursuivit Northcliffe. Et chez nous, ça n'est arrivé qu'une fois, il y a soixante ans. Je vous dis que c'est inconcevable. »

Le sourire énigmatique de Harry reparut sur ses lèvres, mais le ton dissimulait mal une colère froide : « Si vous trouvez que c'est si facile, Alfred, allez donc jouer contre lui demain matin. »

Northcliffe grommela une réponse indistincte. Après un silence pesant, Tom changea le sujet de la conversation. Peu après, Harry prenait congé et regagnait sa chambre. Il était au lit à onze heures. Mais il ne dormit que bien plus tard.

Francis se retira juste après le dîner familial. Sa sœur Louise se mit au piano pour répéter ses airs ; de sa chambre à l'étage, Francis entendit Mary lui demander d'arrêter, pour laisser dormir son frère.

« Mais non, Louise, continue, appela-t-il. Ça me bercera, au contraire. »

Les airs continuèrent donc et à neuf heures et demie, Francis dormait du sommeil du juste, tout comme Darwin l'avait prédit. Il ne remua pas un cil jusqu'au samedi matin.

Samedi :
le play-off

LE PLAY-OFF sur dix-huit trous a été, dès l'origine, la formule retenue par l'USGA pour départager les ex aequo au championnat national. En dix-neuf ans d'existence, l'Open accueillait son sixième play-off – et son quatrième en six ans. L'édition 1913 du tournoi devait beaucoup à Herbert Windelar et à Herbert Jacques, respectivement ancien et nouveau président du Country Club de Brookline. Les deux hommes avaient travaillé d'arrache-pied durant deux semaines à régler tous les détails de l'événement. Windelar et Jacques, ayant chacun présidé l'USGA, savaient mieux que quiconque tous les impondérables d'un tournoi. Ils s'étaient acquittés parfaitement de leur mission : malgré l'affluence record et les complications créées par la pluie, tout le monde convint que le spectacle s'était déroulé sans l'ombre d'un incident. On avait, bien entendu, envisagé l'hypothèse d'un play-off ; mais sa tenue effective confronta les organisateurs à une nouvelle série d'urgences. Windelar et Jacques s'autorisèrent quatre heures de repos la nuit du vendredi, dans les chambres que le club-house mettait à la disposition des adhérents. Dès cinq heures, ils étaient à pied d'œuvre. Ils découvrirent, à leur grand désespoir, que la pluie n'avait pas cessé.

Ils passèrent une heure à reconnaître le parcours, repérer avec les greenkeepers les problèmes éventuels et choisir de nouveaux emplacements pour les trous. Trente heures de pluie continuelle n'avaient heureusement pas épuisé les capacités de drainage des greens ; en revanche, certaines zones de fairway furent déclarées injouables.

Avant de partir de chez lui, ce matin-là, Eddie Lowery se tourna vers sa mère et annonça :

« C'est aujourd'hui que Francis signe un 72. Tu vas voir ça.

– Fais bien attention à ton pied, Eddie.

– Oui, oui. » Et il était parti.

Francis fut réveillé par la pluie peu avant sept heures. Il tourna les yeux vers la fenêtre : l'équipe d'entretien installait le nouveau trou sur le green du dix-sept. Son père était parti depuis l'aube. Après un petit déjeuner léger, il prit congé de sa famille – Mary, Louise et Raymond lui souhaitèrent la bonne chance – et sortit de chez lui pour trouver son petit caddie qui l'attendait déjà.

Si Eddie Lowery s'était attaché à Francis Ouimet, ce n'était pas seulement pour ses soixante centimètres et ses dix ans de plus que lui. Orphelin depuis trois ans, ce gamin autonome et têtu avait grandi sans repère paternel. Il semblait, depuis quelque temps, glisser sur la mauvaise pente. Sans en avoir l'air, Eddie était un enfant d'une intelligence peu commune, auquel on avait déjà fait sauter deux classes. Sa mère se demandait toujours s'il n'allait pas prendre de mauvaises fréquentations ; et où il trouverait la discipline nécessaire à canaliser sa vivacité intellectuelle et son inépuisable énergie. Leur rencontre fut donc doublement heureuse : Francis et Eddie, quand ils se découvrirent, avaient non moins besoin l'un de l'autre. Jamais cette complémentarité ne se vérifia davantage que durant la journée du 21 septembre 1913. Hasard ou calcul, le caddie avait choisi une tenue presque exactement assortie à celle de son golfeur : chemise blanche, cravate noire, veste marron, culottes sombres, chaussettes montantes et de grosses chaussures à clous. La seule différence tenait au couvre-chef : à la casquette en laine de Francis, son caddie avait préféré un chapeau de toile blanche.

« Je t'avais pris ça hier, dit le gamin. Il s'est passé tellement de choses que j'ai oublié de te le donner. »

Il lui tendit le ruban aux couleurs américaines.

« Et tu vois, j'ai le même. Ça se porte ici, sur le revers.

– Merci, Eddie. » Francis reçut le cadeau avec gratitude, mais sans paraître en mesurer la signification ; Eddie crut préférable d'insister.

« Francis, il faut que tu les battes, ces types. Tu es le dernier Américain du tournoi.

– Je ne voyais pas les choses comme ça.

– C'est pourtant vrai. »

Francis y réfléchit quelques instants. Puis il épingla le ruban à son revers.

« Est-ce que la pluie va se calmer ?

– Peu importe.

– Pourquoi ?

– Parce que c'est aujourd'hui que tu fais 72 : c'est ta dernière chance.

– Ah, c'est vrai. J'avais oublié.

– Alors, qu'il pleuve ou pas, tu vas les marquer, ces 72.

– J'espère que tu auras raison.

– J'ai raison. On pourrait aller trouver ces types dès maintenant et leur demander quand part leur bateau. Autant qu'ils fassent leurs valises. »

Francis s'arrêta net, sous le coup de l'émotion ; il tourna vers son caddie un regard dont l'intensité prit ce dernier par surprise : « Quoi qu'il arrive aujourd'hui, Eddie, que je gagne ou que je perde, je te donne ma parole d'honneur qu'au bout du compte, personne ne pourra prétendre que j'ai décroché l'égalité sur un coup de chance. »

Devant une résolution si ferme, Eddie ne trouva rien à répondre. Francis se remit en route et le gamin suivit, le visage rayonnant.

En arrivant au club, Francis reçut un chaleureux accueil du comité d'organisation. Il alla changer de chaussures aux vestiaires. La pièce était déserte : pas d'autre joueur en vue, les deux Anglais n'étaient pas arrivés.

Il allait se lever quand une poigne de fer lui serra le bras. Il n'avait entendu personne. Francis tourna la tête et découvrit les traits pâles et tourmentés de John McDermott.

« Je t'ai vu jouer hier, lui dit-il d'une voix tremblante, à peine plus qu'un murmure. Tu tapes bien la balle.

– Merci, Johnny », répondit Francis, non sans une pointe d'inquiétude. Que lui voulait-il ? Il attendit que l'autre poursuive.

« Tout à l'heure, sur le terrain, tu ne dois surtout pas t'occuper d'eux, tu m'entends ? Ni de Vardon ni de Ray. Ecoute-moi bien : il y aura un moment où Vardon cherchera à t'attirer dans son jeu. Il va te mettre au défi de le suivre. Ce sera un moment très dangereux : on ne bat pas Vardon à son propre jeu. N'essaie surtout pas, tu m'entends bien ? Tu dois jouer ton golf. »

Il le dévisageait d'un regard halluciné, sans lui lâcher le bras. Le jeune homme s'assura qu'il avait fini. « D'accord, Johnny. C'est un bon conseil. Je te promets que je m'en souviendrai. »

McDermott cligna une ou deux fois les yeux ; sans ajouter un mot, il desserra sa poigne et tourna les talons. L'écho de ses pas s'éloigna.

Dehors, Francis trouva son sac qui l'attendait devant la porte. A quelques pas de là, Eddie était en grande discussion avec Dan McNamara et Frank Hoyt. Francis prit trois clubs pour aller s'échauffer sur le fairway de *Polo Field*. Une vague de nuages noirs s'éloignait et la pluie avait baissé. Francis se mit à taper des balles d'entraînement d'un bout à l'autre du fairway. Son swing était sûr, il retrouvait ses sensations. Les premiers spectateurs arrivaient par petits groupes, mais nulle trace d'Eddie.

Francis ne se sentait nullement inquiet ni même particulièrement excité. Plus il réfléchissait à ce play-off, plus ses perspectives lui paraissaient excellentes. Pour commencer, il n'allait pas se mesurer à cinquante golfeurs, mais à deux adversaires seulement. Le parcours se jouait en match-play, sa forme de compétition préférée ; certes, ce ne serait pas le match individuel auquel il était habitué, mais du moins aurait-il tout le temps sous les yeux ses co-compétiteurs et saurait, à chaque coup, où il en était. Ce qu'il ne voyait pas – ou refusait de voir –, c'était tout simplement qu'il s'apprêtait à rencontrer, en meilleure balle, les deux plus grands golfeurs du monde.

A 9 h 30, Francis retourna au putting green. Les spectateurs commençaient à affluer. Dans la mesure où l'on était un samedi, où le temps s'était un peu amélioré, et où Francis faisait partie du play-off, on pouvait prédire, sans prendre de risque, la plus grosse fréquentation de la semaine. Francis tapa quelques putts, mais l'absence prolongée de son caddie le préoccupait : cela ne ressemblait guère à Eddie. Il patienta encore quelques minutes avant de voir arriver Frank Hoyt à la tête d'une petite délégation de membres du Country Club ; Eddie fermait la marche, serrant farouchement le sac contre lui.

« Bonjour, Frank.

– Eddie, lui dit Hoyt à voix basse, nous venons d'en débattre entre nous... » Il indiqua d'un signe de tête le reste du groupe, qui s'était arrêté à quelques pas.

« Débattre de quoi, Frank ? »

Hoyt s'approcha encore et, tournant le dos à Eddie, il souffla :

« Il nous semble que tu vas avoir besoin de toute l'aide disponible...

– Je t'en remercie, Frank...

– ... Et puisque, selon les règles, tu ne peux prendre conseil qu'auprès de ton seul caddie, nous nous sommes dit qu'il vaudrait mieux que tu aies à ton côté un golfeur aguerri, quelqu'un qui connaisse parfaitement le parcours... »

L'estomac de Francis se noua.

« Eddie a fait un travail de premier ordre.

– Personne ne dit le contraire et tout le monde trouve que c'est un brave gamin. Mais soyons sérieux, Francis : il s'agit de l'US Open, pas d'un tournoi de patronage. Tu ne dois négliger aucun détail. Nous avons donc pensé que je devrais porter tes clubs à sa place. »

Eddie s'était rapproché d'eux, sans pour autant les entendre. Le gamin serrait toujours le sac contre lui, l'air buté ; Francis croisa son regard.

« Vous en avez parlé à Eddie ?

– Oui. J'ai été plus que généreux avec lui, expliqua Frank non sans agacement. Je lui ai proposé deux dollars, je suis même monté jusqu'à cinq : il ne veut rien savoir.

– Et tu voudrais que je lui parle.

– Exactement. Toi, il t'écoutera. »

Francis hocha la tête et s'approcha du petit caddie. Il s'agenouilla devant lui : le gamin avait l'air affolé.

« Il paraît que Frank t'a proposé de l'argent, Eddie ?

– Cinq dollars.

– Tu sais que je n'ai pas les moyens de te donner autant. Cet argent te serait utile, non ? Pour ta famille ?

– Même pour cent dollars, je ne le ferais pas », répondit-il d'une voix tremblante. Ses yeux s'emplirent de larmes. « C'est moi le caddie. »

Francis le dévisagea un moment ; il sourit, se releva, rejoignit Hoyt et les autres, qui patientaient à l'écart. « Frank, du fond du cœur, merci pour cette proposition ; mais j'ai déjà l'homme qu'il me faut pour veiller sur mes clubs. »

Et il fit signe à Eddie de le rejoindre. Le gamin hissa le sac sur son épaule et, s'essuyant les yeux, vint se planter contre son golfeur. Frank Hoyt adressa un geste d'impuissance aux autres et le petit groupe rebroussa chemin. Eddie serrait toujours le sac comme si sa vie en dépendait ; Francis posa gentiment la main dans son dos, pour l'emmener à travers la foule. « Tu ne croyais quand même pas que j'allais laisser quelqu'un prendre ta place maintenant ? » lui demanda-t-il à voix basse.

L'enfant parvint enfin à sourire. « De toute façon, ce type est une pomme. Il se serait débrouillé pour te coller la guigne : tu n'avais pas une chance. »

En montant vers le premier tee, Francis vit qu'on avait dressé un petit pavillon en toile contre l'aire de départ. Harry Vardon et Ted Ray l'attendaient devant cette tente. Il était près de dix heures.

Harry lui tendit la main.

« Félicitations, Francis. Vous avez bien joué, hier.

– Merci, monsieur. » Francis se retint d'ajouter quelque chose. *Traitez votre adversaire – avec tout l'honneur qui lui est dû – comme s'il n'existait pas.*

« Et bonne chance pour aujourd'hui, ajouta Ted, avec le même mélange de sympathie et de réserve.

– A vous aussi, monsieur. »

Après quoi le costaud se tourna vers Eddie.

« Comment t'appelles-tu, bonhomme ?

– Eddie Lowery.

– Dis-moi, tu n'es pas plus gros que mon petit doigt...

– C'est pas grave ; vous l'êtes assez pour nous deux. »

Ted éclata de son gros rire qui, comme d'habitude, se communiqua au reste de l'assistance.

Les trois golfeurs furent convoqués dans le pavillon où le président de l'USGA Robert Watson, Herbert Windelar et Herbert Jacques leur offrirent leurs félicitations. Watson récapitula les règles du play-off : dix-huit trous en match-play. S'il y avait encore égalité au terme du parcours, on en jouerait un autre l'après-midi. En raison de la pluie, l'USGA proposait une exception aux règles ordinaires : si la balle d'un joueur venait à s'enterrer en arrivant sur un green, ce dernier aurait la possibilité de convoquer un arbitre ; si l'on jugeait alors que le lie compromettait injustement le coup suivant, l'arbitre ôterait lui-même la balle et le joueur pourrait la nettoyer avant de la dropper sans pénalité. Elle serait replacée dans un rayon de trois inches (7,5 centimètres) autour du point d'impact, à condition de ne pas l'avancer vers le trou. Les trois joueurs donnèrent leur accord.

Chaque golfeur, en raison des enjeux, se vit assigner un préposé à la marque. Dans un souci de fair-play, Vardon et Ray seraient suivis chacun par une personnalité de la presse américaine, tandis que le Britannique Bernard Darwin acceptait de tenir à jour la carte de Francis.

Puis on tira l'honneur à la courte paille : il échut à Francis.

« Messieurs, conclut Robert Watson, il est l'heure. »

Les estimations du nombre de spectateurs se révèlent encore plus difficiles à vérifier que les chiffres du vendredi. La plus basse est à huit mille, la plus haute à vingt : en peut penser que le chiffre réel se situe à mi-chemin. Mais il ne fait aucun doute que toutes celles et tous ceux qui avaient eu la chance d'assister au finish haletant de la veille étaient revenus, amenant avec eux de nombreux convertis. On a compté près de sept cents automobiles qui accaparaient toutes les places de parking à près de deux kilomètres à la ronde. Il régnait sur le parcours une atmosphère particulière, l'impression de vivre en direct une page d'histoire, aussi tangible que la moiteur ambiante.

Une bonne partie du terrain, allées comprises, s'était changée en bourbier sous les effets conjugués des précipitations et de la foule. Nombre d'observateurs estimaient que le sol inondé avantageait Ted Ray : les balles ne roulant presque plus, le mot de la fin aurait dû revenir au plus long frappeur. Pour d'autres, le jeu de fers de Vardon, avec sa précision clinique, ferait la différence, tandis que les greens ralentis par l'humidité toléreraient mieux son putting approximatif. Et Francis ? Revenant sur son euphorie de la veille, la presse locale, dans un bel ensemble, paraissait dégrisée : à présent, la tête froide, elle s'empressait de rajuster la cote du jeune Américain. Tous les arguments classiques y passaient : manquant d'expérience ; jouant au-dessus de son niveau ; épuisé nerveusement par son exploit du vendredi ; opposé en match-play à deux champions de métier, parmi lesquels le plus grand golfeur de tous les temps, Francis Ouimet semblait mal parti pour créer la surprise. Le play-off se jouerait entre Vardon et Ray, cantonnant le jeune Américain dans un rôle de figuration. Chez les bookmakers de Boston, on donnait Vardon ou Ray gagnant à 5 contre 4 et Francis, à 3 contre 1. Vingt dollars misés sur Vardon premier ou second pouvaient vous en rapporter dix ; tandis que le même pari, engagé sur Francis, vous en rapportait le double en cas de succès. Et encore : dans ces estimations, un zeste de fierté locale jouait probablement en faveur de l'enfant du pays.

Les joueurs sortirent du pavillon. La foule, qui se massait autour du tee et le long du fairway, les salua dans un tonnerre d'applaudissements. Les trois hommes achevèrent leurs préparatifs ; chacun montra sa balle, avec sa marque.

Une pluie fine tombait toujours. Le thermomètre avait considérablement grimpé depuis la veille : l'air avait des moiteurs presque tropicales et le vent avait disparu. Mais déjà, de gros nuages gris arrivaient du nord. Windelar et Jacques avaient donné leurs ultimes recommandations aux commissaires. Tout le monde était prêt. Du public montait un concert de prières muettes pour Francis, dont la première était : « Qu'il ne rate pas son départ. »

John Anderson et Jerry Travers tombèrent l'un sur l'autre parmi l'assistance. Les deux hommes allaient suivre tout le parcours ensemble.

« Une journée de match-play, n'est-ce pas ? déclara John.

– En effet. Et dix-huit trous en match-play vous en apprennent davantage sur les nerfs de votre adversaire que dix-huit ans de poker. »

A dix heures précises, Eddie tendit à Francis son driver et le regarda dans les yeux. « La tête basse, hein ; et les yeux sur la balle. »

Francis embrassa du regard cette foule immense qui courait tout le long du fairway : son cœur bondit dans sa poitrine. Une excitation presque paralysante le gagnait. Il jeta un coup d'œil à ses adversaires ; pour la première fois depuis son ultime putt de la veille, l'énormité de ce qu'il venait d'accomplir le frappa comme un coup de poing à l'estomac.

Que me conseillerait Harry ? Difficile d'aller le lui demander maintenant...

Un passage de Vardon lui revint en mémoire : « Il y a plus de matchs qui sont perdus par insouciance durant les premiers coups que pour toute autre raison. Veillez toujours à jouer votre premier trou comme si c'était le plus important de votre vie. »

Tout cela était bel et bon, mais comment faire quand l'homme auquel on va se mesurer est l'auteur de ces lignes : Harry Vardon en personne ?

Il faut l'oublier, conclut-il. *Oublier Vardon ; oublier Ray ; oublier qu'ils sont seulement là. Et jouer mon meilleur golf.*

Il décocha un drive puissant, qui dévia légèrement à droite sur la fin : mais la balle resta sur le gazon. Un grand cri monta de l'assistance, se répercutant d'un bout à l'autre du fairway. Harry joua en deuxième : sa balle arriva bien au centre, juste derrière celle de Francis. Le drive de Ted suivit en gros la trajectoire de Francis, un peu plus loin et un peu plus à droite. Ils se mirent en route sous les applaudissements : un mur de foule se referma aussitôt dans leur dos, avançant à leur rythme.

Eddie essuya le driver avant de le ranger dans le sac.

« Un joli coup.

– On devrait pouvoir monter en deux », répondit Francis. Son cœur recommençait lentement à battre.

Vardon, le plus loin du drapeau, joua le premier. Après avoir inspecté son lie, Harry décida de ne pas tenter le green que défendait efficacement le virage du champ de courses. Il empoigna son brassie, le joua aux trois quarts et trouva une position idéale, à quelque soixante-quinze mètres du drapeau.

Francis regarda la balle de Vardon atterrir. Lui aussi choisit le brassie : mais il chercha le green. Il parvint à passer le champ de courses, mais un mauvais rebond l'expédia sur une petite butte située devant le green, à une vingtaine de mètres du drapeau. L'approche de Ted partit en slice dans le gros rough, dix mètres à droite du green et à hauteur de drapeau.

Harry monta en pitch pour se poser six mètres au-dessous du trou. Francis tapa un chip précis pour arriver devant la balle de Vardon. Ted tenta un pitch délicat : l'herbe haute accrocha sa tête de club, la ralentit, et sa balle atterrit en bordure. Le colosse se rattrapa sur un chip proche de la perfection : il finit à trente centimètres du drapeau et décrocha le par avec un tap-in. Harry ne prit pas de risque : putt d'approche et tap-in, pour le par.

Le putt de Francis arriva trop court de 1,20 mètre.

Il prit tout son temps pour juger sa ligne. Il n'arrivait pas à se défaire d'une pensée envahissante : *Ce putt donnera le ton de mon parcours*. Sa tête bourdonnait.

Les cartes de score comportaient des cases à cocher pour un comptage coup à coup ; des trois marqueurs officiels, seul le méticuleux Bernard Darwin s'acquittait de cette contingence. Il avait déjà marqué quatre coches et se tenait devant les cordes, le crayon levé.

Francis tourna la tête à droite et frappa la balle franchement. Elle fila doit dans le trou. Par cinq. Les acclamations retentirent.

Egalité après un trou.

Darwin ajouta sa cinquième coche, courte et ferme, un peu à l'écart des autres, avant de glisser carte et crayon dans sa poche. Ses mains tremblaient. *Regardez-moi*, songea-t-il. *Avec tout ce qu'il porte sur ses épaules, ce garçon a les nerfs plus solides que moi.* Il alla, selon l'usage, vérifier le score auprès du golfeur.

« Francis, je vous ai à cinq.

– C'est bien ça. »

Darwin aperçut lord Northcliffe qui arpentait les galeries en compagnie de Windemar et de Jacques. Le magnat tâchait, sans grand succès, de prendre des airs détachés.

A l'exception peut-être du dernier coup qu'il avait joué la veille pour l'égalité, aucun putt de ce tournoi ne rassura davantage Francis que celui qui lui donna, le samedi, son par sur le un. Dès l'instant qu'il eut récupéré sa balle, toute la nervosité, l'excitation et la timidité qu'il avait pu ressentir sur le départ disparurent comme par enchantement. En descendant du green, il vit Vardon et Ray, de dos, s'éloigner vers le deuxième tee. Harry courbait un peu le buste, aux prises avec le terrain glissant ; Ted suivait de sa grande foulée disgracieuse.

Ils sont humains, songea Francis.

« C'était un bon putt, lui dit Eddie en lui reprenant balle et club pour les nettoyer. Un très beau coup, vraiment. »

Francis hocha vaguement la tête ; il écoutait à peine. Il se sentait envahi par un calme surnaturel, une transe qu'il devait décrire par la suite comme une sorte d'état comateux. La vision lui était revenue d'un seul coup. Eddie ne s'en aperçut pas : il cheminait à son côté, les yeux rivés au sol. « On va enfin jouer au golf », conclut l'enfant.

Le deuxième trou, *Cottage*, doit son surnom à une ferme qui se dressait autrefois à l'emplacement du fairway : deux cent soixante-quinze mètres pour ce par quatre. Les trois hommes placèrent leur drive sur le fairway avant de trouver le green dès leur approche, se ménageant une occasion de birdie à moins de huit mètres du trou. Vardon et Ray dépassèrent le trou, Francis arriva trop court pour la deuxième fois consécutive. Tous les trois firent le par.

Un dernier front de nuages ouvrit ses vannes et la pluie se remit à battre le parcours. Le troisième trou était un par cinq : *Pond*, trois cent quatre-vingt-dix-huit mètres, baptisé d'après l'étang artificiel que le Club avait creusé derrière le green, pour servir de patinoire en hiver. Gardant toujours l'honneur, Francis, pour la première fois de la journée, dépassa au drive ses adversaires. Harry arriva quelque dix mètres derrière, sur la même trajectoire bien centrée. Le drive de Ted dévia de nouveau à droite pour trouver un lie particulièrement vicieux, à flanc de colline, devant un grand chêne qui lui masquait le drapeau. Ted joua le premier. Il décida de contourner l'obstacle en draw. Il y parvint à peu près : mais la courbe s'accentua en hook et la balle survola la gauche du green avant de heurter un talus pierreux. Un rebond chanceux la réexpédia cependant sur le vert, au fond à gauche. Harry réussit une superbe approche au fer long.

C'étaient deux coups exceptionnels : Eddie craignit que Francis eût du mal à suivre. Il essuya le grip du fer moyen et le tendit à son joueur en disant : « Ne t'occupe pas de ce qu'ils font. Approche-la, c'est tout. »

Francis sourit. Il empoigna le club, se mit en place et joua le meilleur coup des trois : une fusée de cent quatre-vingts mètres qui atterrit sur l'avant du green. Le public le gratifia de la plus forte acclamation de la matinée.

Ted avait tout le diamètre du green à franchir. Il arriva en chip ; mais la pente envoya sa balle plus d'un mètre derrière le trou. Francis et Harry rentrèrent en deux putts, signant chacun un birdie. Ray manqua son putt d'un mètre. Il décrochait le par, mais concédait un coup à ses adversaires.

« Le jeune se défend bien, remarqua John Anderson.

– Ils ne s'occupent pas encore de lui, répondit le stratège Jerry Travers. Pour l'instant, ils jouent l'un contre l'autre. »

Hospital, le quatre, devait son nom à un ancien sanatorium qu'on apercevait encore derrière le green, passé les terres du Country Club ; l'édifice jouxtait d'ailleurs l'école élémentaire où le petit Francis avait usé ses fonds de culotte. Mais aucun des deux hommes n'eut le loisir d'évoquer ces correspondances : le dessin du trou réclamait toute leur concentration. Sur ce par quatre de deux cent soixante-quinze mètres, un affleurement rocheux surgit juste devant le départ, contraignant le drive à monter très tôt pour passer l'obstacle. La distance n'étant pas une priorité dans ce cas, Francis réclama un club plus ouvert, le fer 1. Sa balle survola l'affleurement sans encombre, mais elle dévia sur la droite et trouva un lie douteux dans le rough, tout au bord du fairway. Harry, quant à lui, toucha le fairway pour la quatrième fois consécutive. Résolu à rattraper ses trois coups sur le dernier green, et fort mécontent de voir ses drives jusqu'ici abonnés au slice, Ted Ray s'essaya au pull ; sa balle atterrit dans le rough à gauche du fairway, au sommet d'une butte.

Francis et Eddie examinèrent la balle : elle reposait dans un nid épais d'herbe mouillée. Le coup exigeait un contact solide.

« Je dois pouvoir y arriver », déclara Francis. Il demanda son wedge.

« Prends ton temps. »

Francis répéta son swing ; il descendit sur le fairway et regarda longtemps vers le green, jusqu'à visualiser parfaitement le coup. Il cisela un fade qui sortit du rough, suivit au plus près la ligne des arbres, pour se poser comme une plume sur la droite du fairway, à moins de huit mètres du trou : son meilleur coup jusqu'ici.

Harry posa un wedge à moins de cinq mètres. Ted empoigna son Snieler et arriva à 3,50 mètres, se ménageant un putt contre la pente pour le birdie. Le putter en mains, Francis pécha par prudence pour la troisième fois de la journée : il arriva 1,20 mètre trop court, en contrebas du trou. Harry et Ted manquèrent le birdie : tap-in et par pour chacun. Restait Francis : en inspectant le green, l'Américain et son caddie découvrirent une latérale subtile qui portait à droite. Pour garder sa ligne, Francis dut jouer un putt très ferme : s'il manquait le trou, ce serait de trois bons mètres. La balle fila au fond.

Egalité entre Francis et Harry ; un coup de retard pour Ted.

Le fairway du cinq, *Newton*, trois cent quatre-vingt-cinq mètres, regarde vers la rue qui lui donne son nom. Le trou commence sur un tee-shot à l'aveugle, depuis l'aire de départ surélevée, en direction d'une série de buttes masquant un dogleg à droite. Le green est en oblique, défendu à gauche et à droite par des bunkers. A droite du fairway, c'est un épais taillis, puis un mur de pierre marquant le hors-limites. Francis tapa un bon drive sur le fairway. Harry, pour la cinquième fois consécutive, exécuta un drive impeccable, arrivant quelques mètres derrière l'Américain. Ted cherchait toujours son rythme : sa balle fusa loin devant, pour finir en hook dans les hautes herbes, à gauche.

Harry était le plus loin. Sur un lie en descente, à plus de deux cents mètres du green, Harry empoigna son brassie et commit sa première faute de la journée : la balle s'incurva sur la droite, manqua l'avant du green et s'enfonça dans le rough. Vint le tour de Ted : celui-ci vit son downswing ralenti par les hautes herbes, et sa balle, par ailleurs bien en ligne, arriva trop court d'une vingtaine de mètres.

Un frisson d'excitation parcourut le public.

« Ils lui laissent une ouverture, s'écria John Anderson.

– Il ferait mieux d'en profiter, commenta Jerry Travers. Il ne faut pas compter sur ces deux-là pour recommencer la même erreur. »

Une même question courait sur toutes les lèvres, sous d'innombrables variations : peut-il monter sur le green et leur prendre un coup ? Les commissaires donnèrent de leur porte-voix ; le silence se fit.

La pluie diminuait. Francis regardait vers le green.

« Le spoon », décida-t-il.

Eddie essuya le grip du bois 3 avant de lui tendre le club. Tête étroite, manche fin et souple, le club s'accommodait mieux d'un swing en finesse, joué d'un grip léger. Francis s'y employa ; mais au sommet de l'arc, ses paumes glissèrent, le club pivota d'un quart de tour pendant la descente : tapée avec une face de club bien trop ouverte, la balle partit presque à angle droit. Elle disparut derrière les arbres et par-dessus le mur.

« Oh, non ! » s'étrangla la foule. Francis regardait sans rien dire en direction du mur, l'air incrédule. Un commissaire en poste près des bois ne tarda pas à confirmer le hors-limites : il était même inutile de la chercher.

« Qu'est-ce qui s'est passé ? demanda Eddie.

– Le grip a glissé, expliqua calmement Francis. C'est comme ça : un coup de malchance. »

Il demanda une nouvelle balle. Bien entendu, selon les règles d'aujourd'hui, Francis se serait vu infliger une pénalité d'un coup supplémentaire ; mais à l'époque, l'USGA était plus tolérante. Comme un arbitre vint le lui préciser, Francis en était quitte pour dropper une nouvelle balle à moins d'une longueur de club de l'emplacement de la précédente : deuxième lie, troisième coup. Le golfeur se mit en place aussitôt et s'aligna de nouveau sur le green.

« Tu es sûr que tu veux rejouer le même club ?

– Ce n'était pas la faute du club, Eddie ; c'était la mienne. »

Avant même que le public ait eu le temps de digérer l'incident ou la réaction de Francis, celui-ci exécutait le swing qu'il avait voulu jouer la première fois. La balle culmina dans le ciel pour retomber droit sur le green : le rebond l'expédia juste devant celle de Harry, sur la bordure.

La foule rugit. Francis rendit le club à son caddie en souriant.

« C'était ce coup-là que j'avais en tête.

– Mieux vaut tard que jamais, conclut Eddie.

– Splendide recovery, apprécia Jerry Travers.

– Mais la porte s'entrouvre pour Vardon et pour Ray, commenta John Anderson. Ils ont un coup à lui prendre... »

En route vers leur balle, Francis et Eddie s'arrêtèrent pour laisser Ted jouer son troisième coup, un pitch délicat sur une vingtaine de mètres. Le colosse pencha légèrement sur la descente, la face se ferma au contact et la balle fusa en rase-mottes jusqu'au fond du green, six mètres derrière le drapeau. Ted venait de rater un tournant du match. De rage, le colosse abattit son club dans l'herbe.

Restait à voir si Vardon saurait mettre à profit l'occasion : la réponse fut négative. Aux prises avec les entrelacs du rough, Harry força un peu trop son geste et poussa sa balle 2,50 mètres derrière le trou, une faute non moins décisive. Francis jouait quant à lui son quatrième et meilleur coup : un chip qui le posa à trente centimètres. Le tap-in lui donna son bogey sous les acclamations. A moins qu'un des Anglais ne rentre directement son putt – ce qui ne semblait guère probable –, Francis allait échapper à la sanction.

Pour la première fois de la matinée, Ted prit la mouche face aux manifestations partisanes de l'assistance. Il attendit obstinément le silence avant de juger sa ligne. Là-dessus, un photographe sortit des rangs pour le prendre en train de jouer son putt et se fit rabrouer par un commissaire. Ted s'en prit alors à ce dernier. « Vous comptez parler longtemps ou je peux enfin jouer mon putt ? »

Le commissaire se hâta de disparaître. Ted revint à ses moutons : le putt se jouait dans une pente latérale prononcée. Ted ne manqua le trou que de trois centimètres. Harry avait à jouer un putt plus facile : 2,50 mètres en montée. Mais c'était aussi, pour sa main droite, la première épreuve de vérité. Le nerf lésé ne se manifesta pas, mais le coup se déporta sur la droite. Bogey pour tout le monde : les trois marqueurs inscrivirent un cinq sur les cartes.

Tout en inscrivant la cinquième coche, Bernard Darwin s'avisa soudain que ce rattrapage spectaculaire serait sans doute plus bénéfique au moral de Francis qu'un birdie. Il ne se trompait pas : voyant que ses adversaires avaient échoué à prendre l'avantage, le jeune Américain se dirigea vers le départ suivant plus ragaillardi que jamais. Il avait retiré de l'expérience une leçon cruciale : *Ils ne sont pas infaillibles.*

« Eddie, j'ai les moyens de jouer contre ces types-là, souffla-t-il.

– Evidemment, que tu les as ! Qui a dit le contraire ? »

Comme à son habitude, Harry ne laissa rien paraître ; mais il s'en voulait d'avoir perdu l'occasion. Un coup de moins aurait sans doute écorné l'assurance du jeune homme : et quelle assurance ! Dans la longue expérience de Harry, rares étaient les professionnels, même les plus endurcis, capables de faire suivre un coup désatreux par un recovery d'un tel niveau. Rares en effet : ne lui revenaient en mémoire qu'une poignée de coups qu'il avait lui-même joués... Mais comment l'imaginer d'un amateur, et sous la pression terrible d'un play-off en US Open ?

Il te rappelle quelqu'un, Harry ?

Harry échangea un regard avec Ted ; on n'y lisait pas vraiment d'inquiétude, mais une certaine préoccupation. Il comprit que son compatriote pensait comme lui : Ouimet ne craquerait pas. Ce garçon avait trop de ressources pour cela. Il faudrait le battre à la régulière ; et Harry et Ted ne pouvaient s'en prendre qu'à eux-mêmes. Ils avaient gâché trop de coups la veille : il fallait maintenant en payer le prix. En toute logique, ils auraient dû finir seuls, consacrant la suprématie britannique et ne se disputant le trophée que par ambition personnelle. Tel était le scénario sur lequel ils avaient tablé sans se l'avouer. S'affronter en match-play représentait déjà un sérieux défi : mais voilà qu'un tiers s'immisçait dans leur bel arrangement. Cela changeait la donne : les pressions inhérentes à tout play-off venaient se compliquer, pour Harry et Ted, d'un enjeu patriotique dont ils pensaient avoir déjà disposé. L'honneur de l'Angleterre, son excellence sportive étaient maintenant de la partie. Les deux hommes ne pouvaient plus se permettre de laisser filer une occasion comme celle que Francis Ouimet leur avait servie sur un plateau au trou précédent. Qu'il trébuche à nouveau et les Anglais entendaient bien administrer le coup de grâce.

Les semonces avaient été tirées : les premières passes d'armes, échangées sans autre résultat que les trois putts de Ted au trois. Chacun sentait que les enjeux étaient noués : le combat commençait pour de bon.

Frapper vite et fort, songeait Harry, *avant qu'il prenne de l'élan.*

Le sixième trou, *Baker*, du nom de l'ancienne propriétaire du terrain. Deux cent cinquante et un mètres en montée, par quatre. Francis ouvrit les hostilités sur un drive magnifique, se ménageant un accès idéal vers un drapeau assez mal défendu. Harry le dépassa au drive, sur la même trajectoire. Il croisa en s'écartant le regard de Ted, qui entrait à son tour sur l'aire : *Maintenant. Vas-y.* Et le colosse répondit par son premier drive rectiligne de la journée : la balle pulvérisée partit tutoyer les nuages, survola les deux autres, engloutit la montée d'un rebond et s'arrêta trente-cinq mètres devant le green.

Francis joua son approche : un pitch aveugle bien droit, mais un peu fort, qui survola le drapeau avant de finir cinq ou six mètres derrière le trou. Harry pria son caddie d'aller se mettre en repère, pour lui montrer sa ligne. Puis il leva une balle magnifique au wedge, un coup digne d'un manuel, droit sur le drapeau ; l'effet rétro l'arrêta 2,50 mètres avant le trou. Ted voyait le drapeau depuis son lie ; il se posa 3,50 mètres derrière, sur la ligne de Francis. Deux chances honnêtes de birdie, et Ted verrait l'Américain jouer le premier : avantage à l'Angleterre.

Eddie et Francis examinèrent la balle.

« Tu veux le tenter direct ? » demanda le caddie. Le putt se jouait en descente, avec le trou à mi-hauteur de la pente : le birdie n'était pas assuré.

« Je préfère un par solide à un bogey », trancha Francis.

Eddie lui jeta un regard méfiant. Il voulait jouer la prudence ? Ça ne lui avait guère réussi la veille.

« Il n'y aura peut-être plus beaucoup d'occasions, insista le gamin.

– On les trouvera. Pour le moment, putt d'approche. »

Il jugea bien la ligne : à un tour près, la balle faillit plonger dans le trou. Il encaissa son par.

Ted avait suivi le putt avec attention et joua le sien sur la même ligne. Sa balle parut sur le point de rentrer ; mais au dernier moment, elle s'écarta d'un cheveu et le colosse en fut quitte à son tour pour le par. Restait Harry : celui-ci étudia son putt de 2,50 mètres sous toutes ses coutures. Il ne cessait d'assouplir sa main droite tout en prenant son stance, s'efforçant par tous les moyens – douceurs, menaces, pure volonté – de se concilier les bonnes grâces de son nerf capricieux. *Allez, allez, mets-y du tien, bon sang : il nous faut ce coup-là.* Frappe ferme, geste fluide : Harry regarda la balle rouler au fond pour un birdie.

« Nous y voilà », s'exclama Northcliffe.

Le premier tiers du parcours s'achevait sur le premier assaut sérieux de la journée : Harry menait Francis d'un coup, et Ted, de deux.

John Anderson sentit vaciller la confiance fragile de l'assistance. Harry avait régulièrement raté ses petits putts tout au long de la semaine ; s'il se découvrait guéri, la messe était dite. Les gosses de Brookline donnèrent de la voix, encourageant leur champion en route vers le septième départ :

« Tu peux y arriver, Francis ! Ne te laisse pas faire ! Droit dedans, Francis !

– Vous en faites pas, lança Eddie. On va remonter. »

Mais Francis ne se sentait nullement inquiet : il ne pouvait pas empêcher ses adversaires de réussir leurs putts, pas plus d'ailleurs que de collectionner les trous en un... Suivant à la lettre les instructions de Johnny McDermott, il ne s'occupa pas de ce qu'ils jouaient. La seule chose qui comptait, la seule sur laquelle il eût prise, c'était son prochain coup.

Premier par trois du parcours, long de cent soixante mètres, *Plateau* devait son nom à son green surélevé, défendu à droite et à gauche par de larges bunkers frontaux. Pour la première fois de la matinée, Francis cédait l'honneur. Tapée au fer moyen, la balle de Harry survola le bunker gauche pour finir dans le grand rough, à une quinzaine de mètres du trou situé en fond de green. Francis se posa deux mètres avant le vert ; la balle de Ted suivit exactement la même trajectoire, manquant de peu atterrir sur celle de l'Américain, et s'arrêta dans la bordure.

La balle de Francis reposait sur une herbe assez courte, à trente pas du trou, avec deux crêtes marquées à négocier sur le green détrempé, donc lent.

« Je la putte, décida-t-il. On verra bien. »

Il comprit tout de suite qu'il avait méjugé des effets de l'humidité : la balle franchit la bordure sans accuser le moindre ralentissement et déboula sur le green, s'arrêtant près de quatre mètres derrière le trou : son pire putt de la matinée. Une fois encore, Ted passait derrière et cette fois, le costaud sut en profiter. Il empoigna son putter, étouffa le coup et sa balle mourut devant le trou ; après un tap-in de routine, il tenait son par. Aux prises avec le rough, Harry ne pouvait guère y aller en finesse : son coup de fer leva bien la balle, mais l'envoya trop loin, neuf mètres derrière le trou. Ni Harry ni Francis ne parvinrent à rentrer leur putt : bogey pour l'un et l'autre.

Ted revenait à la hauteur de Francis ; Harry les menait d'un coup.

Le huit, *Corner*, logeait autrefois dans un angle du terrain du Country Club. Trois cent quarante-sept mètres, fairway en pente, montant vers un green en surplomb. Ted recevait l'honneur pour la première fois et son coup repris au trou précédent l'avait nettement revigoré : d'où un drive explosif et parfaitement rectiligne. Francis et Harry trouvèrent eux aussi le fairway, mais derrière.

Les trois approches se jouaient à l'aveugle. Une bonne partie des spectateurs se lançait déjà à l'assaut de la colline pour faire cercle autour du green. Les trois hommes étaient posés sur un plat, juste avant la montée, à moins de dix mètres d'écart.

Avec cent quarante-cinq mètres à couvrir, Francis, levant les yeux, distinguait tout juste le sommet du drapeau.

« Je la fais rouler, décida-t-il. Pour éviter qu'elle prenne la boue. »

Eddie lui tendit le mashie. « Pas mal. Tape bien droit : souviens-toi que c'est moi qui la regarde partir. »

Francis joua un demi-swing punché : les sensations lui parlèrent immédiatement. La balle rebondit par deux fois avant de franchir la crête et de disparaître en direction du green. Un silence, le silence toujours, et tout d'un coup une formidable explosion retentit là-haut.

Eddie eut un grand sourire :

« Pile dessus.

– J'ai une petite chance de faire trois », dit Francis en lui rendant le club.

Eddie secouait la tête. « Pile dessus, je te dis. Peut-être même au fond du trou. »

Francis ne se serait pas permis d'y rêver. Mais avant d'en avoir le cœur net, il fallait laisser jouer Vardon et Ray. Les deux Anglais tapèrent chacun un petit fer. La dernière balle n'était pas plus tôt en l'air que le public resté en contrebas s'élançait dans la pente à son tour. Vardon et Ray furent rattrapés, presque engloutis ; Francis et Eddie se mirent à courir pour rester en tête. En arrivant au sommet, Francis fut salué par un tonnerre d'applaudissements.

Il y avait trois balles sur le green. Les deux premières, à dix et douze mètres du trou ; la troisième, à trente centimètres. C'était la sienne.

« Qu'est-ce que je te disais ? bichait Eddie. Pile dessus. »

Avec l'accord de ses adversaires, Francis joua d'abord son tap-in, empocha le birdie et prêta main-forte aux commissaires qui s'efforçaient de rétablir un semblant de calme. Ted bouillonnait ; il attendit une fois encore la fin des réjouissances avant même de daigner examiner son putt. Ce qu'il vit ne l'enchanta guère : douze mètres à courir en travers de la pente, sur une ligne des plus ténues. Après avoir examiné le gazon sous toutes ses coutures, le costaud retroussa ses manches. A peine une tape et la balle s'en alla, vira par trois fois... pour s'engloutir dans la tasse. La foule s'étrangla. Ted avait égalé le birdie de Francis.

« Joli putt », ne put s'empêcher de lancer ce dernier.

Ted répondit d'un coup de chapeau, lui retournant un sourire amusé : il savait bien qu'il l'avait échappé belle.

Nouvelle égalité, après huit trous.

Le neuf, un par cinq de quatre cent soixante-quinze mètres, est appelé *Himalaya* pour une série d'affleurements rocheux qui flanquent le fairway de part et d'autre. Le départ en hauteur domine une aire de jeu étroite et allongée, coupée en deux par un ruisseau qui se négocie au deuxième coup, avant une montée vers un green bien défendu. Quand ils arrivèrent sur le départ, une double haie de spectateurs s'était perchée sur chaque rocher.

Ted gardait l'honneur. A l'évidence, les deux précédents trous l'avaient rendu à la vie : et, piaffant tel le taureau dans l'arène, il se jeta tête baissée dans la bataille. C'était sur un trou comme celui-ci qu'un long frappeur avait les meilleures chances de décrocher un birdie. Ted assena un véritable coup de massue. Sa balle se posa le long du flanc droit, la meilleure position pour chercher le green en deux. Francis joua plein centre : il se gardait du danger mais perdait une petite vingtaine de mètres sur Ted. Harry s'efforça de les suivre, ne trouva pas son rythme et finit en hook au pied des arbres, sur un lie qui n'avait rien d'engageant.

« Joli drive, Harry.

– Merci, Ted. »

C'était leur premier échange depuis le début du match. Aucun des deux n'avait adressé la parole à Francis.

Quand il eut retrouvé sa balle à quelques centimètres d'une racine apparente, Harry abandonna tout espoir de monter sur le green – voire de passer le ruisseau – à son prochain coup. Il joua court de l'obstacle, cent quatre-vingts mètres avant le green. Ted et Francis franchirent tous les deux le ruisseau, mais l'herbe mouillée empêchait le roulement : il manqua quelque quarante-cinq mètres à l'approche de Ted. Un splendide troisième coup de Harry arriva juste derrière le green. Francis joua un pitch à moins de six mètres du drapeau, Ted le battit d'un mètre. Harry cisela un chip pour arriver à un mètre du trou. Francis et Ted mirent deux putts à rentrer leur balle, empochant le par. Ils se reculèrent pour laisser Harry jouer.

Un putt d'un mètre : son premier de la journée. Droit contre la pente. Harry empoigna son putter.

« Egalité, encore, souffla John Anderson.

– Pas si vite, rétorqua Jerry Travers. Vardon a manqué plus de petits putts que moi cette semaine. »

Sans se presser, Harry exécuta un geste fluide et rentra sa balle. Tom Vardon, dans l'assistance, laissa échapper un soupir de soulagement. *Dieu seul sait comment il y arrive :* une question que Tom se posait depuis maintenant vingt ans. Comme toujours, dans les moments décisifs, le champion trouvait en lui les moyens de dominer ses nerfs.

Les trois hommes bouclaient l'aller au par et à égalité. Malgré la pression d'un play-off et un terrain difficile, ils avaient produit un golf de premier ordre. Il restait neuf trous pour distinguer un vainqueur. La tension montait pas à pas. La foule, qui n'avait cessé de grossir depuis le matin, s'élança vers le dixième trou tandis que les mêmes questions résonnaient dans toutes les têtes : *Qui craquera le premier ? Et si personne n'arrive à prendre l'avantage ? Et s'il faut disputer un autre dix-huit ?*

Les trois golfeurs et leurs caddies firent une brève pause sous l'abri, pour reprendre de l'eau. Ils ne se dirent rien, mais leurs regards étaient éloquents. Ted ne tenait pas en place ; ses yeux rencontrèrent ceux d'Eddie, qui lui adressa un grand sourire. Le colosse faillit éclater de rire et le gamin ne fut pas en reste. Francis sourit lui aussi quand son regard croisa, et soutint, celui de Harry.

Il a l'air de bien s'amuser, songea ce dernier. *Tant mieux pour lui : moi aussi je m'amusais, il y a des années...*

Il lui décocha son demi-sourire vardonique. Mais face à cette assurance somptueuse qui avait, par le passé, déconcentré tant d'adversaires de Vardon, Francis ne cilla pas. Il connaissait son homme et savait que ce sourire-là était une arme redoutable. Il se réjouit d'autant que l'Anglais eût cherché à s'en servir contre lui.

Tu ne m'auras pas comme ça, Harry : je ne donnerai pas dans le panneau. Pour la première fois, une pensée exaltante l'envahit : *Je vais peut-être te battre ; je vais peut-être battre ces deux types.*

La pluie fine qui durait depuis le début du match cessa enfin. On rangeait les parapluies l'un après l'autre. La température monta ; des nappes de vapeur flottaient sur le parcours saturé d'humidité. Le méthodique Bernard Darwin consulta sa montre au tournant : il était 11 h 45 quand les golfeurs entamèrent le retour.

Le dix, *Redan* : un par trois de cent vingt-huit mètres : départ surélevé, green en hauteur lui aussi, défendu par ses flancs abrupts et ses bunkers : le seul trou qui restait des neuf d'origine.

Plein d'assurance, Ted décocha un coup de fer qui s'arrêta dix mètres à gauche du drapeau. Son tour venu, Francis réfléchit un moment au choix du club.

« Tu veux encore la faire rouler ? » interrogea Eddie. Le gamin se rappelait, non sans inquiétude, le désastreux double bogey du vendredi après-midi.

Francis sourit : « Il a bien failli nous coûter cher, celui-là... »

Eddie hochait la tête en silence.

« La différence, c'est qu'aujourd'hui les balles enterrées ne sont plus un problème – puisqu'ils nous donnent le droit de les dropper. Donc, par les airs. »

Il tapa un magnifique coup de petit fer : sa balle se posa sur le green pour s'arrêter à 7,50 mètres du trou.

Harry ne fut pas en reste. L'Anglais trouva le green à gauche du trou, tout comme Ted, mais 1,50 mètre devant lui. Mais en rejoignant leurs balles, ils s'aperçurent qu'à l'impact, celles de Vardon et de Ray avaient levé des mottes d'herbe : et les marques bouchaient leur ligne de putt. La règle supplémentaire de l'USGA ne concernait que les balles enterrées et ne disait rien des divots. Seul Francis, dont la balle s'était déportée un peu à gauche après l'impact, disposait d'une ligne dégagée ; mais un peu de boue adhérait à sa balle.

Les mots que Harry lui avait dits à leur première rencontre lui revinrent en mémoire : *Il y a des gens qui ont un don pour les coups de chance. En golf, vous savez, c'est un talent comme un autre ; sans doute le plus utile de tous.*

Ted joua le premier, par la gauche, en rasant la marque qui faisait obstacle. Sans la bonne ligne, il ne put approcher sa balle à moins d'un mètre quatre-vingts. Harry coupa son putt en slice, de façon à contourner l'obstacle... et la balle obéit, venant s'arrêter à un peu plus d'un mètre. Craignant les irrégularités de trajectoire, Francis préféra jouer un putt d'approche à soixante centimètres, suivi d'un autre pour le par.

Ted se pencha sur sa balle pour sauver le par. Le putt partit en ligne, mais arriva deux centimètres trop court : bogey. Ted ressortit sa balle avec un geste d'emportement. Pour la main de Harry, c'était la troisième épreuve du feu : le nerf tint bon encore une fois... mais la balle refusa de rentrer. Bogey. Les Britanniques avaient laissé passer leur chance et la balance penchait maintenant en faveur du jeune Américain : Francis prit la tête. L'excitation donna un tour de clé supplémentaire aux nerfs déjà tendus de l'assistance. Quand les joueurs s'éloignèrent vers le prochain départ, on entendit des cris et des encouragements. Ted se renfrogna ; et Bernard Darwin crut déceler de la peur derrière l'implacable masque de guerre qu'arborait Vardon.

Stockton, le onze, est un par quatre de trois cent cinquante-sept mètres, baptisé en l'honneur de l'ancien propriétaire du lotissement – lequel fut aussi l'un des premiers passionnés de golf américains. C'est un trou en longueur et en montée, où le drive s'expose à droite à un obstacle d'eau. Francis conservait l'honneur. Les trois hommes tapèrent de bons drives centrés ; une fois encore, Francis battit Harry en distance et manqua presque rejoindre Ted. Son swing se libérait ; son assurance grandissait de coup en coup. Ils jouèrent en suivant de superbes approches au fer, qui trouvèrent toutes les trois le green. Ted arriva le plus près, à 4,60 mètres du trou, pour un putt sans difficulté particulière. Francis et Harry étaient quelque trois mètres plus loin. Chacun pouvait espérer un birdie.

Harry s'y essaya le premier, mais il arriva beaucoup trop court : de près de 1,20 mètre.

« Il commence à être à cran, souffla John Anderson.

– Tôt ou tard, ce putter va se retourner contre lui », commenta Jerry Travers.

Pendant ce temps, sur le green, Eddie inclinait brusquement à la prudence. « Le par, ce sera déjà bien. »

Francis joua un putt d'approche sans risque : il empocha son quatre. Quant à Ted, malgré un putt ferme, sa balle dévia d'un centimètre à droite. Le colosse joua son tap-in et s'écarta, visiblement désappointé. Vint le tour de Harry. Celui-ci prit bien plus de temps qu'à l'accoutumée pour juger son putt. En le voyant différer ainsi son coup, Tom Vardon craignit le pire ; ce fut à peine s'il osa regarder. Son frère tapa une balle sans conviction – un de ses classiques sur le green –, qui partit en tremblotant vers le trou, s'arrêta juste au bord... et y tomba. Harry s'était tiré dessus, et il avait réussi à éviter sa balle.

Quatre pour chacun. Et Francis, toujours en tête d'un coup.

Le douze, *Paddock*, est bâti sur l'emplacement des écuries qui bordaient autrefois le champ de courses. C'est un par quatre de trois cent quatre-vingts mètres, un fairway tout en longueur, une montée abrupte – l'épreuve de force pure et simple – et, juste derrière, un faux plat en aval débouchant sur un green particulièrement retors. Francis ouvrit les hostilités avec son meilleur drive du parcours : long, droit, centré. Ted prit place à son tour et, une fois de plus, le colosse fit parler la foudre ; mais à la stupéfaction générale, y compris la sienne, quand sa balle s'arrêta à flanc de colline, on s'aperçut que Francis le battait encore de près de dix mètres. Harry, comme souvent quand il était en délicatesse, redressa la tête, puisant dans ses mystérieuses et inépuisables ressources. Sa balle arriva juste derrière celle de Ted.

Eddie comprenait que Francis s'était retranché dans un espace où aucune distraction ne pouvait plus l'atteindre. Le gamin avait déjà vu cela chez son golfeur : c'était le vendredi matin, et cela s'était traduit sur le parcours par sept premiers trous à n'y pas croire. Eddie ne savait absolument pas si cet état de grâce allait se prolonger ; il n'aurait osé l'espérer jusqu'à la fin, quand six trous restaient à jouer. Mais une chose était certaine : le petit caddie ferait son possible pour préserver cette bulle de concentration parfaite. Il limitait ses commentaires au strict nécessaire et se sentait prêt à se jeter sur quiconque s'aviserait de déranger son champion.

Harry joua le premier, au brassie : une balle trop forte, une fusée qui avala la colline, prit un mauvais rebond à gauche et finit sous un chêne bordant le green. L'approche de Ted arriva trop court, étouffée par l'herbe humide : l'Anglais aurait dû jouer un club au-dessus. Ce n'étaient que de petites erreurs, mais elles pouvaient finir par compter si Francis restait sur sa lancée.

« Je vais prendre le mashie.

– La tête bien basse... »

L'Américain fit suivre son plus beau drive de la matinée par son coup de fer le plus pur. La balle vola jusqu'au green comme suspendue à un rail ; elle finit à 2,45 mètres du drapeau. La foule rugit à nouveau ; mais cette fois, Francis n'eut pas besoin de gravir la pente pour s'assurer qu'il avait joué un coup parfait.

« J'ai bien senti le geste : un bon coup, je crois.

– Un bon coup ? Une merveille, tu veux dire. »

La pression se reportait sur le petit jeu des Anglais. Ted tenta un pitch, mais sa balle atterrit dans une montée qui arrêta net son roulement : trop court de six mètres. Harry cisela un chef-d'œuvre de wedge pour s'arracher aux débris gisant sous le chêne, et poser sa balle à moins de deux mètres du trou. Tous deux restaient menacés de bogey, quand Francis n'était plus séparé du birdie que par un putt de moins de 2,50 mètres.

Attention aux trois putts, lui souffla son instinct. *Le par te suffirait : tâche déjà de l'obtenir.*

Francis joua prudemment et arriva trop court de trente centimètres. La foule poussa un cri de déception : mais le tap-in lui donna son par.

De la gestion de parcours, songea Harry qui l'avait regardé jouer. *Il sait tenir compte du terrain, de ses propres ressources... Quelque chose qu'on n'attend pas d'un jeune golfeur.*

Ted tapa un honnête putt d'approche ; mais il lui aurait fallu un birdie, pas le bogey dont il écopa en fin de compte. Après avoir manqué arriver trop court sur son dernier putt, Harry dépassa le trou sur celui-ci : tap-in et bogey pour lui aussi. Le gamin avait joué intelligemment, sans prendre de risque : sa lucidité avait payé. A six trous de la fin, Francis menait de deux coups. Il s'éloigna immédiatement vers le prochain départ, porté par les encouragements de dix mille spectateurs qui prenaient, désormais, ouvertement fait et cause pour leur champion. Les deux Anglais suivirent côte à côte. Ils échangèrent quelques mots à voix basse, sans se regarder.

« Il ne craque pas, grogna Ted.

– Figure-toi que ce détail ne m'avait pas échappé.

– Et moi qui me disais que tu étais le seul dont il fallait se méfier... Je n'aurais pas imaginé...

– C'était bien là notre erreur. »

Arrivés sur le tee, ils regardèrent Francis empoigner son driver.

« Si nous voulons encore le remonter, Harry, il faudrait s'y mettre tout de suite.

– Tu as raison. Qu'on lui donne au moins du fil à retordre. »

Le treize, *Maiden* (la Vierge), trois cent dix mètres en montée et à droite, baptisé ainsi pour sa ressemblance avec un trou fameux du Royal St. George, ancien club de Tom Vardon. C'est encore Bernard Darwin qui en a donné la meilleure description : « Alors surgit *Maiden*, abrupt et terrible, aveugle et menaçant. » Mais Francis ne se laissa guère intimider par la Vierge : c'était là qu'il avait engrangé, la veille, le premier des birdies qui avaient fait son salut au retour. Débordant maintenant d'assurance, il joua un drive parfaitement placé, le long du fairway à gauche. Ted fit rugir une bombe qui le dépassa d'un trait ; Harry joua un drive tiré d'un manuel, selon une trajectoire voisine de celle de Francis.

Le Roi de Trèfle la fit suivre d'une splendide approche à l'aveugle, trois mètres à gauche du drapeau. Francis sortit son wedge et décocha un coup non moins superbe, venant flanquer le drapeau par la droite, à trois mètres lui aussi. Ted les rejoignit sur le green quelques instants plus tard, à 4,50 mètres du trou. Une occasion de birdie pour chacun. Ted putta le premier : il manqua d'un cheveu. Encore une chance gâchée. Francis prit sa ligne avec Eddie et tapa en douceur. La balle prit de la vitesse dans la pente, filant droit vers le trou et une avance presque irrattrapable de trois coups... Mais elle arriva trop vite, vira à trois cent soixante degrés sur le bord, repartit en arrière de quarante-cinq centimètres. L'assistance vacilla. Sans s'émouvoir, Francis joua son tap-in et signa le par.

Harry se plantait maintenant au-dessus de sa balle, scrutant la ligne d'un regard d'aigle. Francis détourna les yeux : *Ne pas m'en occuper.* S'il avait regardé davantage, il aurait été témoin d'un nouvel exploit de cette pure volonté, l'atout maître de Vardon, qu'il avait lue dans son regard. Harry joua un coup fluide et précis, sans l'ombre d'un frisson : la balle disparut au fond du trou. En la ramassant, Harry jeta un coup d'œil à Ted : *On va voir maintenant s'il craque, ou pas.*

Harry passait à l'attaque. Il revenait à un coup de Francis, se détachant de Ted. Cinq trous à jouer.

Eddie lorgnait son joueur :

« Ça va, Francis ?

– On ne peut mieux, répondit-il en souriant. Et toi ?

– Moi ? » La question parut le surprendre. « Ça va bien. Il ne faut plus que des pars, maintenant. Les deux autres vont devoir se remuer, s'ils veulent nous battre.

– Un coup à la fois, Eddie.

– Comme tu dis. » Et laissant Francis partir devant, il ajouta in petto : « N'empêche qu'il ne faut plus que des pars. »

Le quatorze, *Quarry* : par cinq, quatre cent trente mètres jusqu'à un green très en hauteur – avec, en contrebas, une sorte de tranchée rocailleuse évoquant une carrière en exploitation. A gauche, des bois et le hors-limites ; à droite, rough épais et lies inégaux. Le fairway grimpe tout droit avant d'obliquer à gauche vers le green, étroit, bien défendu : la dernière véritable opportunité de birdie du parcours.

Harry recevait l'honneur pour la première fois depuis sept trous. Son birdie au treize, remarqua Darwin, l'avait transformé. Tom Vardon et Ted s'en aperçurent eux aussi et comprirent que l'heure de vérité arrivait. Comme à son habitude, le Lévrier avait remonté en silence ses adversaires pour surgir à la corde au dernier virage, prêt à jeter ses forces dans le sprint. Francis l'entendrait-il approcher ? Le jeune homme, comme tant d'autres en vingt ans, n'allait-il pas trébucher lui aussi sur les derniers mètres ?

Aucun des trois n'échangea un regard sur le départ. En attendant que son caddie place la balle, Harry fixait le fairway, méditant une épure de coup : *Léger draw à gauche, pour trouver le coin du dogleg ; avec un peu de chance, la balle attrapera l'aval et roulera dans la pente : de là, tu pourras monter sur le green.* Mais au swing, le champion força son geste, et la balle, au lieu de s'incurver légèrement, dévia en hook prononcé pour finir dans le grand rough, à deux pas des arbres. L'angle du dogleg lui interdisait de rejoindre le green en deux coups.

Francis tapa une nouvelle fois un drive en plein centre. Ted s'avança : plus encore que Harry, il avait besoin d'un birdie. S'il ne reprenait pas, sur ce trou, l'un au moins des deux coups qui lui manquaient, il était cuit, à moins que Francis ne succombât à une défaillance aussi brutale qu'inattendue. Le cogneur expédia dans les airs un drive surpuissant, qui dépassa de vingt-cinq mètres au moins la bonne balle de Francis. Rien n'était donc perdu pour Ted.

Harry distinguait à peine sa balle ; elle s'était logée non loin de l'endroit où, le mercredi, Johnny McDermott avait trouvé la sienne posée sur une balle perdue. Le lie ne laissait d'autre choix que de taper un recovery vers le fairway, le plus direct possible – ce qu'il fit sans barguigner. Cent dix mètres jusqu'au drapeau pour Vardon, avec un bon angle d'approche.

Francis examina son lie. Deux cent dix mètres jusqu'au green, sur un fairway en pente douce, face à un talus caillouteux qui s'élevait à vingt-cinq mètres environ. Francis pouvait tenter le green avec un bois, ou bien, plus prudemment, jouer court du vert avec un fer. Il se représenta les deux éventualités. Il savait que Vardon n'avait plus qu'une chance marginale de faire un birdie ; quant à Ted, il lui faudrait prendre des risques. Tant que Francis restait aligné sur le green et qu'il ne déviait pas dans les broussailles, il n'avait rien à perdre. De tout son sac, c'était en son brassie qu'il avait le plus confiance. Il le réclama.

Il cherchait le green : cette résolution plut à Eddie. Le petit caddie piaffait depuis les derniers trous, même si la prudence de Francis se justifiait pleinement d'un point de vue tactique.

« Le lie est en descente, lui rappela Eddie. Baisse la tête, joue un bon swing. C'est moi qui suivrai la balle. »

Mais Francis, en raison de la pente, vacilla légèrement durant la montée de club ; son poids se déporta du côté droit et il dut lutter pour garder l'équilibre. Son plan de swing s'était beaucoup trop redressé, Francis tenta de compenser avec ses mains durant la descente... et il topa sa balle. Elle partit en rase-mottes, vint claquer contre le talus, rebondit en avant sur un peu moins de vingt mètres et s'arrêta. Après trente-cinq mètres. A cent cinquante-cinq mètres du green.

Francis la regardait d'un air impassible. C'était son premier impair depuis son hors-limites au cinq. Dans l'assistance, les néophytes crurent au désastre : *Ça y est, la pression est trop forte, il a fini par craquer.*

« Tout doux, Francis, dit John Anderson. Tu es toujours sur le fairway. »

Francis rendit calmement le brassie à Eddie. « D'ici, on doit pouvoir la mettre sur le green, dit-il avec tant de nonchalance qu'Eddie crut qu'il plaisantait.

– Tu l'as topée...

– Au moins, elle n'est pas dans les arbres. » Et Francis s'éloigna.

Ted rejoignit sa balle au pas de charge. Francis venait de lui offrir l'occasion qu'il guettait. Sa balle reposait à cent quatre-vingts mètres seulement du green, sur un beau lie bien égal, avec ses deux adversaires en difficulté. Un birdie était possible, peut-être même un eagle : plus question de lésiner. Le colosse empoigna un bois, leva son club, se pencha en avant et perdit pied sur la descente. Sa balle partit en ligne droite, dévia très vite en slice pour atterrir sur un lit d'aiguilles de pin, derrière les bunkers à droite, loin devant le trou. Ted poussa un juron, abattit son club dans l'herbe avant de le jeter rageusement. Il avait gâché une chance superbe.

Et je n'aurai plus à me soucier de lui, songea Francis en le voyant s'éloigner à grands pas. *Il n'est plus à son affaire.*

Francis réfléchit. Il se décida pour le mashie. Il exécuta un magnifique coup rectiligne : la balle toucha le green et vint s'arrêter six mètres à droite, à la hauteur exacte du drapeau. Il était sur le green en trois : son coup raté ne l'avait pas affecté. Harry tapa un pitch ; mais pour la deuxième fois en trois swings, sa balle dévia en hook et finit au fond du green à gauche. Douze mètres jusqu'au drapeau, le long d'un dévers particulièrement accidenté : les chances de birdie semblaient minces.

Intéressant, songea Francis. *Je ne l'avais jamais vu commettre de hook au fer : Harry joue tous ses fers gauche-droite. Je pense qu'il est plus nerveux que moi.*

Quand Ted atteignit sa balle, il découvrit entre les sapins une étroite ouverture donnant sur le green, par-dessus un bunker. Avec son exceptionnelle touche de balle, le Britannique réussit à en profiter. Sa balle atterrit devant le green pour y monter en roulant. Malgré les erreurs de Harry au drive et de ses deux adversaires à l'approche, tous avaient atteint le green en trois. Ils rentrèrent chacun leur balle en deux putts, signant le par. Francis menait toujours Harry d'un coup et Ted de deux. Quatre trous à jouer.

Le quinze, *Liverpool*, doit son nom à l'ancien parcours de saut hippique qui précédait la construction du golf. C'est un par quatre de trois cent trente-huit mètres : départ en surplomb et deuxième coup sans grande difficulté vers le green en hauteur – à condition toutefois que le drive trouve le fairway. La tension était telle, dans l'assistance, que le malaise gagnait. La foule s'aligna en silence le long du fairway ; on se rongeait les sangs. Bernard Darwin savait que cette anxiété n'était encore rien au regard de la pression qui accablait maintenant les golfeurs. L'un d'eux allait forcément craquer.

Malgré le vent qui se levait, Harry et Francis tapèrent chacun un drive impeccable.

Ce sera Ray, conclut John Anderson ; *il n'en peut plus.*

Mais la chance n'avait pas dispensé ses ultimes faveurs au fort des halles : son drive dévia vers la droite et tombait droit dans le rough quand il heurta le chapeau melon d'un spectateur et rebondit sur le fairway. L'homme au melon était indemne ; mais consterné d'avoir pu servir, sans le vouloir, les intérêts britanniques, il décampa immédiatement. Un silence atterré tomba sur le public. On se demandait si Ray saurait mettre à profit ce coup de chance inespéré. Ted jouait le premier : de moins en moins concentré, il bâcla sa routine et son approche partit à nouveau en slice. Il sembla dans un premier temps que sa balle trouverait malgré tout le vert mais, à la dernière seconde, sa courbe prononcée l'envoya dans le grand bunker qui défendait le green par l'avant. Une fois encore, Ted avait mésestimé la distance. Francis joua une approche prudente qui le posa sur l'avant droit du green. Harry fut un peu long : sa balle vint s'aligner sur le drapeau, mais vers le fond. Les deux hommes rejoignirent leur balle et attendirent que Ted joue sa sortie.

Sa balle s'était enfouie à l'impact, juste sous la lèvre, à moins d'un pas de la paroi abrupte. Ted descendit, ne répéta son swing qu'une fois, se campa hâtivement sur sa balle et tapa une sortie en explosion : la balle heurta la lèvre avant de retomber sur le sable. Furieux, le colosse la rejoua immédiatement, de toutes ses forces, la toucha mal et la fit traverser tout le green à marche forcée avant de s'arrêter en bordure. Le temps qu'il la rejoigne, Francis et Harry avaient déjà réussi leur chip et assuré le par.

Ted empoigna son putter, joua un coup nonchalant pour arriver à trente centimètres du trou et rentra son tap-in, signant un double bogey. Quatre coups de retard, trois trous à jouer. Ted contempla longtemps sa balle avant de la retirer. Il se força à un sourire douloureux. Et puis, empochant sa balle, il rejoignit Harry qui l'attendait au bord du green. « Fini pour moi. Je suis hors du coup, vieux frère. Bonne chance. »

Ted avait craqué le premier. Tout allait se jouer entre les deux autres.

Francis s'éloigna vers le seizième départ ; la foule se bousculait derrière lui, dans un concert d'encouragements. Trois trous à jouer pour remporter l'US Open – lui, l'amateur –, avec un coup d'avance sur Harry Vardon. En le regardant, Harry se rappela enfin le parallèle qu'il cherchait vainement depuis un moment : *Mon match contre Taylor à l'Open de Muirfield en 96 : ma première victoire en championnat. Il joue comme moi à l'époque.*

« Une cigarette, l'ami ? » demanda-t-il à son caddie.

L'autre s'arrêta pour en allumer une et la lui tendit. Ils se dirigèrent à leur tour vers le seizième trou.

Clyde, par trois, cent quatorze mètres.

Harry gardait l'honneur. Debout sur l'aire de départ, le Britannique contempla le fairway tout en fumant sa cigarette. Il inspirait à fond, le regard fixé sur le green ; la foule hypnotisée le regarda sans rien dire, osant à peine respirer, durant plus d'une minute. Alors, l'esprit apaisé, Harry jeta son mégot, empoigna un club, fit un swing d'essai. Sans précipitation ni gestes inutiles, il joua : sa balle vola droit sur le drapeau pour s'arrêter 4,50 mètres derrière le trou.

C'était au tour de Francis. L'Américain contempla la situation : drapeau en avant, obstacles à gauche, devant et à droite ; et derrière le green, le désastre. Ce trou ne lui avait causé que des ennuis depuis le début de la semaine. Francis réclama son niblick ; Eddie sécha le grip avant de le lui tendre. « Un coup à la fois, hein. On verra le putt ensuite. »

Francis décocha un superbe coup de fer en hauteur : la balle se posa comme une plume avant de s'arrêter six mètres à droite du drapeau. La foule poussa un rugissement libérateur ; quand les acclamations se turent, un Ted en rogne, jouant comme un automate, parvint seulement à éviter les bunkers pour poser sa balle en bordure de green. Francis avait décidé dès le début de ne pas tenter le birdie : il tapa un putt d'approche prudent avant d'empocher son trois. Harry paraissait bien parti pour un birdie ; mais il jugea mal sa ligne et sa balle dévia de quelques centimètres à droite. La foule laissa échapper un soupir de soulagement : Vardon laissait passer une nouvelle chance. Ted s'avançait à son tour, mais le cœur n'y était plus : son putt dépassa largement le trou, il mit encore deux coups à rentrer sa balle et signa un bogey : cinq coups de retard sur Francis.

Tout en notant soigneusement le score de l'Américain, Bernard Darwin jeta un coup d'œil vers l'assistance. Il y aperçut lord Northcliffe, pâle comme un linge : mais le journaliste britannique résolut, pour une fois, d'oublier les états d'âme de son employeur. Préposé à la marque, il ne voyait pas le match avec les yeux objectifs du reporter et son accès d'humeur le soulagea d'un grand poids. Jusqu'à ce moment du play-off, Darwin s'était senti déchiré entre ses inclinaisons personnelles et ses intérêts professionnels. Il se trouva brusquement gagné par un élan bien plus fort que tout enjeu national. Car il était non seulement l'un des experts les plus accomplis que le golf ait jamais connus, mais encore l'un de ses plus fervents passionnés. Au dernier acte de ce play-off, Darwin découvrit avec ravissement que l'intensité du drame, l'héroïsme des joueurs et le courage inépuisable du jeune Francis Ouimet transcendaient largement tous les chauvinismes.

Au diable le grand projet de Northcliffe, songea-t-il. *Ce serait une honte si le trophée n'allait pas maintenant à Francis.* Et le plus anglais de tous les Anglais se rendit enfin, non sans stupeur, à l'évidence : en cette heure décisive, comme chaque homme, femme ou enfant de cette foule immense, il en tenait pour Francis. *Mais oui, bon sang, il faut qu'il gagne.*

Le surnom du dix-sept, *Elbow* (le coude), insiste avec à-propos sur la difficulté principale de ce par quatre de trois cent trente mètres : le tournant marqué du dogleg à gauche, angle aigu, férocement défendu par un vaste bunker. Un coup d'écart, deux trous à jouer. Sur le départ, Harry embrassa le fairway du regard. Il lui fallait un birdie et ce n'était pas sur l'éprouvant dix-huitième qu'il pouvait l'espérer. L'exploit devrait avoir lieu ici même, où Francis l'avait réussi la veille. Harry considéra le bunker logé au coude du dogleg. Risquer de passer par-dessus l'obstacle lui faisait gagner plus de quarante mètres : sa meilleure chance de rentrer la balle en trois coups.

Il ne va pas craquer. Il faudra que je le rattrape. Si je joue par-dessus le bunker, il sera peut-être tenté de me suivre. Voilà qui pourrait changer la donne...

Harry se mit en place. Ted comprit tout de suite, à l'alignement du golfeur, ce qu'il allait entreprendre. Ted lui-même, le plus long frappeur au monde, n'avait pas tenté ce coup de toute la semaine, le jugeant trop risqué. Mais il comprenait la logique : la situation réclamait des mesures radicales. Harry joua son drive : coup parfait, trajectoire haute, avec un léger draw, en direction du bunker... Il semblait qu'elle franchirait l'obstacle sans problème, mais elle disparut derrière les arbres et aucun des spectateurs ne la vit atterrir. Pour le moment, on ignorait si Harry avait réussi son coup.

Francis prit place sur le départ. Il regarda vers sa maison, derrière le rideau des arbres ; il regarda sa mère, son frère et sa sœur qui étaient là, dans l'assistance. Il baissa les yeux sur Eddie Lowery ; il les tourna brièvement vers Harry Vardon et ce fut alors que, dans la foule, son regard croisa celui de Johnny McDermott. Johnny se contenta de hocher la tête. Francis prit une grande inspiration.

Johnny avait mis dans le mille : Harry veut m'attirer à gauche, vers le danger.

« Où est-ce que tu vises, Francis ? » Eddie lui tendait son driver.

Francis le lui prit des mains. Il réfléchit encore. Il finit par tendre le doigt : « Là-bas, à droite. Loin de l'obstacle. »

Il expédia une balle rectiligne au-dessus du fairway et atterrit presque au même endroit que la veille : à cent cinquante-cinq mètres du green, en toute sûreté.

Ted avait renoncé désormais à toute prudence. Emboîtant le pas à Harry, il fit voler son club comme un ouragan et la balle, dans une explosion sourde, survola les arbres, le bunker et tout le reste pour finir dans le petit rough, à un peu plus de cinquante mètres du green. La ligne était viable, Ted venait de le prouver ; restait à voir si la balle de Harry avait franchi l'obstacle. Les trois golfeurs se mirent en marche, avec la foule sur leurs talons. La réponse les attendait au tournant du fairway, derrière les arbres.

La balle était au fond du bunker. Fichée dans la paroi. Aucune chance d'espérer l'avancer. Harry la contemplait d'un regard incrédule : il avait frappé fort, il avait frappé long... Cela n'aurait pas dû se produire. Un spectateur, qui était resté au tournant, avait assisté à l'atterrissage. Il expliqua au caddie de Harry que la balle avait bien trouvé l'herbe à l'impact, mais qu'un mauvais rebond l'avait envoyée dans la fosse.

La poisse.

Eddie et Francis échangèrent un regard silencieux. Ils contemplèrent tour à tour la balle de l'Américain, posée sur le fairway comme sur un plateau ; le green au-devant ; et le drapeau, planté sur l'arrière gauche. Pour la première fois, ils osaient se l'avouer : s'il perdait le play-off et l'US Open, Francis ne le devrait qu'à lui-même.

« Tu vois une raison de ne pas faire comme hier ? demanda Eddie.

– Non, aucune. »

Eddie lui tendit le jigger dont il s'était servi le vendredi après-midi. Francis joua le même swing économe et précis : posa sa balle juste devant le green et la fit rouler sur le plateau supérieur, pour s'arrêter à moins de 5,50 mètres du drapeau. Il était monté en deux : la foule explosa.

La mine sombre, Harry empoigna son niblick et descendit dans l'obstacle – connu depuis ce jour sous le nom de bunker Vardon. Il ne put que jouer un recovery direct vers le fairway. Quatre-vingts mètres jusqu'au drapeau : avec un bon coup de fer et un seul putt, il pouvait encore espérer le par, mais il avait épuisé toute marge d'erreur.

Sans changer de club, l'Anglais expédia sa balle en hauteur, droit sur le drapeau ; mais en touchant le green, au lieu de rebondir en avant, elle s'arrêta net, quelque six mètres au-dessous du trou. Un peu plus loin, Ted s'apprêtait à jouer son deuxième coup dans le rough ; mais comme il levait son club, Francis jouait son approche et les acclamations recommencèrent. Sans dissimuler son agacement, Ray s'écarta et il attendit le silence pour jouer son coup. Il posa sa balle sur le green, un mètre devant celle de Harry.

Tout comme cela s'était produit la veille, en l'espace d'un instant, le public se bousculait autour du dix-septième green, tandis que l'encadrement s'efforçait de faire respecter l'ordre. Le public aussi le sentait : quelque chose d'immense, d'inéluctable approchait. *Il va y arriver ! Il va y arriver !* C'était l'accomplissement si longtemps attendu de tous leurs vœux, de leurs espoirs fiévreux, de leurs prières muettes.

Les commissaires ouvrirent un couloir dans la foule et les trois joueurs purent entrer sur le green. Harry fut le premier à taper son putt de sept mètres pour tenter de sauver le par. On brandit les drapeaux rouges, les porte-voix réclamèrent le silence et celui-ci survint immédiatement. Eddie croisa les doigts dans son dos pour la deuxième fois de la semaine ; mais maintenant, il espérait une faute.

Restait-il alors des ressources à Harry ? Au fond de lui-même, s'était-il résigné à la défaite ? On ne le lisait pas sur ses traits, mais l'impassibilité de Vardon était proverbiale. Le putt partit en ligne, mais il fut tout de suite clair qu'il n'irait pas jusqu'au bout : trop court de soixante centimètres. Harry soupira. Ses épaules s'affaissèrent presque imperceptiblement. Il joua son tap-in et empocha le bogey.

Eddie tendit son putter à Francis. « Prends tout ton temps, lui dit-il. Il est une heure. On a jusqu'à six heures s'il le faut. Rentre-la, c'est tout. On n'a besoin que du par. »

Francis se planta devant sa balle. Il ne rêva pas d'un triomphe et des mille et une façons dont celui-ci pourrait changer sa vie ; il ne se vit pas brandir le trophée ; il n'imagina pas sa photographie à la une. Il demeura dans l'instant, tourné uniquement vers le coup qui l'attendait ; debout sur le green du dix-sept, à moins de cent mètres de sa porte, celle qu'il refermait sans bruit, à l'aube, pour se faufiler sur le practice depuis qu'il avait six ans. Quand il entrait, comme en ce moment, dans cet état de concentration parfaite – ce point focal où son esprit ne parvenait plus à distinguer l'action de l'intention –, Francis comprenait les raisons profondes de son amour pour le golf. Sa mystérieuse attirance pour ce jeu exigeant lui apparaissait alors d'une évidence limpide. Sur le green du dix-sept, il redécouvrit ce qu'il avait appris au bout de sa longue et extraordinaire odyssée de l'été : s'il jouait, c'était pour cet instant seulement, cet instant de solitude et de paix absolues, coupé du temps, où il n'y avait plus que le club dans ses mains, la petite sphère immaculée, la conscience précise de ce qu'il allait faire.

Dans la pente à droite ; 5,50 mètres. A peine s'il effleura la balle : elle roula, roula, roula dans la pente glissante et, tandis qu'elle approchait du trou, personne dans l'assistance ne trouva la moindre raison de retenir le grand cri qui l'étranglait depuis le début de la journée. Car voici : Francis rentrait son putt pour un birdie.

Il sembla, l'espace d'un instant, que le monde était devenu fou. La clameur ne s'arrêtait plus. La foule faillit franchir les cordes et envahir le green ; il fallut que Francis et Harry s'interposent, les bras levés, pour rappeler que Ted n'avait pas fini. On recula à contrecœur. Ayant perdu toute raison d'y croire, Ray rentra sa balle en trois putts.

Francis menait Vardon de trois coups, et Ted, de sept. Le dix-huitième trou ne serait guère plus qu'une formalité. Francis et Eddie se mirent en marche vers le départ. Des centaines de bras se tendaient pour le toucher, lui serrer la main, leur donner à tous deux une tape d'encouragement. Ils s'entendaient à peine dans ce tumulte. Sur le départ, Eddie s'illumina soudain : « Francis, lui dit-il en criant presque, si tu le boucles en quatre, tu auras réussi 72. »

Un frisson parcourut l'échine du jeune homme. Il se mit à sourire. « Eh bien, c'est ce que je vais faire. »

Le dix-huit, un par quatre de trois cent soixante-quinze mètres : *Home.*

Les préposés aux cordes mirent un temps infini à faire dégager le fairway. Les commissaires s'époumonaient à réclamer le silence, mais ce ne fut que quand Francis s'avança, son driver en main, que la foule y consentit. Le coup jaillit : un dernier drive parfait, en plein centre du fairway. Harry tenta vainement de le suivre : un swing vidé de ses forces le laissa dans le rough. Ted, qui ne décolérait pas depuis le tohu-bohu du dix-sept, joua trop vite et expédia sa balle en slice sur le flanc droit. Harry monta une dernière attaque désespérée en direction du green : sa balle échoua dans un bunker. Ted joua rapidement un brassie tout en hauteur, qui vint s'arrêter à 2,50 mètres du drapeau.

Tout le monde se massait maintenant autour de Francis. Même s'il aurait fallu au moins un éclair jailli du ciel pour l'empêcher de ravir le trophée, l'inquiétude relevait une dernière fois la tête : son avance de trois coups pouvait bien s'évanouir, on avait déjà vu plus étrange...

Cent soixante-cinq mètres. Francis joua un swing d'entraînement, regarda droit devant lui. La pluie avait fini par changer le champ de courses en bourbier. *Ne pas atterrir là-dedans, c'est tout ce qui compte.*

La balle jaillit en ligne droite, droit sur le drapeau ; et quand on vit qu'elle allait forcément franchir le bunker, les derniers doutes s'évanouirent. Elle rebondit et alla rouler sur le green, à 7,60 mètres du drapeau. La fête commençait pour de bon : on l'acclama tout au long de sa marche tandis qu'Eddie, à son côté, souriait jusqu'aux oreilles. Quand ils arrivèrent, le green s'était changé en une île d'émeraude dans un océan de manteaux noirs. Harry joua une sortie de bunker en explosion. Il lui fallut trois putts, hâtifs et superflus, pour rentrer sa balle : double bogey. Ted rentra son premier putt, réussissant un birdie qui ne signifiait déjà plus rien. Les deux hommes s'écartèrent, laissant la scène à Francis. Darwin levait déjà son crayon, prêt à marquer le prochain coup.

Francis se planta devant sa balle. Pour la première fois de la journée, l'énormité de ce qu'il avait accompli, de ce qu'il s'apprêtait à conclure, lui apparut.

Je vais devenir le champion national.

Son putt d'approche finit à une vingtaine de centimètres du trou. Tandis qu'il suivait la balle du regard, les cris décuplèrent, franchissant enfin le rempart de sa concentration. Le voile qui l'avait protégé jusque-là se déchira pour tomber en lambeaux à ses pieds. Et face à ces vingt-deux centimètres qui le séparaient encore du trou, l'Américain se mit à trembler comme une feuille. Le putter tressautait dans ses mains.

Je vais devenir le champion national.

Francis recula d'un pas. Il resta là longtemps, regardant tour à tour le ciel, son caddie, la foule déchaînée tout autour d'eux, complètement perdu.

« Un dernier coup, Francis, lança Eddie à son côté. Un seul coup, et c'est fini. »

Francis revint à sa balle ; ce dernier tap-in lui coûta son plus gros effort de volonté de tout le match. Le silence dura encore un instant, un instant d'éternité où la balle se glissa dans le trou.

C'était fait : il avait réussi.

Pour la deuxième fois de la semaine, la foule se jeta sur lui. Pour la deuxième fois, les spectateurs le hissèrent sur leurs épaules dans un tonnerre d'acclamations. Les femmes lui lançaient des fleurs prises à leur bustier. Ils étaient des centaines à se bousculer pour arriver jusqu'à lui et simplement le toucher. Francis aperçut Eddie emporté dans le flot. « Attention, cria-t-il, ne lui faites pas de mal ! » On se passa le mot et quelques instants plus tard, Eddie était hissé lui aussi dans les airs. Le golfeur et son caddie se rejoignirent : ils se serrèrent la main dans des éclats de rire. Partout autour d'eux, des gens titubaient, à bout de forces. Ils échangeaient des flasques de remontant, sans parvenir à se remettre. La plupart restaient hébétés par l'intensité de ce match et du moment, par une émotion qu'ils n'auraient jamais imaginée auparavant.

Quelqu'un fourra dans les mains de Francis un fer à cheval venu du champ de courses. Des dizaines d'autres lui tendaient de l'argent, des poignées de gros billets à la mesure du plaisir qu'il venait de leur donner. Francis secouait la tête. Devant leur incompréhension, il tenta d'expliquer que son statut d'amateur lui interdisait de recevoir une quelconque rémunération : il ne put même pas se faire entendre.

Bernard Darwin nota le dernier coup de Francis sur la carte de score, fit les comptes ; après quoi il ne se rappela plus rien durant plusieurs minutes, emporté à son tour dans le tourbillon. Il pensait avoir eu la présence d'esprit de remettre la carte à un officiel, mais il n'en avait pas le souvenir précis. Par la suite, il découvrit avec stupéfaction que son écriture était restée parfaitement lisible.

Tout en continuant de refuser l'argent qu'on lui tendait, Francis avisa dans la foule John Anderson et Jerry Travers ; il leur demanda de faire passer le chapeau pour Eddie. Les deux hommes s'en chargèrent volontiers. Une grande ovation s'éleva pour le petit caddie. Puis Francis vit surgir du fond et s'avancer, pour déposer dans le chapeau le premier dollar, une silhouette qu'il crut reconnaître. En quelques instants, le couvre-chef déborda de billets. Des spectateurs s'écartèrent, Francis aperçut enfin le visage du premier donateur : c'était Arthur, son père.

Arthur regardait Francis juché sur les épaules de l'assistance : il y avait des larmes dans ses yeux. Il leva une main vers lui, paume ouverte, comme pour un salut. Francis le lui rendit un souriant. Au lieu de l'entraîner aux vestiaires, comme la veille, la foule l'emporta cette fois vers le club-house, où le trophée l'attendait. Francis perdit son père de vue ; il distinguait encore sa main, dressée au milieu de la foule anonyme.

Harry et Ted jouèrent des coudes pour s'écarter du green au moment où les spectateurs convergeaient vers Francis. Ils échangèrent une poignée de main sans un mot, se contentant d'un sourire entendu : *Il n'y avait rien à faire.* Quelques instants plus tard, un jeune homme de l'USGA les aborda sur les marches du club-house.

« Le secrétaire me prie de vous demander si vous souhaitez participer à la cérémonie de remise.

– Absolument », convinrent-ils après un regard. Cela faisait partie du travail.

« Sauriez-vous me dire également si lord Northcliffe se joindra à nous ? »

Les deux Anglais se mordirent les lèvres ; ils n'osaient plus se regarder. Ils s'efforcèrent de réprimer un sourire.

« Je ne crois pas, malheureusement, répondit Harry.

– Il s'excuse, ajouta Ted. Une affaire urgente. »

Quelques minutes plus tard, John Reid Junior, le secrétaire de l'USGA, rappelait la foule à l'ordre depuis la terrasse du club-house. Trophée et médailles étaient posés sur une table attenante.

« Je n'ai pas de mots pour dire mon émotion, déclara-t-il, exprimant avec justesse l'impression générale. Cet événement me dépasse. Je commencerai par remercier nos deux visiteurs pour leur spectaculaire prestation d'aujourd'hui et de toute la semaine. Nous ne les oublierons jamais. Nous espérons aussi qu'ils comprendront que, s'ils ont remporté bien des championnats partout dans le monde, nous autres n'avions jamais connu cela en Amérique... Et je voudrais m'excuser un peu pour les exclamations impromptues qui ont pu perturber le déroulement de la partie. »

Ted et Harry remercièrent l'orateur d'un signe aimable ; la foule ne les en aima que davantage.

« A la troisième place, j'ai le plaisir d'annoncer M. Edward Ray. S'il n'est pas aussi connu que Harry Vardon, il est un peu plus jeune...

– Nettement plus jeune, précisa Ted en déclenchant les rires.

– Et je crois pouvoir dire sans me tromper que, si Dieu nous prête vie, nous aurons l'occasion de trouver en lui un nouveau quintuple champion. »

Ted s'avança pour serrer la main de Reid et recevoir son chèque. Une triple ovation s'éleva, qu'il accueillit d'un salut gracieux.

« C'est un grand plaisir pour moi que de féliciter M. Francis Ouimet pour sa splendide victoire. Je n'ai aucune hésitation à affirmer que, sur ces quatre jours, il a mieux joué que n'importe lequel d'entre nous. Son golf est le plus beau qu'il m'ait été donné de voir de tout mon séjour américain. Ce fut un honneur que de jouer contre lui, et certes pas un déshonneur que de perdre face à un tel adversaire. »

Ted s'écarta sous les acclamations. Après quoi John Reid présenta Harry Vardon en précisant simplement qu'il n'avait besoin d'aucune présentation. Une longue ovation célébra le champion qui retira sa casquette avec un large sourire, visiblement touché par ces démonstrations. Harry finit par réclamer le silence.

« Mesdames et messieurs... Nous n'avons aucune excuse à produire aujourd'hui : nous avons été tout simplement battus par un golfeur de premier ordre. Nous n'avons pas cessé d'être à la traîne et notre adversaire ne nous a pas laissé une seule ouverture. Nous avons commis plusieurs erreurs dont M. Ouimet, en homme avisé et en bon golfeur, a su tirer profit avec intelligence. Face à un tel niveau de golf et à une telle constance, il n'y avait plus qu'à s'incliner. Nous ne lui disputerons pas cette victoire. L'Amérique ne peut qu'être fière de son nouveau champion : il s'est montré à la fois un golfeur d'exception et un courageux adversaire. »

Et se tournant vers Francis, Harry lui adressa un regard chaleureux, plein d'une admiration sincère. Francis remercia d'un geste timide. La foule les acclamait.

« Il existe, poursuivit Harry, un lien particulier entre nos deux pays. Je suis convaincu que notre beau sport, joué dans un esprit de compétition amicale, ne peut que le renforcer davantage. C'est le deuxième de mes séjours en Amérique, que je compte parmi les plus grands privilèges de mon existence. Je souhaite que ce ne soit pas le dernier et je tiens à vous remercier tous pour la gentillesse et l'hospitalité que vous m'avez témoignées. Je peux vous assurer, pour ma part, qu'elles ne m'ont inspiré que la plus profonde et durable affection. »

Harry reçut son chèque des mains de Reid et s'écarta. Le secrétaire prit alors la médaille en or de la première place. Il fit signe à Francis d'approcher. Celui-ci s'exécuta d'un air timide. Reid lui passa le ruban autour du cou sous un tonnerre d'applaudissements, avant de saisir le trophée de l'US Open.

« Francis, la seule chose que je trouve à vous dire, c'est que grâce à ce que vous avez accompli à vous seul aujourd'hui, la coupe que je tiens dans mes mains ne repartira pas de l'autre côté de l'océan. » Nouvelles acclamations. « Quand on décerne ce trophée, il est d'usage que l'USGA réclame une caution au club du vainqueur. Mais cette fois, la seule exigence que nous poserons vis-à-vis de Woodland, c'est qu'ils vous poussent à pratiquer votre golf. »

La foule éclata de rire et Reid remit le trophée à Francis. Celui-ci ne l'avait jamais vu de si près. Il le découvrit d'un air émerveillé, le brandit avec précaution à l'attention de la foule. « Un discours ! Un discours ! » criait-on de toutes parts. Francis tenta de balayer la requête d'un geste, mais le public n'en démordait pas. Il finit par consentir à dire quelques mots.

« Je vous assure que personne n'est plus surpris que moi, déclara-t-il les yeux brillants. J'espérais gagner, bien sûr ; mais cette victoire dépasse de si loin mes rêves les plus fous que je n'y croyais pas vraiment. Ma seule intention était de jouer de mon mieux ces dix-huit trous. J'ai fait mon possible pour empêcher cette coupe de partir chez nos amis d'outre-Atlantique et je suis très heureux qu'elle reste parmi nous ; très heureux d'avoir pu y contribuer à ma mesure. »

Après un petit signe de la main, Francis s'écarta. Applaudissements et clameurs redoublèrent, s'étendant maintenant aux trois joueurs que le comité de l'USGA s'avançait pour féliciter. La cérémonie prit fin, l'assistance se dispersa. On pria les finalistes de poser pour une cohorte de photographes devant le club-house. Sur les clichés, Francis est flanqué de Harry et de Ted qui lui serrent chacun la main, la pipe allumée dans l'autre, avec de grands sourires. A tour de rôle, ils se présentèrent ensuite sous la tente de presse où les attendaient un flot de questions.

En finale de l'US Open, sur un terrain difficile et détrempé, devant la plus grande foule qu'ait jamais connue alors un parcours de golf américain, Francis n'avait pas manqué un seul fairway ; il n'avait pas expédié une seule de ses approches dans un bunker ; il n'avait jamais joué plus de deux putts sur un green. Voici les résultats définitifs du tournoi, avec les dotations et leur équivalent en dollars d'aujourd'hui :

Première place :	M. Francis Ouimet	72	Amateur
Deuxième place :	Harry Vardon	77	300 $ (5 390 $)
Troisième place :	Ted Ray	78	150 $ (2 695 $)

Près d'une heure après avoir joué son dernier putt, Francis, son trophée dans les bras, regagnait les vestiaires en se frayant un chemin parmi une foule souriante. Ils étaient des centaines à l'entourer, à lui prodiguer des tapes de félicitations, à poser une main timide sur la coupe en argent. Bernard Darwin s'approcha, impatient de s'entretenir en privé avec le nouveau champion. Il le vit serrer dans ses bras une petite dame aux tempes grisonnantes. La dame rayonnait ; Darwin n'entendit pas ce qu'elle disait, seulement la réponse de Francis : « Merci, maman. Je rentre vite. » Francis s'éloigna et Bernard, se ravisant, choisit de ne pas le suivre. *Nous aurons le temps d'en reparler ; qu'il profite du moment.*

Des commissaires en faction défendaient au public l'entrée du vestiaire. Une fois au calme, Francis déposa le trophée sur le banc et s'assit à côté. Il l'étudia sous toutes ses coutures, faisant courir ses doigts sur la liste des vainqueurs gravée au pied de la coupe : *Horace Rawlins, James Foulis, Joe Loyd, Fred Herd, Willie Smith, Harry Vardon, Willie Anderson, Lawrence Auchterlonie, Alex Smith, Alec Ross, Fred McLeod, George Sargent, John McDermott.* Son nom viendrait s'y ajouter, après celui de Johnny.

La voix de Dan McNamara retentit dans son dos : « Francis ? De la visite. » Dan avait escorté Eddie jusque dans le vestiaire. Les yeux du gamin se braquèrent sur la coupe.

« Alors, c'est ça ?

– C'est ça. »

Il approcha pour l'examiner de plus près.

« Je peux toucher ?

– Bien sûr. »

Le gamin promenait ses doigts sur la surface brillante.

« C'est de l'argent véritable, hein ?

– Oui.

– Et ils te laissent l'emporter ?

– Bientôt. Mais je dois d'abord le rendre pour qu'ils puissent ajouter mon nom. Ici, tu vois ? »

Eddie déchiffra la liste gravée, murmurant quelques noms ; il rendit la coupe à Francis d'un air absolument émerveillé.

« Hé ben, c'est quelque chose.

– ... C'est quelque chose.

– Francis, tu ne vas pas me croire : ils m'ont donné tout plein d'argent, regarde. Moi, je n'ai rien demandé, ils me l'ont donné comme ça. » Il montra une grosse liasse de billets.

« Il y a combien ? demanda Francis.

– Je n'ai compté qu'une fois, mais pas loin de cent dollars, je crois. Je n'ai jamais vu autant d'argent de toute ma vie.

– C'est merveilleux, Eddie. » Francis plongea la main dans sa poche. « Et moi, je voudrais te donner ça. »

Il lui tendit l'une des deux balles avec lesquelles il avait joué son dix-huit.

« Tu es sûr ? » Eddie fixait la balle avec des yeux ronds.

« J'ai dit aux journalistes la même chose que je vais te répéter, Eddie. Et j'espère que tu me croiras : je n'y serais jamais arrivé sans toi. Si j'ai joué comme j'ai joué, c'est en partie, en grande partie, parce que tu as cru en moi. »

Eddie accepta la balle. Il la soupesa comme pour mesurer le vrai poids du cadeau que Francis venait de lui faire ; puis il leva les yeux sur lui.

« On l'a fait, ce 72.

– Oui, on l'a fait. »

Eddie hocha la tête. Il empocha la balle et la liasse. Francis lui serra la main une dernière fois.

« A bientôt, Francis.

– A bientôt, Eddie. A Woodland. On pourra peut-être faire un parcours ensemble.

– Ça marche. »

Eddie sortit avec Dan. « Monsieur McNamara, il paraît que l'inspecteur de l'école est dans les parages et qu'il me cherche. J'aimerais autant, vous savez. Parce que j'ai deux ou trois trucs à lui dire... »

Francis prit une douche, se rasa, se changea et il était prêt à partir quand il entendit deux voix dans un coin de la pièce.

« A quelle heure est le train ?

– Cinq heures. Ils disent qu'on arrivera vers dix heures à New York.

– Pourvu qu'il y ait le temps de boire un verre, dit Ted. J'ai une de ces soifs.

– Ne jamais désespérer, vieux frère, sourit Harry : il y a toujours le temps d'un verre. Où sont les clubs ?

– Je les ai fait envoyer à la gare. »

Francis se dirigea vers les voix : il trouva les deux pros britannique en train de vider leur casier.

« Très bien, disait Harry. J'ai prévenu l'hôtel qu'on y fasse porter nos bagages. Les billets nous attendent. Il n'y a plus qu'à se présenter là-bas. »

Ils aperçurent alors Francis. « Tiens, tiens, s'écria Ted avec sa jovialité un peu bourrue : maître Ouimet, propre comme un sou neuf, fin prêt pour sa soirée.

– Qu'est-ce qui vous attend donc en ce beau samedi soir, Francis ? s'enquit Harry.

– Oh, je ne sais pas trop. Des amis veulent m'emmener dîner à Boston.

– Bonne idée : c'est le moment ou jamais de faire la noce, déclara Ted en lui posant son battoir sur l'épaule. Profitez bien de cet instant, mon jeune ami, jouissez de chaque seconde : voilà mon conseil. Qui vaut aussi pour les jours à venir : vous allez voir que c'est une drôle de balade.

– D'accord, c'est promis. Et pour vous ?

– Un train à prendre, répondit Ted ; des rendez-vous ; jamais assez de temps.

– Nous jouons demain matin, expliqua Harry. Contre Alex et Mac Smith. Quelque part près de New York.

– Quoi ? Dès demain matin ?

– C'est ça, Francis, la vie d'un professionnel, rétorqua Ted : encore trois semaines de route avant de pouvoir rentrer chez nous. J'espère que vous ne comptez pas passer pro tout de suite.

– Non, je n'en avais pas l'intention.

– Estimez-vous heureux, alors : c'est une façon bien misérable de gagner sa vie », conclut Ted en soulevant son sac.

Il serra vigoureusement la main de Francis.

« Bon. Je suis certain que nous nous reverrons bientôt. Passez donc nous voir à Londres ; on vous promènera.

– Je n'avais jamais pensé aller en Europe.

– Vous y viendrez très vite : faites-moi confiance.

– J'aimerais beaucoup cela, monsieur. Oui, j'aimerais beaucoup.

– Dans ce cas, comptez-y ! Nous vous attendons de pied ferme. Et puis, Francis, votre heure a sonné : amusez-vous bien. » Et sur un dernier clin d'œil, le colosse franchit la porte.

Harry s'attarda un instant. Il posa son sac, alluma sa pipe.

« La chance m'a souri, dit Francis pour meubler le silence.

– Non. La chance n'a rien à voir là-dedans. Je ne vous ai pas sous-estimé, Francis : ce que vous nous aviez montré hier était trop prometteur pour qu'on y songe seulement. Mais je ne vous croyais pas capable de jouer à ce niveau en situation de play-off. Ce fut mon erreur. »

Francis hocha timidement la tête et baissa les yeux. Harry éteignit son allumette.

« On m'a dit que vous habitez à côté, reprit-il.

– Juste en face, près du dix-sept. »

Harry dressa l'oreille.

« Et c'est là que vous avez grandi ? En face du parcours ?

– Oui. »

Tout comme moi. Je commence à comprendre.

« J'imagine donc que vous jouez au golf depuis votre plus jeune âge.

– Aussi loin que je me souvienne. J'étais caddie ici. C'est mon frère qui m'a initié. »

Je ne savais pas combien j'avais raison. Un second Harry, en plus jeune.

L'Anglais se tut, sans quitter Francis du regard, et il hocha doucement la tête. Francis n'aurait su déchiffrer son expression : on eût dit la satisfaction de voir une intuition confirmée.

« Votre famille est sans doute venue vous voir aujourd'hui.

– Quelques-uns, oui. »

Harry perçut l'hésitation dans sa réponse.

« Que fait votre père ?

– Il est jardinier. » Francis eut l'impression que Harry réagissait avec beaucoup d'intérêt, voire une certaine émotion, à cette réponse.

« Vraiment ? Est-ce qu'il approuve votre passion pour le golf ?

– Eh bien... Je ne sais pas. Par le passé, je ne peux pas dire qu'il... Mais non. Non, pas vraiment. »

Harry lui adressa un regard compréhensif.

« Ça ne fait rien, Francis. Nous, nous approuvons.

– Merci, monsieur Vardon. »

Harry sourit. Une automobile cornait avec impatience au-dehors ; puis Ted se mit à crier. Harry empoigna son sac, leva une main en guise d'au revoir et sans ajouter un mot, il sortit.

Francis se rassit sur le banc. Il contempla la pièce vide. Après un moment, il sortit de sa poche une vieille balle de golf pour l'examiner : une antiquité, dont l'inscription s'était effacée depuis longtemps – tout juste distinguait-on l'amorce d'un V majuscule. Un sourire éclaira son visage.

Des voix criaient son nom au-dehors. Francis sortit par la porte de service du vestiaire, là où personne ne l'attendait, dans la paix bienvenue du samedi soir. La pluie avait cessé ; pour la première fois depuis deux jours, on entendait des oiseaux ; le soleil semblait même sur le point de se montrer avant la tombée du jour. Francis avait maintenant tout le temps du monde : d'un pas tranquille, sûr et égal, il traversa les vastes fairways déserts, le dix-septième green, un bouquet d'arbres et sa rue, avant de monter les marches du 246, Clyde Street, où était sa maison.

Après coup

Septembre 1913 – juin 1914

DANS les quarante-huit heures qui précédèrent la victoire de Francis et durant les quelques jours qui suivirent, le nom « Ouimet » fut le mot le plus employé par les services du câble télégraphique, et les opérateurs, des deux côtés de l'Atlantique, ne tardèrent pas à lui donner une abréviation. Bernard Darwin avait été le premier à câbler ce nom, trois semaines plus tôt, lors du tournoi de Garden City : son pronostic concernant le jeune Américain prit rétrospectivement des allures de prophétie.

Dans son édition du dimanche 21 septembre, le *New York Times*, pour la première fois de son histoire, publia, à la une, un long article sur le golf et sur son jeune champion. La plupart des grands quotidiens d'Amérique et d'Europe lui emboîtèrent le pas. On déclara, détournant une phrase célèbre de la Révolution américaine, que les coups de ce play-off « avaient retenti aux quatre coins du monde ». En l'espace d'une journée, sans autre intention que de jouer chaque coup de son mieux, Francis avait donné à son sport une audience nationale qu'il n'avait jamais connue auparavant et qui ne s'est jamais démentie depuis lors.

Au bout du compte, ce soir-là, le jeune homme suivit ses amis à Boston – entre autres raisons, pour fuir un flot d'admirateurs qui se bousculaient à la porte des Ouimet. Après un joyeux repas, la petite bande assista à une revue musicale. Francis fut reconnu pendant l'entracte et, à la reprise du spectacle, on annonça sa présence dans la salle. Le public le gratifia d'une *standing ovation* qu'il reçut avec le rouge au front : cette circonspection vis-à-vis de la faveur publique devait lui durer toute sa vie.

Le lendemain du play-off, le temps à Boston s'améliorait de façon spectaculaire : un été indien commençait. Les adhérents du Country Club organisèrent une grande fête en l'honneur de Francis. Ce dernier s'était levé de bonne heure, comme à son habitude ; ayant englouti un petit déjeuner pantagruélique préparé par sa mère et sa sœur, il alla frapper quelques balles au practice et se joignit à l'assemblée sur le coup de onze heures. La fête dura jusque tard dans l'après-midi. Bernard Darwin eut l'occasion d'échanger quelques mots en privé avec le jeune champion. A son étonnement, Francis n'avait changé en rien : c'était toujours le jeune homme modeste qu'il avait rencontré, trois semaines plus tôt, à Coney Island. Cet après-midi-là, il se montra aussi joyeux et insouciant qu'il avait été grave et déterminé la veille. Il réitéra devant Darwin son intention de rester amateur : il ne se sentait pas fait pour l'existence d'un professionnel. Non seulement il envisageait toujours une carrière dans le monde des affaires, mais il caressait encore son plus grand rêve : remporter le championnat national amateur.

Ainsi que Ted Ray l'avait prédit, la vie de Francis allait changer du tout au tout : les premiers signes s'en firent sentir dès ce dimanche. L'organisation du Country Club informa l'assistance qu'elle entendait décerner au jeune champion une carte de membre honoraire pour l'année à venir. Dans les minutes qui suivirent, les représentants d'une demi-douzaine de clubs privés de la région de Boston, pour ne pas être en reste, lui accordaient les mêmes privilèges. En fin de journée, Francis fit une brève excursion à Woodland, son club d'affiliation, où il fut accueilli par des banderoles à sa gloire, inondé de cadeaux par ses amis et fêté en héros.

De retour chez lui, le dimanche soir, il découvrit que la presse s'était invitée au domicile des Ouimet. Dans son édition du lundi, le *Boston Globe* mit à la une un dossier illustré sur la famille du champion. On y découvre sa maison, sa mère, son frère et sa sœur, dont l'enthousiasme rayonne sur les clichés ; seul Arthur brille par son absence. Mettant à profit sa formation de sténo, Louise s'était mise en poste autour du téléphone familial et transcrivait les messages qui affluaient par dizaines. Ce fut aussi, tout au long de la journée, un défilé de télégrammes signés par de célèbres golfeurs et d'éminentes personnalités. Francis chérissait plus particulièrement celui du maire de Boston, John F. Fitzgerald, grand-père maternel du futur président John Kennedy ; et celui du président Taft, dont l'œil averti l'avait distingué au cours des éliminatoires.

Et cela n'était pas fini. George Wright téléphona pour informer Francis de ne pas se présenter au bureau le lundi : il avait décidé de lui offrir une semaine supplémentaire de congés payés. Le lendemain, le jeune homme apprit qu'on l'avait retenu en dernière minute pour participer – quelques jours plus tard et une fois encore au Country Club de Brookline – à la Lesley Cup, prestigieux tournoi amateur qui confrontait chaque année les équipes du Massachusetts, de l'Etat de New York et de la Pennsylvanie. Cette annonce suscita un vif enthousiasme car elle impliquait qu'à un moment ou l'autre, Francis se mesurerait à Jerry Travers, capitaine de l'équipe de New York. Ce serait la première fois aux Etats-Unis qu'un match opposerait le tenant actuel de l'US Open au champion national amateur.

Le journaliste du *Globe* visita également le domicile d'Eddie Lowery, « le plus heureux et envié des enfants de Newton ». Dès qu'il fut clair que le visiteur n'avait rien à voir avec l'inspection scolaire, Eddie, son frère Jack et sa mère lui firent le meilleur des accueils, le régalant d'aperçus exclusifs sur la vie trépidante des Lowery. Quant au Javert de l'école, il traquait toujours Eddie ; mais quand il finit par lui mettre la main dessus, sa popularité était telle qu'aucune sanction ne put être appliquée.

Avec des accents de vieux sage du golf, le petit Eddie déclarait notamment dans son interview : « Je savais que Francis allait gagner, parce que j'avais suivi son jeu de très près depuis trois ans. Et autre chose : il va gagner la Lesley Cup la semaine prochaine. Personne ne peut le battre. »

Parmi les millions de lecteurs américains qui découvrirent les hauts faits de Francis dans le journal se trouvait un gamin de onze ans, fils d'immigrés italiens : Eugenio Saraceni, alors caddie au club d'Awapamis, dans l'Etat de New York. Exalté à l'idée qu'un de ses pairs ait pu battre les champions britanniques, Eugenio résolut sur-le-champ de devenir golfeur professionnel. Après des débuts prometteurs, le gamin allait, quelques années plus tard, se faire remarquer par Francis : celui-ci le prendrait sous son aile et s'en ferait un ami. Américanisant son nom en « Gene Sarazen », il entrerait à son tour dans la légende du golf américain comme l'un des plus grands et plus populaires golfeurs de tous les temps. Sarazen a remporté son premier US Open en 1922 ; il devait en tout récolter six majors. En 1934, les Masters s'ajoutaient au circuit et Sarazen, deux ans plus tard, fut le premier à réussir notre Grand Chelem moderne.

Les nouvelles de la victoire de Francis trouvèrent en Angleterre une réception plus mitigée. Les correspondants qui l'avaient vu à l'œuvre eurent beau souligner les mérites du jeune Américain, et Bernard Darwin chanter ses louanges sur tous les tons, le reste du pays digéra mal qu'un gamin de vingt ans ait pu faire la leçon à ses deux plus grands champions. J.H. Taylor qualifia la défaite de « camouflet ». L'un après l'autre, les vétérans du golf britannique lui firent écho. Les uns ne concédaient la défaite que du bout des lèvres ; d'autres argumentaient qu'étant trop jeune pour comprendre à qui il se mesurait, Francis n'avait dû sa victoire qu'à une bienheureuse innocence. Attendez un peu qu'il grandisse, répétait-on, et que plusieurs années de pression en tournoi ne commencent à se faire sentir. A lire aujourd'hui ces commentaires, on croirait entendre trembler les soucoupes à l'heure du thé : ces dénégations évoquent un bataillon d'infanterie en cure de repos après avoir essuyé un tir d'obus. Les professionnels écossais, en revanche, se montrèrent plus magnanimes : mais faut-il s'en étonner ? On ne peut s'empêcher de deviner, derrière leur fair-play, un soupçon d'esprit revanchard vis-à-vis d'une Angleterre qui leur avait ravi le trône de leur sport national : qu'elle fît à présent les frais de l'ascension américaine n'était pas pour leur déplaire.

Dans tous leurs commentaires privés et publics, Harry et Ted continuèrent à ne témoigner qu'une profonde estime pour la prestation de Francis. Ils savaient, eux, tout ce qu'ils avaient tenté pour le battre – et ce qu'il leur en avait coûté, tant au plan mental que physique. Au reste, la suite de leur tournée l'illustra de façon éclatante. Après avoir attrapé leur train du soir pour New York, les deux Britanniques rencontrèrent en match-play Alex et Macdonald Smith au club de ce dernier, le Wykagyl de Westchester. Les frères Smith n'étaient pas restés voir le play-off : rentrés de Boston un jour plus tôt, ils avaient pu se préparer au match. Epuisé par sa bataille contre Francis, Harry ne signa pas un seul par avant le onzième trou. Les deux frères – Macdonald en tête – infligèrent à Harry et à Ted la seule défaite en équipe de leur séjour, par 3 et 2.

Après une journée de repos bienvenue à New York, les deux Jersiais mirent le cap au sud : Philadelphie, puis le Delaware, la Virginie, la Caroline du Sud. L'un de leurs derniers matchs eut lieu début octobre en Georgie, à l'East Lake Country Club d'Atlanta. Parmi les spectateurs se trouvait un jeune prodige de onze ans, fils d'un avocat en vue, qui pratiquait le golf depuis l'âge de cinq ans sur un parcours de deux trous qu'il avait aménagé, avec un ami, dans le jardin familial. Le récit de la victoire de Francis l'avait laissé de marbre ; mais le spectacle des deux grands champions qu'il avait battus – la grâce de Vardon, la puissance de Ray – l'inspira plus que tout à perfectionner son golf. Trois ans plus tard, il se qualifiait pour la première fois au championnat national amateur et atteignait les quarts de finale : il n'avait alors que quatorze ans. Le prochain immortel du golf s'annonçait : Robert Tyre Jones Junior – Bobby pour les intimes.

A la fin de sa semaine de congés payés, Francis conclut les plus beaux jours de sa jeune existence en réalisant une autre prophétie d'Eddie Lowery : il battit Jerry Travers en finale de la Lesley Cup, au Country Club de Brookline. Les réjouissances que Ted Ray lui avait prédites ne s'arrêtèrent pas là : on donna en son honneur un grand dîner de cérémonie à Boston, rassemblant plus de deux cents convives. Son univers confiné s'agrandit brusquement dans toutes les directions. Il ne tarda pas à recevoir une augmentation de son employeur, s'accompagnant de responsabilités étendues. Et au cours de l'hiver, des notables locaux lancèrent une souscription pour l'envoyer en Europe disputer les championnats amateur et professionnel. Il accepta très volontiers.

Quand il partit de Boston en juin 1914, en compagnie de ses amis Jerry Travers et Chick Evans et dans une cabine de première, plus d'une douzaine de journalistes et une meute de photographes étaient en poste sur l'embarcadère, et son départ fut annoncé dans toutes les rubriques sportives. Du jour au lendemain, Francis était passé de l'anonymat au statut de héros national. Depuis sa victoire en septembre, les championnats de golf étaient devenus la nouvelle passion et des centaines de milliers d'Américains s'initiaient à taper la balle. Francis eût-il été plus âgé, plus riche, ou même professionnel, sa victoire aurait sans doute eu moins d'impact : mais il n'était rien de tout cela. Il était un simple amateur, le voisin de quartier modeste et sans prétention ; et son comportement exemplaire au cours des mois suivants démontra, s'il en était encore besoin, qu'il ne laisserait pas la notoriété lui monter à la tête. Quelles qu'aient été ses répugnances à assumer des devoirs publics qui allaient à l'encontre de son tempérament réservé, il comprenait que le succès s'accompagnait de responsabilités, prit au sérieux ce qu'on lui demandait et, en raison de son profond respect pour le golf, n'hésita jamais à remplir ses obligations de champion. Tous ceux qui eurent la chance de croiser son chemin en retiraient l'impression réconfortante que ce héros qu'ils avaient admiré de loin se révélait, de près, supérieur à son image : aimable, généreux, attentionné, toujours plus préoccupé d'en apprendre sur ses interlocuteurs que de parler de lui-même. Sa victoire inaugurale en Open allait contribuer à faire de lui un homme, au sens le plus profond de ce terme : mais parce que ces qualités étaient déjà en lui de façon latente.

Debout sur le pont, invité d'honneur du capitaine, Francis s'excusa un instant auprès de ses amis pour aller regarder, à la poupe, la ville de Boston s'éloigner. Accoudé au bastingage, il eut une idée qui le fit d'abord sourire et presque rire, tant elle semblait absurde. Mais l'idée insista et finit par se frayer un chemin dans sa conscience ; elle l'emplit alors d'une satisfaction paisible et profonde.

Le champion d'Amérique fait voile vers les terres natales du golf.

Les retombées

ALEX et Macdonald Smith, immigrants de Carnoustie, Ecosse, poursuivirent durant de nombreuses années une carrière au sommet. En 1922 encore, à l'âge de quarante-neuf ans, Alex finissait cinquième à l'US Open de Stokie, à égalité avec Bobby Jones, tandis que Gene Sarazen s'envolait vers son premier titre. Alex, qui avait formé Jerry Travers au début de sa carrière, s'imposa comme l'un des plus grands pédagogues américains du golf. Il mourut en 1930, ayant eu le plaisir de voir son ami Bobby Jones, la même année, devenir le premier golfeur de l'histoire à remporter le Grand Chelem – les titres amateur et professionnel aux Etats-Unis et en Angleterre.

Malgré près de quarante victoires en PGA et une liste déchirante de deuxièmes places dans des tournois d'envergure, Macdonald Smith ne devait jamais remporter un seul major. C'est pour lui qu'on inventa le titre ambigu de « meilleur joueur à n'avoir jamais remporté de major », qui continue à faire florès dans la presse sportive. En 1949, cinq ans après sa mort, il fut élu à la liste des meilleurs professionnels de tous les temps, le *Hall of Fame* de la PGA.

Le benjamin de la famille, Willie, avait remporté l'US Open en 1899 sur une avance de onze coups : son record devait tenir un siècle, jusqu'à ce que Tiger Woods le fasse tomber à Pebble Beach, en 1999. Après avoir manqué le cut à l'Open 1913, Willie repartit à Mexico, où il avait accepté la charge de pro pour le tout premier golf de la ville. Dix-huit mois plus tard, la révolution mexicaine, qui avait commencé au nord et au sud du pays, arrivait aux portes de la capitale. Le terrain de golf, symbole aux yeux des rebelles de la corruption des classes dominantes, fut bombardé. Willie, qu'on avait informé bien avant l'attaque, refusa de quitter son poste. Il se réfugia dans la cave du club-house où les rebelles, ayant investi les lieux, le retrouvèrent grièvement blessé par l'effondrement d'une poutre et un éclat d'obus. Il mourut quelques jours plus tard. A la demande de ses frères, son corps fut rapatrié en Écosse pour être inhumé dans le caveau familial.

L'Américano-Anglais « Long » Jim Barnes, du haut de ses deux mètres, mena une carrière aussi longue que brillante des deux côtés de l'Atlantique. Ayant fini quatrième à l'US Open 1913, Barnes réitéra cet exploit deux ans plus tard avant de l'améliorer d'une place l'année suivante. Il remporta la première édition du PGA, en match-play, en 1916 ; puis la deuxième, en 1919 (le tournoi avait été interrompu durant la guerre). En 1921 et en 1924, il perdit la finale face à Walter Hagen. Et après une sixième place à l'US Open 1920, il s'adjugea enfin le trophée l'année suivante, au Columbia Country Club, dans le Maryland. En 1925, il triomphait de Macdonald Smith à Prestwick pour remporter le British Open. Dans les années qui précèdent l'entrée des Masters dans la liste des majors, en 1934, seuls huit golfeurs sont parvenus à gagner les trois autres tournois : Barnes fait partie des huit. Si l'on ajoute aux cinq majors qu'il s'est adjugés les dix-sept tournois qu'il a remportés aux Etats-Unis avant l'avènement du circuit PGA, il semble que l'on tienne un grand champion méconnu. Technicien aguerri, Barnes a fait paraître deux guides d'initiation de son vivant, dont un qui proposait un ingénieux outil pédagogique : le découpage d'un swing en chronophotographies, dans un *flip-book* à feuilleter pour recréer l'illusion du mouvement. Jim Barnes est mort en 1966 à l'âge de soixante-dix-neuf ans. Il est entré au *Hall of Fame* de la PGA en 1989.

Aucun des deux grands professionnels du Massachusetts, Tom McNamara et Mike Brady, n'a réalisé son rêve de gagner un US Open, bien que tous deux soient passés très près de cet exploit à de nombreuses reprises. Tom finit en deuxième place pour la troisième fois en 1915, avec un seul coup d'écart ; puis troisième en 1919, à Brae Burn ; après quoi sa carrière déclina. Mike Brady approcha le trophée à quatre reprises ; il perdit par deux fois en play-off, la dernière en 1919 contre Walter Hagen. Dans les années qui précèdent l'ascension de Hagen (lequel allait devenir l'un de ses plus grands amis), Brady se fit connaître comme le meilleur golfeur itinérant du pays, fort d'une liste de records établis dans un nombre impressionnant de clubs. S'il n'a jamais remporté l'Open, une douzaine de victoires dans des tournois de moindre envergure lui ont valu d'entrer au *PGA Hall of Fame*. Il est mort en 1972, à l'âge de quatre-vingt-cinq ans.

Le Français Louis Tellier émigra aux Etats-Unis en compagnie de son épouse, la sœur de Wilfred Reid, peu avant le déclenchement de la Première Guerre mondiale. Il accepta tout d'abord une place au club de Canoe Brook, dans le New Jersey, où il établit un record à 63. En 1916, s'appuyant sur son réseau de relations, il devenait pro attitré du Country Club de Brookline, poste auquel Dan McNamara lui succéda trois ans plus tard. Louis Tellier poursuivit sa carrière de pro itinérant, mais il se retira peu à peu de la compétition et ne devait plus faire parler de lui en tournoi.

Wilfred Reid et son épouse ne tardèrent pas à rejoindre le couple Tellier en Amérique, mettant à exécution leur plan pour se soustraire à l'impôt britannique. Reid adhéra à la PGA en 1917 et pratiqua la compétition durant dix ans encore ; mais l'apogée de sa carrière était maintenant derrière lui. Il demeura néanmoins un redoutable expert du petit jeu et, tout au long de sa carrière, signa le nombre phénoménal de vingt-six trous en un. Ayant obtenu la citoyenneté américaine en 1921, Reid se reconvertit avec succès dans l'architecture de golf : il a conçu cinquante-huit parcours originaux et en a redessiné quarante-trois, avant de prendre sa retraite au début des années cinquante. Ted Ray et lui finirent par se réconcilier : Wilfred rédigea même un chapitre consacré au petit jeu dans le premier manuel publié par Ted Ray, en 1915. Reid s'établit à Palm Beach, où il devint un membre éminent de la vie locale : il y est mort en 1973, à l'âge de quatre-vingt-neuf ans.

Empêché par ses obligations professionnelles d'assister à la victoire de Francis, le Vieux Walter Travis lui consacra néanmoins une série d'articles dithyrambiques dans sa revue *American Golfer*. Il poursuivit ses activités de journaliste et de pédagogue durant une décennie. Il se retira de la compétition amateur en 1915, à l'âge de quarante-huit ans, après plus de deux cents victoires en tournoi. Il raccrocha avec élégance : le Metropolitan Championship de New York passait pour le deuxième plus grand tournoi amateur du pays après le national et ce fut là qu'en quart de finale, Travis se mesura une dernière fois à son grand rival Jerry Travers, qui avait exactement la moitié de son âge. Il avait perdu contre lui ses cinq derniers matchs, lui concédant chaque fois le trophée du national amateur. Ce jour-là, en quart de finale, il joua un parcours d'anthologie et parvint à arracher la victoire au trente-sixième trou. Il remporta la finale contre John Anderson, pour anoncer son retrait aussitôt après, finissant une carrière exceptionnelle sur un putt réussi de près de quatorze mètres ! Travis se consacra dès lors à sa revue ; ce grand monsieur du golf amateur américain est mort en 1927, à l'âge de soixante ans, d'un emphysème lié à sa passion coupable du cigare.

Jerry Travers, le gosse de riches d'Oyster Bay, remporta son quatrième et dernier titre amateur en 1913 – un record que, par la suite, seul Bobby Jones devait égaler. Jerry arriva en finale une dernière fois l'année suivante et, en 1915, le génie du match-play créa la surprise en devenant le deuxième amateur, après Francis, à s'adjuger l'US Open, à Baltusrol. Deux semaines plus tard, il perdait son match épique face à Travis au Metropolitan Open. Le Vieux Travis ne tarda pas à raccrocher et Jerry Travers, à la surprise générale, fit de même. Il ne revint même pas défendre l'US Open l'année suivante : ce fut un autre amateur, Chick Evans, le troisième en quatre ans, qui le remporta. Premier joueur de l'histoire à fonder tout son golf sur son jeu de fers, Jerry ne parvint jamais à maîtriser vraiment ses drives. S'il joua plusieurs matchs de bienfaisance pendant la guerre, il ne revint pas au sommet de la compétition. La Dépression le priva de cette fortune qui lui avait assuré jusqu'ici une vie insouciante. Ruiné, sans autre talent que le golf, Jerry tenta un come-back à l'âge de quarante-trois ans comme professionnel : mais il était trop tard. Peinant à joindre les deux bouts comme pro anonyme et professeur, Jerry renonça au golf au début des années quarante. Il se fit alors engager chez Pratt & Whitney, au contrôle des moteurs d'avion. Il est mort en 1951, à l'âge de soixante-quatre ans.

Alfred Harmsworth, lord Northcliffe, resta toute sa vie un fervent supporter du golf britannique. Mais la guerre mondiale n'allait pas tarder à inscrire son activité éditoriale sous un jour autrement plus grave. Doté d'une énorme influence à travers ses quotidiens *The Times* et *The Daily Mail*, le belliqueux Northcliffe contribua largement à attiser les sentiments anti-allemands et à précipiter l'Angleterre dans le conflit. Il monta une campagne pour réclamer la démission du Premier ministre Herbert Asquith, accusé d'avoir acheté la « paix des Huns ». Le successeur d'Asquith, David Lloyd George, considérait en privé Northcliffe comme un individu dénué de tout scrupule et une menace pour le pays ; mais il eut l'intelligence de l'attirer au gouvernement pour le museler. En 1917, le magnat acceptait la direction de l'ambassade de guerre britannique aux Etats-Unis ; il revint un peu plus tard en Angleterre comme directeur de la Propagande en pays ennemi. Sa vie privée se révèle non moins tumultueuse, jalonnée d'innombrables maîtresses et d'enfants illégitimes.

A son retour de Washington, le comportement de Northcliffe était de plus en plus erratique ; il devint sujet à des crises de rage toujours plus fréquentes. Il bascula petit à petit de l'excentricité tyrannique au pur et simple dérangement d'esprit. Son apparence se dégrada de façon spectaculaire. Durant un séjour en Allemagne après l'armistice, il accusa le chancelier allemand d'avoir empoisonné sa crème glacée. En visite à Fontainebleau, on le vit se coiffer du chapeau de Napoléon et prétendre qu'il lui allait comme un gant. Northcliffe consommait des quantités croissantes de morphine pour calmer ses nerfs et exigeait que ses secrétaires soient armés en permanence pour le défendre contre d'éventuels assassins.

Bien qu'un diagnostic précis n'ait jamais été établi par peur du scandale, Northcliffe, au début des années vingt, affichait tous les symptômes d'une neurosyphilis avancée. Sa déchéance fut dès lors rapide ; et sa famille, réalisant ses pires angoisses de persécution, finit par mettre ses biens sous tutelle et le faire interner dans une de ses propriétés. Un testament qu'il rédigea au crayon en juillet 1922 commence en ces termes : « Moi, Alfred Charles William Harmsworth, vicomte Northcliffe, sain d'esprit bien qu'affligé d'une dangereuse maladie, la fièvre des jungles indiennes, ainsi que d'une autre, inconnue à ce jour des médecins britanniques et contractée par une glace empoisonnée qui m'a été servie à la frontière belge, où j'avais eu l'infortune d'être reconnu par mes ennemis... » Il mourait un mois plus tard, le 14 août 1922, à l'âge de soixante et un ans.

Après l'US Open 1913, John McDermott retourna chez lui à Atlantic City. Il eut les plus grandes difficultés à se remettre de sa défaite : le titre de champion avait servi de béquille à l'instable Johnny. S'efforçant de se refaire après ses déconvenues boursières, il se lança dans une série d'investissements toujours plus risqués qui allaient achever de le ruiner. Convaincu que c'était par le golf qu'il remonterait la pente, il passa l'hiver en Floride à se préparer en vue du British Open 1914. Le matin du premier tour, il manqua le bac pour Prestwick, et son départ en suivant. L'organisation du tournoi s'en émut ; on lui proposa un nouvel horaire. Son sens du fair-play refusa cet arrangement qui, disait-il, aurait pénalisé les autres joueurs. Il repartit aussitôt à Londres où il acheta un billet pour New York sur le paquebot rapide *Kaiser Wilhelm II*. Au large de Southampton, en raison d'un brouillard épais, le navire fut éperonné par un cargo et sombra. Au moment du choc, McDermott était aux mains du barbier qui manqua lui ouvrir la gorge. Il s'en tira indemne : les passagers furent rapidement évacués dans des canots de sauvetage, et secourus six heures plus tard. Mais l'incident acheva de miner l'équilibre déjà fragile du jeune golfeur.

A son retour, Johnny concourut à l'Open 1914 ; il réussit le cut mais ne joua qu'un rôle de figuration dans le tournoi. Nombre d'observateurs en retirèrent l'impression que le premier champion américain de souche avait perdu le feu sacré. Un peu plus tard cet été-là, en se rendant à son club d'Atlantic City, Johnny fut terrassé par une crise d'angoisse. Il fallut l'hospitaliser. Les médecins conclurent à une dépression nerveuse aiguë. Johnny disparut dès lors de la vie publique : la plupart de ses amis ne le revirent jamais et il ne disputa plus un seul tournoi de sa vie. L'esprit en lambeaux, Johnny partagea le reste de sa vie entre le domicile de ses parents et une série de maisons de repos. En l'espace de quelques années, tandis que les autres golfeurs américains qu'il avait autrefois menés au succès s'imposaient sur tous les terrains du monde, John McDermott fut complètement oublié.

En 1971, l'US Open se disputait au club de Merion, non loin de la maison natale de Johnny à Philadelphie. Un journaliste local rédigea un article consacré au soixantième anniversaire de la victoire de Johnny en Open. Son enquête, à la stupéfaction générale, établit que le champion oublié était encore en vie – et qu'il résidait à deux pas de Merion. Des contacts furent pris et accueillis prudemment. Avec une sollicitude admirable, dans un souci constant de sa santé fragile, l'USGA organisa la première apparition publique de McDermott en l'espace de cinquante-six ans. Johnny assista au tournoi dans la tribune d'honneur ; la jeune génération du golf défila pour présenter ses hommages à l'homme par qui tout avait commencé. Johnny n'accorda aucune interview mais les témoignages conviennent qu'il fut ravi de cet hommage tardif. Il s'est éteint paisiblement peu de temps après, à un mois de ses quatre-vingts ans.

Le reportage haletant que John G. Anderson consacra à la victoire de Francis pour le *Boston Transcript* fut immédiatement repris par les services télégraphiques et publié un peu partout dans le pays. C'est par la plume fidèle et passionnée d'Anderson que des millions de lecteurs américains découvrirent les exploits de leur nouveau champion. Le monde de la presse et des affaires en prit bonne note : John ne tarda pas à s'imposer comme l'un des plus populaires journalistes de golf américains, en même temps qu'il assurait avec succès la charge de représentant pour un équipementier.

Anderson continua de concourir en amateur au plus haut niveau et joua un rôle décisif dans la naissance de la PGA, dont il fut nommé membre honoraire en 1920, bien que n'ayant jamais été professionnel. En couronnement de sa carrière, il devait remporter l'Open de France en 1924 et en 1926. John resta toute sa vie un ami proche de Francis. Cette figure, parmi les plus marquantes du golf pour ses exceptionnelles qualités humaines, succomba de façon tragique en 1933 à une maladie indéterminée. Il avait quarante-neuf ans. Dans sa nécrologie publiée par le *New York Times*, on pouvait lire : « Johnny Anderson était l'ami de tous les amoureux du golf. Il était l'âme même de ce jeu et, chaque année, ajoutait à sa gloire par sa seule présence. Le golf perd en lui un irremplaçable ami : nous te regretterons à jamais. »

Bernard Darwin rentra à Londres où, à l'instar d'Anderson, il poursuivit une double carrière de journaliste reconnu et de golfeur amateur de haut niveau. Il arriva en demi-finale du British Amateur pour la deuxième fois en 1921 et joua fréquemment pour l'Angleterre lors des prestigieuses compétitions « Home International », contre l'Ecosse, l'Irlande et le Pays de Galles. Mais en contraste avec sa plume, qui cultivait l'effacement et la pondération, il semble qu'il ait affiché sur les terrains un caractère bouillant, prompt aux jurons comme aux gestes de colère, qui lui coûta bien des matchs.

En 1922, ce voyageur récalcitrant retournait en Amérique pour suivre, au nom du *London Times*, la première édition de la Walker Cup. Le capitaine de l'équipe britannique Robert Harris étant tombé malade, Darwin, à l'âge de quarante-six ans, le remplaça au pied levé... et battit le capitaine américain Bill Fownes en match individuel.

A la mort de son employeur lord Northcliffe, Darwin poursuivit ses activités journalistiques durant trente ans. Il a publié plus de trente ouvrages, sur le golf et sur d'autres sujets. Adulé par ses lecteurs comme par ses modèles, Darwin s'est lié d'amitié avec trois générations de golfeurs américains qui ont traversé l'océan pour concourir dans les tournois britanniques. Loin de gémir sur le déclin inévitable de la suprématie anglaise, il s'est fait le chantre des Ouimet, Jones, Sarazen et Hogan, convaincu que la noblesse du golf transcendait les frontières. En 1932, il offrit une préface à l'autobiographie de son grand ami Francis Ouimet, dans laquelle il écrit notamment : « Je n'ai qu'un soupçon par rapport à ce livre, c'est qu'il ne pèche par modestie. » Trois ans plus tard, il était élu à l'honneur suprême du golf, la charge de capitaine de la Royal & Ancient à St. Andrews.

Des problèmes articulaires à répétition le contraignirent à raccrocher les clubs avec tristesse en 1940. Bernard Darwin compte parmi les plus éminentes figures de l'histoire du golf. Ses comptes rendus oculaires et ses portraits, qui vont du Vieux Tom Morris à Ben Hogan, n'ont aujourd'hui rien perdu de leur fraîcheur. En 1953, il devint le premier écrivain à entrer au *Hall of Fame*. Il s'est éteint en 1961, à l'âge de quatre-vingt-cinq ans.

Walter Hagen revint à Rochester profondément découragé par sa quatrième place à l'Open 1913. A ses yeux, il aurait dû gagner « ce truc » et ne se trouvait vraiment aucune excuse. « Mais bon, il y a le temps, promit-il à un journaliste local ; et dans un an, avec un peu d'expérience, je leur montrerai à tous ce que c'est que le golf. » Quand son établissement, comme tous ceux de la région, fermèrent leurs portes pour l'hiver, Walter emporta ses clubs en Floride, mais ce fut pour s'adonner là-bas à son autre passion, le base-ball. Il envisagea sérieusement, à son retour, de délaisser les fairways pour les bases. Un ami le convainquit de tenter d'abord sa chance, une dernière fois, en US Open. Walter se rappela ses promesses à la presse, à l'USGA, à Francis : il résolut de faire un ultime essai. Il passa trois semaines à perfectionner son golf. Il conserva aussi sa flamboyante tenue de jeu, à un détail près : les fameuses chaussures à semelles rouges partirent à la poubelle pour être remplacées par de solides souliers cloutés.

En juin 1914, il arrivait au Midlothian Country Club, près de Chicago. Remonté à bloc, le dandy commença par s'offrir un somptueux dîner de fruits de mer la veille du tournoi, contracta une intoxication alimentaire qui le rendit malade comme un chien, joua le lendemain son parcours en titubant, et bien entendu – dans le plus pur style Hagen – établit un score phénoménal de 68, nouveau record sur le parcours et en US Open. Talonné par Francis qui avait signé une première carte de 69, Hagen poursuivit sur sa fulgurante lancée : il remporta le tournoi à l'arraché, battant Chick Evans d'un seul coup et égalant le record de George Sargent en Open : 290. Walter n'eut plus jamais à s'inquiéter de voir son nom écorché dans la presse. Sa victoire ne connut pourtant pas le retentissement qu'il avait escompté, car la guerre venait d'éclater en Europe. Il repartit pour Rochester avec le trophée et son nom dessus, juste après celui de Francis. Le base-ball y perdait peut-être un grand joueur, mais le golf y gagna un géant : son avenir sportif assuré, Walter retroussa ses manches et se mit sérieusement à l'étude de son sport. La légende Hagen était en marche. La guerre interrompit les tournois durant quelques années, mais cela n'empêcha pas Walter de s'assurer des gains confortables à travers une série de matchs-exhibitions et de défis. Il était en passe de gagner son premier million de dollars... et d'entrer dans le rouge. Toute sa vie, Walter devait connaître des hémorragies chroniques de son compte en banque, ses revenus ne suffisant jamais à couvrir ses dépenses somptuaires. Il acquit sans tarder la première d'une douzaine de voitures de sport et se dota d'une garde-robe que n'aurait pas désavouée Rudolph Valentino. Il y eut un premier mariage qui, comme il fallait s'y attendre, partit vite à vau-l'eau ; il en résulta toutefois un Walter Junior, que son père adorait. Avec son époux sans cesse sur les routes et l'œil aux aguets, la malheureuse Mme Hagen n'avait pas l'ombre d'une chance.

La guerre prit fin : les tournois recommencèrent. En 1919, l'US Open se disputa à Brae Burn, non loin de Brookline. Walter se jeta au cœur de la mêlée. Il passait plus de temps à courir les filles en compagnie de son copain de noce, le chanteur Al Jolson, qu'à s'entraîner ; mais cela ne parut pas lui nuire. Il termina premier ex aequo avec Mike Brady, passa toute la nuit, veille du play-off, à bambocher en compagnie d'Al Jolson et gagna le match avec un coup d'avance. Hagen domina le golf américain cette année-là, remportant une kyrielle de tournois nationaux pour s'imposer, de façon indiscutable, comme le premier pro du pays. Enhardi par cette ascension fulgurante, il alla – chose inédite alors – jusqu'à couper les ponts avec son club attitré, où Mike Brady le remplaça. Hagen devint le premier professionnel itinérant de l'histoire du golf. Libre désormais de voyager à sa guise, et faisant mentir toutes les voix qui prédisaient sa ruine, le golfeur dandy mit le pays à feu et à sang.

Le Haig effectua son premier séjour en Angleterre en 1920. Ses premiers contacts avec les links britanniques ne lui réussirent guère, mais il devait néanmoins apporter une contribution décisive aux progrès de sa discipline. Une coutume séculaire interdisait aux professionnels de poser le pied dans un club-house privé. Nul n'avait informé Walter de cette réglementation des plus strictes. Il entra au club-house de Deal pour changer de souliers et fut prié aussitôt d'aller le faire ailleurs. Un coup d'œil à la cabane miteuse réservée aux pros en visite suffit à le mettre en rage : il refusa de s'en servir. L'organisation du club ne voulut pas en démordre ; aussi Walter, fidèle à lui-même, organisa-t-il une contre-attaque spectaculaire. Il loua une limousine que son chauffeur garait chaque fois à deux pas du dix-huitième green, juste avant son départ, et où Hagen, à la plus grande joie des spectateurs, s'installait pour se changer.

Comme on lui refusait aussi l'accès au grill-room à la pause déjeuner, il fit venir un traiteur et convia quelques joueurs à un pique-nique royal sous les fenêtres du restaurant. En une autre occasion, il fit même affréter un avion privé pour s'envoler avec ses amis, entre deux tours, vers un restaurant de luxe. De tels éclats suscitèrent la fureur de l'establishment et firent couler beaucoup d'encre, mais les pros et le public ne l'en aimèrent que davantage. Walter termina cinquante-troisième sur cinquante-quatre à Deal ; il s'attira une volée de bois vert de la presse britannique, ce qui ne l'empêcha pas de prendre congé sur un sourire et cet énigmatique avertissement (que le général MacArthur, quelques décennies plus tard, allait reprendre à son compte) : « Vous me reverrez. » Il reçut pourtant quelques soutiens, notamment celui de Vardon en personne, lequel déclara dans le *Times* : « Hagen remportera notre Open, et plus d'une fois. » Cette prédiction se révéla on ne peut plus juste : au cours des années vingt, Walter Hagen s'est adjugé quatre fois l'aiguière, sur quatre parcours différents, à commencer par le prestigieux Royal St. George en 1922, où il est devenu le premier Américain à remporter le titre britannique.

Aussi impressionnant qu'il ait pu paraître en stroke-play, c'est sans doute en match-play qu'il se révéla écrasant. Son inoxydable assurance était telle qu'il commençait presque chaque rencontre en prenant trois coups d'avance. Il devint par la suite un maître incontesté dans cette discipline : il savait identifier et faire jouer à son avantage les failles psychologiques de ses adversaires, avec un sens remarquable de l'à-propos. Il remporta son premier match en 1921, au championnat PGA, contre Jim Barnes, par 3 et 2. En 1923, il perdait un play-off face à l'un des rares golfeurs qui se soient révélés insensibles à ses mille et un trucs : Gene Sarazen. Et en 1924, il inaugurait l'une des séries les plus remarquables de tous les temps, en remportant, quatre années de suite, le championnat PGA. Quand il perdit enfin le titre, en 1928, et que l'organisation lui réclama le trophée avant la remise, il répondit : « Je ne sais pas où il est. J'ai dû le laisser dans un taxi. » (On finit par mettre la main dessus.)

Walter s'était désormais imposé comme la première superstar

du golf américain. Il donnait des matchs de démonstration, à un dollar l'entrée, en compagnie d'autres célébrités du golf. Il passa deux ans à Hollywood et joua dans deux navets épouvantables. Son nom était connu de tout le monde, depuis les rois jusqu'aux femmes de chambre ; il était de toutes les soirées les plus chics.

Après sa onzième et dernière victoire en major, au British Open de 1929, Hagen, à l'âge de trente-six ans, s'éloigna des tournois pour mener l'existence dorée d'une célébrité devant qui toutes les portes s'ouvraient. Il ne compta bientôt plus que sur les démonstrations et les contrats commerciaux pour régler ses factures. Il passa dès lors de longues années à jouir à fond de tous les plaisirs que la vie avait à lui offrir. Où qu'il aille, la fête l'accompagnait. Sa passion du vin, des femmes et de la musique ne se démentit jamais. Le cœur sur la main, toujours prêt à dépanner un pro dans le besoin, il était l'essence même de la générosité. Quiconque croisait sa route se découvrait un ami pour la vie. Son dernier chapitre, quand l'argent commença à se tarir et que les projecteurs s'écartèrent, se teinte d'un peu de tristesse. Les amis étaient plus rares à venir entendre les récits familiers ; le piano à queue, qui avait animé tant de fêtes mémorables, s'était tu dans un coin ; restaient quelques cocktails pour égayer la solitude d'un vieil homme. Pourtant le Haig ne se plaignit pas : il aurait juste voulu que la fête dure toujours. Elle prit fin le 6 octobre 1969 : Walter Hagen succomba à un cancer de la gorge et des poumons, à l'âge de soixante-seize ans. De tous les grands du golf qui devaient leur succès au circuit, ne fût-ce qu'au circuit PGA, il n'y eut que son ami Arnold Palmer pour assister à ses funérailles.

Harry Vardon et Ted Ray rentrèrent à Londres en octobre 1913. Ils retrouvèrent un pays à cran, guettant déjà les bruits de tambours qui allaient précipiter la guerre dans quelques mois. Au printemps suivant, le père de Harry mourut à l'âge de quatre-vingt-six ans. La champion revint à Jersey, où il n'avait plus mis les pieds depuis des années, pour les funérailles : il eut la stupeur de découvrir que l'humble chaumière où lui et Tom avaient grandi était devenue un site touristique. La presse britannique, dans son ensemble, tenait encore rigueur à Harry et à Ted de leur défaite en Amérique. Mais Harry remit les pendules à l'heure dès l'été, lors du British Open 1914.

A Prestwick, terrain sur lequel il avait déjà remporté deux fois l'aiguière, Harry finit la première journée de tournoi en tête, avec une avance de deux coups sur J.H. Taylor. Le sort apparia les deux vieux amis et rivaux pour la deuxième journée. A la fin du troisième tour, les rôles étaient échangés : Harry accusait maintenant deux coups de retard sur Taylor. Ce dernier, au troisième trou du dernier tour, avait encore creusé l'écart d'un coup. Mais le nerveux Taylor perdit son calme après qu'un photographe eut déclenché son appareil pendant sa montée de club. Harry entreprit alors le dernier, et peut-être le plus beau, de ces retours au pas de charge qui jalonnent sa carrière en compétition. En fin de journée, il remportait son sixième British Open avec trois coups d'avance sur Taylor et devenait, à quarante et un ans, le golfeur le plus âgé à jamais avoir apposé son nom sur l'aiguière. Il n'y eut pas d'autre championnat en Europe avant cinq ans : deux semaines plus tard, l'archiduc François Ferdinand était assassiné à Sarajevo et les ténèbres recouvraient le monde.

Le British Open suivant se disputa en 1920. Il fut remporté par George Duncan ; Ted Ray arriva troisième tandis que Harry finissait loin derrière. Agé maintenant de cinquante ans, privé de gains par cinq années de guerre et contemplant un avenir des plus incertains en compétition, Harry convainquit Ted que c'était le moment ou jamais de retourner en Amérique. Ils arrangèrent donc à leurs frais une tournée de deux mois dont le point culminant, comme la fois précédente, devait être leur participation à l'US Open. Celui-ci se tenait cette année-là au Country Club d'Inverness, à Toledo dans l'Ohio. Les deux hommes embarquèrent en juillet. Une fois de plus, ils reçurent un accueil enthousiaste partout où ils allaient ; ils s'offrirent quelques jours de détente à Chicago, où ils rendirent visite à Tom. Les deux Jersiais découvrirent que l'état des parcours s'était grandement amélioré depuis leur dernière visite – mais aussi le niveau des joueurs. Il apparut bientôt que leur invincibilité passée n'avait pas résisté au passage des années ni à l'émulation provoquée par la victoire de Francis. Harry et Ted remportèrent nettement plus de matchs qu'ils n'en perdirent, mais ils essuyèrent malgré tout plus d'une douzaine de défaites avant de se présenter à Inverness.

Durant les éliminatoires et la première journée de l'Open 1920, le sort donna pour partenaire à Harry le jeune Bobby Jones, dix-huit ans, dont c'étaient les débuts en championnat national. Le tenant du titre, Walter Hagen, ne fit guère parler de lui et Jones manquait encore d'expérience : ils finirent respectivement onzième et huitième. Le deuxième jour du tournoi, tous les concurrents américains baissèrent les bras l'un après l'autre, ne laissant plus en lice que Vardon et Ray.

Harry menait Ted de deux coups à la fin du troisième tour et, après un aller brillant sur le quatrième, il avait creusé l'écart à quatre quand il se présenta sur le départ du douze. Ce fut alors comme si les dieux avaient conspiré contre lui : au beau milieu d'une paisible après-midi d'été, un vent furieux se mit à souffler de nulle part, droit dans la figure de Harry qui s'apprêtait à jouer son drive. La bourrasque rabattit la balle et il lui fallut quatre coups pour monter sur le green, concédant un coup. Ce météore inattendu triompha de sa résistance nerveuse ; sa main droite se remit à tressauter et il joua trois putts sur chacun des trois trous suivants. Harry boucla les sept derniers trous à sept au-dessus du par, pour un score final de 78, concédant d'un petit coup seulement le trophée à Ted. Ce fut pour lui une déception terrible : il déclara ensuite qu'une nouvelle victoire en major, à l'âge de cinquante ans, aurait été le plus bel exploit de sa vie. Il mit longtemps à s'en remettre ; il finit par se consoler à l'idée que le trophée allait à son grand ami Ted Ray. Ted devint donc le premier Britannique à remporter le titre depuis Harry lui-même, vingt ans plus tôt ; il faudrait encore attendre cinquante ans avant qu'un autre Anglais, Tony Jacklin, n'appose son nom sur la coupe américaine. Cette édition 1920 fut aussi marquée par une nouvelle avancée : pour la première fois, les aménagements du club-house furent ouverts à tous les concurrents, amateurs ou pros. A partir de cette date, les professionnels du golf cessèrent d'être considérés comme des citoyens de second ordre.

Pour célébrer cette victoire et, peut-être, ne pas être en reste sur Inverness, le club attitré de Ted – Oxley, dans le comté de Hertford – lui décerna une carte de membre honoraire. C'était la première fois en Angleterre qu'un golfeur professionnel bénéficiait de ce privilège. Entre la campagne d'agit-prop orchestrée par Hagen, cette même année, à Deal et l'honneur décerné à Ted, il était clair que les cloisons étanches qui avaient séparé jusque-là golf amateur et golf professionnel commençaient à céder. En l'espace de quelques mois, les clubs d'affiliation du Grand Triumvirat – Taylor, Braid et Vardon – suivirent l'exemple d'Oxley. Pour la première fois de leur vie, ces trois hommes qui, à eux seuls, avaient fait entrer le golf britannique dans le XXe siècle se virent autorisés à pénétrer au vestiaire, au restaurant et au club-house de ces établissements où ils travaillaient depuis des années...

Harry n'était pas seul à avoir passé le sommet de sa carrière. Ted Ray avait quarante-trois ans quand il remporta l'US Open : il demeure à ce jour le vainqueur le plus âgé dans l'histoire du trophée. Ted devait finir deuxième derrière Jim Barnes au British Open 1925 et il continua à y concourir jusqu'en 1932. Il joua un rôle important dans la création de la Ryder Cup et figurait dans l'équipe britannique de la première édition, en 1927. Sa carrière en compétition se poursuivit jusque dans le milieu des années trente. Après quoi Ted resta en poste à Oxley jusqu'en 1941 ; il mourut d'un infarctus deux ans plus tard, à l'âge de soixante-cinq ans.

Harry reprit ses fonctions à South Herts et, pour la première fois depuis trente ans, cantonna ses occupations à la routine paisible d'un professionnel de club. Il se passionna pour la pédagogie du golf. Il s'essaya aussi à l'architecture de terrain : il conçut quatorze parcours et en redessina huit autres – parmi lesquels le neuf trous du sanatorium de Mundesley où, durant sa convalescence, il avait marqué son seul trou en un. Au début des années trente, il publia son autobiographie, qui devint un best-seller en Angleterre. Mais vers 1935, les effets conjugués du tabac et de la tuberculose contractée dans sa jeunesse eurent enfin raison de sa résistance autrefois inépuisable. Un an plus tard, Harry ne parvenait même plus à monter un escalier. Comme à l'occasion de sa première maladie, rien ne put le faire renoncer à ses obligations professionnelles. Début 1937, des examens révélèrent un cancer du poumon ; quelques semaines plus tard, il sortit de chez lui, bravant un froid glacial, pour donner une leçon prévue de longue date. Une pneumonie se déclara : Harry mourut chez lui le 20 mars 1937, dans son lit, les yeux tournés vers sa fenêtre et les premiers boutons de son cher jardin. Il avait soixante-six ans. Harry et Ted ont tous les deux légué leurs médailles au musée de Grouville à Jersey, leur ville natale.

Le club de South Herts ferma ses portes le jour de son enterrement. La cérémonie eut lieu dans l'église paroissiale et rassembla des admirateurs du monde entier. J.H. Taylor, James Braid, Sandy Herd, Tom Vardon et Ted Ray portèrent son cercueil jusqu'à sa dernière demeure.

Des millions de joueurs dans le monde emploient aujourd'hui encore le grip Vardon, sans toujours faire le lien avec le grand golfeur britannique. Il existe un trophée Harry Vardon, que décernent chaque année les PGA américaine et européenne au joueur qui a enregistré, sur leur circuit, la moyenne la plus basse : un hommage justifié à la régularité et à l'exigence de ce très grand champion. Des années durant, chaque fois que la Ryder Cup se tenait en Angleterre, l'équipe américaine prenait le temps d'aller se recueillir sur la tombe de Harry à Totteridge : face aux pitoyables démonstrations d'hostilité dont s'entoure aujourd'hui ce tournoi, on trouverait bon que les équipes actuelles s'en ressouviennent.

Le record de six victoires en British Open n'a jamais été égalé. Sans doute tombera-t-il un jour, comme tous les records. Mais si Harry Vardon n'avait pas laissé à la tuberculose son putting et sept années de sa jeunesse, et si la guerre ne lui avait pas pris cinq années supplémentaires, nous pourrions attendre très, très longtemps...

Le trophée de l'US Open, après être passé entre les mains de tant de joueurs évoqués dans cette chronique, retraversa les mers dans les bagages de Harry et de Ted en 1920 ; Ted le réexpédia à l'USGA l'année suivante. En 1946, le trophée original fut détruit dans l'incendie du Tam O'Shanter – le club du champion en titre, Lloyd Mangrum. L'USGA lui substitua une copie qui circula de nouveau de main en main. Depuis 1986, celle-ci réside au musée de l'USGA à Far Hills (New Jersey). Le vainqueur de l'US Open se voit confier pour un an la garde d'une deuxième copie du trophée ; l'USGA l'autorise aussi à faire tirer, pour son usage personnel et à des fins de promotion, une copie à l'échelle des neuf dixièmes.

Cette magie que Francis avait fait naître au dix-septième green du Country Club s'y est comme attachée : elle n'a jamais vraiment disparu. Le bunker Vardon est toujours là, connu sous ce nom par tous les adhérents. Il devait à nouveau jouer un rôle décisif durant l'Open de 1963, qui revint à Brookline pour le cinquantenaire de la victoire de Francis. Il valut la défaite à un jeune challenger texan, Jackie Cupit. Ce dernier y enterra sa balle d'abord au quatrième tour, puis au play-off, qu'il perdit face au champion local Julius Boros.

En 1988, pour le soixante-quinzième anniversaire de la victoire de Francis, l'Open revint une nouvelle fois à Brookline. L'Américain Curtis Strange y reprit le trophée à l'Anglais Nick Faldo, par ailleurs tenant du British Open, au cours d'un play-off épique.

A l'automne 1999, le Country Club, pour la première fois de son existence, accueillait la Ryder Cup. Au bout de deux jours, la balance penchait nettement en la faveur de l'Europe qui semblait s'acheminer vers une troisième victoire consécutive. Mais le troisième jour, lors des douze matchs individuels, l'Amérique monta l'une des plus belles contre-attaques jamais vues dans l'histoire des sports en équipe.

Par cet effet de rétrécissement si caractéristique de la Ryder, tous les enjeux en vinrent bientôt à se concentrer sur un seul match : Justin Leonard contre l'Espagnol Jose-Maria Olazabal.

Devant sa famille, ses pairs, des supporters en surnombre – sans compter les téléspectateurs du monde entier –, Leonard était pervenu à reprendre quatre coups, pour arriver à égalité avec l'Espagnol sur le départ du dix-sept. Olazabal était monté sur le green en deux coups, six mètres devant Leonard. Ce dernier, monté en deux lui aussi, affrontait un putt de quatorze mètres en montée jusqu'à une crête étroite, avec une éprouvante pente droite-gauche. Il lui fallait au moins arracher le nul pour assurer une victoire américaine. Leonard rentra son putt et la foule se déchaîna – non sans susciter une nouvelle controverse internationale sur la vulgarité américaine. Il faut dire qu'Olazabal pouvait encore gagner le match, et que son putt comptait ; il le manqua, Leonard gagna le match, l'Amérique reprit la coupe. Cela fit ressurgir, pour la première fois depuis des années, le souvenir de la victoire de Francis : il y eut un vétéran, parmi les journalistes, pour prétendre que l'esprit de Francis Ouimet avait été là, sur le dix-sept, pour guider vers le trou ce putt impossible. Le capitaine Ben Creshaw se vit offrir ensuite une statuette de Francis et d'Eddie par les caddies de l'équipe américaine.

Dans les semaines et les mois qui suivirent leur réussite à l'Open, Eddie Lowery porta souvent les clubs de Francis à Woodland. Et quand Francis, l'été 1914, embarqua pour l'Europe, le gamin vint lui dire au revoir sur le quai. Comme beaucoup de joueurs américains à leur première visite, Francis eut du mal à se faire aux links venteux d'Angleterre. Il ne connut guère de succès au British Open et au championnat amateur. Mais il répondit à l'invitation de Ted Ray et eut le plaisir de passer bien des soirées en compagnie de Harry et de Ted. Il fit également un saut sur le continent, où il recouvra assez de moyens pour remporter l'Open de France.

A son retour, il se rendit immédiatement au Midlothian Country Club, près de Chicago, disputer l'édition 1914 de l'US Open. Il finit honorablement, en quatrième place ; et prit un grand plaisir à voir son ami Walter Hagen empocher son premier major. Puis il retourna à Brookline, où il défendit avec succès son titre de champion amateur du Massachusetts. Toute sa vie, Francis avait rêvé de conquérir le championnat national amateur. L'été 1914, il s'y essaya de nouveau au club d'Ekwanok, à Manchester, dans le Vermont. Il finit à un coup des premiers lors des éliminatoires, battit Bill Fownes en demi-finale et retrouva son grand copain Jerry Travers pour la finale. Les deux hommes offrirent une réédition non moins palpitante du duel à couteaux tirés qui les avait opposés l'année précédente. Ils restèrent à un coup l'un de l'autre tout au long du premier dix-huit ; l'après-midi, Francis corrigea un problème de putting et ne tarda pas à prendre l'avantage. Avec six coups d'avance et six à jouer, ils firent nul au treize, signant la fin du match. Perdu dans sa concentration, comme à son habitude, Travers ne s'en était même pas aperçu et il marchait déjà vers le prochain départ quand on le lui fit remarquer : il se confondit en excuses et félicita son adversaire du fond du cœur. En réalisant l'ambition de sa vie, Francis était aussi devenu le premier Américain à remporter à la fois le titre professionnel et le titre amateur de l'USGA.

Ses succès finirent par amadouer son père. En 1915, lorsque Francis Ouimet décida de quitter Wright & Ditson pour ouvrir à Boston son propre magasin d'articles de sport, Arthur Ouimet devint l'un de ses premiers actionnaires. Cependant l'USGA faisait paraître une série de réglementations plus strictes concernant le statut des amateurs : l'exclusion s'étendait désormais à quiconque travaillait comme architecte de golf ou faisait le commerce d'articles de golf. Le magasin de Francis vendait des équipements pour tous les loisirs sportifs, pas seulement pour le golf. Mais à sa grande stupeur, et au désarroi de tous ses admirateurs dans le pays, l'USGA choisit de sanctionner l'homme qui avait fait davantage pour la promotion du golf que tout autre Américain dans l'histoire, et Francis fut exclu des compétitions amateur. Le jeune homme n'entendait pas renoncer à son commerce au nom d'une réglementation qu'il jugeait arbitraire. Il envisagea, pour la seule fois de sa vie, de passer professionnel. La Western Golf Association, organisation alors totalement distincte de la PGA, fit savoir son désaccord en invitant Francis en Californie, pour disputer son tournoi amateur : il le remporta haut la main. Aucune des deux parties ne voulait céder : le statu quo se prolongea jusqu'à l'entrée en guerre des Etats-Unis, en 1917. Francis s'engagea dans l'armée et atteignit bientôt le grade de lieutenant. Il se produisit dans d'innombrables matchs de bienfaisance au profit de la Croix Rouge. Au cours d'une permission, il épousa sa fiancée de longue date, Stella Sullivan, la sœur de son associé et ancien camarade de classe John Sullivan.

Marchant sur les traces de Francis, Eddie Lowery commença une carrière de golfeur durant les années de guerre. En 1919, il remportait le premier de ses deux titres de champion junior du Massachusetts. L'année suivante, il fut promu au rang de caddie master à Woodland. Eddie cultiva sa notoriété bien après l'Open 1913 : il adorait qu'on le reconnaisse dans la rue et recherchait l'éclat des projecteurs avec la même énergie que Francis mettait à les fuir. Le grand copain de Walter Hagen, le chanteur Al Johnson, s'était pris d'amitié pour le petit gars. Chaque fois que sa revue venait se produire à Boston, il ne manquait pas de le faire entrer dans les loges et de l'emmener aux soirées les plus chic. Eddie quitta Boston peu après, engagé comme chroniqueur sportif par le *Boston Traveler*. Tout au long de sa vie, Eddie a toujours recherché passionnément l'action. Il aimait être là où les choses bougeaient ; et on le trouvait généralement au cœur de la mêlée.

Durant la guerre, l'USGA révisa ses positions sur la distinction entre amateurs et professionnels, concédant de facto que Francis Ouimet avait fait les frais d'une réglementation trop rigide. On lui rendit discrètement sa carte d'amateur en 1919 ; malgré toutes les angoisses que lui avait coûtées cet incident, Francis n'eut jamais un mot contre l'USGA. Il revint aussitôt à la compétition, remportant pour la quatrième fois l'Amateur du Massachusetts en 1919 ; l'année suivante, il terminait deuxième derrière Chick Evans au National Amateur, ayant disposé dans la foulée d'un Bobby Jones qui en était encore à ses gammes. Il eut aussi le plaisir de retrouver Harry et Ted à leur retour aux Etats-Unis, en 1920. Francis suivit l'Open d'Inverness comme correspondant pour un quotidien de Boston ; il était donc aux premières loges pour assister à la chute de Harry sur les derniers mètres et à la victoire de Ted. A la fin de leur tournée américaine, les deux Jersiais le retrouvèrent à Boston pour un match de démonstration amical à quatre balles – Francis faisant équipe avec un pro local. Harry et Ted prirent une petite revanche en arrachant la victoire avec un coup d'avance, mais les enjeux étaient cette fois moindres : à la fin du match, Francis paya la tournée.

Au cours des années vingt, le succès ne lui sourit pas autant sur les terrains que dans la décennie précédente. Stella lui donna deux filles, Janice et Barbara : accaparé par sa vie familiale et professionnelle, il s'éloigna sans déplaisir du golf à plein temps. Son grand ami Bobby Jones, amateur comme lui, avait atteint sa vitesse de croisière et dressait maintenant un obstacle incontournable à toute reconquête du titre national amateur. Francis, au cours de cette décennie, atteignit les demi-finales à cinq reprises ; et par cinq fois, il ne put venir à bout de Bobby l'invincible. Francis, qui avait toujours préféré les cent péripéties du match-play à la prudence ascétique du stroke-play, ne disputa qu'une seule fois l'US Open durant ces années : ce fut la dernière. En 1925, au club voisin de Worcester, il donna la preuve qu'à l'âge de trente-deux ans, il pouvait encore se mesurer aux meilleurs. Il prit la tête avec un premier tour en 70 et termina troisième, à deux coups seulement de la tête de classement. Francis devint également un abonné de la Walker Cup, la grande compétition amateur biannuelle entre les Etats-Unis et la Grande-Bretagne, à laquelle il participa comme joueur, puis comme capitaine jusque vers la fin des années quarante.

Le sommet le plus heureux de sa deuxième moitié de carrière se situe en 1931 : dix-sept ans jour pour jour après avoir remporté le National Amateur à Ekwanok, Francis s'adjugea une deuxième fois le trophée au Berverly Country Club de Chicago. L'année suivante, il ne rendit son titre qu'en demi-finale et remporta aussi le Massachusetts Amateur pour la sixième fois. La boucle était bouclée : le premier titre qu'il avait gagné en tournoi, dix-neuf ans plus tôt, serait aussi le dernier. Francis, qui se définissait comme un « golfeur dans les affaires », consacra de plus en plus de temps à sa famille et à sa carrière ; ses années au plus haut niveau étaient maintenant derrière lui, mais il ne les regretta jamais.

« Le golf et les affaires ne font pas bon ménage, disait-il. Il faut choisir. Un jour, je me suis rendu compte que j'avais une femme et deux petites filles dont il était grand temps que je m'occupe. C'est ce que j'ai fait, et je m'en félicite. »

Ni sa femme ni ses filles ne se sont jamais mises au golf. Francis fit paraître son autobiographie en 1932. Avec la modestie qui le caractérise, il n'y consacre que dix pages à sa victoire de 1913, un chapitre qui commence sur ces lignes : « Il n'y a pas grand-chose à dire sur le tournoi lui-même... »

En 1932, le Country Club organisa un dîner de cérémonie pour commémorer son cinquantième anniversaire. Invité d'honneur, Francis se fendit d'un discours où il résume ses impressions dans ces termes : « Pour moi, ce terrain est enchanté. L'herbe y est plus verte, les arbres plus beaux, il y a même de la chaleur dans les pierres. Et puis, je ne sais pas, messieurs, mais on dirait que le soleil, au Country Club, brille plus fort que partout ailleurs. »

Francis avait réalisé l'autre ambition de sa vie en devenant un membre respecté de la bonne société bostonienne. Il était apprécié de tous pour sa gentillesse, son sens de l'humour, ses talents d'orateur. Passionné de musique, il appartenait à un quatuor vocal et, dans les soirées, s'asseyait volontiers au piano pour improviser des chansonnettes. Tout au long de sa vie professionnelle, il partagea équitablement son temps entre le monde de la finance et celui du sport : il présida des équipes professionnelles de hockey et de base-ball à Boston, et fit carrière dans de prestigieuses sociétés de courtage.

Eddie Lowery atteignit le sommet de sa carrière en 1927, à l'âge de vingt-quatre ans, en remportant l'Amateur du Massachusetts. Francis était là pour assister à sa victoire. Eddie a toujours adulé Francis : il reconnaissait volontiers qu'il devait tout à leur association ; il le faisait quand Francis avait le dos tourné, car ce dernier se serait récrié. Malgré le contraste saisissant de leurs deux personnalités, ou peut-être à cause de lui, les deux hommes restèrent, toute leur vie, de grands amis. Francis, en mûrissant, prit les traits respectables d'un Bostonien à l'ancienne : on était sûr de le trouver dans les gradins à chaque match des Red Sox, avec son complet en seersucker et son nœud papillon. En accord avec sa personnalité plus rentre-dedans, Eddie bâtit sa carrière sur un sens inné des affaires et de la débrouille. Il commença par suivre des matchs de golf et de hockey pour le *Boston Traveler.* Il pressentit le boom de la réclame et décida d'y faire carrière : il devint directeur des ventes publicitaires au *Boston Herald.* Sa première épouse mourut d'une pneumonie au début des années trente. Deux ans plus tard, Eddie se remariait avec une jeune femme de la bonne société qu'il connaissait de longue date. Durant la Dépression, il émargea chez les éleveurs de bovins, secteur relativement épargné. Ses obligations professionnelles l'amenèrent à séjourner en Californie où il se sentit tout de suite chez lui. Le dynamisme de la région et sa liberté d'esprit, bien éloignée de la mentalité bostonienne, l'enchantèrent. En 1937, Eddie déménageait pour San Francisco où il fit son chemin dans la vente automobile. Le destin ne l'épargna pas : son premier fils entra dans l'armée à la veille de la Seconde Guerre et trouva la mort au cours d'une mission d'entraînement ; sa deuxième épouse succomba à un cancer peu après la fin de la guerre. En 1950, il se remaria pour la troisième fois avec sa secrétaire, Margaret, de quinze ans son aînée. Ce fut une longue et heureuse union.

Eddie resta un amateur passionné de golf et un généreux mécène. Il aida notamment son grand ami Bing Crosby, un ancien caddie comme lui, à mettre sur pied le tournoi pro/am de Pebble Beach qui porte son nom. Eddie y participa très régulièrement et remporta même l'édition 1953 en compagnie de son partenaire Byron Nelson. Il avait aussi un œil avisé pour les talents en jachère : il prit ainsi sous son aile le jeune Ken Venturi, futur vainqueur de l'US Open en 1964. Il lui présenta son copain Francis, qui devint l'ami et le courtier de Ken.

Après s'être éloigné de la compétition, Francis resta très impliqué dans la promotion du golf amateur. Pendant huit ans, il occupa des fonctions au comité exécutif de l'USGA. En 1944, en compagnie de ses amis Bobby Jones et Gene

Sarazen, il faisait partie des quatre premiers inscrits au *Golf Hall of Fame*. A la demande insistante de son vieil ami Bernard Darwin et de ses nombreuses connaissances en Angleterre, il devint, en 1951, le premier Américain à être nommé capitaine de la Royal & Ancient à St. Andrews, la charge la plus ancienne et la plus prestigieuse du golf mondial : ce fut l'un des rares honneurs publics qu'il ne se fit pas prier pour accepter. Le seul devoir du capitaine est de paraître à huit heures précises, au matin de l'assemblée générale, pour taper un drive de cérémonie sur le premier départ de St. Andrews. Les cloches sonnèrent, les tambours battirent, on tira le canon et les clubs des caddies s'alignèrent sur le fairway. Francis choisit de frapper une Spalding Dot One où figuraient à la fois le lion rouge britannique et l'aigle bleu américain. Le caddie qui eut la chance de la ramasser pour lui reçut en échange une pièce de cinq dollars de 1913. Francis posa fièrement pour un portrait en pied, dans sa veste rouge de capitaine. Quand elle vit le tableau pour la première fois, sa femme Stella lui demanda où était son cheval.

En 1949, Francis réalisa un autre de ses rêves en créant, avec l'aide de ses amis du monde des affaires, une bourse d'études destinée aux caddies défavorisés. Ses amis voulaient que l'organisation porte son nom ; l'intéressé, toujours modeste, se fit d'abord tirer l'oreille, mais il se rendit aux arguments publicitaires. Bénéficiant du généreux soutien des plus grands golfeurs, la Fondation Ouimet a aidé à ce jour plus de dix mille caddies boursiers à poursuivre leurs études à l'université. En 2002, elle a versé, pour la première fois, plus d'un million de dollars d'aides. Elle gère également un musée consacré à la vie et à la carrière de Francis. Cette initiative – hommage émouvant d'un golfeur à ses origines modestes et au soutien indéfectible que lui ont témoigné les gamins de Brookline – passait, aux yeux de Francis, pour l'accomplissement de toute sa vie.

Francis resta, jusqu'à sa mort, membre de Woodland, même s'il joua dans de nombreux autres clubs à Boston, dans le Massachusetts et le monde. Le Country Club le nomma membre honoraire à vie en 1953. Dix ans plus tard, quand l'US Open se tint à Brookline pour le cinquantième anniversaire de sa victoire, Francis fut nommé président d'honneur du tournoi et c'est de ses mains que le vainqueur Julius Boros reçut le trophée. On donna un dîner de gala en son honneur ; il y consentit à la condition que les bénéfices aillent à sa fondation. Eddie Lowery fut lui aussi convié à la tribune d'honneur et les deux amis passèrent le plus de temps possible ensemble : ils avaient respectivement soixante et soixante-dix ans. Ils donnèrent une émouvante interview à une chaîne de télévision locale, promenant les caméras sur le parcours et faisant revivre, à travers leurs souvenirs, toute l'excitation de ce match cinquantenaire. Eddie vécut encore vingt et un ans. Sa fortune faite, il se retira à Palm Strings où il mourut en 1984 d'une insuffisance respiratoire, à l'âge de quatre-vingt-un ans. Il a légué une part substantielle de sa fortune à la Fondation Francis Ouimet.

Francis perdit sa chère Stella en 1965. Il vécut dès lors seul dans leur maison de Wellesley, où ils avaient emménagé en 1936. Deux ans plus tard, au retour d'un dîner chez sa fille, il se sentit mal. Il ne voulut d'abord déranger personne, mais le malaise fut tel qu'il finit par prévenir sa fille. Celle-ci appela aussitôt une ambulance. La semaine précédente, Tony Conigliaro, joueur vedette des Red Sox, avait été sérieusement blessé à la tête par un lancer de balle – un accident qui allait mettre une fin prématurée à sa carrière. La nouvelle était encore dans les esprits. Quand Francis fut admis à l'hôpital Newton-Wellesley et qu'on découvrit son identité, il fut aussitôt traité avec les plus grands égards : « Que d'histoires, leur dit-il, égal à lui-même : on croirait que je m'appelle Tony Conigliaro. » Il avait subi une sérieuse attaque cardiaque. Il s'éteignit neuf jours plus tard entre ses filles, le 2 septembre 1967. Il avait soixante-quatorze ans. Le monde du golf avait perdu son meilleur ami. Il fut couché près de Stella après une messe à l'église St. Paul de Wellesley Hills. Ses amis du monde entier assistèrent à la cérémonie ; Gene Sarazen et Eddie Lowery tenaient le cordon du poêle. Gene Sarazen fut le dernier à se recueillir devant la sépulture. Il s'agenouilla devant la tombe, jeta une poignée de terre sur le cercueil et murmura ces mots : « Des greens rapides, Francis ; des greens rapides. »

En 1980, l'USGA décida de donner le nom de Francis à la coupe en argent qui récompense le vainqueur de l'Open Senior. Le service des postes américaines émit en 1988 un timbre à son effigie – dans sa discipline, hormis Francis, seuls Bobby Jones et Babe Zaharias ont reçu cette distinction. Et en 1993, pour célébrer son centième anniversaire, l'USGA choisit pour logo deux silhouettes marchant côte à côte sur un fairway : le grand et frêle golfeur et son intrépide petit caddie, un dessin tiré de la plus célèbre photographie de Francis et d'Eddie.

Le jeu est une composante centrale de l'expérience humaine : exutoire à notre agressivité, forme universelle de divertissement, métaphore de la lutte pour la survie. A travers la catharsis que suscite en nous la compétition sportive acharnée, nous comprenons mieux cette nature mystérieuse qui nous pousse toujours à aller plus loin. Tous les entraîneurs professionnels répètent à l'envi que le sport – le leur, en général – est une école du caractère. Cela n'est pas toujours vrai et surtout pas quand seule la victoire compte ; quand les règles ne sont là que pour être contournées, voire violées, sous le prétexte que la fin justifie les moyens. Il n'y a qu'au golf que l'observance des règles exige d'abord et surtout la plus rigoureuse autodiscipline. Sans parler de ses bénéfices plus tangibles, cette discipline est une source de vertus : l'autonomie, la continence, la courtoisie, la motivation, l'humilité, la fierté du succès véritable. Cet héritage d'excellence est le plus beau des présents que le golf nous dispense ; et si ce flambeau s'est transmis jusqu'à nous, c'est aux hommes évoqués dans ce livre que nous le devons.

Ils ne sont plus aujourd'hui : tous ces champions, ces challengers, tous ceux qui ont donné vie à un obscur passe-temps écossais, pour le voir prendre des proportions qu'aucun n'aurait pu imaginer, même dans ses rêves les plus fous. Chacun des tournois auquel vous assistez, avec ses péripéties, ses coups de théâtre, ses triomphes et ses tragédies, a une dette immense envers cette génération de pionniers. Tout homme, toute femme qui a jamais touché un chèque grâce au golf peut rendre grâce aux sacrifices des J.H. Taylor, John McDermott, Walter Hagen, Ted Ray, Harry Vardon et de milliers d'autres qui ont rendu ce rêve possible. Et chacun d'entre nous qui s'adonne au golf avec légèreté ou ferveur, pour le plaisir, la compagnie, la compétition, le divertissement, devrait remercier le ciel qu'un enfant du nom de Francis Ouimet, un jour, ait tourné les yeux vers ce monde lointain et privilégié, en face de sa petite maison – et trouvé en lui le courage de traverser.

« Le golf est notre maître à tous. »
Harry Vardon

Remerciements

Il y a sept ans, j'ai eu le plaisir d'initier mon excellent ami et agent littéraire Ed Victor au golf, un sport qui accaparait la majeure partie de mes loisirs depuis deux décennies. Ed a trouvé depuis maintes occasions de me repayer de mon geste – où il a dû voir plus d'une fois, les après-midi difficiles, un acte de cruauté perverse –, mais jamais autant que durant un trajet en avion que nous avons accompli ensemble, l'été 2001. Au hasard de la conversation, j'en vins à parler de la victoire décisive de Francis Ouimet lors de l'Open 1913, dont je n'avais alors qu'une connaissance vague. Saisi par l'une de ses inspirations caractéristiques – où ceux qui le connaissent le retrouveront –, il me regarda droit dans les yeux et me déclara : « Mark, c'est un livre, ça. » Grâce à Ed, dont l'intérêt et le soutien semblent n'avoir aucune limite, c'en est un aujourd'hui.

Ce voyage dans le monde lointain de Francis, Harry, Eddie, Ted Ray, Walter Hagen et du golf de 1913 a commencé par un coup de téléphone à Randon Jerris, bibliothécaire en chef au siège de l'USGA, à Far Hills, dans le New Jersey. Ses connaissances encyclopédiques en matière d'histoire du golf et la qualité remarquable de ses archives se sont révélées un sésame qui m'a ouvert les portes de cette époque oubliée. Randon est aussi un très chic type et j'espère que sa modestie – qui me rappelle un peu celle de Francis – ne souffrira pas trop que j'en fasse état. Avec son aide et celle de son assistante remarquablement compétente, Patty Moran, j'ai pu me plonger avec bonheur, des jours durant, dans les archives volumineuses de l'USGA, aidé en cela par Tanya Steffan et Shannon Doody que je remercie de leur aide précieuse. A force de m'imprégner des journaux et des livres de l'époque, les événements et les personnages ont commencé peu à peu à s'incarner. La plupart d'entre eux sont venus sans effort : il ne fallait pas être détective pour retrouver l'inimitable voix de Walter Hagen, Ted Ray, Johnny McDermott, Walter Travis et Harry Vardon. Francis Ouimet, en revanche, s'est révélé plus insaisissable, malgré une documentation biographique fournie – qui ne rend pourtant pas justice à la stature du personnage. Les mêmes qualités qui faisaient toute sa valeur humaine, sa réserve, son humilité, se sont révélées autant d'obstacles à l'historien.

De là, la piste conduisait à Boston et à deux hommes auxquels cet ouvrage doit sa colonne vertébrale. Robert Donovan, directeur de la Fondation Ouimet et de son musée, peut être décrit comme l'exécuteur testamentaire de Francis. C'est grâce à la confiance qu'il m'a témoignée en me relatant sa vision très juste des rapports, parfois conflictuels, entre Francis et sa famille qu'un cœur s'est mis à battre dans ce livre. Robert m'a aussi présenté à J. Louis Newell, archiviste et historien du Country Club de Brookline ; ce dernier m'a non seulement fait visiter en détail ces lieux chargés d'histoire et ouvert en grand les trésors de ses archives, mais il m'a encore permis d'approcher de plus près la figure de Francis. Car Louis a connu « monsieur Ouimet » dans sa jeunesse et il a joué avec lui quelques parcours – Francis lui donnait du « maître Newell »... Dans l'accueil généreux et courtois qu'il m'a réservé, j'ai trouvé des échos de l'homme qui habitait juste en face. Tous mes remerciements aussi à Michael Daly pour m'avoir initié au vénérable golf de Garden City, ainsi que pour un parcours mémorable.

Encore un mot sur l'écriture. J'ai choisi de donner vie à ces scènes à travers le dialogue. Je me suis servi pour cela des documents d'époque, en recourant aux citations verbatim autant que possible. En leur absence, je me suis efforcé de les inférer du contexte, tout en restant fidèle à ce qui me semblait être l'esprit du moment. En de rares occasions, j'ai pris quelques libertés narratives et, faute d'un témoin oculaire, je me suis permis de reconstruire les faits par conjecture ; je garde l'espoir et la conviction de n'avoir en aucun cas déformé la vérité, ne travaillant qu'à la mettre au jour.

Il me faut, comme toujours, remercier mon assistante Susie Putnam pour ses recherches infatigables tout au long de la rédaction et pour son sens aigu du détail. Mes remerciements vont aussi à Ursula Mackenzie, ma directrice d'édition chez Time Warner Books. Merci à mes amis David Steinberg, Sonny Van Dusen, Paul Thayer, Peter Gethers, Bill Shinker, Ian Chapman, Bruce Vinokour, Adam Krentzman et Stephen Kulczycki pour leur relecture attentive des premiers jets et leurs commentaires judicieux. Je remercie enfin, pour cette même raison comme pour bien d'autres, mon épouse Lynn ainsi que mes parents, Warren et Virginia Frost. J'ai appris, comme Francis, que de croire en soi-même ne vous emmène qu'à la moitié du chemin, si les êtres les plus chers à votre cœur ne sont pas là pour partager vos rêves.

Table

Composition Nord Compo
Impression Firmin-Didot, août 2004
Éditions Albin Michel
22, rue Huyghens, 75014 Paris
www.albin-michel.fr
N° d'édition : 22606 – N° d'impression : 69470
Dépôt légal : septembre 2004.
ISBN 2-226-15151-6
Imprimé en France.